O LIVRO DO
CRIME

O LIVRO DO CRIME

GLOBO LIVROS

DK LONDRES

EDITOR SÊNIOR
Helen Fewster

EDITOR-CHEFE DE ARTE
Michael Duffy

EDITOR-CHEFE
Angeles Gavira Guerrero

DIRETOR DE ARTE
Karen Self

DIRETOR DE PUBLICAÇÃO ASSOCIADO
Liz Wheeler

DIRETOR DE PUBLICAÇÕES
Jonathan Metcalf

DESIGNER DE CAPA SÊNIOR
Mark Cavanagh

EDITOR DE CAPA
Claire Gell

CHEFE DE DESENVOLVIMENTO DE DESIGN DE CAPA
Sophia MTT

PRODUTORES DE PRÉ-PRODUÇÃO
Andy Hilliard, Gillian Reid

PRODUTOR SÊNIOR
Anna Vallarino

ILUSTRAÇÕES
James Graham

DK DELHI

DESIGNER DE CAPA
Dhirendra Singh

COORDENADOR EDITORIAL
Priyanka Sharma

DESIGNER DTP SÊNIOR
Harish Aggarwal

EDITOR-CHEFE DE CAPA
Saloni Singh

GLOBO LIVROS

EDITOR RESPONSÁVEL
Lucas de Sena

ASSISTENTE EDITORIAL
Renan Castro

TRADUÇÃO
Maria da Anunciação Rodrigues

PREPARAÇÃO DE TEXTO
Marcela Isensee

REVISÃO DE TEXTO
Vanessa Sawada

EDITORAÇÃO ELETRÔNICA
Equatorium Design

Publicado originalmente na Grã-Bretanha em 2019 por Dorling Kindersley Limited, 80 Strand, London, WC2R 0RL.

Copyright © 2023, Dorling Kindersley Limited, parte da Penguin Random House

Copyright © 2023, Editora Globo S/A

Todos os direitos reservados. Nenhuma parte desta edição pode ser utilizada ou reproduzida – em qualquer meio ou forma, seja mecânico ou eletrônico, fotocópia, gravação etc. – nem apropriada ou estocada em sistema de banco de dados sem a expressa autorização da editora.

1ª edição, 2023 — 1ª reimpressão, 2023.

Impressão: Coan.

FOR THE CURIOUS
www.dk.com

CIP-BRASIL. CATALOGAÇÃO NA PUBLICAÇÃO
SINDICATO NACIONAL DOS EDITORES DE LIVROS, RJ

L762

O livro do crime / colaboradores Shanna Hogan ... [et al.] ; ilustração James Graham ; tradução Maria da Anunciação Rodrigues. - 1. ed. - Rio de Janeiro : Globo Livros, 2023.

Tradução de: The crime book
Inclui índice
ISBN 978-65-5987-130-8

1. Criminologia - História. 2. Homicidas em série - História. I. Hogan, Shanna. II. Graham, James. III. Rodrigues, Maria da Anunciação. IV. Série.

23-84683   CDD: 364.152309
                 CDU: 343.61(09)

Meri Gleice Rodrigues de Souza - Bibliotecária - CRB-7/6439

COLABORADORES

SHANNA HOGAN

Shanna Hogan é uma jornalista premiada e autora de três best-sellers sobre crimes reais listados pelo *New York Times*, entre eles *Foto perfeita: a história de Jodi Arias*. Graduada em jornalismo pela Universidade do Estado do Arizona, EUA, ela escreve para várias publicações, recebeu mais de vinte prêmios por seus artigos especiais e reportagens investigativas e apareceu em diversos programas, como *The View*, *Dateline*, *20/20*, *CNN*, *Oxygen* e *Investigation Discovery*. Shanna vive em Phoenix, no Arizona, com o marido e dois cães.

MICHAEL KERRIGAN

Michael Kerrigan estudou no University College, em Oxfor, Inglaterra. Seus muitos livros incluem *A história da punição*, *A guerra das drogas*, *A presidência americana: um história sombria*, *A Igreja Católica: uma história sombria* e *O livro da história da Escócia*. Ele escreve resenhas regularmente para o suplemento literário do jornal *The Times* e vive com a família em Edimburgo, Escócia.

LEE MELLOR

Lee Mellor, Ph.D. (ABD) é criminologista, palestrante, músico e autor de seis livros sobre crimes. Atualmente está concluindo o doutorado na Universidade Concórdia, em Montreal, Canadá, especializando-se em homicidas patológicos e crimes sexuais. Como presidente do comitê acadêmico da Sociedade Americana de Investigação de Casos Arquivados, tem atuado como consultor da polícia em casos arquivados em Missouri, Ohio e Pensilvânia, nos EUA, em Londres, Inglaterra e em Ontário, Canadá. Ele vive em Toronto, no Canadá.

REBECCA MORRIS

Rebecca Morris é autora dos best-sellers *O assassinato na comunidade amish* e *Se eu não puder ter você*, com Gregg Olsen, listados pelo *New York Times*. Jornalista experiente, escreveu também os sucessos *Ted e Ann: o mistério da criança desaparecida e seu vizinho Ted Bundy*. Ela vive em Seattle, em Washington, EUA.

CATHY SCOTT

Cathy Scott, autora de best-sellers listados pelo *Los Angeles Times*, é uma escritora policial consagrada e jornalista investigativa do *New York Times* e da Reuters. Mais conhecida pelas obras *O assassinato de Tupac Shakur* e *O assassinato de Biggie Smalls*, ela escreveu amplamente sobre gangues de rua e crime organizado, como no caso da filha de mafioso Susan Berman, em *Assassinato da filha da máfia*, e no do barão das drogas Freeway Rick Ross. Ela é autora de várias outras obras sobre crimes reais, como *O duro guia do crime real*, *A mulher do milionário* e *Morte no deserto*, que foi adaptado como longa-metragem em 2016, estrelado por Michael Madsen.

SUMÁRIO

10 INTRODUÇÃO

BANDIDOS, LADRÕES E INCENDIÁRIOS

18 **O pai de todas as traições**
Thomas Blood

19 **Um ladrão amável e cortês**
John Nevison

20 **Que minha alma seja condenada se eu te poupar**
Edward "Barba Negra" Teach

22 **Burke, o açougueiro; Hare, o ladrão; Knox, o garoto que compra a carne**
Burke e Hare

24 **Eles eram caras valentes, eram homens de verdade**
O Bando de James-Younger

26 **Pelo amor de um homem vou ter de morrer**
Bonnie e Clyde

30 **Você não vai acreditar: eles roubaram o trem**
O Assalto ao Trem Pagador

36 **Viciado em adrenalina**
Bill Mason

37 **Para mim, é só um pedaço de ouro**
O Roubo da Copa do Mundo

38 **Senhorita, é melhor que veja este bilhete**
D. B. Cooper

44 **Sem armas, nem ódio, nem violência**
O Roubo do Banco Société Générale

45 **Eu roubava dos ricos para poder ter o estilo de vida deles**
John MacLean

46 **Cante meus feitos, conte minhas lutas... esqueça meus erros**
Phoolan Devi

48 **O fogo se torna uma amante, uma paixão**
John Leonard Orr

54 **Era o crime perfeito**
O Roubo de Diamantes de Antuérpia

56 **Ele era um especialista em sistemas de alarme**
O Roubo do Saleiro de Cellini

57 **Estranho e inacreditável, mas um caso criminal muito real**
A tubulação de vodca Rússia-Estônia

58 **A velha guarda de ladrões educados de Londres**
O Roubo da Hatton Garden

GOLPISTAS

64 **Sob a influência de maus conselhos... senti-me um mártir**
O Caso do Colar de Diamantes

66 **Um dinheiro assim é de tirar o chapéu**
A Herança de Crawford

68 **O vigarista mais educado que já houve**
A Venda da Torre Eiffel

70 **A história de Domela soa como a insanidade de uma grande farsa**
Harry Domela

74 **Se meu trabalho ficar num museu por tempo suficiente, ele se tornará real**
Elmyr de Hory

78 **Não é roubo, pois só estou tomando o que me dão**
Doris Payne

80 **Eles inflaram o bote e deixaram a ilha. Depois disso ninguém parece saber o que aconteceu**
A Fuga de Alcatraz

86 **Na época, a virtude não era uma das minhas virtudes**
Frank Abagnale

88 **Eu vinha numa sucessão de mentiras. Não conseguia pular fora**
Clifford Irving

90 **Primeiro copiei a vida de Hitler dos livros, mas depois comecei a sentir que eu era Hitler**
Konrad Kujau

94 **Se isso não é uma trapaça, eu não sou eu**
O Escândalo de Fine Cotton

CRIMES DO COLARINHO BRANCO

100 O dinheiro, com frequência, causa ilusão em multidões
O Esquema de Mississípi

101 Nada se perde a não ser a honra
O Escândalo do Ouro da Black Friday

102 O velho jogo de roubar Pedro para pagar Paulo
Charles Ponzi

108 Você não pode condenar 1 milhão de dólares
O Escândalo de Teapot Dome

110 Cidadãos morriam por todos os lados
O Desastre de Bhopal

114 O maior assalto de rua da história
O Roubo de Títulos de Londres

116 É tudo só uma grande mentira
Bernie Madoff

122 Tenho consciência de que não fiz nada criminoso
O Escândalo da Enron

124 Ele pôs em risco a existência do banco
Jérôme Kerviel

126 O suborno era tolerado e... recompensado
O Escândalo da Siemens

128 Não eram só garotos nerds dispostos a maldades no porão da casa dos pais
O Roubo de Dados pelo Malware SpyEye

130 As irregularidades... vão contra tudo que a Volkswagen defende
O Escândalo das Emissões da Volkswagen

CRIME ORGANIZADO

136 O mais arriscado dos negócios, o contrabando
A Quadrilha de Hawkhurst

138 Na Sicília há uma seita de bandidos
A Máfia Siciliana

146 Eles ousam fazer qualquer coisa
As Tríades

150 Jamais foi organizada uma quadrilha mais sórdida e facínora
O Bando Selvagem

152 A Lei Seca só trouxe problemas
As Guerras da Cerveja

154 Se o chefe disser que um corvo é branco, você tem de concordar
A Yakuza

160 Quando fazemos o certo, ninguém lembra. Quando erramos, ninguém esquece
Os Hells Angels

164 Foram os melhores anos de nossas vidas
Os Krays e os Richardsons

166 Todos os impérios são criados com sangue e fogo
O Cartel de Medellín

168 Foi sempre pelos negócios, nunca pelas gangues
"Freeway" Rick Ross

SEQUESTRO E EXTORSÃO

176 Ele dava menos valor a ela que a espadas velhas
O Sequestro de Pocahontas

177 O maravilhoso enredo da vida real
O Pretenso Tichborne

178 Anne, roubaram nosso bebê!
O Sequestro do Bebê Lindbergh

186 Desde segunda, estou nas mãos de sequestradores
O Sequestro de John Paul Getty III

188 Sou uma covarde. Não queria morrer
O Sequestro de Patty Hearst

190 Ainda durmo com uma luz acesa. Não consigo andar de metrô
O Sequestro de Chowchilla

196 Eu sempre me sentia uma pobre galinha num galinheiro
O Sequestro de Natascha Kampusch

CASOS DE ASSASSINATO

202 Um caso invulgarmente claro, como uma "arma fumegante"
O Assassinato do Neandertal

203 Perpetrado com a espada da justiça
Jean Calas

204 Absolvido por motivo de insanidade
Daniel M'Naghten

206 Deu o aviso prévio a Katherine
A Assassina da Banha

208 Lizzie Borden pegou um machado e golpeou a mãe quarenta vezes
Lizzie Borden

212 A impressão digital se revelou ao mesmo tempo infalível e viável
Os irmãos Stratton

216 Graças a Deus acabou. Foi suspense demais
Doutor Crippen

217 Fui levada por uma vontade que tomou o lugar da minha
Madame Caillaux

218 Ela era muito bonita, com lindos cabelos pretos
O Assassinato de Dália Negra

224 Só certas pessoas em certos tipos de negócio têm acesso a cianureto
Sadamichi Hirasawa

226 Venho sendo vítima de muitos pensamentos incomuns e irracionais
O Massacre da Torre do Texas

230 Chegou a hora do Helter Skelter
A Família Manson

238 Um dingo pegou meu bebê!
A Morte de Azaria Chamberlain

240 Eu era um Zé Ninguém até matar o maior alguém da Terra
O Assassinato de John Lennon

241 Quem mandou você contra mim? Quem lhe disse para fazer isso?
O Assassinato de Roberto Calvi

242 Eu estava no corredor da morte e era inocente
Kirk Bloodsworth

244 Um ato de maldade sem igual
O Assassinato de James Bulger

246 Eu temo que esse homem um dia me mate
O. J. Simpson

252 Crime na loja de espionagem
Craig Jacobsen

254 As pessoas têm medo e não querem falar conosco
Os Assassinatos de Tupac Shakur e Biggie Smalls

SERIAL KILLERS

262 Matar pessoas… por mera diversão
Liu Pengli

263 A assim chamada dama Alice tinha certo demônio
Alice Kyteler

264 O sangue de virgens a manterá jovem
Elizabeth Báthory

266 Vou lhe mandar outro pedacinho de entranhas
Jack, o Estripador

274 Estariam melhor mortas que comigo
Harvey Glatman

276 Eu apenas gosto de matar
Ted Bundy

284 Assassinos calculistas, cruéis e de sangue-frio
Ian Brady e Myra Hindley

286 Mais terrível que palavras podem expressar
Fred e Rosemary West

288 Aqui é o Zodíaco falando
O Assassino Zodíaco

290 A seus próprios olhos, era uma espécie de deus médico
Harold Shipman

292 Um erro da natureza
Andrei Chikatilo

293 Eu era doente ou mau, ou ambos
Jeffrey Dahmer

294 Um perigo para mulheres jovens
Colin Pitchfork

298 Li seu anúncio. Vamos falar sobre possibilidades
John Edward Robinson

ATENTADOS E COMPLÔS POLÍTICOS

304 Desejo insaciável e desgraçado por dinheiro
O Assassinato de Pertinax

305 Matar alguém por ofício
Os Assassinos

306 Sic semper tyrannis!
O Assassinato de Abraham Lincoln

310 Dreyfus é inocente. Eu juro! Por minha vida – minha honra!
O Caso Dreyfus

312 Se derramarem meu sangue, suas mãos ficarão sujas
O Assassinato de Rasputin

316 Tem de haver algo mais nisso
O Assassinato de John F. Kennedy

322 Beijo você pela última vez
O Sequestro de Aldo Moro

324 Havia barbárie em toda a nossa volta
O Sequestro de Ingrid Betancourt

326 Bárbaro e cruel
O Envenenamento de Alexander Litvinenko

332 OUTROS CRIMES NOTÓRIOS

344 ÍNDICE

351 CRÉDITOS DAS CITAÇÕES

352 AGRADECIMENTOS

APRESENTAÇÃO

Devo minha carreira como escritor ao crime – de mais de uma maneira. Em 1982, pouco após a publicação de meu primeiro livro, um thriller de espionagem, nossa casa em Brighton foi arrombada. Um jovem detetive, Mike Harris, veio coletar impressões digitais, viu o livro e pediu que ligasse para ele, se algum dia eu precisasse de ajuda da polícia de Sussex para fazer pesquisas.

Mike era casado com uma detetive, Renate, e nos anos seguintes minha ex-mulher e eu nos tornamos grandes amigos deles. Quase todo o círculo de amizades deles era da polícia, em todas as áreas, como Diligências, Homicídios, Tráfico, Proteção à Criança, Antiguidades e Fraudes. Quanto mais eu conversava com todos, mais percebia que ninguém vê melhor a vida humana numa carreira de trinta anos que um policial. Eles se defrontam com cada faceta da condição humana.

Todo crime investigado envolve a tríade inseparável de perpetrador, vítima e polícia. Mesmo crimes que nos causam repulsa, como estupro, violência doméstica, roubo de entidades beneficentes, maus-tratos a idosos ou crianças, têm tanto poder de nos prender quanto outros que são aparentemente mais "glamourosos". E há alguns crimes que nos cativam com sua vitalidade absoluta, em que a personalidade dos vilões transcende a ruína, o desespero e até a morte infligidos a suas vítimas. Tenho há muito tempo uma admiração oculta pelo brilhante golpista Victor Lustig, que vendeu a Torre Eiffel a um negociante de sucata, e pela natureza desabrida, habilidosamente planejada, mas quase de filme de comédia, do Roubo da Hatton Garden.

Muito no mesmo espírito, o Assalto ao Trem Pagador de 1963 atraiu a atenção da Inglaterra – na época, foi o maior e mais audacioso roubo cometido até então no país.

Eu almocei com o motorista da fuga da quadrilha, Roy John James, após sua libertação, alguns anos depois. Ele estava em busca de recursos para continuar a carreira de piloto de corridas. Carismático, me disse com pesar que se não tivessem cometido o erro de bater no maquinista, provocando lesões permanentes, seriam considerados heróis ainda hoje. Mas esse, é claro, é o problema do crime real – alguém sai machucado. O glamour e a força vital da história de Bonnie e Clyde acabam levando a um fim brutal e realista, numa torrente implacável de balas.

Mas isso não impede nosso infinito fascínio por monstros, reais ou fictícios, de Jack, o Estripador, até o agressivamente inteligente e charmoso Ted Bundy, que se calcula ter estuprado e matado mais de cem jovens colegas estudantes. Nem pelo crime em geral. Por que somos tão magnetizados pelo crime, tanto das páginas dos romances de detetives ficcionais, peças e filmes policiais, quanto pelos assassinatos mesmerizantes dos tabloides, jornais e notícias da TV?

Não acredito em uma resposta única, mas em muitas. No topo da lista, o fato de sermos programados por nossos genes a buscar a sobrevivência. Podemos aprender muito sobre ela estudando o destino das vítimas e as características dos criminosos.

E há um aspecto da natureza humana que nunca mudará. Estava batendo papo com um ex-ladrão em série de bancos, Steve Tulley. Ainda adolescente, na prisão por seu primeiro roubo, Tulley conheceu Reggie Kray e o convenceu a tomá-lo como pupilo e ensinar-lhe tudo o que sabia. Aos 58 anos, sem dinheiro, Tulley vive numa quitinete em Brighton. Perguntei qual a maior soma que tinha abocanhado. Respondeu que foi 50 mil libras, no caso de um banco. E o que tinha feito com o dinheiro? Entusiasmado, disse que tinha reservado uma suíte no Metropole Hotel de Brighton e, em suas palavras, "desbaratei a grana por seis meses, até acabar tudo".

Eu perguntei a Steve se faria diferente caso tivesse a chance de voltar atrás. "Não", ele respondeu com um brilho nos olhos. "Teria feito tudo de novo. É a adrenalina, entende?"

Peter James
Autor de best-sellers com o personagem detetive Roy Grace

INTRODU

ÇÃO

INTRODUÇÃO

Os crimes – atos ilegais que podem ser levados a julgamento e puníveis por lei – estão ao nosso redor, de infrações comparativamente insignificantes a atos realmente abomináveis de maldade indescritível.

Os autores dessas variadas transgressões magnetizam há muito tempo os estudiosos e o grande público, que buscam respostas para questões como por que algumas pessoas são mais propensas a cometer crimes que outras e se há características exclusivas dos criminosos.

Na verdade, os gregos antigos eram fascinados pela "ciência" da fisiognomonia – o estudo de como certos traços faciais podem revelar algo sobre o caráter ou natureza de uma pessoa. Embora tal ideia hoje soe um tanto ridícula, a fisiognomonia era amplamente aceita na Grécia Antiga e ressurgiu várias vezes ao longo dos séculos, em especial nos anos 1770, sob a liderança do escritor suíço Johann Kaspar Lavater.

O que une os crimes abordados neste livro é sua condição de "notórios" de alguma maneira. Seja devido a sua engenhosidade espetacular, oportunismo descarado, maquinação maquiavélica ou maldade abominável, eles se destacam na história. Embora muitos de seus autores sejam vistos com reprovação e repulsa, alguns são altamente romantizados com o passar dos anos por sua rebeldia e desprezo pelas regras. Isso com frequência ocorre a despeito da natureza extremamente grave de seus crimes, como nos casos de Bonnie e Clyde, do Assalto ao Trem Pagador e de Phoolan Devi.

Alguns casos foram inovadores e provocaram até a aprovação rápida de novas leis para proteger o público e impedir a ocorrência de crimes similares. A indignação pública durante a investigação do altamente divulgado Sequestro do Bebê Lindbergh, em 1932, levou o Congresso dos EUA a promulgar a Lei Federal sobre Sequestros um mês depois. Também conhecida como Lei Lindbergh, ela tornou o sequestro um crime federal punível com morte.

Outros casos envolveram estratégias de defesa legal pioneiras, como no de Daniel M'Naghten, em 1843, o primeiro de seu tipo na história do direito britânico. M'Naghten foi absolvido de um noticiado assassinato com base na alegação de insanidade e confinado num manicômio judiciário estadual para doentes mentais criminosos pelo resto da vida.

O crime ao longo do tempo

Por toda a história, momentos cruciais trouxeram à tona novos crimes. No fim do século XIX, por exemplo, a ilegalidade aumentou com o crescimento das cidades, em parte devido à falta de forças policiais oficiais para refrear os bandidos e levá-los à Justiça. Um deles foi Jesse James, do Velho Oeste, com seu infame Bando de James-Younger, que se tornou a primeira quadrilha nos EUA a roubar trens e bancos à luz do dia.

Na época da Lei Seca nos EUA, de 1920 a 1933, o crime organizado proliferou quando grupos como a

As leis são como teias de aranha; podem pegar mosquinhas, mas são atravessadas por vespas e marimbondos.
Jonathan Swift

INTRODUÇÃO

Gangue Sheldon, em Chicago, disputaram a liderança no fornecimento de bebida alcoólica no cinturão irlandês, no sudoeste da cidade.

O número de contravenções nos EUA cresceu tanto no período que a Associação Internacional de Chefes de Polícia começou a reunir estatísticas criminais. Isso culminou no lançamento dos Relatórios Uniformes de Crimes – o primeiro publicado em janeiro de 1930 –, compilados por meio de um esforço colaborativo voluntário de polícias locais, dos condados e dos estados, e que se tornaram um instrumento vital para monitorar o número e tipo de crimes cometidos nos EUA. Eles se firmaram e inspiraram as polícias de outros países ao redor do mundo a seguir o exemplo.

A transgressão última
Assassinatos são invariavelmente brutais e perturbadores. Seja encomendado, passional ou um ato gratuito de violência contra um estranho, é uma ação definitiva e trágica.

Acredita-se que o primeiro homicídio da história tenha ocorrido cerca de 430 mil anos atrás. No entanto, ele só foi descoberto em 2015, quando arqueólogos que trabalhavam em Atapuerca, na Espanha, remontaram o crânio de um homem de Neandertal e encontraram evidências de que ele (ou ela) tinha sido golpeado até a morte e lançado num fosso de caverna.

Há um fascínio público inegável por serial killers – em especial quando o culpado não é descoberto. Os casos de Jack, o Estripador, em Londres, e do Assassino do Zodíaco, na Califórnia, são ambos fontes permanentes de análise e especulação. Alguns crimes são tão horripilantes que o nome de seu autor fica indelevelmente ligado ao mal indescritível. Ted Bundy, que cometeu os abomináveis assassinatos de dezenas de jovens mulheres nos anos 1970, na região do Noroeste do Pacífico dos EUA, é um

Quem comete uma injustiça sempre se torna mais lastimável que quem a sofre.
Platão

deles. O fato de Bundy parecer um homem encantador e respeitável acentuava o efeito de choque: ele não condizia com a visão estereotipada de um serial killer monstruoso.

Vilões e tecnologia
A fuga da Penitenciária Federal de Alcatraz, EUA, em 1962, causou sensação mundial. Os investigadores concluíram que os fugitivos morreram tentando fazer a travessia da baía de San Francisco – mas evidências achadas em 2015 colocam isso em questão. Se essa fuga ocorresse hoje, uma enorme perseguição seria transmitida ao vivo pela internet, tornando mais difícil aos criminosos escapar.

Os avanços tecnológicos na detecção e resolução de crimes, como a impressão genética, são acompanhados pela crescente sofisticação em técnicas para cometer crimes e evitar a captura. Em 2011, o hacker russo Aleksandr Panin acessou dados confidenciais de mais de 50 milhões de computadores. Em 2016, hackers roubaram cerca de 400 milhões de reais do Banco Central de Bangladesh sem colocar um pé no país. Os métodos criminosos podem ter evoluído com o tempo, mas nosso fascínio pelo crime e por seus perpetradores continua tão forte como sempre foi. ∎

BANDIDO
LADRÕES
INCENDIÁ

S,

É

RIOS

16 INTRODUÇÃO

O irlandês Thomas Blood tenta roubar as **Joias da Coroa Inglesa** da Torre de Londres.

1671

O pirata Edward "Barba Negra" Teach **saqueia barcos** no Caribe e ao longo da costa leste da América do Norte.

1716-1718

Jesse James lidera o Bando de James-Younger em **roubos de trens e bancos** no meio-oeste americano.

1866-1882

1676

Na Inglaterra, o **ladrão de estrada** John Nevison percorre 320 quilômetros num só dia para forjar um álibi.

1827-1828

Os ladrões de túmulos escoceses William Burke e William Hare passam a matar para ganhar dinheiro **vendendo cadáveres** para dissecação.

1930-1934

Bonnie e Clyde entram numa **espiral de crimes** enquanto atravessam vários estados dos EUA, sequestrando e matando quando encurralados.

Há muito o público em geral idealiza os bandidos, admirando sua coragem, audácia e relutância em viver segundo as regras de outros. Muitos são considerados pessoas intrépidas e não meros criminosos comuns. Era assim que as pessoas viam Bonnie Parker e Clyde Barrow, bandidos ativos nos anos 1930 nos EUA que viajavam num Buick sedã e se escondiam em hospedarias ou celeiros vazios entre os roubos e assassinatos. Os crimes de Bonnie e Clyde eram odiosos, mas eles conquistaram a imaginação pública e atraíram multidões de apoiadores que se satisfaziam lendo os relatos de suas últimas façanhas.

Não foi diferente no Assalto ao Trem Pagador, em que um bando de quinze membros atacou o trem postal de Glasgow a Londres em 1963. Com capacetes, máscaras de esqui e luvas, eles roubaram 120 malotes postais com mais de 2,6 milhões de libras da época (cerca de 297 milhões de reais hoje) em dinheiro vivo e feriram gravemente o maquinista Jack Mills. Apesar disso, parte do público os glorifica, feliz por alguns deles terem escapado da justiça e ignorando os atos violentos e ilegais.

Como outros roubos e parcerias criminosas famosas, as histórias do Assalto ao Trem Pagador e de Bonnie e Clyde viraram filmes que apelavam ao velho apreço do público pelos vilões.

A noção de um vigarista adorável não é totalmente extravagante. John Nevison, um ladrão de estrada britânico dos anos 1670, era conhecido por seus modos elegantes. A cavalo, ele abordava as carruagens e pedia desculpas às vítimas antes de tomar seu dinheiro. De modo bizarro, quase se tornou uma honra ser roubado por Nevison. Sua condição lendária se consolidou com a impulsiva jornada de 320 quilômetros do condado de Kent até York para criar um álibi para o roubo que tinha cometido mais cedo naquele dia – um feito que lhe valeu o apelido de "Nick Ligeiro".

Crimes engenhosos

Às vezes não conseguimos deixar de admirar a audácia de certos crimes. Um dos mais ousados dos tempos modernos ocorreu no ar, sobre o noroeste dos EUA, em novembro de 1971. O sequestrador de um Boeing 727, que ficou conhecido como D. B. Cooper, escapou do avião num paraquedas, levando um resgate de 200 mil dólares em notas de vinte.

BANDIDOS, LADRÕES E INCENDIÁRIOS   17

No **Assalto ao Trem Pagador**, mais de 2,6 milhões de libras da época (cerca de 297 milhões de reais hoje) são levados do trem postal de Glasgow a Londres.

Em Uttar Pradesh, na Índia, Phoolan Devi, conhecida como **Rainha Bandida**, comete dezenas de roubos em estradas.

Na Bélgica, ladrões arrombam a caixa-forte do Centro de Diamantes de Antuérpia, **roubando diamantes** no valor de cerca de 477 milhões de reais.

1963 **1979-1983** **2003**

1971 **1984-1991** **2015**

No estado de Washington, um homem a quem se deu o nome de D. B. Cooper **sequestra um avião**, obtém cerca de 954 mil reais de resgate e escapa num paraquedas.

O investigador de incêndios profissional e incendiário em segredo John Leonard Orr **provoca uma série de incêndios mortais** no sul da Califórnia.

Ladrões veteranos saqueiam a Hatton Garden Safe Deposit Company, no centro de Londres, no **maior roubo por arrombamento da história do Reino Unido**.

Em Nice, na França, poucos anos depois, ladrões cometeram o maior roubo da história até então, perfurando uma passagem até o banco Société Générale a partir do sistema de esgoto da cidade. Em 2003, um bando de ladrões mostrou ousadia similar ao arrombar a caixa-forte subterrânea aparentemente inexpugnável dois andares abaixo do Centro de Diamantes de Antuérpia, para cometer o que chamaram de "crime perfeito" e escapando com cerca de 477 milhões de reais. O líder da quadrilha cometeu um erro fatal, porém, deixando traços de seu DNA perto da cena do crime.

Roubos de arte também tendem a cativar o público, porque em geral demonstram oportunismo audaz e desconsideração pelas consequências. Tome, por exemplo, o caso do ladrão amador de arte Robert Mang, que em 2003 escalou o andaime fora de um museu, se esgueirou por uma janela quebrada e roubou uma obra multimilionária do artista italiano Benvenuto Cellini. No entanto, não havia mercado para a obra-prima em miniatura, e ele teve de enterrá-la num bosque.

Atos mais graves
Nem todos os criminosos inspiram um relutante respeito pela notável coragem. O caso dos ladrões de cadáveres William Burke e William Hare – que, no início do século XIX, em Edimburgo, passaram a matar para fornecer corpos para as aulas de anatomia do doutor Robert Knox na universidade local – é um conto de horror. A onda de ataques incendiários do investigador de incêndios John Leonard Orr na Califórnia foi em especial tenebrosa e perturbadora. O caso foi diabolicamente difícil de apurar, porque grande parte das evidências era destruída pelo fogo. Uma impressão digital parcial deixada na parte não queimada de um dispositivo incendiário levou à prisão de Orr.

Diferentemente de Bonnie e Clyde e dos ladrões do Assalto ao Trem Pagador, que se tornaram figuras lendárias graças à mídia, Orr criou sua própria lenda e ganhou fama como o primeiro investigador na cena dos crimes que ele próprio secretamente cometia. Mas seu destemor e sua habilidade como um mestre da manipulação são o que ele partilha com os bandidos e ladrões apresentados nesta parte. Todos eles entraram para a história do crime devido a sua notoriedade, que em alguns casos chegou à condição de mito. ∎

O PAI DE TODAS AS TRAIÇÕES
THOMAS BLOOD, 1671

EM CONTEXTO

LOCAL
Torre de Londres, Reino Unido

TEMA
Roubo de joias

ANTES
1303 Richard de Pudlicott, um mercador de lã empobrecido, rouba grande parte do tesouro inestimável de pedras preciosas, ouro e moedas de Eduardo I na Abadia de Westminster.

DEPOIS
11 de setembro de 1792 Ladrões arrombam o Depósito Real, no Hôtel du Garde-Meuble de la Couronne, em Paris, e levam a maior parte das joias da Coroa Francesa; muitas, mas não todas, são depois recuperadas.

11 de agosto de 1994 Três homens fogem com joias e pedras preciosas no valor de cerca de 286 milhões de reais de uma exposição no Carlton Hotel, em Cannes, na França.

Nascido na Irlanda, Thomas Blood (1618-1680) lutou pelos parlamentaristas contra os realistas de Carlos I na Guerra Civil Inglesa (1642-1651), e o vitorioso Oliver Cromwell o recompensou com propriedades em sua terra natal. Elas foram confiscadas com a Restauração da Monarquia sob Carlos II, que Blood considerava um erro a corrigir. Ele tramou um plano para roubar as joias da Coroa, não só pelo ganho econômico como para simbolicamente decapitar o rei, repetindo o destino de Carlos I em 1649.

No início de 1671, disfarçado como um fictício reverendo "Ayloffe" e com uma cúmplice posando como sua mulher, Blood pagou ao mestre do Gabinete das Joias, o ancião Talbot Edwards, por um tour. A senhora Ayloffe fingiu sentir-se mal durante o passeio, e Edwards e sua mulher foram ajudá-la. Agradecido, o reverendo Ayloffe fez novas visitas e ganhou a confiança de Edwards. Em 5 de maio, Ayloffe convenceu Edwards a abrir o depósito das joias e, a seguir, fez entrar seus amigos à espera. Após dominar e espancar Edwards, o bando amassou a coroa e serrou o cetro para facilitar carregá-los. Eles tentaram fugir a cavalo, mas logo foram capturados.

O rei deixou seus súditos confusos ao oferecer o perdão real a Blood. Alguns aventam que o rei se divertiu com a ousadia de Blood; outros que ele o tinha recrutado como espião. De qualquer modo, Blood se tornou depois um queridinho na corte real. ∎

Foi uma tentativa galante, apesar de malsucedida! Era por uma coroa!
Thomas Blood

Ver também: O Roubo do Banco Société Générale 44 ▪ O Roubo de Diamantes de Antuérpia 54-55 ▪ O Caso do Colar de Diamantes 64-65

BANDIDOS, LADRÕES E INCENDIÁRIOS 19

UM LADRÃO AMÁVEL E CORTÊS
JOHN NEVISON, 1676

EM CONTEXTO

LOCAL
Gad's Hill, perto de Rochester, Kent, Reino Unido

TEMA
Roubo em estrada

ANTES
1491-1518 Humphrey Kynaston, um ladrão de estrada inglês bem-nascido, assalta viajantes em Shropshire, supostamente dando o que tomava aos pobres.

DEPOIS
Anos 1710 Louis Dominique Garthausen, conhecido como "Cartouche", faz assaltos nas estradas de Paris e arredores.

1735-1737 O ladrão de estrada Dick Turpin realiza uma série de assaltos na área da Grande Londres. Ele é capturado em York em 1739 e executado por roubo de cavalos.

Consta que o ladrão de estrada John Nevison (1639--1694) foi apelidado de "Nick Ligeiro" pelo rei Carlos II ao ser revelada a verdade sobre sua façanha mais famosa. Após assaltar um viajante perto de Rochester, em Kent, Nevison precisava com urgência de um álibi, então imaginou um plano astuto. Ele atravessou o rio Tâmisa e galopou por 320 quilômetros num só dia até York, onde foi conversar com o prefeito e fez uma aposta num jogo de bocha. Nevison se assegurou de que o prefeito soubesse o horário (20 horas). A artimanha deu resultado, e o prefeito confirmou depois o álibi no julgamento de Nevison. O júri não conseguia conceber que alguém fosse fisicamente capaz de percorrer a distância coberta por Nevison num só dia, e ele foi inocentado.

Nevison era um veterano da Batalha de Dunkirk de 1658 e habilidoso com cavalos e armas. Era cortês e elegante, e acreditava que isso o situava acima dos ladrões comuns. O *Newgate Calendar*, uma publicação que detalha os feitos de criminosos fabulosos, afirmou que ele era "muito benévolo com o sexo feminino" por sua cortesia e estilo. Isso elevou sua condição e teve o estranho efeito de tornar algo como uma honra ser assaltado por ele. ■

O estilo extravagante de Nevison e seus modos cortesos são evidentes nesta representação de 1680 de seu suposto encontro com o rei Carlos II.

Ver também: O Assalto ao Trem Pagador 30-35

QUE MINHA ALMA SEJA CONDENADA SE EU TE POUPAR
EDWARD "BARBA NEGRA" TEACH, 1716-1718

EM CONTEXTO

LOCAL
Caribe e costa leste da América do Norte

TEMA
Pirataria

ANTES
1667-1683 O corsário galês e depois almirante da Marinha Real sir Henry Morgan ganha renome ao atacar povoados espanhóis no Caribe.

1689-1696 O capitão William Kidd, um famoso corsário e caçador de piratas escocês, saqueia barcos e ilhas no Caribe.

DEPOIS
1717-1718 O pirata de Barbados "Cavalheiro" Stede Bonnet (assim apelidado por seu passado como rico dono de terras) pilha navios no Caribe.

1719-1722 Bartholomew "Black Bart" Roberts, um pirata galês, ataca centenas de barcos nas Américas e na África ocidental.

Edward "Barba Negra" Teach nem de longe foi o pirata mais bem-sucedido, mas sem dúvida é o mais notório. A princípio um corsário inglês durante a Guerra da Rainha Ana (1702-1713), ele se voltou para a pirataria quando cessaram as hostilidades.

Em 1716, Barba Negra foi para a "república dos piratas" de Nassau, nas Bahamas. Lá, conheceu o capitão Benjamin Hornigold, que o pôs no comando de uma chalupa. Juntos os dois saquearam navios nas águas ao redor de Cuba e Bermudas e ao longo da costa leste da América do Norte.

Hornigold e Teach logo encontraram o pirata de Barbados "Cavalheiro" Stede Bonnet, que se ferira gravemente ao atacar uma caravela espanhola. Metade da tripulação de Bonnet tinha morrido e os setenta restantes perderam a fé em sua liderança. Os três homens juntaram forças e Bonnet cedeu temporariamente o comando de sua chalupa, *Revenge*, a Barba Negra.

No comando
Num ataque perto de Martinica, em novembro de 1717, Hornigold se apossou da fragata *La Concord de Nantes*, de duzentas toneladas.

A aparência assustadora de Barba Negra se ajustava a sua fama, mas evidências indicam que ele só usava a força como último recurso. Sua fanfarronice foi muito romantizada após sua morte.

Hornigold colocou no comando desse valioso barco Barba Negra, que o renomeou *Queen Anne's Revenge*.

Em dezembro, o rei Jorge I aprovou a Lei da Reparação, que perdoava qualquer pirata que oficialmente renunciasse a seu estilo de vida. Hornigold – que

BANDIDOS, LADRÕES E INCENDIÁRIOS

Ver também: A Quadrilha de Hawkhurst 136-137

tinha sido substituído como capitão pelas tripulações combinadas sua e de Barba Negra, após ele ter votado contra a decisão de atacar quaisquer navios que quisessem, inclusive ingleses – obteve o perdão real e se afastou de Barba Negra.

Por fim, os homens de Bonnet o abandonaram, servindo apenas a Barba Negra. Este colocou um substituto no comando do *Revenge* e manteve Bonnet como "convidado" em seu barco. Pouco depois, Barba Negra navegou para a Carolina do Norte, onde bloqueou o porto de Charleston, capturando nove barcos e pedindo o resgate por um rico mercador e político.

Ao se afastar de Charleston, o *Queen Anne's Revenge* encalhou. Ancorando a frota na enseada de Topsail, Bonnet e Barba Negra seguiram por terra para Bath, na Carolina do Norte, em junho de 1718, onde receberam o perdão do governador Charles Eden. Porém, enquanto Bonnet permanecia lá, Barba Negra se esgueirou de volta, saqueou o *Revenge* e dois outros barcos da frota e transferiu os bens para sua chalupa, a *Adventure*.

Com a violação das condições do perdão, havia agora uma considerável recompensa pela cabeça de Barba Negra. Em 22 de novembro de 1718, duas chalupas da Marinha Real comandadas pelo tenente Robert Maynard alcançaram a *Adventure* no porto de Ocracoke.

Última resistência

Enganando os barcos da Marinha Real, Barba Negra os atraiu para um banco de areia e lançou duas rajadas de disparos contra o navio de Maynard. Quando a fumaça baixou, só o tenente e uns poucos tripulantes estavam no convés. Barba Negra ordenou que seu bando de 23 piratas fizesse a abordagem.

Quando os homens escalaram o barco, trinta marinheiros armados emergiram dos conveses de baixo. Seguiu-se uma batalha sangrenta. Maynard e Barba Negra dispararam com as pistolas de pederneira um contra o outro. Barba Negra errou o tiro, mas Maynard o acertou no abdome. Apesar disso, ele se recuperou e quebrou a espada de Maynard em duas partes com um poderoso golpe de seu alfanje. Antes que pudesse aproveitar essa breve vantagem, porém, um dos homens de Maynard acertou um ombro de Barba Negra com uma lança. Com menos homens e armas, a tripulação de Barba Negra se rendeu, mas ele continuou a lutar. Por fim caiu morto, após levar cinco tiros e vinte golpes de espada.

Maynard ordenou que seus homens pendurassem a cabeça de Barba Negra no mastro. Depois, ela foi colocada numa estaca perto do rio Hampton, como aviso para outros piratas. ∎

> *Vamos pular a bordo e cortá-los em pedaços.*
> **Edward "Barba Negra" Teach**

O corsário sir Henry Morgan ataca e toma a cidade de Porto Príncipe, em Cuba, nesta gravura de 1754.

Pirataria "legal"

Os sociólogos há muito reconhecem que os crimes e desvios de comportamento são situacionais – que mudam com o tempo e o lugar. A pirataria é um bom exemplo disso. Em meados do século XIII, Henrique III da Inglaterra começou a emitir licenças, chamadas "comissões privadas", que permitiam a marinheiros atacar e saquear barcos estrangeiros. Após 1295, essas licenças ficaram conhecidas como "cartas de corso". Os corsários proliferaram muito nos séculos XVI a XVIII, com alguns trabalhando sem anuência real, como Francis Drake, que promovia ataques a naus espanholas. Durante a Guerra da Rainha Ana, os corsários britânicos pilharam regularmente barcos franceses e espanhóis. Porém, quando as hostilidades entre as nações acabaram, esses saqueadores profissionais se viram de repente do outro lado da lei. Claramente, o que é considerado criminoso depende de estruturas sociais cambiantes, que por sua vez são ditadas por realidades políticas e econômicas maiores.

BURKE, O AÇOUGUEIRO; HARE, O LADRÃO; KNOX, O GAROTO QUE COMPRA A CARNE
BURKE E HARE, 1827-1828

EM CONTEXTO

LOCAL
Edimburgo, Escócia, Reino Unido

TEMA
Roubo de cadáveres e múltiplos assassinatos

ANTES
Novembro de 1825 Thomas Tuite, um ladrão de cadáveres, é preso por um vigia em Dublin, na Irlanda, em posse de cinco corpos e com os bolsos cheios de dentes.

DEPOIS
7 de novembro de 1876 Uma quadrilha de falsários invade o Cemitério Oak Ridge, em Springfield, em Illinois, para roubar o corpo de Abraham Lincoln e pedir um resgate. O plano é arruinado por um agente do Serviço Secreto que fingiu ser membro do bando.

Dois imigrantes irlandeses se tornaram ladrões sinistramente graves – e, por fim, assassinos – na Escócia do século XIX, quando se deixaram vencer pela ganância.

William Burke e William Hare trabalhavam como operários em Edimburgo, onde se conheceram em 1827 depois que Burke e sua companheira, Helen McDougal, se mudaram para uma hospedaria gerenciada por Hare e sua mulher, Margaret.

Quando um hóspede idoso morreu de causas naturais deixando dívidas de alojamento, Burke e Hare se esgueiraram até o cemitério, desenterraram o caixão, apanharam o corpo e o levaram num baú de chá para a Escola de Medicina da Universidade de Edimburgo.

O doutor Robert Knox, um professor popular de anatomia que precisava com urgência de cadáveres para aulas de dissecação, lhes pagou sete libras e dez xelins pelo corpo.

Uma ideia original de negócio
Inspirados pelo sucesso e felizes com a entrada fácil de recursos, a dupla repetiu o feito muitas vezes, roubando caixões recém-enterrados e vendendo os cadáveres a Knox. Mas eles logo se cansaram de escavar no meio da noite. Então, em novembro de 1827, quando outro hóspede ficou doente, Burke apressou o fim do homem cobrindo sua boca e nariz enquanto o segurava – uma técnica de asfixia que ficou conhecida no Reino Unido como "burkeamento".

Esse primeiro assassinato foi o início de uma série praticada pela dupla, atingindo vagabundos e

Hare (esq.) e Burke (dir.) exploraram financeiramente a falta de cadáveres legais numa época em que Edimburgo era o principal centro europeu de pesquisa anatômica.

Ver também: Jack, o Estripador 266-273

Robert Knox era um importante anatomista escocês, cuja carreira foi arruinada por seu envolvimento no caso de Burke e Hare.

prostitutas das ruas de Edimburgo. Seu *modus operandi* envolvia dar bebida à vítima até que dormisse. Depois, Burke as asfixiava usando sua técnica única. Eles punham o corpo num baú de chá e o levavam à noite para a sala cirúrgica do doutor Knox. Por cada corpo, recebiam de sete a dez libras. Burke e Hare escaparam impunes por onze meses, até que o corpo da irlandesa Margaret Docherty foi descoberto por dois hóspedes de Hare, Ann e James Gray. Os Gray notificaram a polícia, e uma investigação levou ao doutor Knox. O corpo de Docherty já tinha sido levado para uma sala de aula da universidade que se tornara o palco de dissecação de Knox.

Depois que uma reportagem de jornal acusou Burke e Hare, houve um clamor público para que fossem processados. William Burke, William Hare, Helen McDougal e Margaret Hare foram presos pela polícia pouco depois e acusados de assassinato. O doutor Knox foi interrogado pela polícia, mas não foi preso pois tecnicamente não violara a lei.

Cada um por si
Em busca de provas para a condenação, o lorde advogado do tribunal tentou extrair uma confissão de um dos quatro e escolheu Hare. Com a oferta de imunidade processual, Hare testemunhou que Burke cometera os assassinatos.

Tenho certeza de que [...] em toda a história de nosso país – nunca nada se apresentou sob qualquer aspecto que se comparasse a esse caso.
Lord Meadowbank

Burke foi em seguida condenado por três assassinatos e, em 28 de janeiro de 1829, enforcado diante de uma animada multidão de 25 mil pessoas. Consta que alguns pagaram uma libra por uma boa visão do cadafalso.

O corpo de Burke foi publicamente dissecado pelo rival do doutor Knox, o doutor Monro, na sala de anatomia do Old College da Universidade de Edimburgo, atraindo tantos espectadores que houve um pequeno tumulto. Seu esqueleto foi depois doado à Escola de Medicina de Edimburgo. Hare, apesar de ter confessado cumplicidade, foi libertado e fugiu para a Inglaterra. Com a reputação em farrapos, Knox se mudou para Londres para tentar recuperar sua carreira médica.

No total, Burke e Hare mataram dezesseis vítimas, no que ficou conhecido como Assassinatos de West Port. Essas mortes levaram à aprovação da Lei de Anatomia de 1832, que aumentou o suprimento legal de cadáveres ao autorizar a dissecação de corpos não reclamados após 48 horas em casas de correção. Isso se provou eficaz para reduzir os casos de roubo de cadáveres. ∎

O diagnóstico de psicopatia

A Lista de Avaliação de Psicopatia de Hare (cujo nome é uma homenagem ao psicólogo canadense Robert Hare) é uma ferramenta para diagnosticar tendências psicopáticas de uma pessoa. Concebida de início para o exame de acusados de crimes, inclui vinte itens sobre traços de personalidade analisados primeiramente numa entrevista. O paciente recebe um ponto para cada item, dependendo de quanto ele se aplica à pessoa. Os traços incluem ausência de remorso, falta de empatia, incapacidade de aceitar a responsabilidade por atos, impulsividade e mentir de modo patológico. Quando psicopatas cometem crimes, é provável que seus atos sejam propositados. Sua motivação em geral envolve poder ou prazer sádico. Nem todos os criminosos violentos são psicopatas, mas investigações do FBI descobriram que infratores psicopatas têm histórico criminal mais grave e tendem a ser mais cronicamente violentos.

ELES ERAM CARAS VALENTES, ERAM HOMENS DE VERDADE
O BANDO DE JAMES-YOUNGER, 1866-1882

EM CONTEXTO

LOCAL
Missouri, Kansas, Kentucky, Arkansas, Iowa, Texas e Virgínia Ocidental, EUA

TEMA
Assalto à mão armada

ANTES
1790-1802 Samuel "Lobisomem" Mason e seu bando de seguidores atacam viajantes em barcos nos rios Ohio e Mississípi, nos EUA.

1863-1864 William "Bill Sanguinário" Anderson, um líder de guerrilha pró--confederados na Guerra Civil Americana, chefia um grupo de bandidos contra soldados federais no Missouri e no Kansas, nos EUA.

DEPOIS
1897 Al Jennings, um promotor público que vira bandido, forma o bando de Jennings e assalta trens em Oklahoma, nos EUA.

De fevereiro de 1866 a setembro de 1876, o Bando de James-Younger assaltou doze bancos, cinco trens, cinco carruagens e uma bilheteria de exposição. A espiral de crimes começou após a Guerra Civil Americana (1861-1865), quando os irmãos James – Jesse e Frank – uniram forças com os irmãos Younger – Cole, Jim, John e Bob. Todos haviam lutado como guerrilheiros confederados, atacando civis unionistas na Guerra Civil. Quando as hostilidades acabaram, Jesse James transformou o grupo num bando de ladrões de banco.

Alguns historiadores creditam à quadrilha o primeiro assalto à mão armada à luz do dia nos EUA, quando atacaram a Clay County Savings Association de Liberty, no Missouri, em 1866. Em todos os assaltos a trens, o bando só roubava passageiros duas vezes se seu ganho estivesse especialmente baixo. Eles assaltavam a cada dois meses, escondendo-se entre as ações para evitar a lei. Eram ajudados por simpatizantes, que ofereciam a casa como esconderijo. O bando usava mapas e bússolas e evitava estradas movimentadas, tornando difícil segui-los.

Jesse James (esq.) posa com dois dos irmãos Younger. Apesar da imagem romantizada de Jesse e das comparações a Robin Hood, não há evidências de que ele desse aos pobres o que pilhava.

A quadrilha cresceu e se espalhou pelos estados do meio--oeste, assaltando bancos, trens e carruagens em Missouri, Kansas, Kentucky, Arkansas, Iowa, Texas e Virgínia Ocidental. Em 3 de junho de 1871, roubaram um banco em Corydon, em Iowa, mas foram identificados como suspeitos. Dali em diante, ficaram conhecidos como Bando de James-Younger.

BANDIDOS, LADRÕES E INCENDIÁRIOS

Ver também: Bonnie e Clyde 26-29 ▪ O Bando Selvagem 150-151

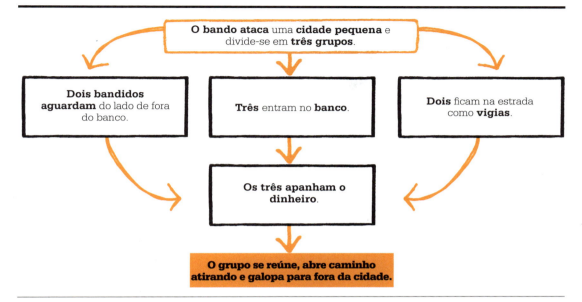

Rastreio

Em 1874, após um roubo de trem no Missouri, a Adams Express Company, que sofreu a maior perda, contratou os serviços da Pinkerton National Detective Agency para capturar o bando.

Em março de 1874, Allan Pinkerton, o fundador da agência, enviou o detetive Joseph Whicher no encalço dos James, mas ele foi achado morto no dia seguinte à sua chegada. Um indignado Pinkerton mandou um grupo de detetives rastrear o bando em janeiro de 1875, mas eles só conseguiram matar o meio-irmão de 8 anos e ferir a mãe de Jesse com um artefato incendiário num ataque fracassado. Condenado por esse ato, Pinkerton se retirou e o bando continuou a agir, sem se abater.

O Bando de James-Younger se dissolveu em 1876, quando os irmãos Younger foram presos numa emboscada, ao tentar roubar o Northfield First National Bank, em Minnesota. Os irmãos James foram ambos feridos nas pernas, mas fugiram a cavalo e se mantiveram quietos até três anos depois, quando Jesse formou outra quadrilha. O reinado do Bando de James terminou em 1882, quando um membro do grupo, Robert Ford, traiu Jesse James, alvejando-o nas costas em sua casa em St. Joseph, no Missouri, para obter a recompensa de cerca de 48 mil reais por sua cabeça. ■

A idealização dos bandidos

As façanhas dos bandidos do Velho Oeste têm sido exageradas e idealizadas, apesar de muitos deles terem sido assassinos. O aspecto cativante dos criminosos parece se basear em sentimentos conflitantes de atração e repulsa, de amor e ódio.

Os bandidos incorporam a liberdade ao se recusar a seguir a lei, representando as crianças transgressoras que fomos. São louvados pela benevolência inesperada: o ladrão de estrada gentil e figuras como Robin Hood se popularizaram por seus motivos supostamente altruístas e por "servir" as pessoas.

A reação pública ao assassinato de Jesse James por Robert Ford em 1882 é um exemplo disso, pois causou sensação nacional. Artigos de jornal foram publicados em todo os EUA, inclusive no *New York Times*. A atração de James era tal que pessoas viajaram de longe para ver o corpo do ladrão lendário.

PELO AMOR DE UM HOMEM VOU TER DE MORRER

BONNIE E CLYDE, 1930-1934

EM CONTEXTO

LOCAL
Centro dos EUA

TEMA
Gângsteres

ANTES
3 de fevereiro de 1889 A assaltante Myra Maybelle Starr, mais conhecida como Belle Starr, é baleada perto de King Creek, em Oklahoma.

DEPOIS
22 de julho de 1934 John Dillinger, um gângster e notório ladrão de bancos da era da Depressão, é morto por agentes federais ao tentar escapar da captura.

27 de novembro de 1934 Agentes do FBI matam George "Cara de Bebê" Nelson, ladrão de bancos e gângster rotulado então como "inimigo público número 1".

Nas últimas horas da noite de 13 de abril de 1933, dois carros da polícia chegaram a um prédio na Oak Ridge Drive, na cidade varrida pelo vento de Joplin, no Missouri. Dentro dele viviam num apartamento alugado os infames bandidos conhecidos como Bando de Barrow, entre eles Bonnie Parker e Clyde Barrow. A quadrilha passara os últimos doze dias escondida, após uma série de assaltos à mão armada e sequestros no Missouri e em estados vizinhos.

Quando os policiais gritaram para que os ocupantes saíssem, Clyde pegou sua arma favorita – um fuzil automático M1918 Browning – e abriu fogo por uma janela quebrada.

BANDIDOS, LADRÕES E INCENDIÁRIOS   27

Ver também: O Bando de James-Younger 24-25 ▪ O Bando Selvagem 150-151

Nenhum homem além do agente funerário vai me pegar [...] Eu mesmo vou tirar minha vida.
Clyde Barrow

Sua amante Bonnie disparou tiros de cobertura com sua própria arma, estilhaçando as árvores ao redor. Em meio à chuva de disparos, o bando matou dois policiais do Missouri, o detetive Harry McGinnis e Constable J. W. Harryman.

Bonnie e Clyde escaparam, deixando suas posses para trás, entre elas um arsenal de armas, poemas manuscritos por Bonnie e rolos de filme não revelado, que tornariam os jovens amantes lendas populares e

Usando seus icônicos saltos altos, Bonnie aponta uma arma para Clyde de brincadeira, em 1932. Ela sofreria depois um grave acidente de carro que a deixou quase incapaz de andar.

acabariam levando a seu fim. Nas fotos, o par posava alegremente com armas automáticas, em frente a um carro roubado. Em uma imagem, Bonnie prendia um cigarro nos dentes e segurava uma arma na mão. Logo a história dos amantes fora da

lei dominou as primeiras páginas dos jornais pelo país.

Superastros criminosos
A série de crimes ao longo de quatro anos, durante os quais assaltaram bancos e mataram policiais, excitou o público americano. Longe de sua imagem glamourizada, porém, os crimes da Gangue de Barrow eram pontuados por fugas por um triz, roubos frustrados e ferimentos fatais.

Com o FBI ainda se estruturando e sem poder para combater roubos a bancos e sequestros interestaduais, o período entre 1931 e 1935 ficou conhecido como a "Era do Inimigo Público", quando muitos criminosos famosos causavam grandes danos pelo país, contra o fundo da Grande Depressão.

Desde o primeiro encontro, em 1930, Bonnie e Clyde tiveram uma conexão instantaneamente e ela se tornou sua leal companheira. Poucos após o início do romance, Clyde foi detido por arrombamento e enviado ao presídio de Eastham, no Texas. Lá ele cometeu seu primeiro assassinato, usando um cachimbo de chumbo para espancar um preso que o atacara. Depois que Bonnie contrabandeou uma arma para dentro da prisão, »

Clyde fugiu, mas foi recapturado depois.

Começa a espiral de crimes

Em fevereiro de 1932, Clyde recebeu liberdade condicional e saiu da prisão como um criminoso mais duro e amargo, buscando vingança contra o sistema prisional pelos abusos que sofrera atrás das grades. Ao lado de Bonnie, Clyde reuniu um grupo rotativo de cúmplices, roubando postos de gasolina rurais e sequestrando e matando quando encurralado.

Entre 1932 e 1934, acredita-se que o bando matou vários civis e pelo menos nove policiais. Clyde foi oficialmente acusado de assassinato pela primeira vez em abril de 1932, quando baleou o dono de uma loja após assaltá-lo. Alguns meses depois, Clyde e outro membro do bando mataram um subdelegado e feriram um xerife que os abordaram num baile rural em Oklahoma. Era a primeira vez que um membro do Bando de Barrow matava um agente da lei.

Em abril de 1933, Buck, um irmão de Clyde, foi libertado da prisão. Ele e sua nova noiva, Blanche, se juntaram ao bando no apartamento em Joplin, no Missouri, o que acabou atraindo a atenção da polícia, após doze dias de festas ruidosas regadas a álcool. A recém-adquirida notoriedade, após o tiroteio, tornou cada vez mais difícil a fuga do bando, caçado pela polícia, perseguido pela imprensa e seguido por um público ávido.

Nos três meses seguintes, eles circularam do Texas para Minnesota e Indiana, dormindo em campings. Assaltavam bancos, sequestravam pessoas e roubavam carros, cometendo crimes perto dos limites estaduais para aproveitar a "regra da fronteira estadual" pré-FBI, que impedia que policiais

A edição do *The Dallas Morning News* com a notícia da morte de Bonnie e Clyde vendeu 500 mil exemplares. Um grupo de entregadores de jornal de Dallas mandou depois o maior arranjo floral ao funeral de Bonnie.

passassem de um estado a outro perseguindo um fugitivo.

A opinião pública muda

Os assassinatos acabaram se tornando tão frios que o fascínio do público pela dupla desmoronou. O Departamento Correcional do Texas encarregou o ex-capitão da guarda estadual Frank A. Hamer da tarefa específica de eliminar o Bando de Barrow. Hamer formou uma companhia, com a colaboração excepcional de policiais do Texas e de Louisiana. Foi uma das perseguições mais divulgadas da história dos EUA.

No verão de 1933, o bando começou a se desfazer. Em 10 de junho, quando dirigia perto de Wellington, no Texas, Clyde acidentalmente jogou o carro numa ravina e Bonnie sofreu queimaduras de terceiro grau na perna direita. As feridas foram tão graves que ela mal podia andar e com frequência era carregada por Clyde.

Um mês depois, num tiroteio com a polícia no Missouri em 19 de julho, uma bala atingiu Buck na cabeça. Blanche também se feriu, ficando cega de um olho. Apesar dos terríveis ferimentos, Buck continuou consciente e ele o restante do bando escaparam.

Fim da linha

Dias depois, em 24 de julho, Buck foi atingido nas costas em outro tiroteio, e ele e Blanche foram capturados. Buck foi levado a um hospital, onde morreu em 29 de julho de pneumonia, após uma

É muito melhor que tenham sido ambos mortos que se tivessem sido apanhados vivos.
Blanche Barrow

BANDIDOS, LADRÕES E INCENDIÁRIOS

cirurgia, mas não antes que os médicos lhe injetassem estimulantes para que pudesse responder as perguntas da polícia.

A jornada de Clyde e Bonnie terminou numa via que corta a Floresta Piney, na Louisiana, saindo da Estrada Estadual 154, ao sul de Sailes. Liderada por Hamer, a companhia de policiais rastreou e estudou os movimentos do casal e descobriu que o bando acampara ao lado da fronteira estadual.

Sabendo que o casal estaria na área e prevendo suas ações, Hamer montou uma emboscada ao longo da estrada rural de Louisiana. Por volta de 9h15 de 23 de maio de 1934, seis policiais ocultos por arbustos viram o Ford V8 roubado de Clyde se aproximar em alta velocidade e varreram o carro com um total de 130 rajadas. Clyde e Bonnie foram baleados dezenas de vezes, sofrendo múltiplos ferimentos fatais.

Quando o Ford perfurado pelas balas foi rebocado para a cidade,

O carro das mortes se tornou tema de tanto interesse que começaram a aparecer falsificações. O xerife local tentou ficar com o carro, mas foi acionado pelo proprietário. Ele hoje é exibido num cassino de Nevada.

com os corpos ainda dentro dele, uma multidão de curiosos cercou o carro. Os passantes coletaram lembranças, como pedaços das roupas e do cabelo ensanguentado de Bonnie. Um homem até tentou cortar o dedo no gatilho de Clyde. Itens pertencentes ao casal, como armas roubadas e um saxofone, também foram guardados por membros da companhia e vendidos como suvenires.

A emboscada continua até hoje muito polêmica, já que não houve tentativas de capturar o casal vivo.

Prentiss Oakley, o policial de Oklahoma que deu o primeiro tiro, expressou depois arrependimento por não terem oferecido aos bandidos a chance de se renderem.

O fim sangrento de Bonnie e Clyde encerrou a "Era do Inimigo Público" dos anos 1930. No verão de 1934, o governo federal promulgou estatutos que tornaram crimes federais o sequestro e o roubo a bancos – um avanço legal que finalmente permitiu aos agentes do FBI deter bandidos atravessando fronteiras estaduais. ∎

Bandidos celebridades

Bonnie e Clyde emergiram como os primeiros criminosos celebridades da era da Depressão, em parte devido à intensa cobertura por jornal e rádio de seus crimes. Bandidos como George "Cara de Bebê" Nelson e "Bonitão" Floyd também se tornaram lendários, com suas histórias de mortes estampadas nas primeiras páginas dos jornais ao redor do país. Na época, um público desiludido e irritado, enfrentando o desemprego e a extrema pobreza, tinha grande estima pelos gângsteres, com

revistas, jornais e programas de rádio cobrindo seus feitos diários. A lenda de Bonnie e Clyde se intensificou em 1967 com o filme *Bonnie & Clyde*, premiado pela Academia, que expôs as façanhas do casal a uma nova geração. Ele foi considerado revolucionário por apresentar sexo e violência de modo descontraído. Mas esse retrato glamourizado levantou questões perturbadoras, já que vários casais tentaram cometer crimes semelhantes, alegando terem se inspirado nos famosos bandidos.

A adaptação de 1967 da espiral de crimes do casal foi estrelada por Warren Beatty e Faye Dunaway, representando-o como atraente e até elegante.

VOCÊ NÃO VAI ACREDITAR: ELES ROUBARAM O TREM

O ASSALTO AO TREM PAGADOR, 8 DE AGOSTO DE 1963

O ASSALTO AO TREM PAGADOR

EM CONTEXTO

LOCAL
Ledburn, Buckinghamshire, Reino Unido

TEMA
Assalto a trem

ANTES
15 de maio de 1855 Cerca de noventa quilos de ouro são levados de cofres a bordo do trem da South Eastern Railway entre a Ponte de Londres e Folkestone, no Reino Unido.

12 de junho de 1924 A Quadrilha de Newton aborda um trem postal perto de Rondout, em Illinois, e leva cerca de 3 milhões de dólares (cerca de 200 milhões de reais hoje), o que torna esse o maior assalto a trem da história até então.

DEPOIS
31 de março de 1976 Um trem viajando entre Cork e Dublin, na Irlanda, é assaltado perto do povoado de Sallins por membros do Partido Socialista Irlandês.

No início dos anos 1960, a vida para muitos londrinos era marcada pela pobreza e monotonia. A austeridade do racionamento do pós-guerra era uma lembrança recente e só acabara seis anos antes.

Aproveitando seu trabalho numa fábrica de embutidos para vender carne no mercado clandestino, Ronald Christopher "Buster" ("Demolidor") Edwards tinha se acostumado ao dinheiro fácil e estava se especializando em roubos com o amigo Gordon Goody. Seus entreveros com a lei os puseram em contato com Brian Field, um escriturário de advocacia, cujos serviços não se limitavam a preparar a defesa deles. Por uma divisão nos ganhos, Field passava aos dois detalhes de clientes de sua empresa como alvos potenciais.

No início de 1963, Field os apresentou a um estranho referido apenas como "o homem de Ulster" e que se acredita que fosse Patrick McKenna, nascido em Belfast. Esse empregado corrupto do correio de Manchester trazia intrigantes notícias: enormes somas de dinheiro estavam sendo levadas no trem noturno de

Faço parte de uma minoria que sente admiração pela habilidade e coragem por trás do Assalto ao Trem Pagador?
Graham Greene

Glasgow a Londres. Era um alvo tentador, mas acima do alcance de Goody e Edwards. Eles levaram a informação a um criminoso experiente do sul de Londres chamado Bruce Richard Reynolds. Nos meses seguintes, Reynolds começou a reunir um bando para esse fim específico.

Planos minuciosos
O plano era elegantemente simples. O bando pararia o trem no campo, em Buckinghamshire, no cruzamento de Sears, perto do povoado de Ledburn, onde era possível interferir na sinalização. Embora fosse um lugar perfeito

Ronnie Biggs

Ele não gostava de ser tratado como o "café com leite" do grupo, mas o papel de Biggs dificilmente seria crucial no Assalto ao Trem Pagador. Nascido no sul de Londres, em 1929, ele era um arrombador e ladrão um tanto sem sorte quando conheceu Bruce Reynolds na Prisão Wandsworth. O Assalto ao Trem Pagador foi seu primeiro e único grande golpe. Sua principal responsabilidade foi recrutar de "Stan Agate", o maquinista reserva, que, na verdade, não conseguiu dirigir o trem por não conhecer o tipo de locomotiva usada. As impressões digitais de Biggs foram achadas num frasco de ketchup no esconderijo do bando, e ele foi preso após três semanas. Ele escapou da Prisão Wandsworth com uma escada de corda em 8 de julho de 1965. Viajou para a Bélgica, depois para a Austrália e, em 1970, para o Brasil, que não tinha então um tratado de extradição com o Reino Unido. Por fim, Biggs voltou a seu país num jato pago pelo jornal *The Sun*, em troca dos direitos exclusivos de sua história. Biggs foi preso minutos após pousar no aeroporto militar de Northolt, em 7 de maio de 2001.

BANDIDOS, LADRÕES E INCENDIÁRIOS   33

Ver também: O Bando de James-Younger 24-25 ▪ O Bando Selvagem 150-151

O trem foi parado bem diante da Ponte Bridego, onde o bando formou uma corrente humana barranco abaixo. Eles carregaram o dinheiro num caminhão, onde na foto está parado o carro preto.

para parar o trem, os barrancos altos dificultavam a descarga do dinheiro. Para tanto, o trem teria de ser levado para a Ponte Bridego, nas proximidades. A composição era longa e seus vagões ocupados por até oitenta funcionários que passavam a viagem separando cartas e pacotes. O bando descobriu que os Pacotes de Alto Valor (PAVS) ficavam no segundo carro da frente, então planejaram desacoplar só os dois primeiros vagões. Quando chegassem à Ponte Bridego, descarregariam os malotes usando uma corrente humana desde o alto do barranco até um caminhão à espera na estrada embaixo.

Reynolds se recusou a deixar qualquer coisa ao acaso, então um membro do bando passaria meses estudando manuais de locomotiva para o caso de o maquinista dominado se recusar a obedecer. Fazendo-se passar por um professor escolar, ele convenceu um maquinista de uma linha suburbana a levá-lo como carona. Observando com cuidado, ele aprendeu um pouco do básico. Reynolds também recrutou um maquinista totalmente experiente para ter certeza. Enquanto isso, Field negociou a compra da fazenda abandonada Leatherslade, a cinquenta quilômetros do cruzamento de Sears, para se esconderem após o roubo.

Sinal da vitória
Pouco antes das 19 horas, na quarta-feira, 7 de agosto, o trem deixou Glasgow, com o maquinista veterano Jack Mills e seu auxiliar David Whitby. O vagão de PAVS levava mais de 2,6 milhões de libras (cerca de 297 milhões de reais hoje) em dinheiro vivo, mais do que as cerca de 300 mil libras que o bando esperava devido ao feriado da segunda anterior, em que os bancos ficaram fechados.

Quando o trem chegou ao cruzamento de Sears, os membros do bando tinham adulterado as luzes do sinal. Eles cobriram o sinal verde com uma luva e ligaram o sinal "pare" vermelho a uma bateria separada. Mills, surpreso, parou o trem e Whitby foi investigar. Quando tentou se comunicar pelo telefone da linha, descobriu que os fios tinham sido cortados.

Enquanto caminhava de volta para o trem, Whitby foi empurrado barranco abaixo por homens com capacetes de motocicleta e máscaras de esqui. Enquanto isso, membros do bando com máscaras e luvas subiram à cabine de Mills e, com uma barra de ferro, o deixaram inconsciente. Outros desacoplaram os vagões seguintes ao que carregava os PAVS e dominaram e algemaram os funcionários do correio. Logo ficou claro que o maquinista reserva – um aposentado chamado de "Stan Agate" pelo bando – era incapaz de operar a moderna locomotiva diesel-elétrica Class 40. Assim, os ladrões tiveram de reanimar Mills, para que levasse a composição até a Ponte »

Foi a imprensa britânica que criou a "lenda" que está à sua frente, então talvez eu devesse perguntar a você quem sou.
Ronnie Biggs

34 O ASSALTO AO TREM PAGADOR

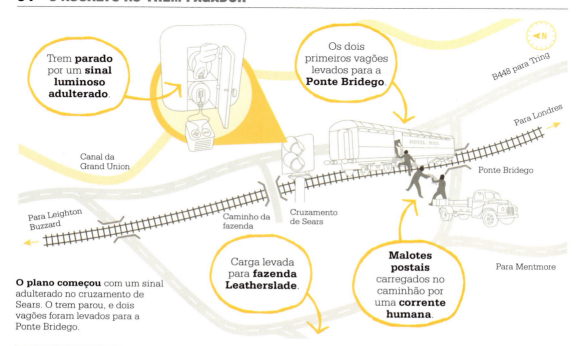

Trem **parado** por um **sinal luminoso adulterado**.

Os dois primeiros vagões levados para a **Ponte Bridego**.

Canal da Grand Union

B448 para Tring

Para Londres

Ponte Bridego

Para Leighton Buzzard

Caminho da fazenda

Cruzamento de Sears

Para Mentmore

Carga levada para **fazenda Leatherslade**.

Malotes postais carregados no caminhão por uma **corrente humana**.

O plano começou com um sinal adulterado no cruzamento de Sears. O trem parou, e dois vagões foram levados para a Ponte Bridego. Descendo os malotes pelo barranco numa corrente humana, o bando logo encheu o caminhão. Avisando os funcionários algemados no vagão de PAVS que não chamassem a polícia por trinta minutos, o bando fez o triunfante caminho de volta para o esconderijo na fazenda Leatherslade.

Um inevitável deslize

Foi, realmente, um grande assalto ao trem, e se isso soa como algo de filme é porque em décadas recentes esses assaltos organizados de forma elaborada se tornaram muito mais populares entre cineastas do que entre criminosos.

Crimes como esse não são só arriscados, mas muito trabalhosos. Mais de dezessete homens parecem ter se envolvido no assalto, embora até hoje alguns deles continuem não identificados. Os membros do bando dividiram o dinheiro por igual para não causar discussão, o que acrescentaria uma potencial fonte de risco.

Porém, o grande número de pessoas envolvidas na operação acarretava incertezas. Um membro poderia, por exemplo, ser indiscreto sobre seu ganho ou falar do assalto. No final, um conhecido dos líderes

Obviamente, você é um ladrão porque gosta de dinheiro, mas a segunda coisa é a emoção disso.
"Buster" Edwards

da quadrilha – ele próprio na prisão e na esperança de um acordo – passou adiante algo que tinha ouvido dizer, fornecendo uma pista vital para as investigações.

Plano desvendado

Enquanto isso, na fazenda dos ladrões, a confiança tinha dado lugar à tensão. O plano era ficarem quietos por uma semana, mas logo ficou evidente que a polícia – varrendo sistematicamente todo o campo ao redor – estava se aproximando. Os detetives se atentaram ao aviso de trinta minutos dado aos funcionários do vagão de PAVS, o que indicava que o esconderijo estaria a meia hora de viagem. A polícia fez buscas na fazenda Leatherslade depois que um vizinho relatou movimentação incomum no local. Os ladrões tinham partido, mas impressões digitais foram achadas num jogo de Banco

BANDIDOS, LADRÕES E INCENDIÁRIOS

A fazenda Leatherslade, chamada "Poleiro de Ladrões" pela imprensa, foi revistada após o agricultor John Maris denunciá-la à polícia, convencido de que os ladrões estavam ali.

Imobiliário – que tinham usado com dinheiro real – e num frasco de ketchup. A conspiração ruiu de modo tão abrupto e caótico quanto seu planejamento tinha sido paciente. Onze dos ladrões logo foram apanhados no sul de Londres.

A maioria dos onze foi condenada a trinta anos de prisão, uma pena severa para um crime em que ninguém foi morto. No entanto, ele ajudou a gerar simpatia pelos ladrões. Dois deles escaparam – em agosto de 1964, amigos do membro do bando Charlie Wilson entraram na Prisão Winson Green, em Birmingham, para resgatá-lo; em julho seguinte, Ronald Biggs escalou o muro da Prisão Wandsworth, em Londres.

Condição mítica

A audácia do assalto não poderia ser negada, mas o trauma de longo prazo infligido aos trabalhadores do trem era mais fácil de ignorar. Mills sofreu com dores de cabeça pós-traumáticas pelo resto da vida e nunca se recuperou totalmente dos ferimentos. Whitby morreu poucos anos depois, aos 34 anos, de um ataque cardíaco. Essas tragédias, porém, foram ofuscadas por uma idealização crescente do crime, intensificada pelo fato de só uma fração dos 2,6 milhões de libras ter sido recuperada. O assalto ocorreu numa época em que a irreverência insolente ante a autoridade antiquada estava em voga – e quando o artista Andy Warhol afirmou que todos seriam famosos por quinze minutos. Biggs gravou com os Sex Pistols e Edwards se tornou tema do filme *Buster* (1988) – interpretado pelo astro do rock Phil Collins. Três anos após o crime, já tinha sido lançada a comédia *The Great St. Trinian's Train Robbery*, jogando com a ideia de que um crime grave pode se tornar um entretenimento engraçado. ∎

Libertação por compaixão

Em 6 de agosto de 2009, gravemente doente com pneumonia, Ronald Biggs foi libertado, aos oitenta anos, por "compaixão" – uma raridade no Reino Unido. Conforme a Ordem de Serviço Prisional 6.000, um prisioneiro só pode solicitar isso por "circunstâncias familiares trágicas" ou se sofrer de doença terminal, com morte iminente. Biggs sobreviveu até dezembro de 2013, mas isso causou pouca controvérsia. Em contrapartida, duas semanas após a libertação de Biggs, quando Abdelbaset al-Megrahi, condenado pelo atentado no voo 103 da Pan Am em 1988, foi libertado por compaixão pelo secretário de Justiça escocês, a decisão foi condenada pela imprensa britânica e americana. Megrahi foi diagnosticado com câncer terminal de próstata, mas sua libertação causou protestos, assim como a chegada do avião pessoal do coronel Gaddafi para repatriá-lo e a recepção como herói ao voltar para a Líbia.

Três homens presos em conexão com o assalto são levados pela polícia, com cobertores sobre a cabeça. O interesse intenso da mídia é evidente no canto esquerdo da imagem.

VICIADO EM ADRENALINA

BILL MASON, 1960-ANOS 1980

EM CONTEXTO

LOCAL
Apartamento do doutor Armand Hammer, sul da Flórida, EUA

TEMA
Furto de joias

ANTES
1950-1998 Peter Scott, um larápio norte-irlandês, perpetra cerca de 150 arrombamentos antes de ser pego, em 1952; em 1960, rouba um colar de cerca de 1,25 milhão de reais da atriz Sophia Loren.

DEPOIS
2004-2006 O experiente ladrão espanhol Ignacio del Rio confessa mais de mil arrombamentos cometidos em Los Angeles num período de apenas dois anos, em que se apossou de cerca de 9,6 milhões de reais em joias e uma pintura de Degas no valor de aproximadamente 47,7 milhões de reais.

Bill Mason era um comum gerente de estabelecimento de dia, mas à noite um notório gatuno. Enquanto os tranquilos donos dormiam, ele escalava paredes, andava na ponta dos pés sobre parapeitos, subia em terraços e se esgueirava por estreitas aberturas de janelas.

Numa noite úmida e de ventania, Mason executou um plano elaborado por semanas. Exigindo cada tendão, escalou quinze andares por fora do edifício do magnata do petróleo doutor Armand Hammer, onde achou uma porta de terraço destrancada. Ele esvaziou a caixa de joias da senhora Hammer, no valor de milhões de dólares, em uma das fronhas do quarto.

Ironicamente, ao sair, Mason viu que a porta da frente tinha só uma fechadura simples, fácil de tirar. Escapou por uma janela aberta no terceiro andar e usou um gancho para ajudar a descida até o chão. Mason disfarçou com cuidado seus rastros em cada trecho; a polícia não identificou um único suspeito.

No período de vinte anos em que visou ricos e famosos – entre eles o nadador e ator Johnny "Tarzan" Weissmuller, que perdeu uma medalha olímpica de ouro –, Mason furtou cerca de 477 milhões de reais em joias. A explosão de adrenalina que sentia e o glamour dessas furtivas aproximações com estrelas eram viciantes.

Mason acabou sendo pego numa cilada e depois escreveu suas memórias em *Confissões de um ladrão mestre de joias*, publicada em 2003. ∎

Para os admirados moradores, pareceria que as joias tinham simplesmente evaporado.
Bill Mason

Ver também: O Roubo de Diamantes de Antuérpia 54-55 ▪ John MacLean 45 ▪ Doris Payne 78-79

BANDIDOS, LADRÕES E INCENDIÁRIOS

PARA MIM, É SÓ UM PEDAÇO DE OURO
O ROUBO DA COPA DO MUNDO, MARÇO DE 1966

EM CONTEXTO

LOCAL
Central Hall, Westminster, Londres, Reino Unido

TEMA
Furto de troféu inestimável

ANTES
9 de outubro de 1964 Jack Roland Murphy, um campeão de surfe, arromba a Sala de Pedras Preciosas e Minerais do Museu Americano de História Natural e rouba a coleção de joias de J. P. Morgan.

DEPOIS
19 de dezembro de 1983 A Taça Jules Rimet é roubada de novo, desta vez da Confederação Brasileira de Futebol, no Rio de Janeiro. Ela nunca foi recuperada.

4 de dezembro de 2014 Sessenta troféus de Fórmula 1 são levados por um grupo de sete homens que invade a sede da Red Bull Racing, na Inglaterra, com uma van.

Para os ingleses, 1966 está vivo na memória como o único ano em que seu time ganhou a Copa do Mundo. O roubo da famosa Taça Jules Rimet quatro meses antes do início do torneio, porém, levou o capitão inglês Bobby Moore a quase ter de levantar uma cópia do troféu na comemoração.

Exposto no Central Hall de Westminster, o troféu era protegido, mas os ladrões se esgueiraram entre as patrulhas e arrombaram sua caixa de vidro. Apesar de uma grande investigação, a Polícia Metropolitana não tinha pistas, até que um bilhete chegou exigindo 15 mil libras (cerca de 1,2 milhão de reais hoje) pela devolução segura da taça.

Uma tentativa de enganar o portador resultou na captura de um criminoso inferior chamado Edward Betchley, mas não levou à taça. Só quando Pickles, um cão da raça collie que passeava com o dono, David Corbett, desenterrou um pacote sob uma sebe ao lado de sua casa em Upper Norwood, no sul de Londres, a taça veio à luz.

A história ainda impressiona, considerando o "valor" estimado, quando se trata de um crime – e se alguns itens são conhecidos demais para valer a pena roubá-los. O troféu original, se derretido – o único modo de uma quadrilha dispor dele –, valeria pouco em termos monetários. Seu valor simbólico, porém, era inestimável. Uma réplica fabricada para substituir o original alcançou cerca de 1,5 milhão de reais num leilão em 1997. ■

Pickles, o cão, faturou para seu dono uma recompensa de cerca de 30 mil reais, usada para comprar uma casa em Surrey. Pickles recebeu uma medalha de prata da Liga Nacional de Defesa Canina.

Ver também: Thomas Blood 18 ■ O Roubo do Saleiro de Cellini 56

SENHORITA, É MELHOR QUE VEJA ESTE BILHETE

D. B. COOPER, 24 DE NOVEMBRO DE 1971

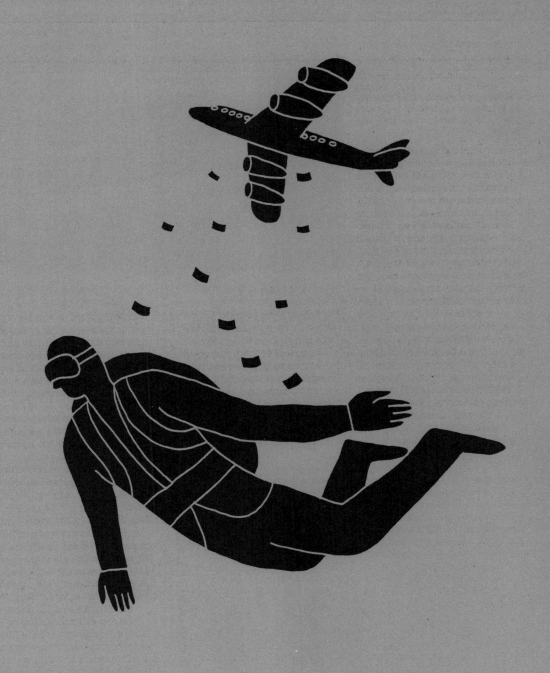

D.B. COOPER

EM CONTEXTO

LOCAL
Entre Portland, Oregon, e Seattle, Washington, EUA

TEMA
Sequestro de avião

ANTES
31 de outubro de 1969
Raffaele Minichiello, um fuzileiro naval condecorado dos EUA, sequestra um avião da TWA em Los Angeles e é preso em Roma, na Itália.

DEPOIS
10 de novembro de 1972
Três homens sequestram um avião da Southern Airways (voo 49) e exigem cerca de 47,7 milhões de reais. Eles são, por fim, detidos em Havana, em Cuba.

3 de junho de 1972 Willie Roger Holder sequestra um avião da Western Airlines (voo 701, de Los Angeles a Seattle), exigindo cerca de 2,4 milhões de reais e a libertação da ativista negra Angela Davis.

O Boeing 727 da Northwest Orient que D. B. Cooper sequestrou é mostrado aqui no aeroporto de Portland, no Oregon, em 1968. Sua escada traseira se situa bem embaixo da cauda.

Na tarde de 24 de novembro de 1971, um homem não identificado de cerca de quarenta anos, de terno escuro, gravata preta e com uma pasta preta, entrou para o folclore criminal. O homem, a quem a imprensa deu depois o nome de D. B. Cooper, embarcou no voo 305 da Northwest Orient, de Portland, no Oregon, a Seattle, em Washington. Durante o voo, ele passou à comissária Florence Schaffner um bilhete dizendo que tinha uma bomba na pasta. Após mostrar o dispositivo, ele declarou suas exigências: queria quatro paraquedas, um caminhão de combustível à espera do avião quando pousasse no Aeroporto de Seattle-Tacoma e cerca de 954 mil reais em notas de vinte dólares, ou explodiria a aeronave. O que aconteceu depois nessa noite, porém, é um dos mistérios mais intrigantes da história criminal dos EUA.

Fuga de paraquedas

Quando o avião pousou em Seattle, Cooper permitiu que os passageiros e dois dos três comissários de bordo saíssem. Os policiais entregaram o dinheiro e os paraquedas. Cooper ordenou que os pilotos voassem rumo à Cidade do México à altitude máxima de 3 mil metros e com a mínima velocidade possível sem estolar. Após 45 minutos de voo para o sul, ele mandou a comissária para a cabine de voo e vestiu o paraquedas. Em algum lugar ao norte de Portland, baixou as escadas traseiras e pulou do Boeing 727 para a noite escura e chuvosa. Ele deixou para trás dois dos paraquedas e a gravata.

O FBI começou uma enorme perseguição e o Exército foi convocado. Helicópteros e milhares de soldados a pé vasculharam a área onde imaginaram que Cooper teria pousado, realizando buscas porta a porta. Um avião espião militar até fotografou todo o trajeto

Lá no início dos anos 1970, fim dos 1960, os sequestros de avião não eram incomuns. A filosofia da época era: "Coopere, obedeça as exigências e lidaremos com isso quando o avião pousar".
Larry Carr

do voo do Boeing 727. Ninguém encontrou nada.

Tudo que as autoridades tinham era que o homem não identificado havia aparentemente comprado uma passagem em nome de Dan ou Dale Cooper. A polícia perguntou à pessoa que vendera as passagens naquele dia se algum dos passageiros parecia suspeito. Sem hesitar, ela respondeu: "Sim, Dale Cooper". A seguir, um policial informou a um repórter que o nome do suspeito era D. Cooper. Como não tinha entendido, o repórter perguntou: "D ou B?", e o policial respondeu: "Sim". E desse modo nasceu a lenda de D. B. Cooper.

O perfil de Cooper

A comissária Florence deu à polícia uma descrição física do sequestrador – cerca de 45 anos, entre 1,70 e 2 metros de altura, de 75 a 80 quilos e olhos castanhos. Ela disse que ele era articulado, polido e calmo. Bebeu uísque bourbon, pagou a conta da bebida e até tentou lhe dar o troco. Ela também revelou que ele perguntou se a tripulação queria algo para comer na parada em Seattle. Disse que a Base da Força Aérea de McChord estava a vinte minutos de carro do Aeroporto de Seattle-Tacoma – um detalhe que a maioria dos civis não saberia. O avião escolhido por ele – um 727-100 – também era ideal para fuga por paraquedas. Esses fatores indicavam que ele poderia ser um veterano da Força Aérea.

Porém, a falta de equipamento de segurança, trajes térmicos ou capacete, que lhe dariam alguma proteção contra o vento gelado de -57 °C, parece lançar dúvida sobre a alegação de que seria um militar. Os investigadores do FBI na época do incidente alegaram desde o início que ele simplesmente não teria sobrevivido ao salto.

Dinheiro descoberto

Mais de oito anos depois, em fevereiro de 1980, Brian Ingram, de 8 anos, e sua família faziam um piquenique junto do rio Colúmbia, perto da cidade de Vancouver, em Washington. Quando a família estava limpando uma área para a fogueira, Brian descobriu um pacote de dinheiro na areia perto do rio. Seu notável achado, que totalizou cerca de 28 mil reais em notas de vinte dólares – dos quais lhe

> Não estou tão convencido de que a investigação morreu ou que a história acabou, por mais que se queira.
> **Geoff Gray**

permitiram manter aproximadamente 14 mil reais –, conferia com os números de série do dinheiro do resgate entregue a Cooper na pista de Seattle.

O FBI fez buscas na praia e dragou o rio, mas não encontrou nada mais. Mesmo assim, a busca reacendeu o interesse público pela lenda de D. B. Cooper e os cerca de 926 mil reais faltantes.

O sequestro de D. B. Cooper teve todos os ingredientes de uma lenda – ele escapou, ninguém foi morto e seu destino continua um mistério. O interesse público foi periodicamente reanimado por notícias de que o FBI ainda estava em busca de D. B. Cooper. »

O FBI apresentou um retrato falado de D. B. Cooper em 1972 com base nas lembranças da tripulação e dos passageiros da viagem.

Perfil criminal

A criação de um perfil criminal é o processo de identificar o tipo mais provável de pessoa que cometeria um crime em particular. Os investigadores observam o comportamento, traços de personalidade e variáveis demográficas, como idade, raça e localização, para criar um quadro psicológico do suspeito. No caso de D. B. Cooper, seu conhecimento da indústria aérea e do Boeing 727 indicam que pode ter passado algum tempo na Força Aérea, mas a falta de habilidades de paraquedismo mostra que exercia algum trabalho subalterno na aviação, como o de carregador de carga. Talvez tenha perdido o emprego na retração da indústria aérea dos anos 1970-1971, o que daria a motivação financeira para cometer o crime. O fato de o FBI não ter detectado o sumiço de nenhuma pessoa na área pouco após o crime abre a tantalizante possibilidade de que D. B. Cooper fosse um homem local que simplesmente voltou para casa e fez seu trabalho normal como sempre na segunda de manhã.

42 D.B. COOPER

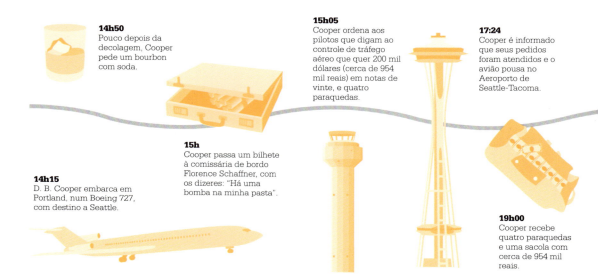

14h50 Pouco depois da decolagem, Cooper pede um bourbon com soda.

15h05 Cooper ordena aos pilotos que digam ao controle de tráfego aéreo que quer 200 mil dólares (cerca de 954 mil reais) em notas de vinte, e quatro paraquedas.

17:24 Cooper é informado que seus pedidos foram atendidos e o avião pousa no Aeroporto de Seattle-Tacoma.

14h15 D. B. Cooper embarca em Portland, num Boeing 727, com destino a Seattle.

15h Cooper passa um bilhete à comissária de bordo Florence Schaffner, com os dizeres: "Há uma bomba na minha pasta".

19h00 Cooper recebe quatro paraquedas e uma sacola com cerca de 954 mil reais.

Em certo momento, eles decidiram tratar o caso como se fosse um roubo a banco e apelaram ao público, em busca de alguma informação importante. Dados antes desconhecidos sobre o caso foram divulgados, como o de que Cooper usava uma gravata, e o frenesi por causa de D. B. Cooper recomeçou.

Teoria da HQ

Quando assumiu a investigação do FBI em 2008, o agente especial de Seattle Larry Carr revelou que a maioria das mensagens que recebia eram de pessoas pedindo que não resolvesse o caso. Parecia que D. B. Cooper se tornara um herói popular para alguns.

Apesar disso, Carr continuou diligentemente seu trabalho. Ele pensava que talvez o sequestrador tivesse tirado seu nome de uma história em quadrinhos ficcional franco-canadense, nunca traduzida para o inglês. Nela, o piloto de testes Dan Cooper, da Real Força Aérea Canadense, participa de aventuras no espaço e de eventos históricos da época. Um exemplar, publicado na época do sequestro, mostra na capa um desenho de Dan Cooper de paraquedas. Isso levou Carr a suspeitar que o sequestrador tivesse sido um membro da Força Aérea e também que tivesse passado algum tempo no exterior, onde poderia ter lido a HQ.

Com o surgimento dos perfis de DNA, os agentes do FBI reexaminaram a gravata deixada por Cooper no avião. Eles acharam uma amostra parcial de DNA, mas que não coincidiu com o DNA de nenhum dos suspeitos descobertos ao longo dos anos.

Pistas promissoras

Um suspeito intrigante foi o veterano do Vietnã L. D. Cooper. Sua sobrinha, Marla Cooper, contatou o FBI em 2011, alegando ter mantido um segredo familiar por quarenta anos – que seu tio Lynn Doyle Cooper era D. B. Cooper. Ela informou que tinha 8 anos quando o tio chegou em casa muito ferido, um dia ou dois após o Dia de Ação de Graças de 1971. Ele disse ter se machucado numa batida de carro. Ela afirmou que o ouviu dizer à família que "nossos problemas de dinheiro acabaram". Cooper, que já tinha morrido quando ela procurou o FBI, era engenheiro agrimensor, o que poderia ter lhe dado o conhecimento necessário a um salto bem-sucedido e sobre os lugares mais seguros para pousar na região.

Marla Cooper emprestou ao FBI uma correia de violão que pensava conter o DNA dele, mas nada foi achado. Ela colocou os investigadores em contato com a filha de seu tio, mas o DNA da mulher não combinou com o da amostra na gravata – que poderia ou não ser o de D. B. Cooper. Apesar disso, o FBI considerou essa pista "promissora", ainda que os investigadores nunca

BANDIDOS, LADRÕES E INCENDIÁRIOS 43

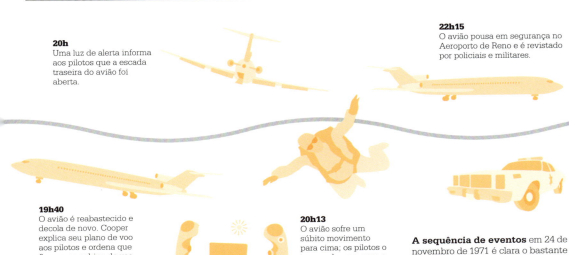

20h Uma luz de alerta informa aos pilotos que a escada traseira do avião foi aberta.

22h15 O avião pousa em segurança no Aeroporto de Reno e é revistado por policiais e militares.

19h40 O avião é reabastecido e decola de novo. Cooper explica seu plano de voo aos pilotos e ordena que fiquem na cabine de voo até pousarem.

20h13 O avião sofre um súbito movimento para cima; os pilotos o trazem de novo para o nível de voo.

A sequência de eventos em 24 de novembro de 1971 é clara o bastante devido ao testemunho dos presentes, mas o destino de D. B. Cooper após a saída do avião continua um mistério.

---

tenham conseguido ligar de modo definitivo L. D. Cooper ao sequestro. No fim da investigação, o FBI ainda estava buscando uma correspondência entre uma impressão digital e as que o sequestrador deixara no Boeing 727.

Legado duradouro
O caso D. B. Cooper causou uma avalanche de copiadores, em especial nos dois anos seguintes ao sequestro. Só em 1972, houve quinze tentativas de sequestro similares, mas todos os criminosos foram capturados. No total, cerca de 160 aviões foram sequestrados no espaço aéreo americano entre 1961 e 1973, e após esse período, a segurança foi muito melhorada, e

Dan Cooper foi o nome que o homem não identificado deu ao atendente no aeroporto. Além da gravata e do dinheiro recuperado em 1980, esta passagem é a única prova de sua existência.

tanto passageiros quanto bagagens começaram a passar por detectores.

Quer D. B. Cooper tenha sobrevivido ou não ao salto, seu legado está vivo numa peça de aviões que leva seu nome. Em 1972, a Agência Federal de Aviação dos EUA ordenou que todos os Boeings 727 fossem equipados com o que foi depois chamado de "interruptor de Cooper", uma cunha mecânica aerodinâmica que impede que a escada traseira seja baixada em voo.

O enigmático caso de D. B. Cooper é o único de um sequestro de avião não resolvido. Após investigar milhares de pistas por 45 anos, o FBI anunciou em julho de 2016 que encerrava a investigação ativa do caso, mas insistia que o arquivo se mantivesse aberto. Enquanto isso, a lenda de D. B. Cooper vive na música, em filmes, documentários, muitos livros e na vida de milhares de detetives de poltrona. ■

SEM ARMAS, NEM ÓDIO, NEM VIOLÊNCIA

O ROUBO DO BANCO SOCIÉTÉ GÉNÉRALE, 16-20 DE JULHO DE 1976

EM CONTEXTO

LOCAL
Nice, França

TEMA
Roubo em caixa-forte de banco

ANTES
Janeiro de 1976 O Bank of the Middle East, banco britânico em Beirute, no Líbano, é roubado por guerrilheiros, que levam cofres com 22 milhões de libras (cerca de 855 milhões de reais hoje).

DEPOIS
19-20 de dezembro de 2004 Um bando armado rouba cerca de 162 milhões de reais em dinheiro vivo das caixas-fortes da filial de Donegall Square do Northern Bank, em Belfast, na Irlanda do Norte.

6 de agosto de 2005 Bandidos chegam por um túnel à caixa-forte do Banco Central do Brasil na cidade de Fortaleza e roubam cerca de 325 milhões de reais (325 milhões de dólares, na época) em dinheiro vivo.

No fim de semana do Dia da Bastilha de 1976, em Nice, na França, um grupo de vinte homens, chefiados pelo fotógrafo e ex-soldado paraquedista francês Albert Spaggiari, invadiu o banco Société Générale. Eles tinham passado dois meses escavando um túnel de 7,5 metros dos esgotos da cidade até a caixa-forte.

Após entrar lá, o bando passou quatro dias examinando o conteúdo de quatrocentos cofres, enquanto preparava refeições, bebia vinho e usava antigas sopeiras de prata como vaso sanitário. A "quadrilha do esgoto" escapou com cerca de 39 milhões a 48,5 milhões de reais em ouro, dinheiro, joias e pedras preciosas. Antes de fugir, Spaggiari rabiscou na parede da caixa-forte em francês: *"Sans armes, ni haine, ni violence"* ["Sem armas, nem ódio, nem violência"], identificando-se como um criminoso de classe mais alta.

Chamado de "o roubo do século" pela imprensa, ele foi o maior realizado num banco até então. Porém, no fim de outubro de 1976, Spaggiari já tinha sido preso e confessara o crime. Na audiência do julgamento, ele realizou uma audaciosa fuga distraindo o juiz, pulando por uma janela para um carro estacionado, antes de fugir numa moto à espera.

Ele foi depois julgado *in absentia* e condenado à prisão perpétua, mas continuou escondido até a morte, em 1989. Seis outros homens foram presos; três foram absolvidos e os outros condenados a cinco a sete anos de prisão. Os bens e valores do assalto nunca foram recuperados. ∎

Todos os prazeres que vêm com a vida de bandido não compensam os pesados sacrifícios.
"Amigo", um membro do grupo de Spaggiari

Ver também: O Roubo de Diamantes de Antuérpia 54-55 ▪ O Roubo da Hatton Garden 58-59

BANDIDOS, LADRÕES E INCENDIÁRIOS 45

EU ROUBAVA DOS RICOS PARA PODER TER O ESTILO DE VIDA DELES
JOHN MACLEAN, ANOS 1970

EM CONTEXTO

LOCAL
Flórida, EUA

TEMA
Arrombamento de casas

ANTES
Anos 1850-1878 O ladrão inglês Charles Peace faz muitos arrombamentos em Manchester, Hull, Doncaster e ao redor de Blackheath, no sudeste de Londres.

DEPOIS
2006-2009 A Quadrilha de Arrombadores de Hillside invade 150 casas de moradores ricos da área que dá para o Sunset Boulevard, em Los Angeles.

1983-2011 O experiente ladrão indiano Madhukar Mohandas Prabhakar arromba pelo menos cinquenta locais em áreas ricas de Mumbai, na Índia, e junta uma fortuna.

Estima-se que John (Jack) MacLean, apelidado "Superbandido", tenha cometido cerca de 2 mil arrombamentos nos anos 1970. Ele visava vítimas ricas e conseguiu se apossar de mais de 484 milhões de reais. Seu roubo mais famoso foi de joias no valor de aproximadamente 5 milhões de reais, na mansão da herdeira da empresa Johnson & Johnson, em 1979. Embora só roubasse dos ricos, MacLean estava longe de ser um Robin Hood. Ele usava seus milhões para financiar uma vida como a de suas vítimas e comprou um helicóptero, uma lancha, um hidroavião e uma casa de verão.

MacLean foi finalmente capturado em 1979 depois que um walkie-talkie cravejado de cristais o vinculou ao roubo de Fort Lauderdale. Ele usou o tempo na prisão para escrever suas memórias, intituladas *Segredos de um superladrão* (1983). Enquanto esteve preso, investigadores notaram que uma série de casos de estupro e agressão sexual, que os detetives atribuíam a um homem com talento

Foto do fichamento de John MacLean em 1979, após sua prisão pelo roubo de Fort Lauderdale. Ele depois se vangloriou desse crime em suas memórias.

para desarmar fechaduras e alarmes, tinha parado totalmente. Em 1981, MacLean foi acusado de dois crimes, mas os casos foram a seguir rejeitados. Porém, após os avanços científicos dos testes de DNA, MacLean foi preso em outubro de 2012 por dois estupros, dentre as centenas que se acredita ter cometido décadas atrás. ■

Ver também: Bill Mason 36 ▪ Doris Payne 78-79

CANTE MEUS FEITOS, CONTE MINHAS LUTAS... ESQUEÇA MEUS ERROS
PHOOLAN DEVI, 1979-FEVEREIRO DE 1983

EM CONTEXTO

LOCAL
Uttar Pradesh, Índia

TEMA
Banditismo

ANTES
Anos 1890 A Sociedade das Espadas Grandes, um grupo de autodefesa de camponeses, é formada no norte da China para proteção contra bandidos.

1868 Vigilantes invadem uma prisão em New Albany, em Indiana, matando três membros do Bando de Reno de roubo de trens.

DEPOIS
Anos 1980 Em El Salvador, é formado o grupo Sombra Negra, que assassina criminosos e membros de quadrilhas.

2013 A autodenominada "Diana, Caçadora de Motoristas de Ônibus", mata dois deles em Ciudad Juárez, México, como vingança por supostos assassinatos e estupros cometidos por motoristas dali.

Enquanto os aldeões de Behmai, em Uttar Pradesh, na Índia, se preparavam para um casamento no Dia de São Valentim de 1981, Phoolan Devi, de dezoito anos, planejava sua vingança.

Sete meses antes, a adolescente de casta baixa integrante de um bando foi raptada por um grupo rival, na maioria de casta alta, em Behmai. Por três semanas, Devi foi trancada e repetidamente estuprada. Após fugir com a ajuda de dois companheiros e de um aldeão de casta baixa, ela mobilizou o restante de seu grupo e voltou ao povoado.

O bando de Devi cercou 22 homens de Behmai, entre eles dois de seus estupradores, e sob as ordens dela baleou a todos. O assim chamado Massacre de Behmai foi a maior execução em massa da Índia e provocou uma grande

A arma favorita de Phoolan Devi era um rifle, que o líder e parceiro do bando Vikram Mallah a ensinou a usar. Ela às vezes abaixava o rifle em frente a apoiadores entusiasmados.

BANDIDOS, LADRÕES E INCENDIÁRIOS   47

Ver também: O Bando de James-Younger 24-25 ▪ O Bando Selvagem 150-151

Só eu sabia o que tinha sofrido. Só eu sabia como era se sentir viva, mas morta.
Phoolan Devi

Rainha bandida, um filme sobre a vida de Devi, foi lançado em 1994. De início ele foi proibido pela censura indiana como subversivo e pela representação crua da brutalidade do estupro.

perseguição. A lenda da "Rainha Bandida" tinha nascido.

Como uma Robin Hood
Devi se tornou uma heroína para a casta mais baixa da Índia, com seus crimes glorificados como uma vingança pela opressão às mulheres na Índia rural.

Nascida em 10 de agosto de 1963 numa família de casta baixa no interior de Uttar Pradesh, Devi cresceu em meio a muita pobreza. Aos onze anos, os pais a forçaram a se casar com um homem com o triplo de sua idade em troca de uma vaca. Em 1979, após fugir do marido violento, foi evitada pelos pais, que a consideravam uma desonra.

Aos 16 anos, com poucas opções de sobrevivência, se tornou a única mulher entre os *dacoits* (bandidos armados) de um bando local. Devi logo virou líder do bando, realizando dezenas de invasões e roubos de estrada, atacando e pilhando povoados de casta alta e sequestrando pessoas ricas por resgate. Em um de seus crimes mais famosos, seu bando saqueou uma cidade e distribuiu os ganhos entre os pobres, consolidando-a como uma Robin Hood.

Tome e liberte
Devi conseguiu evitar a captura por dois anos, escondida pelos aldeões que ela vivia protegendo. Mas em fevereiro de 1983 negociou a própria rendição e a dos membros de seu bando em troca de sentenças bem diminuídas. Devi foi presa em frente a milhares de espectadores animados e depois acusada de 48 crimes, entre eles trinta por roubo e sequestro. Ficou os onze anos seguintes na prisão à espera de julgamento, mas se manteve como um raio de esperança para os pobres e oprimidos. Ganhou liberdade condicional em 1994 e todas as acusações foram retiradas.

Ela entrou na política e foi eleita parlamentar, porém, em 25 de julho de 2001, três homens mascarados a emboscaram e a mataram. Um de seus assassinos justificou o ato como vingança pelos homens de casta alta mortos no Massacre de Behmai. ■

Crime e candidatura

Em alguns países, criminosos culpados de certos crimes não podem concorrer a cargos públicos. A ideia é que tal conduta criminosa grave está em contradição com as obrigações de cidadania, e se alguém é incapaz de ser um cidadão, não deve ter o direito de assumir um cargo público. No entanto, também há indicações de que os eleitores percebem os cidadãos que violam a lei para seus próprios fins de modo muito menos favorável que aqueles que o fazem em prol do que acreditam ser o bem público. Nada impediu Phoolan Devi, acusada de muitos crimes, entre eles sequestro e banditismo, de concorrer a um cargo. Defensora das castas mais baixas e heroína das mulheres oprimidas, ela tinha muitos seguidores, porém estava longe de ser admirada por todos, em especial nas castas mais altas, em que muitos se indignavam ao vê-la candidata. Ela foi eleita parlamentar na Eleição Geral Indiana de 1996, vencendo com uma maioria de 37 mil votos. Devi perdeu seu posto no ano seguinte, mas o recuperou em 2001.

O FOGO SE TORNA UMA AMANTE, UMA PAIXÃO

JOHN LEONARD ORR, 1984-1991

JOHN LEONARD ORR

EM CONTEXTO

LOCAL
Sul da Califórnia, EUA

TEMA
Incêndios criminosos seriais

ANTES
1979-1980 Bruce Lee (nascido Peter Dinsdale) comete onze atos incendiários em sua cidade – Hull, em Yorkshire, no Reino Unido – e arredores.

DEPOIS
1985-2005 Thomas Sweatt, um incendiário muito ativo, provoca quase quatrocentos incêndios, a maioria na área de Washington, DC.

1992-1993 Paul Kenneth Keller, um incendiário em série do estado de Washington, causa 76 incêndios em Seattle e arredores em seis meses.

Com seu clima árido e grandes extensões de terreno agreste, a Califórnia é um ímã para incendiários. Mas nenhum deles se compara, em termos de feroz devastação infligida a pessoas e propriedades, a John Leonard Orr. No começo dos anos 1980, uma série de incêndios, às vezes até três em um dia, se iniciou em Los Angeles. Em um deles, 65 casas viraram cinzas. Mas foi só em 10 de outubro de 1984 que vidas humanas foram tiradas pelas chamas.

Às 19 horas, o sistema sonoro do Ole's Home Center, em South Pasadena, lançou um alerta de emergência. Notando que saía fumaça do departamento de ferramentas, o caixa Jim Obdan correu para ajudar os clientes a saírem da loja e se queimou com gravidade. Felizmente, ele viveu para contar a história. Os colegas Jimmy Cetina e Carolyn Kraus não tiveram tanta sorte. Nem os clientes Ada Deal e Matthew Troidl, uma amorosa avó e seu neto de 2 anos.

Na manhã seguinte, investigadores procuraram nas ruínas o ponto de origem – onde um incêndio começa – para

John Orr desejou ser um policial de Los Angeles por muito tempo. Ele se candidatou em 1981. Passou em todos os testes, exceto em um. O teste psicológico.
Joseph Wambaugh

determinar a causa. Incapazes de localizá-lo, concluíram que era um acidente elétrico. Mas um investigador mais experiente – o capitão Marvin Casey, do Departamento de Incêndios de Bakersfield – tinha certeza de que ele fora causado de propósito numa pilha de almofadas inflamáveis.

Em janeiro de 1987, vários incêndios suspeitos irromperam ao norte de Pasadena, na cidade de Bakersfield. Numa loja de artesanato, Marvin Casey descobriu um dispositivo incendiário numa lata de flores secas. Era tosco, mas eficaz – três fósforos presos ao meio de um cigarro por uma fita adesiva e escondidos sob uma capa feita de papel amarelo pautado. Após acender o cigarro, o criminoso teria bastante tempo para deixar a cena antes que ele se queimasse a ponto de acender os fósforos e iniciar o incêndio.

Mais tarde, no mesmo dia, um segundo incêndio começou num latão que continha travesseiros e espuma na loja da Hancock Fabric, em Bakersfield. Os crimes continuaram em rápida sucessão, com um incêndio em Tulare seguido de dois em Fresno. Com exceção da loja de artesanato em Bakersfield, Casey determinou que

Pirofilia

A maioria dos incendiários são fraudadores de seguros ou pessoas que buscam atenção, mas o piromaníaco é um tipo único, fascinado pelo fogo a ponto de compulsivamente provocá-lo. Ainda mais raro que o piromaníaco é o pirófilo – do grego "amante do fogo" –, uma pessoa que é sexualmente excitada por chamas, cheiro de fumaça, calor intenso e (às vezes) sirenes dos carros indo combater o fogo. Vários trechos do grandemente autobiográfico *Pontos de origem*, de Orr, indicam que o protagonista, Aaron Stiles (ou seja, o próprio Orr) tinha esse perigoso transtorno parafílico. Joseph Wambaugh, que trabalhou como sargento detetive no Departamento de Polícia de Los Angeles por vinte anos antes de se tornar autor de best-sellers, narrou a vida de Orr no livro *Amante do fogo*. Wambaugh relatou que a relação entre fogo e sexo no manuscrito de Orr é contínua e essencial em sua motivação, uma teoria partilhada pelo investigador Marvin Casey.

BANDIDOS, LADRÕES E INCENDIÁRIOS

todos os eventos tinham se iniciado numa pilha de travesseiros.

Uma teoria ousada
Esse *modus operandi* (MO) não escapou a Casey, que notou que os ataques tinham progredido em sequência de Los Angeles para o norte, ao longo da Rota 99 para Fresno. Nem a perturbadora percepção de que os incêndios tinham ocorrido logo antes ou depois de uma conferência anual de investigadores de incêndios criminosos em Fresno.

Casey começou a desenvolver uma teoria controversa: os incêndios teriam sido causados por um dos trezentos investigadores que participaram do simpósio em Fresno.

Ele obteve uma lista dos presentes, reduzindo-a a 55 suspeitos, que tinham viajado sozinhos passando por Bakersfield na Rota 99.

Não é de estranhar que, ao partilhar suas suspeitas com os colegas investigadores de incêndios criminosos, Casey tenha sido ignorado ou repudiado. Mas ele perseverou, convencendo a Agência de Álcool, Tabaco e Armas de Fogo (AATAF) a realizar testes científicos no papel amarelo recolhido na loja de artesanato. O laboratório da AATAF aplicou ninidrina (substância usada para detectar amônia) no papel, pela remota chance de que reagiria com aminoácidos de resíduos de impressão digital. Para surpresa dos técnicos e de Casey, uma impressão

O **"Travesseiro de Fogo"** ateou um incêndio que virou uma tempestade de fogo em Glendale, na Califórnia, em 1990. Um total de 67 propriedades foram atingidas pelo fogo, como esta casa.

parcial apareceu. Usando um filtro fotográfico especial para aumentar o contraste e revelar os detalhes dos sulcos, os técnicos conseguiram produzir uma impressão utilizável. Ela foi submetida ao Sistema Automático de Identificação de Impressões Digitais, onde foi comparada às de criminosos de todo o país. Como não houve resultado, Casey pediu à AATAF que comparasse a impressão com as dos 55 participantes da conferência em sua lista. O pedido foi negado. »

JOHN LEONARD ORR

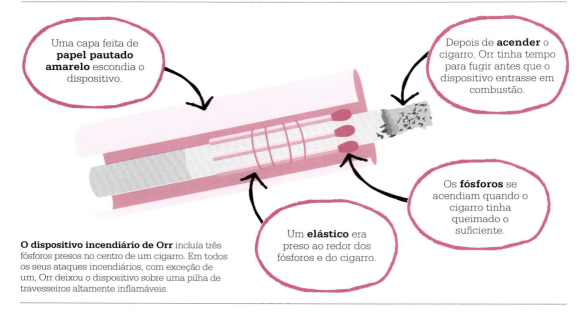

Uma capa feita de **papel pautado amarelo** escondia o dispositivo.

Depois de **acender** o cigarro, Orr tinha tempo para fugir antes que o dispositivo entrasse em combustão.

Os **fósforos** se acendiam quando o cigarro tinha queimado o suficiente.

Um **elástico** era preso ao redor dos fósforos e do cigarro.

O dispositivo incendiário de Orr incluía três fósforos presos no centro de um cigarro. Em todos os seus ataques incendiários, com exceção de um, Orr deixou o dispositivo sobre uma pilha de travesseiros altamente inflamáveis.

Por dois anos, o caso se manteve num limbo. Então, em março de 1989, uma série de incêndios irromperam de novo, desta vez ao longo da Rota 101, que leva diretamente a Pacific Grove, onde ocorria o simpósio anual dos investigadores de incêndios criminosos. Reanimado, Casey comparou as listas de participantes do encontro de Pacific Grove e do anterior, reduzindo o número de suspeitos para dez. Certo de que o incendiário estava entre eles, convenceu agentes da AATAF a furtivamente obter as impressões digitais de seus dez suspeitos e compará-las com a impressão parcial. Para decepção e choque de Casey, os resultados foram negativos.

Tempo para uma pausa
A partir do fim de 1990, uma série de incêndios em Los Angeles levou à criação da "Força-Tarefa do Travesseiro de Fogo", derivando seu nome do MO do criminoso. Como nos eventos anteriores, o fogo tinha começado em outlets varejistas em horário comercial.

Em março de 1991, o chefe da força-tarefa, Tom Campuzano, distribuiu um folheto com informações sobre esse MO a uma associação de departamentos de incêndio que não tinha a participação permanente de um investigador de incêndios criminosos. Após ler o folheto, Scott Baker, do gabinete do comandante dos bombeiros do estado da Califórnia, falou a Campuzano sobre a teoria bastante criticada de Marvin Casey.

Por fim, Casey encontrou um investigador influente de incêndios criminosos que simpatizava com sua causa. Campuzano e Casey se encontraram para discutir o caso e Casey entregou uma cópia da impressão digital parcial à força-tarefa. Eles a processaram num banco de dados de todos que já tinham se candidatado a um emprego na polícia de Los Angeles e dessa vez tiveram êxito. A impressão parcial combinava com a do dedo anular esquerdo de John Leonard Orr: um dos dez nomes na lista de Marvin Casey. Por pura sorte ou incompetência profissional, Orr não tinha sido identificado em 1989.

Orr era um capitão de bombeiros de 41 anos, experiente na investigação de incendiários. Era querido, encantador e tinha lendária fama de sempre ser o primeiro a

Acredito que ele provocou mais de 2 mil incêndios num período de cerca de trinta anos.
Michael J. Cabral

BANDIDOS, LADRÕES E INCENDIÁRIOS 53

A sentença de Orr foi dada em junho de 1998. Os advogados de defesa alegaram que o incêndio da loja Ole's foi devido à fiação defeituosa, mas o júri declarou Orr culpado.

chegar à cena. Devido às descobertas de Casey, porém, Orr foi posto sob vigilância e um dispositivo de monitoramento foi preso secretamente ao para-choque de seu carro. Orr o descobriu e removeu, mas a polícia colocou outro sob o painel de controle quando ele levou o veículo para manutenção.

Quando o estúdio da popular série de TV *Os Waltons* foi engolfado pelas chamas na tarde de 22 de novembro de 1991, em Burbank, a Teletrac mostrou Orr dirigindo do local do incêndio para sua casa às 15h30, para receber o relatório de alerta. Significativamente, embora o relatório tenha incluído o endereço do incêndio de modo incorreto, Orr ainda conseguiu chegar ao local certo.

Apesar de não ter as provas necessárias para a prisão, a força-tarefa percebeu que, enquanto Orr ficasse livre, vidas estariam em perigo. Eles logo solicitaram um pedido de busca em sua casa. Numa pasta, os investigadores encontraram cigarros, fósforos e elásticos escondidos, e em seu carro havia folhas de papel pautado amarelo. Ainda mais condenador era um vídeo feito por Orr em 14 de março de 1990 de uma casa numa colina em Pasadena, seguida pela filmagem da mesma casa em chamas em 2 de outubro de 1992. Crucial era o manuscrito dele de um romance intitulado *Pontos de origem*, em que o protagonista Aaron Stiles (anagrama de "I set LA Arson", "Provoquei um incêndio criminoso em LA") tinha a vida dupla de investigador de incêndios e incendiário. Não só Stiles usava o mesmo dispositivo incendiário que o "Travesseiro de Fogo", como colocava fogo a caminho de conferências de especialistas em incêndios criminosos e queimara uma loja de artesanato, matando um menino chamado Matthew.

Revelações assustadoras

John Leonard Orr foi preso em 4 de dezembro de 1991 e acusado de cinco incêndios. Sua condenação veio em 25 de junho de 1998, quando o Tribunal do Estado da Califórnia o declarou culpado de quatro assassinatos em primeiro grau relacionados ao incêndio no Ole's Home Center, em 1984, pelos quais recebeu pena perpétua, sem direito a condicional.

O encanto pessoal de Orr foi depois atribuído a psicopatia, porque era acompanhado de outros traços claramente psicopáticos, como manipulação, vaidade e falta de remorso. Embora Orr ainda alegasse inocência, após sua prisão o número anual de grandes incêndios na área caiu de 67 para um. É provável que ele tivesse um sexto sentido para incêndios porque os provocava. Essa suspeita levou o promotor distrital adjunto Michael J. Cabral a estimar que Orr ateou mais de 2 mil incêndios em trinta anos, o que o tornou um dos mais ativos incendiários da história dos EUA.

Numa virada final abominável, *Pontos de origem* apresenta uma cena em que Aaron Stiles ataca sexualmente e mata uma jovem num veículo que em seguida é queimado. Os investigadores afirmam ter identificado o caso, mas sem provas conclusivas do envolvimento de Orr. Duas mortes adicionais relacionadas a fogo descritas em *Pontos de origem* continuam sem explicação. Se essas passagens horripilantes se revelarem verdadeiras, Orr será não só um incendiário e assassino em massa como um serial killer com motivação sexual. ■

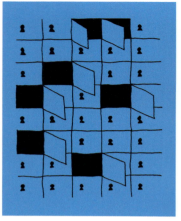

ERA O CRIME PERFEITO
O ROUBO DE DIAMANTES DE ANTUÉRPIA, 15-16 DE FEVEREIRO DE 2003

EM CONTEXTO

LOCAL
Centro de Diamantes de Antuérpia, Bélgica

TEMA
Roubo em caixa-forte

ANTES
18 de março de 1990 Dois ladrões disfarçados de policiais entram no Museu Isabella Stewart Gardner, em Boston, em Massachusetts, enganam os vigias e roubam treze obras de arte de valor incalculável.

DEPOIS
18 de fevereiro de 2013 Oito homens mascarados e armados fingindo ser policiais levam diamantes de uma van blindada na pista do Aeroporto de Bruxelas, na Bélgica, no valor de mais de 200 milhões de reais.

Durante centenas de anos, a maioria dos diamantes brutos do mundo – no valor de muitos bilhões de reais – passou pela Antuérpia, na Bélgica, tornando-a o maior distrito de diamantes mundial e um alvo cobiçado por arrombadores audaciosos.

Grandes roubos dependem de grande planejamento. O arrombamento do Centro de Diamantes de Antuérpia, em 2003, tomou anos de elaboração e com razão foi chamado de "crime perfeito".

Um ladrão experiente de Palermo, na Sicília, especializado em encantar suas vítimas, Leonardo Notarbartolo se fingiu de comerciante de diamantes e alugou um escritório no Centro de Diamantes de Antuérpia dois anos antes do roubo. Isso lhe permitiu ganhar acesso 24 horas ao prédio, com seu próprio cofre na caixa-forte.

Sem deixar rastros
Na noite de 16 de fevereiro de 2003, Notarbartolo e um grupo de cinco ladrões conhecidos como "Escola de Turim" entraram na caixa-forte do centro de diamantes. Apesar de nove camadas diferentes de segurança, entre elas câmeras e sensores de movimento e calor em infravermelho, o bando limpou 123 dos 160 cofres individuais na caixa-forte sem disparar nenhum alarme nem deixar qualquer sinal de arrombamento. Os funcionários do centro de diamantes nem mesmo notaram que um roubo tinha ocorrido até 17 de fevereiro, quando também descobriram a falta das fitas das câmeras de segurança. O valor estimado do desfalque, entre diamantes, outras pedras preciosas, ouro e joias, equivaleria a mais de 368 milhões de reais.

A fama da Antuérpia como centro mundial dos diamantes se dá por 85% de todos os diamantes brutos passarem por lá e mais de 77 bilhões de reais em diamantes lapidados são vendidos ali a cada ano.

BANDIDOS, LADRÕES E INCENDIÁRIOS   55

Ver também: O Roubo do Banco Société Générale 44 ▪ O Roubo da Hatton Garden 58-59

As nove camadas de segurança da caixa-forte de Antuérpia

O Esquadrão dos Diamantes

Em 2000, o ministro da Justiça belga criou uma força policial especial para guardar o distrito de diamantes da Antuérpia e investigar crimes ocorridos ali. Essa polícia única, com seis membros, era liderada por inspetores que são especialmente ligados ao negócio dos diamantes. O chefe do "Esquadrão dos Diamantes", Agim De Bruycker, foi responsável pela investigação do Roubo dos Diamantes da Antuérpia que conseguiu prender Notarbartolo. No entanto, em março de 2015, De Bruycker foi detido sob suspeita de lavagem de dinheiro. Diamantes no valor de cerca de 2,3 milhões de reais foram achados depois em sua casa. Consta que membros de sua equipe desconfiaram ao vê-lo comprar uma casa de campo cara e um novo Range Rover logo após o fim de seu divórcio. De Bruycker foi suspenso, na pendência de investigação. A detenção de De Bruycker não foi o único escândalo a recair sobre o Esquadrão dos Diamantes. Em 2004, cerca de 8,5 milhões de reais em diamantes sob custódia policial, apreendidos numa investigação sobre fraude, desapareceram. Eles não foram recuperados.

O sanduíche pela metade

Tudo tinha funcionado como um relógio para o bando, mas eles se descuidaram na saída. Um membro da quadrilha, chamado de "Veloz" (depois identificado como o policial Pietro Tavano), descartou apressadamente um saco de lixo numa floresta ao lado da Via E19, ao norte de Bruxelas.

Um fazendeiro local achou o saco e chamou a polícia após notar envelopes do Centro de Diamantes de Antuérpia, um vídeo e um sanduíche de salame pela metade, que depois se verificou conter traços do DNA de Notarbartolo. Ele e três cúmplices foram presos a seguir, entre os quais Veloz, por cometer o que a imprensa rotulou como "roubo do século". A polícia vasculhou o apartamento de Notarbartolo e encontrou dezessete diamantes num cofre, identificados como sendo da caixa-forte. Outros diamantes foram achados num tapete enrolado. Em 2005, Notarbartolo foi condenado a dez anos; cada um de seus cúmplices foram presos por cinco anos.

Posso ser um ladrão e um mentiroso, mas vou lhe contar uma história verdadeira.
Leonardo Notarbartolo

Quebra-cabeça incompleto

Notarbartolo disse numa entrevista em 2009 à revista *Wired* que um comerciante de diamantes contratou a Escola de Turim para o roubo, que seria parte de uma complexa fraude de seguro. As autoridades duvidaram da afirmação, porém, e não deram seguimento. Mas não há dúvida alguma de que, com exceção de umas poucas pedras, o produto do roubo nunca foi achado. O quinto membro do bando, apelidado "Rei das Chaves", também ainda não foi identificado. ∎

ELE ERA UM ESPECIALISTA EM SISTEMAS DE ALARME
O ROUBO DO SALEIRO DE CELLINI, 11 DE MAIO DE 2003

EM CONTEXTO

LOCAL
Kunsthistorisches Museum, Viena, Áustria

TEMA
Roubo de arte

ANTES
21 de agosto de 1911 A famosa *Mona Lisa*, de Leonardo da Vinci, é roubada do Museu do Louvre, em Paris, mas recuperada dois anos depois quando os ladrões tentam vendê-la.

DEPOIS
16 de outubro de 2012 Uma quadrilha romena invade o museu Kunsthal, nos Países Baixos, e leva sete pinturas no valor de cerca de 117 milhões de reais.

Esquivando-se furtivamente de sensores de movimento de alta tecnologia e vigias 24 horas, um ladrão de arte amador escalou um andaime do lado de fora do Kunsthistorisches Museum, em Viena, entrou por uma janela quebrada no segundo andar, despedaçou uma vitrine e fugiu com um dos maiores artefatos mundiais do Renascimento.

O roubo do saleiro banhado a ouro, com valor estimado em cerca de 320 milhões de reais, na manhã de 11 de maio de 2003, causou escândalo na Áustria. A escultura intrincada de 25 centímetros, representando Netuno com o tridente, era uma obra-prima de Benvenuto Cellini, o famoso escultor italiano do século XV.

Apesar do valor multimilionário, a estatueta era basicamente invendável, pois nenhum *marchand* legítimo tocaria nela. Após duas tentativas frustradas de obter resgate, Robert Mang, de 50 anos, foi detido em janeiro de 2006. Especialista em alarmes de segurança e ávido colecionador de esculturas, ele admitiu que o roubo foi "bastante espontâneo". Mang levou a polícia até o tesouro do Renascimento, enterrado num bosque, noventa quilômetros a nordeste de Viena. Ele tinha envolvido a obra em linho e plástico e a pusera em uma caixa de chumbo para protegê-la. Em setembro de 2006, Mang foi condenado a quatro anos de prisão, mas saiu antes, em 2009. ■

O saleiro foi concluído por Cellini em 1543 e dado ao rei Francisco I da França. É a única peça artística de metal precioso remanescente atribuída ao escultor italiano.

Ver também: Bill Mason 36 ▪ O Roubo da Copa do Mundo 37 ▪ John MacLean 45

BANDIDOS, LADRÕES E INCENDIÁRIOS   57

ESTRANHO, E INACREDITÁVEL, MAS UM CASO CRIMINAL MUITO REAL
A TUBULAÇÃO DE VODCA RÚSSIA-ESTÔNIA, 2004

EM CONTEXTO

LOCAL
Narva, Estônia

TEMA
Contrabando

ANTES
1916 Após a proibição da venda de álcool no estado de Michigan, contrabandistas levam a bebida através da fronteira por barco, de Windsor, em Ontário, no Canadá, a Detroit, em Michigan.

12 de agosto de 1998 A polícia lituana descobre uma tubulação usada para contrabandear álcool da Letônia para a Lituânia.

DEPOIS
6 de janeiro de 2014 A polícia da Filadélfia detém um advogado local por vender ilegalmente garrafas de vinhos finos guardadas no porão de sua casa; no total, foram confiscadas 2.500 garrafas, com valor entre cerca de 729 mil e 971 mil dólares.

De agosto a novembro de 2004, um grupo de contrabandistas empreendedores operou uma notável tubulação de dois quilômetros sob o rio Quirguistão para transportar enormes quantidades de vodca da Rússia para o ex-Estado soviético da Estônia e assim evitar o pagamento de impostos.

A Estônia tinha entrado em 1º de maio de 2004 na União Europeia, onde a vodca alcançava um preço muito mais alto que na Rússia. Infelizmente para os contrabandistas, porém, eles não conseguiram achar um só comprador para a vodca ilegal na capital da Estônia, Tallinn, e acabaram descarregando-a em Tartu, a segunda maior cidade do país. A operação foi descoberta por acaso quando trabalhadores que escavavam buracos para árvores encontraram a tubulação ao longo do fundo de uma represa perto da cidade fronteiriça de Narva. Funcionários da alfândega recolheram 1.400 litros da bebida e fecharam a tubulação. Eles também

A investigação também revelou que os homens tinham tentado vender um pouco da bebida em Tallinn... mas a qualidade era muito ruim.
Mari Luuk

acharam depois uma grande quantidade de vodca não regularizada escondida num caminhão em Tallinn. Policiais estimaram que quando o bando de onze contrabandistas russos e estonianos foi capturado eles já tinham bombeado 7.450 litros de vodca da Rússia para a Estônia.

Dois anos depois, a polícia estoniana descobriu outra tubulação de contrabandistas sob o mesmo rio, mas ela foi fechada antes que qualquer bebida entrasse ilegalmente na União Europeia. ■

Ver também: A Quadrilha de Hawkhurst 136-137 ▪ As Guerras da Cerveja 152-153

A VELHA GUARDA DE LADRÕES EDUCADOS DE LONDRES
O ROUBO DA HATTON GARDEN, ABRIL DE 2015

EM CONTEXTO

LOCAL
Londres, Reino Unido

TEMA
Roubo de caixa-forte

ANTES
11 de setembro de 1971 Arrombadores, entre eles Brian Reader, invadem os cofres da filial da Baker Street do Lloyds Bank, em Londres, levando estimados 3 milhões de libras (258 milhões de reais hoje).

12 de julho de 1987 Ladrões se passam por potenciais clientes no Knightsbridge Safe Deposit Centre, em Londres, para entrar e depois dominar os funcionários, escapando com cerca de 60 milhões de libras (970 milhõesde reais hoje) em dinheiro e joias.

DEPOIS
4-5 de fevereiro de 2016 Hackers de computador tentam roubar cerca de 4 bilhões de reais do banco central de Bangladesh.

No início da primavera de 2015, o criminoso veterano Brian Reader, de 76 anos, tinha passado três anos planejando "um último serviço". Reader tinha história – participara do Roubo da Baker Street de 1971. Desta vez, ele recrutou os amigos John "Kenny" Collins, de 74 anos, Terry Perkins, de 67, e Danny Jones, de 60, entre outros.

No primeiro fim de semana de abril de 2015, quando as festas de Páscoa e Pessach coincidiram, a Hatton Garden Safe Deposit Company ia fechar as portas na quinta à noite e só abriria de novo na terça seguinte. O distrito todo, famoso como o bairro da joalheria de Londres, ficaria deserto no fim de semana longo.

Eram criminosos analógicos operando num mundo digital.
Scotland Yard

Uma broca de núcleo de diamante, roubada de um local em demolição próximo quatro meses antes do golpe, perfurou três buracos sobrepostos através da parede reforçada de concreto.

Sem contratempos
O último funcionário da Hatton Garden saiu do prédio por volta das 20h20. Cinco minutos depois, as câmeras de segurança captaram imagens de um bando seguindo para a caixa-forte pelo poço do elevador.

Eles eram liderados por um homem apelidado "senhor Ruivo" pela imprensa, por causa dos cabelos vermelhos aparentes sob o boné, mas referido no bando como "Basil". Três outros eram visíveis, cada um empurrando uma grande lata de lixo com rodinhas: os ladrões claramente esperavam um grande butim. Até ali, porém, ninguém tinha visto o vídeo, nem a

BANDIDOS, LADRÕES E INCENDIÁRIOS

Ver também: O Assalto ao Trem Pagador 30-35 ▪ O Roubo do Banco Société Générale 44 ▪ O Roubo de Diamantes de Antuérpia 54-55

Os **"Cardíacos dos Diamantes"**, como a imprensa os apelidou, receberam uma sentença leniente combinada total de 34 anos. Perkins e Jones até agradeceram ao juiz ao serem levados embora.

Polícia Metropolitana reagiu a um alerta do alarme da caixa-forte.

O sinal também alertou a empresa de monitoramento da segurança da caixa-forte. Eles chamaram Alok Bavishi, filho do diretor adjunto da Hatton Garden e responsável temporário. Embora tenha sido informado por equívoco de que a polícia já estava no local, Bavishi ligou para um guarda da segurança para que checasse o prédio. Mas o guarda não encontrou nada errado quando olhou pela porta principal – uma sorte para os bandidos, em particular porque o sentinela, Collins, tinha dormido em serviço.

Enquanto isso, Basil e seus cúmplices fizeram duas viagens à caixa-forte. Quando saíram, às 6h45 do domingo, tinham saqueado 72 cofres e levado o equivalente a cerca de 86 milhões de reais.

Rastreamento

A quadrilha tinha deixado, no entanto, uma trilha eletrônica. Eles haviam tentado desativar as câmeras de segurança e os alarmes da caixa-forte, mas só com sucesso parcial. O uso descuidado de celulares pelo bando também forneceu pistas à polícia. Acesso a gravações telefônicas e a dados de rastreio de veículos estabeleceram que Perkins, Collins e Jones tinham se encontrado regularmente no pub Castle, em Islington, no norte de Londres, ao planejar o ataque. Uma operação de vigilância da polícia registrou depois Reader, Collins e Perkins se vangloriando no pub Castle de como tinham entrado na caixa-forte.

Gênio misterioso

Por fim, sete homens foram detidos e condenados pelo roubo da Hatton Garden, mas Basil não foi capturado. Segundo o testemunho de Danny Jones, Basil era um ex-policial e o cérebro por trás do ataque. Era claramente o membro mais profissional do bando e tomara o cuidado de ocultar o rosto com uma sacola ao ir para a van que os esperava. Acredita-se que ele fosse alguém de dentro, que podia entrar no prédio com um jogo de chaves e passar várias camadas de segurança. Tanto Basil quanto joias, ouro e pedras preciosas no valor de cerca de 62 milhões de reais desapareceram. ∎

Um último serviço

A imprensa e o público britânicos acharam graça na idade respeitável dos acusados do Roubo da Hatton Garden. Havia um certo encanto na revelação de que Reader tinha usado um cartão de ônibus de idoso para chegar ao local do crime, que o sentinela Kenny Collins tirara uma soneca em serviço e que Terry Perkins tinha se lembrado de levar seus remédios de diabetes. Superficialmente, parecia que os membros do bando poderiam ser os avós de qualquer um. Porém, muitos deles eram criminosos de carreira perigosos unidos por amizade, habilidades comuns e a nostalgia das aventuras passadas.

Durante anos, Reader teve como mantra o ditado "o seguro morreu de velho" para escapar da lei. Abortou roubos arriscados e tirava períodos sabáticos longos quando as coisas ficavam "quentes". Mas, por fim, parece que não conseguiu resistir à atração e ao prestígio dessa oportunidade, deixando a abordagem testada e comprovada para um último serviço.

GOLPIST

AS

INTRODUÇÃO

Na França, Jeanne de la Motte **engana um rico cardeal** para obter um colar de diamantes.

1785

O tchecoslovaco Victor Lustig finge ser um membro do governo francês que deseja **vender a Torre Eiffel** como sucata.

1925

Usando falsas identidades e seu encanto natural, Doris Payne inicia uma carreira como **ladra de joias**.

1952

1879

A rica socialite francesa Thérèse Humbert **toma emprestadas vastas somas de dinheiro** sob garantia de uma herança fictícia.

1946

Em Paris, o artista Elmyr de Hory começa a **falsificar obras de pintores famosos** para vendê-las a pessoas ricas e a galerias.

Os contos do vigário estão entre os mais antigos crimes do mundo. A natureza humana favorece os criminosos – sem um bom motivo, a maioria das pessoas tende a confiar nos outros. As vítimas com frequência aprendem do modo mais duro que se uma oferta parece boa demais para ser verdadeira, provavelmente não é.

Um golpista é um manipulador que ludibria outros, fazendo-os a acreditar em algo que não é verdadeiro. Usando de ilusões – com mentiras ou trapaças para que suas vítimas pensem que podem obter ganhos fáceis –, os golpistas exploram as pessoas, em geral, para obter dinheiro, mas também por outras vantagens. As consequências legais de tais ardis dependem das circunstâncias e das leis do lugar.

Os golpistas, ou "vigaristas", "trapaceiros", "charlatões", tratam as vítimas desdenhosamente como "otários", "trouxas" ou "paspalhos". Mas o modo como as ludibriam não é tão intrigante como possa parecer. Alguns golpistas deliberadamente visam pessoas idosas, solitárias ou vulneráveis, mas quase todos são suscetíveis a suas tramoias, em especial se a pessoa for vítima de um esquema altamente convincente para ficar rico rápido. O impacto do crime pode ser substancial. Na França do século XVIII, por exemplo, as maquinações escandalosas da alpinista social e golpista Jeanne de la Motte, no que ficou conhecido como o Caso do Colar de Diamantes, ajudou a reforçar a impopularidade da monarquia, que levou à Revolução Francesa e à destruição do *ancien régime*.

Campeões da trapaça

Alguns casos envolvem níveis extraordinários de autoconfiança da parte do golpista. Nos anos 1960, o magistral impostor Frank Abagnale escapou da lei durante anos, incorporando seis personagens de diferentes profissões, entre eles um piloto, um médico, um advogado e um agente do FBI. Victor Lustig conseguiu vender a Torre Eiffel como sucata a um empresário crédulo.

Em outros casos, a simplicidade e a natureza descarada da tentativa de burlar são impressionantes, como o cavalo campeão de corridas disfarçado de novato com uma pincelada de tinta branca, no escândalo de Fine Cotton, na Austrália, embora o embuste logo tenha se revelado. A Fuga de Alcatraz foi muito mais detalhadamente planejada, com os

GOLPISTAS

O magistral impostor Frank Abagnale **se finge de piloto** para viajar o mundo e desfrutar de uma vida de luxo.

1964

Na Alemanha, o falsificador Konrad Kujau ilude as pessoas, levando-as a acreditar que documentos escritos por ele são, na verdade, os **diários de Hitler**.

1978

1962

Nos EUA, três prisioneiros iludem os guardas e realizam uma das mais famosas escapadas da prisão da história – **a Fuga de Alcatraz**.

1972

Clifford Irving alega falsamente que Howard Hughes lhe pediu que escrevesse sua biografia e **leva executivos de editoras** a lhe dar um grande adiantamento.

1984

No escândalo da corrida de cavalos de Fine Cotton, na Austrália, um grupo criminoso **substitui** um cavalo iniciante **por um campeão**.

---

fugitivos colocando cabeças de papel machê em suas camas para convencer os guardas de que dormiam, em vez de estarem escavando uma saída da prisão-ilha.

Em geral, um indivíduo ou organização é enganado, mas centenas de pessoas foram ludibriadas pelo falsificador de arte Elmyr de Hory, com suas notáveis pinturas – ele vendeu mais de mil obras de "Picasso", "Matisse" e "Modigliani" a colecionadores e galerias do mundo todo.

O mestre falsário Konrad Kujau também conseguiu enganar grande parte do mundo com seus Diários de Hitler. Historiadores proclamaram sua autenticidade, jornais publicaram trechos e editoras competiram pelos direitos. Com frequência, os que caem em tais farsas relutam em acreditar que foram iludidos. Os editores dos trechos dos Diários de Hitler e da biografia de Howard Hughes continuaram a sustentar suas versões muito depois que todos já tinham percebido que eles tinham sido enganados. E muitos indivíduos, após perceberem que foram iludidos, relutam em contatar as autoridades, receando ser ridicularizados. Victor Lustig contou com isso em sua audaciosa venda da Torre Eiffel; ela funcionou porque ele previu corretamente o embaraço de sua vítima por ter sido lograda.

Psicologia subjacente

O que os golpistas têm em comum é o poder de persuasão. Os criminosos mais bem-sucedidos partilham três traços de personalidade – psicopatia, narcisismo e maquiavelismo –, que lhes permitem realizar seus crimes sem sentir remorso ou culpa. Porém, obter ganhos nem sempre é seu objetivo. Segundo psicólogos, os vigaristas simplesmente têm grande satisfação em aplicar golpes, sem importar a quantia que obtêm.

Muitos golpistas usam disfarces como parte de seu *modus operandi*, o que torna difícil à polícia capturá-los, em especial antes do auxílio da tecnologia digital. Os policiais podem hesitar em perseguir culpados porque, em algumas jurisdições, o roubo de propriedade é considerado uma questão civil e não um crime. Além disso, os policiais em geral se preocupam mais em capturar criminosos violentos e terroristas que em apreender vigaristas. Os crimes destes podem ser difíceis de provar, o que torna menos viável processá-los. ∎

SOB A INFLUÊNCIA DE MAUS CONSELHOS... SENTI-ME UM MÁRTIR
O CASO DO COLAR DE DIAMANTES, 1785

EM CONTEXTO

LOCAL
Paris, França

TEMA
Golpe das joias

ANTES
Anos 1690 William Chaloner lidera um bando de falsificação de moedas bem-sucedido em Birmingham e Londres, na Inglaterra; ele é enforcado em 1699 por alta traição após atacar a Casa da Moeda Real.

DEPOIS
1923 Lou Blonger, o chefão de um grande bando de golpistas que atuaram em Denver, no Colorado, por mais de 25 anos, é afinal condenado após um famoso julgamento marcado por alegações de que os cúmplices de Blonger tentaram subornar membros do júri.

Em 1785, a rainha Maria Antonieta foi envolvida num escândalo notório na corte francesa a respeito de um colar de diamantes. A embusteira Jeanne de la Motte orquestrou um estratagema, fingindo ser a rainha para enganar um cardeal rico. As implicações desse golpe tiveram consequências não intencionais de longo alcance e ajudaram a promover a Revolução Francesa.

Encomenda real
Em 1772, o rei Luís XV encarregou os joalheiros Boehmer e Bassenge de fazer um colar requintado para a Madame du Barry, sua amante. Os joalheiros criaram um colar de diamantes que pesava 2.800 quilates e tinha 647 pedras. Ele levou vários anos para ser feito e custou 2 milhões de libras francesas (em valor atualizado, cerca de 49 milhões de reais). Na época em que foi concluído, Luís tinha morrido de varíola e du Barry havia sido banida pelo herdeiro, Luís XVI. Os joalheiros tentaram vender o colar para a rainha Maria Antonieta, mas ela recusou.

Um plano astuto
Jeanne de Valois-Saint-Rémy

O colar era uma obra de arte, com festões, pendentes e borlas. Ao criá-lo sem uma encomenda confirmada, os joalheiros tomaram um enorme risco, que quase os levou à falência.

descendia de um filho ilegítimo do rei Henrique II (1547-1559). Em 1780, ela se casou com Nicolas de la Motte, um oficial dos gendarmes, e eles se autointitularam conde e condessa de la Motte. Receberam uma modesta pensão do rei, insuficiente para custear o estilo de vida desejado por Jeanne ou refletir a condição social a que ela sentia ter direito.

Sabendo que os joalheiros queriam um comprador para o

GOLPISTAS 65

Ver também: A Herança de Crawford 66-67 ▪ Frank Abagnale 86-87 ▪ Clifford Irving 88-89

Percebo que fui cruelmente enganado.
Cardeal Louis de Rohan

colar, Jeanne imaginou um plano para obtê-lo, sentindo ali a oportunidade ideal de melhoria financeira e social. Entre seus conhecidos estava o cardeal Louis de Rohan, que perdera a estima da rainha e estava ansioso por uma reconciliação. Em 1784, Jeanne convenceu o cardeal de que era estimado por Maria Antonieta e induziu-o a escrever a ela. O cúmplice de Jeanne, Rétaux de Villette, forjou respostas da "rainha" em papel com bordas douradas. As trocas de mensagens se tornaram tão amorosas que De Rohan acreditou que ele e a rainha

Hábil em elaborar ardis, Jeanne de la Motte escapou da prisão vestida de menino. Ela fugiu para Londres, onde escreveu suas memórias do escândalo do colar de diamantes, defendendo seus atos.

estavam apaixonados. Após pedidos de De Rohan para que se vissem, Jeanne contratou uma prostituta para se passar por Maria Antonieta e organizou um encontro nos jardins do Palácio de Versalhes. Tendo conquistado sua confiança, Jeanne informou a De Rohan que a rainha queria comprar o colar de diamantes, mas não podia ser vista fazendo isso quando tantos passavam fome em Paris. Ele combinou pagar em prestações, e os joalheiros lhe entregaram o colar.

Fraude denunciada
Como o primeiro pagamento de De Rohan foi insuficiente, os joalheiros se queixaram a Maria Antonieta, mas ela negou ter pedido o colar. Então, De Rohan foi levado diante do rei e da rainha para se explicar e o engodo foi finalmente exposto.

A prostituta e os de la Motte foram condenados e Villette foi banido, mas De Rohan foi absolvido. Jeanne foi açoitada publicamente, marcada com a letra "v", de *voleuse* [ladra] e presa, mas escapou dez meses depois. Já transformada em bode expiatório para os apuros financeiros do país, a rainha teve sua frágil reputação destruída pelo julgamento. Oito anos depois, foi executada durante a Revolução Francesa. O colar nunca foi achado. ∎

Esta gravura satírica mostra o cardeal ao entregar o colar a Jeanne de la Motte, ridicularizando sua ingenuidade e desonestidade.

Aproveitando a vulnerabilidade

Jeanne de la Motte aplicou um conto do vigário quase perfeito ao enganar o cardeal De Rohan, primeiro seduzindo-o, depois aproveitando-se de seu desespero, vulnerabilidade e vaidade. Ela também esperou até ganhar sua confiança antes de lhe pedir qualquer coisa em troca.

Porém, ela cometeu um erro potencialmente fatal ao assinar os bilhetes da rainha como "Maria Antonieta da França". O cardeal poderia não estar ciente do costume das rainhas francesas de assinarem só com seu nome, mas isso é improvável, pois ele tinha sido antes embaixador francês na corte de Viena e devia conhecer bem o protocolo diplomático. É mais provável que estivesse cego devido ao poder de persuasão de Jeanne. Ele foi levado de volta à realidade pelo rei, furioso por um nobre de alto escalão pudesse ter caído num golpe tão óbvio. Embora tenha sido escarnecido como um tolo, ele obteve apoio popular; sua absolvição foi considerada uma vitória sobre a impopular realeza.

UM DINHEIRO ASSIM É DE TIRAR O CHAPÉU
A HERANÇA DE CRAWFORD, 1879-1902

EM CONTEXTO

LOCAL
Paris, França

TEMA
Golpe da herança falsa

ANTES
1821-1837 O general Gregor MacGregor extorque dinheiro de investidores britânicos e franceses que buscam se estabelecer num território centro-americano fictício.

DEPOIS
Anos 1880 A escroque americana Bertha Heyman, a "Grande Bertha", convence dezenas de homens ricos a lhe emprestar dinheiro prometendo pagar de volta com uma herança fictícia.

1897-1904 A falsária e embusteira canadense Cassie L. Chadwick alegar ser a filha ilegítima e herdeira do magnata do aço Andrew Carnegie e consegue obter de modo fraudulento milhões de dólares em bancos.

Em 1898, à beira da falência, um banqueiro francês chamado Girard contatou a mulher em que investira sua fortuna, suplicando por parte do dinheiro que lhe era devido. Quando a rica socialite Thérèse Humbert recusou, Girard, em desespero, apontou uma arma para a cabeça e apertou o gatilho. Seu suicídio foi o início do fim da carreira de vinte anos de Thérèse, em que enganou a elite francesa em quase 100 milhões de francos (quase 2,7 bilhões de reais hoje).

Herança falsa
Nascida Thérèse Daurignac na França, ela foi criada como uma camponesa pobre. Apesar de não ser rica nem bem educada, Thérèse era encantadora e afeita a mentir e manipular. Ela afirmava ter sangue nobre e convenceu seu primo em primeiro grau, Frédéric Humbert, filho de um importante prefeito francês, a se casar com ela. Os dois se mudaram para Paris, onde as conexões do sogro ajudaram Thérèse a ganhar fama e influência na sociedade francesa.

Em 1879, Thérèse contou uma história de uma herança excepcional, alegando ter salvado a vida do milionário americano Robert Crawford numa viagem de trem. Como recompensa, supostamente Crawford teria tornado Thérèse beneficiária de seu testamento, com a condição de que a fortuna fosse mantida num cofre até a irmã mais nova de Thérèse ter idade suficiente para se casar com um dos sobrinhos de Crawford. Porém, Robert Crawford não existia, nem a herança.

O escândalo atraiu o interesse da imprensa europeia. Esta imagem da detenção em Madri foi publicada no jornal italiano *La Domenica del Corriere*.

GOLPISTAS 67

Ver também: O Caso do Colar de Diamantes 64-65 ▪ Charles Ponzi 102-107 ▪ Bernie Madoff 116-121

> Ela me convenceu a lhe emprestar meu dinheiro, primeiro um pouco, e então mais, até tudo que eu tinha no mundo ter ido para seus bolsos.
> **Vítima de Thérèse Humbert**

Usando a herança fictícia como garantia, Thérèse começou a pegar dinheiro emprestado de amigos ricos. Embora de início fosse um simplório, seu marido se tornou seu cúmplice, e o casal vivia com fausto graças a esses empréstimos. Os Humbert continuaram a gastar prodigamente, comprando mansões no campo, um iate a vapor e roupas finas. No total, tomaram 50 milhões de francos (algo como 1,3 bilhão de reais hoje) com a promessa de sua misteriosa fortuna.

Insatisfeita com as consideráveis somas de que se apropriara, em 1893 Thérèse abriu uma empresa de seguros fraudulenta, Rent Viagere. Ela visava pequenos empresários com a promessa de grandes retornos para investimentos modestos. Thérèse e Frédéric acabaram esbanjando mais de 40 milhões de francos (cerca de 1 bilhão de reais hoje), pagando velhos investidores com os recursos de novas vítimas.

Tempo esgotado

Após o suicídio de Girard, investigadores franceses começaram a examinar os negócios dos Humbert. Mas foram os credores dela, mais que a polícia, que acabaram expondo a fraude. No fim dos anos 1890, muitos deles se uniram e concluíram que mesmo a significativa "herança" de Thérèse não seria suficiente para pagar todos os seus vastos empréstimos.

Suas armações foram afinal reveladas em 1901, quando um de seus credores a processou. Um juiz parisiense ordenou que o cofre fosse aberto, revelando nada além de um tijolo e meio *penny* inglês. Nessa altura, Thérèse e o marido já tinham fugido do país. Em dezembro de 1902, o casal foi preso em Madri e extraditado para Paris.

Tanto Thérèse quanto Frédéric foram condenados a cinco anos de trabalhos forçados. Thérèse emigrou para os EUA e morreu sem um vintém em Chicago, Illinois, em 1918. ▪

Traços comuns de um golpista

O poder da persuasão

Os golpistas usam o poder da persuasão para enganar as vítimas. Após identificar um alvo, o escroque o estuda, pesquisando seu comportamento e conversando para determinar fraquezas. Ele o guia então para seu golpe, usando adulação, receios ou a promessa de riquezas para ganhar a confiança da pessoa. Tipicamente, as mentiras são entrelaçadas a verdades suficientes para distrair a vítima e tornar a história mais aceitável. Se a vítima objeta, o golpista pode jogar com as emoções para ganhar sua simpatia. A meta é mentir, trapacear e iludir as pessoas com promessas vazias.

Muitos golpistas bem-sucedidos exibem os mesmos três traços – psicopatia, narcisismo e maquiavelismo –, conhecidos coletivamente como a "Tríade Sombria". Essas características lhes permitem extrair o dinheiro das pessoas sem sentir remorso nem culpa.

O VIGARISTA MAIS EDUCADO QUE JÁ HOUVE
A VENDA DA TORRE EIFFEL, 1925

EM CONTEXTO

LOCAL
Paris, França

TEMA
Golpe do marco histórico

ANTES
1901 William McCloundy, um golpista de Nova Jersey, vende a Ponte de Brooklyn a um turista estrangeiro e é preso por grande apropriação indébita.

DEPOIS
1947 O vigarista americano George C. Parker "vende" marcos públicos de Nova York, entre eles a Ponte de Brooklyn, a turistas estrangeiros ricos.

2010 Anthony Lee, um motorista de caminhão de Yorkshire sem um tostão, tenta vender o Ritz Hotel, em Londres, por cerca de 1,5 bilhão de reais e consegue obter um depósito de aproximadamente 6 milhões de reais antes de ser pego pela polícia.

Victor Lustig era um especialista em histórias inverossímeis e nenhuma delas foi mais absurda que seu plano de vender a Torre Eiffel como sucata.

Nascido em 1890 na cidade de Hostinné, hoje na República Tcheca, Lustig se tornou fluente em várias línguas europeias e se mudou para a França. Ele iniciou sua carreira criminosa como vigarista enganando viajantes ricos em barcos transatlânticos.

Um de seus golpes lucrativos envolveu uma "invenção" para imprimir dinheiro, que ele alegava produzir notas perfeitas de cem dólares. Lustig convenceu vítimas crédulas de que o dispositivo levava várias horas para "processar quimicamente" as duas notas de cem dólares que ele lhes apresentou. Na verdade, eram simples notas reais que ele tinha posto na máquina sem que soubessem.

Impressionadas com os resultados, as vítimas compravam suas máquinas por até 30 mil dólares (cerca de 2 milhões de reais hoje). As vítimas só percebiam o engodo após algumas horas – e então Lustig já estava longe.

Capone enganado

Embora fosse um golpista talentoso e ágil, Lustig às vezes corria grandes riscos, como revisitar a cena de seu famoso crime para tentar vender a Torre Eiffel pela segunda vez. A audácia desse notável golpe empalidece na comparação com a coragem necessária para enganar Al Capone, no fim dos anos 1920, mas foi exatamente o que Lustig fez. Ele convenceu o chefão do crime de Chicago a investir cerca de 240 mil reais para financiar um negócio com ações, com a promessa de que duplicaria seu dinheiro. Sem que Capone soubesse, Lustig pôs o dinheiro num cofre e voltou dois meses depois, desculpando-se porque o negócio que estava bancando tinha falhado. Cheio de admiração pela integridade de Lustig, Capone o recompensou com cerca de 24 mil reais. Lustig esperava espertamente esse resultado desde o início, mas assumiu um enorme risco ao se meter com Capone. A façanha rendeu a Lustig a fama de um dos golpistas mais corajosos da história.

GOLPISTAS 69

Ver também: A Herança de Crawford 66-67 ▪ Frank Abagnale 86-87

Lustig não só era um extraordinário "vendedor" e um manipulador encantador e sofisticado, como tinha talento para evitar ser preso.

Negócio oficial

Morando em Paris em 1925, Lustig leu no jornal como a Torre Eiffel estava enferrujando e precisando de reparos. Ela foi construída para a Exposição de Paris de 1889 e a intenção era desmontá-la e mudá-la para outro local em 1909.

Notando a oportunidade, Lustig mandou cartas em papel governamental falso a cinco empresários, nas quais dizia ser o diretor-geral adjunto do Ministério de Correios e Telégrafos e solicitava uma reunião no prestigioso Hotel de Crillon para discutir um contrato de negócios. Pensando que a oportunidade era genuína, todos os cinco homens se encontraram com um Lustig cortês e de trajes elegantes. Ele revelou que o governo pretendia vender a Torre Eiffel como sucata e que aceitaria lances pelo direito de demoli-la.

Lisonjeou os egos deles afirmando que os cinco tinham sido recomendados com base na reputação de honestidade.

Lustig alugou uma limusine e convidou os homens a fazer uma visita à torre. Ele identificou o alvo mais inseguro social e financeiramente, Andre Poisson, que queria de forma desesperada fazer parte da elite dos negócios parisiense e sentia que essa era a oportunidade para isso.

O plano compensa

A mulher de Poisson desconfiou da natureza secreta e apressada das negociações, semeando dúvidas na mente do marido. Lustig se encontrou com Poisson e "abriu o jogo", confessando que queria pedir uma propina pelo contrato, o que explicava as tratativas ocultas. Tranquilizado, Poisson não só pagou pelas 7 mil toneladas de ferro como deu ao golpista um bom suborno.

Lustig previu corretamente que Poisson se sentiria humilhado demais para denunciar a fraude. Seis meses depois, Lustig tentou repetir o embuste mas falhou, escapando por pouco de ser preso. Depois mudou-se para os EUA e continuou sua carreira criminosa. ▪

Não posso entender os homens honestos. Eles levam vidas desesperadoras, cheias de tédio.
Victor Lustig

Os Dez Mandamentos de Lustig para um golpista

Seja um ouvinte paciente.

Nunca pareça entediado.

Espere que a outra pessoa revele suas opiniões políticas e depois concorde com elas.

Espere que a outra pessoa revele suas ideias religiosas e depois concorde com elas.

Aluda a detalhes íntimos, mas não continue a não ser que a outra pessoa mostre interesse.

Nunca discuta doenças a menos que uma preocupação especial seja demonstrada.

Nunca bisbilhote (eles mesmos vão acabar contando tudo).

Nunca se vanglorie, deixe que sua importância se torne silenciosamente óbvia.

Nunca esteja desarrumado.

Nunca fique bêbado.

A HISTÓRIA DE DOMELA SOA COMO A INSANIDADE DE UMA GRANDE FARSA

HARRY DOMELA, 1926

EM CONTEXTO

LOCAL
Alemanha central

TEMA
Fraude serial

ANTES
1817 A filha de sapateiro Mary Baker demonstra vaidades de classe alta fazendo-se passar pela princesa Caraboo, da ilha fictícia de Javasu.

1830 O trapaceiro alemão Karl Wilhelm Naundorff vai para o túmulo insistindo que é o príncipe Louis-Charles, rei por direito da França.

DEPOIS
2004 O impostor Christophe Rocancourt, nascido na França, é preso por cinco anos após uma longa carreira extorquindo dinheiro de investidores ingênuos. Ele usava muitos nomes, alegando até ser um parente francês da família Rockefeller.

Uma das figuras mais notórias dos Loucos Anos 1920, o estelionatário Harry Domela passou uma vida fingindo ser outra pessoa. Em 1918, os Freikorps – grupos privados paramilitares em que Domela, aos 15 anos, servia em sua Letônia natal – foram chamados a Berlim para ajudar a dar um golpe. Quando este falhou, sua unidade foi desmobilizada e Domela foi deixado sozinho, sem rumo e sem dinheiro. Como estrangeiro, não tinha o passaporte alemão e não podia trabalhar.

Domela decidiu entrar na alta sociedade, tentando melhorar sua condição desesperadora. Ele assumiu falsas identidades, usando

GOLPISTAS

Ver também: Frank Abagnale 86-87 ▪ O Pretenso Tichborne 177

Apesar da origem humilde e da pobreza na época, Harry Domela (extrema esq.) conseguiu convencer a elite pró-monarquia de Heidelberg de que era o neto do cáiser (esq.).

nomes e títulos aristocráticos. Em 1926, sua vida mudou totalmente quando uma dessas tramoias saiu do rumo. A história destaca a obsessão alemã pela realeza na época e a ingenuidade da elite rica e privilegiada do país.

Oportunista carismático

Aos 20 anos, Domela foi para Hamburgo, onde fez algum dinheiro jogando cartas. Ele o usou para visitar a cidade universitária histórica de Heidelberg, onde, com ar confiante, assumiu por algumas semanas o personagem do príncipe Lieven, tenente do Quarto Reichswehr do regimento de cavalaria de Potsdam. Fez amizade com membros de uma das sociedades exclusivas e esnobes de estudantes, que logo o aceitou. Ele era recebido prodigamente, bebia vinho e jantava, e apreciou muito a experiência.

Porém, Domela sabia que a trapaça seria descoberta em algum momento. Antes que isso ocorresse, mudou-se para a cidade de Erfurt. Lá, escolheu um dos mais refinados hotéis, registrou-se como barão Korff e pediu uma das melhores suítes. O gerente do hotel notou que o novo hóspede com grandes ares tinha uma notável semelhança com o jovem Guilherme de Hohenzollern, neto do cáiser Guilherme, o último imperador alemão. Os dois homens tinham mais ou menos a mesma idade, porte e aparência. O gerente especulou que o príncipe talvez

O Harry Domela real

Harry Domela nasceu em 1904 ou 1905 numa família humilde mas respeitável de Kurland, um ducado cedido aos russos em 1795 (hoje parte da Letônia). Seus pais faziam parte da minoria de população alemã báltica. Logo após o nascimento de Domela seu pai morreu; ele depois se afastou da mãe e perdeu o irmão na Primeira Guerra Mundial. Aos quinze anos, entrou no corpo de voluntários alemão e lutou contra os letões. Perdeu sua cidadania e

estivesse viajando incógnito, usando um pseudônimo. O rumor começou a circular por Erfurt. Embora a monarquia tivesse sido abolida em 1918, muitos alemães aristocráticos ainda se devotavam à família real deposta, os Hohenzollern. Domela insistiu que não era o príncipe, mas ficou feliz em sutilmente manter a ilusão, em especial porque com isso não precisava pagar a conta do hotel.

Domela fez uma viagem a Berlim, mas logo voltou a Erfurt, quando todo o pessoal do hotel se dirigiu a ele como Sua Majestade – a história tinha se espalhado. Então, um dia, numa visita do prefeito, pediram que ele assinasse um livro; ele cedeu e escreveu: "Guilherme, príncipe da Prússia". Nas semanas seguintes, Domela adotou plenamente sua nova persona real, como "filho" do príncipe herdeiro Guilherme e da princesa herdeira Cecília. Foi »

juntou-se a milhares de outros desvalidos que tentavam viver na Alemanha destruída do pós-guerra. Apesar de não ter documentos, Domela conseguia ganhar uma vida com restrições, mas logo se tornou um andarilho desempregado. Quando um colega das ruas chamou sua atenção para o número enorme de aristocratas espoliados ao redor – a nobreza alemã acabara de perder seus títulos e status –, Domela desenvolveu as habilidades e os atributos necessários para posar ele mesmo como um deles.

Uma multidão cerca Domela no cinema que ele abriu em Berlim, em 1929, para exibir o filme de suas memórias. Ele depois processou sem sucesso os cineastas de uma adaptação rival.

convidado a outras cidades da região, onde os ricos e nobres o disputavam com convites para jantares e caçadas em sua honra. Quando andava pelas ruas, as mulheres paravam para fazer uma mesura e os homens se curvavam, enquanto os membros do Exército faziam uma saudação em público. Embora aceitasse muitos presentes em seus "tours", entre eles bilhetes para o camarote real da ópera, Domela nunca pediu dinheiro. Ele desfrutava dos benefícios de seu grande embuste, em especial a hospedagem completa, mas logo se cansou da adulação que o cercava, em especial porque o país agora era uma república. Ele estava ciente, também, de que não poderia manter a encenação indefinidamente.

Mudança de sorte
No início de 1927, a imprensa local descobriu a história da visita do príncipe a Heidelberg. Alguns fizeram críticas à atenção prodigalizada a um ex-membro da realeza. Receando que as matérias logo se espalhassem e o expusessem, Domela decidiu ir para a França e entrar na Legião Estrangeira. Assim que entrou no trem, foi preso pela polícia.

Nos sete meses seguintes, foi mantido na prisão em Colônia, na Alemanha, à espera do julgamento por fraude. No cárcere, escreveu sobre suas experiências no livro *Um príncipe de balela: a vida e as aventuras de Harry Domela escritas por ele mesmo na prisão em Colônia, janeiro a junho de 1927*. Após receber o primeiro adiantamento do editor, ele enviou à sua "mãe", a princesa herdeira Cecília, um buquê de flores da prisão com um bilhete comovente.

No julgamento, o tribunal decidiu que, embora ele tivesse se aproveitado de destacados membros da sociedade, seu golpe tinha sido na maior parte inofensivo e ele foi absolvido. Pouco após a libertação, foi até convidado a um chá com a princesa herdeira Cecília depois de aparecer inesperadamente em seu palácio real.

Domela encontrou sucesso legítimo com seu livro, que vendeu cerca de 120 mil exemplares. Duas peças foram feitas sobre sua vida, e Domela até interpretou a si mesmo numa delas. Ele também vendeu os direitos para o cinema e estrelou o filme resultante, *O falso príncipe* (1927).

Em 1929, Domela abriu um pequeno cinema em Berlim, inaugurando-o com uma exibição de *O falso príncipe*. O cinema acabou não sendo um sucesso. Com um prejuízo cada vez maior, Domela teve assim encerrado o primeiro ato de sua vida. Sua situação econômica, além do crescente clima fascista em Berlim, o levou a buscar novas oportunidades. Em 1933, ele foi para os Países Baixos, escondendo-se sob uma nova identidade: Victor Szakja.

Um novo início
Em Amsterdam, Domela ia com frequência a comícios comunistas, em apoio à União Soviética. Num deles conheceu Jef Last, um escritor holandês de esquerda. Last

À Sua Alteza Imperial, a princesa herdeira Cecília. Foi uma honra ser tomado por seu filho.
Harry Domela

GOLPISTAS 73

apresentou Domela ao escritor francês André Gide. Os dois ficaram próximos, e se demoravam até tarde discutindo Nietzsche e Hölderlin.

Em 1936, o regime nazista já estava tomando o controle da Alemanha e, como um homossexual, voltar a sua pátria adotiva não era uma opção para Domela. Em vez disso, com o início da Guerra Civil Espanhola, ele e Last, ambos antifascistas empenhados, foram aceitos num regimento republicano espanhol. Em 1939, a Guerra Civil terminou e Domela foi para a França. Sua vida seguia um ciclo desarraigado de agitação esquerdista e prisão, comum a milhares de antifascistas espoliados em toda a Europa na época.

Sempre receoso de ser descoberto e preso – ele não tinha passaporte nem documentos e era assim considerado apátrida –, Domela era um forasteiro o tempo todo em movimento.

Ele esteve brevemente num campo de prisioneiros do regime francês de Vichy, até que seu amigo André Gide usou de sua influência para obter a libertação dele. Domela foi então para a Bélgica, onde, como estrangeiro ilegal, dependia da ajuda material dos amigos, entre eles Last e Gide. Ele voltou para o sul da França, onde mais uma vez foi detido, e passou dezoito meses na prisão. Em 1942, obteve um visto mexicano e deixou a Europa.

Para a obscuridade

A caminho para a América do Sul, Domela foi detido pelos britânicos na Jamaica como estrangeiro ilegal e encarcerado por mais dois anos e meio. Ao ser solto, foi para Cuba, onde se envolveu num acidente de carro que lhe provocou sérias lesões. Pouco depois, desalentado pela onda de má sorte, tentou sem sucesso tirar a própria vida.

No fim da Segunda Guerra Mundial, Domela foi para a Venezuela, onde se empregou na fábrica da Coca-Cola. Desapareceu no anonimato e continuou sua existência solitária. Nos anos 1960 finalmente encontrou sua vocação como professor de história da arte em Maracaibo, vivendo sob identidade falsa.

Em 1966, após décadas cruzando o globo sob uma série de papéis fictícios para evitar perguntas difíceis sobre sua condição, Domela teve a identidade questionada de novo. Um colega espanhol suspeitou que Domela fosse um dos milhares de ex-membros do Partido Nazista que fugiram da Alemanha no fim da Segunda Guerra Mundial e buscaram refúgio na América do Sul. O velho amigo de Domela, Jef Last, conseguiu fornecer ao acusador uma declaração juramentada sobre sua verdadeira identidade. Isso restaurou o bom nome de Domela, mas mesmo assim ele perdeu o posto na escola.

Acredita-se que Domela passou o resto de seus dias escondido. Ele morreu na miséria em 4 de outubro de 1979. ■

Quando o príncipe herdeiro e eu ouvimos falar de suas façanhas, explodimos em risadas. Então convidei-o para um chá. Um jovem encantador, com excelentes modos.
Princesa herdeira Cecília

Personificação da realeza

Ao longo da história, charlatães assumiram a identidade de reis, rainhas, príncipes, princesas e outros membros da realeza. Alguns incorporaram monarcas reais, vivos ou mortos; outros inventaram títulos fraudulentos e até países falsos. Suas motivações variam em cada caso. Para alguns, a farsa oferecia a chance de ganhar poder político, fazer dinheiro ou apenas realizar a fantasia de viver como membro da realeza. Uma figura real que foi personificada muitas vezes é a princesa russa Anastasia Romanov. Em 1918, ela e a família foram mortos por revolucionários bolcheviques. Como seu corpo foi enterrado em local desconhecido, havia rumores de que ainda estava viva.

Dezenas de mulheres alegaram ser ela, enquanto outras disseram ser suas irmãs mais velhas Maria, Tatiana e Olga. Em 1991, porém, testes de DNA nos ossos achados nos bosques perto de Ecaterimburgo provaram que toda a família Romanov foi morta junta.

SE MEU TRABALHO FICAR NUM MUSEU POR TEMPO SUFICIENTE, ELE SE TORNARÁ REAL

ELMYR DE HORY, 1946-1968

EM CONTEXTO

LOCAL
Europa e Américas do Norte e do Sul

TEMA
Falsificação de arte

ANTES
1932-1945 O retratista holandês Han van Meegeren falsifica centenas de pinturas de artistas famosos, extraindo de compradores mais de 144 milhões de reais.

DEPOIS
1978-1988 O falsificador de arte britânico Eric Hebborn vende centenas de pinturas, desenhos e esculturas; ele depois escreve *O guia do falsificador de arte*, publicado pouco antes de morrer, em 1996.

1981-1994 O pintor e falsificador de arte holandês Geert Jan Jansen produz mais de 1,6 mil obras de arte falsas.

A carreira legendária de Elmyr de Hory como falsificador de arte por 23 anos começou numa tarde de abril de 1946, quando uma amiga rica, lady Malcolm Campbell, viúva do piloto de corridas sir Malcolm Campbell, visitou seu pequeno ateliê em Paris. Entre as pinturas pós-impressionistas do próprio De Hory, Campbell notou um desenho abstrato de uma menina não emoldurado nem assinado. Identificando incorretamente a obra como um Pablo Picasso, ela perguntou se De Hory a venderia e, pelo equivalente a cerca de 320 reais, ele concordou. Na época da venda desse falso "Picasso", De Hory era um artista acadêmico de 40 anos que

Ver também: Clifford Irving 88-89 ▪ Konrad Kujau 90-93

GOLPISTAS

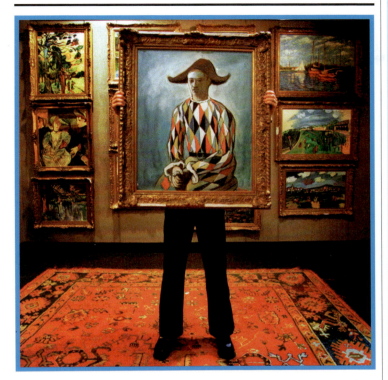

Identificação de falsificações

O método mais comum de autenticação de arte usa a história documentada de propriedade da obra. Mas, como ela pode ser forjada, os especialistas em arte também recorrem a uma série de outras técnicas. Um historiador da arte pode ser chamado para avaliar o estilo geral e as pinceladas e ver se conferem com os do artista e do período. As tintas também são analisadas, pois nem todas as cores estiveram disponíveis ao longo da história. A técnica foi notoriamente usada para mostrar que não era autêntica uma suposta pintura do século XVII de Frans Hals, porque revelou que um colar foi pintado com óxido de zinco, só disponível a partir de 1728. Os cientistas também examinam a superfície sobre a qual a obra é pintada para checar se foi artificialmente envelhecida. Luz ultravioleta e microscópios ópticos são usados para determinar se as rachaduras finas que aparecem naturalmente com o tempo são genuínas. Uma técnica chamada difração de raios x pode detectar se a tela foi usada várias vezes, o que com frequência é uma marca de um grande mestre verdadeiro.

encontrara êxito limitado vendendo pinturas e retratos indistintos. Ele tinha ido para Paris esperando ganhar fama e fortuna, mas descobriu que seu estilo pós-impressionista era considerado antiquado, comparado às pinturas expressionistas abstratas em voga. Após a venda inesperada do "Picasso" fraudulento, De Hory produziu outros quadros do pintor e começou a visar galerias de arte. Ele afirmava ser um aristocrata húngaro deslocado pela diáspora do pós--guerra, oferecendo o que restava da coleção de arte familiar. Sua próxima vítima – um galerista de Paris – comprou três desenhos de "Picasso" por cerca de mil reais.

Mesmo após De Hory ser denunciado como falsificador, suas pinturas ainda eram muito procuradas, devido à qualidade de seu trabalho. Esta imitação de Picasso foi vendida na casa de leilões Phillips em 2000.

Parceiro no crime

Logo De Hory se uniu a Jacques Chamberlin, que se tornou seu *marchand*, cúmplice e amigo íntimo. Juntos, os dois viajaram toda a Europa vendendo falsificações. Embora supostamente dividissem os ganhos por igual, na verdade Chamberlin ficava com a maior parte do dinheiro. Quando De Hory descobriu a falcatrua, deu fim à parceria. »

ELMYR DE HORY

A vida de Elmyr de Hory teve uma série de altos e baixos, com breves períodos de fama e fortuna pontuados por investigações de galerias e agências policiais.

1938
Detido na Hungria como "indesejável" político depois que o regime se alia à Alemanha nazista e prende artistas e intelectuais.

1946
Vende um desenho a lady Malcolm Campbell, que ela toma por um Picasso. Muda-se para os EUA.

1949
Forja seu primeiro Modigliani e o vende à Niveau Gallery, em Nova York.

1951
Vende um "Matisse" para o Atkins Museum of Fine Arts, de Kansas City, e um "Picasso" para a William Rockhill Nelson Gallery of Art, na mesma cidade.

1952
Vende um "Matisse" para o Fogg Art Museum, da Universidade Harvard, com vários "Modigliani" e um "Renoir". O diretor assistente fica desconfiado e os devolve.

Mudando-se por um breve período para o Rio de Janeiro, no Brasil, de Hory vivia às custas das falsificações e também voltou a pintar suas próprias obras. Porém, as obras que criava com seu próprio estilo não lhe traziam o dinheiro com que se acostumara vendendo obras falsas. Em agosto de 1947, ele foi para os EUA e usou seu charme para insinuar-se no mundo artístico americano. De repente, teve a oportunidade de vender falsificações para centenas de galerias. Ele também expandiu seu repertório, incluindo "obras" de Matisse, Modigliani e Renoir.

Primeiro, a segurança
De Hory tomou precauções para evitar a atenção da polícia. Ele mantinha discrição sobre sua profissão real e fornecia razões plausíveis para a venda de arte com descontos a colecionadores e negociantes de arte. Também tomava o cuidado de nunca negociar suas falsificações com o público geral – só com pessoas do mundo artístico.

Em 1955, porém, uma de suas falsificações foi desmascarada pelo *marchand* Joseph Faulkner, que reportou o caso ao FBI. Temendo ser preso, De Hory fugiu para o México. Ele logo foi detido – não por fraude, no entanto, mas como suspeito de assassinato após um inglês ser achado morto. De Hory gastou a maior parte de seu dinheiro subornando a polícia.

Dias sombrios
De Hory voltou aos EUA ainda naquele ano, tentando vender suas próprias obras discretamente em Los Angeles, mas logo se mudou para Nova York. Como ninguém se interessava por sua arte, caiu em depressão e, em 1959, aos 52 anos, tentou suicidar-se.

Um novo amigo, Fernand Legros, que tinha ido à festa de inauguração da casa de De Hory em Nova York, levou-o para a Flórida para se recuperar. A dupla logo ficou sem dinheiro, então De Hory produziu três litografias e enviou Legros num de seus ternos velhos para tentar vendê-las. O arranjo se mostrou produtivo e Legros logo convenceu De Hory a contratá-lo como seu *marchand* com uma comissão de 40% a cada venda. E assim começou uma parceria que duraria oito anos.

> Quem preferiria um mau original a uma boa falsificação?
> **Elmyr de Hory**

GOLPISTAS

1955
É investigado pelo FBI e foge para o México, com uma certidão de nascimento falsa; ele é detido depois, suspeito numa investigação de assassinato.

1959
Tenta o suicídio e viaja para a Flórida com Fernand Legros para convalescer.

1969
Aproveita a condição de celebridade e conta sua história ao romancista Clifford Irving, que escreve a biografia *Fake!*

1957
Visita o Detroit Institute of Art e descobre uma de suas pinturas de "Matisse" na coleção francesa.

1968
É detido e fica por dois meses numa prisão em Ibiza; é banido e parte para Portugal.

De Hory e Legros foram para Ibiza, um território autônomo da Espanha, onde se instalaram numa bela casa com vista para o Mediterrâneo. De Ibiza, eles vendiam obras falsificadas a *marchands* ao redor do mundo.

As dúvidas ressurgem
Em 1964, a qualidade das falsificações de De Hory começou a diminuir. *Marchands* e especialistas ficaram desconfiados e vários donos de galerias que tinham comprado pinturas de De Hory alertaram a Interpol e o FBI.

Em 1967, quando mais pinturas de De Hory foram denunciadas como falsas, sua carreira de falsificador chegou a um fim abrupto. Legros vendeu 46 obras-primas fraudulentas de De Hory ao magnata do petróleo texano Algur Meadows entre 1964 e 1966, mas após descobrir que eram falsificações Meadows contatou a polícia.

Foi emitido um mandado internacional para a prisão de Legros, que foi detido na Suíça. De Hory fugiu, mas voltou a Ibiza em novembro de 1967, acreditando estar seguro ali.

Legado duradouro
No entanto, as autoridades espanholas começaram a investigar de Hory e o acusaram de vários crimes, entre eles homossexualidade. Ele ficou preso em Ibiza entre agosto e outubro de 1968, apesar de ser bem tratado, ter permissão para possuir livros e uma espreguiçadeira e usar suas próprias roupas, entre outros confortos. Ao ser libertado, De Hory foi expulso da ilha pelo período de um ano. Ele se mudou para Portugal, mas acabou voltando a Ibiza.

Enquanto isso, a polícia francesa montou um processo contra ele e tinha a intenção de extraditá-lo por negociar falsificações. Ciente de que a extradição era iminente, em 11 de dezembro de 1976 De Hory tirou a própria vida com uma overdose de pílulas para dormir. No mesmo ano, Legros foi extraditado do Brasil, onde se escondera após deixar de cumprir as condições de uma pena suspensa na Suíça, para a França. Lá, foi acusado de falsificação e fraude por espoliar Meadows. Ficou preso dois anos e morreu na miséria em 1983.

De Hory é famoso como o maior falsificador de arte da história, tendo criado mais de mil obras em sua carreira. Sua história notável chamou a atenção do escritor Clifford Irving, que escreveu uma biografia de sucesso, *Fake!* (1969), e de Orson Welles, que fez o documentário *Verdades e mentiras* (1973) sobre sua vida e obra.

Alguns especialistas em arte acreditam que muitas das falsificações de De Hory ainda não foram descobertas e continuam penduradas em galerias mundo afora. ∎

NÃO É ROUBO, POIS SÓ ESTOU TOMANDO O QUE ME DÃO
DORIS PAYNE, 1952-2015

EM CONTEXTO

LOCAL
EUA, França, Reino Unido, Grécia, Suíça

TEMA
Roubo de joias

ANTES
1883-1885 Sofia Ivanovna Blyuvshtein, uma golpista legendária russa, pratica muitos roubos em quartos de hotel; ela é afinal capturada e condenada à prisão com trabalhos forçados.

DEPOIS
1991 Yip Kai Foon assalta à mão armada cinco ourives de Hong Kong, levando joias no valor de cerca de R$6,7 milhões; ele é preso após um tiroteio, em que é atingido nas costas, em maio de 1996.

1993 Um bando de ladrões internacionais de joias, os Panteras Cor de Rosa, comete o primeiro de uma série de assaltos a joalherias, roubando quase 2 bilhões de reais em ouro e pedras preciosas.

Doris Payne, uma octogenária com uma ficha criminal que remontava a 1952, não planejou uma carreira como ladra internacional de joias. Ela queria ser bailarina. Mas aos 13 anos, quando se sentiu menosprezada por um dono de loja branco depois de lhe permitirem experimentar um relógio de pulso, ela acabou saindo e só percebeu na porta que ainda estava com o relógio. Ela o devolveu, mas o incidente lhe mostrou que poderia escapar com o roubo.

Doris Marie Payne nasceu em 10 de outubro de 1930, num campo de mineração de carvão em Slab Fork, no sul da Virgínia Ocidental, filha de pai afro-americano e mãe sioux. A mais nova de seis crianças, ela foi criada num país segregado e deixou a escola fundamental para trabalhar num lar de idosos. Esse foi seu único emprego de verdade.

Uma ladra rematada

Mãe solteira de duas crianças aos vinte e poucos anos, em 1952 Doris Payne percebeu que poderia se sustentar roubando joias de lojas de alto nível. Ela concebeu um *modus operandi* hábil, usando seu encanto natural e destreza manual para distrair os vendedores enquanto experimentava uma grande variedade de anéis caros.

Aos 85 anos, Doris Payne foi presa de novo em outubro de 2015. Ela foi flagrada por câmeras ao roubar um par de brincos Christian Dior numa loja de departamentos da Saks em Atlanta, na Geórgia.

Ela os punha num dedo, depois em outro e os movia tanto que os vendedores acabavam perdendo a noção do que ela já tinha experimentado. O tempo todo ela fazia perguntas sobre a lapidação, a limpidez ou número de quilates para aumentar a distração.

Payne aperfeiçoou seu método, apresentando-se com modos refinados, vestidos elegantes, sapatos de designer, brincos de argola e cabelos curtos

GOLPISTAS

Ver também: Bill Mason 36 ▪ O Roubo de Diamantes de Antuérpia 54-55 ▪ O Caso do Colar de Diamantes 64-65

perfeitamente penteados. Seu maior dom era a capacidade de cativar uma audiência com suas histórias, que faziam a vítima relaxar e distrair sua atenção das joias que estava vendendo.

Uma escapada rápida

Payne lia a revista *Town & Country*, examinando os anúncios de joalherias em busca de ideias de peças a roubar. Ela viajava então de Cleveland, em Ohio, para uma loja específica para obter o item desejado. Após realizar seu procedimento habitual, ela apenas caminhava para fora da loja, dizendo ao vendedor que iria pensar sobre a compra no almoço, e saía usando a joia.

Os vendedores invariavelmente só notavam os roubos momentos depois, o que dava a Payne tempo suficiente para escapar, em geral num táxi. Payne voltava então a Ohio para vender a joia a um receptador – uma pessoa que conscientemente compra itens roubados e os vende – com base em Cleveland.

Tempo na prisão

Payne usou vinte identidades e nove passaportes diferentes para viajar o mundo espoliando lojas. Seu roubo mais famoso foi o de um diamante de 10,5 quilates com lapidação de esmeralda no valor de cerca de 2,4 mil reais, em 1974, da Cartier de Monte Carlo, na França.

Ela expandiu suas habilidades aperfeiçoando a arte de escapar da custódia policial – um feito que realizou três vezes: de um quarto de hotel vigiado em Monte Carlo, de um hospital no Texas, após fingir passar mal, e por fim de uma prisão em Paris. O maior período que passou presa foi em Colorado, por cinco anos, por roubar um anel de diamante de quase 274 mil reais de uma loja Neiman Marcus em 1998. Ela fugiu de Denver ainda em prisão condicional. Contudo, ela nem sempre conseguia escapar, e passou várias séries de pequenos períodos presa.

Criminosa idosa

Payne foi detida em 2013, aos 83 anos. Ela convenceu a equipe de uma loja em Palm Springs de que tinha recebido um pagamento de seguro equivalente a cerca de 120 mil reais e queria se dar um presente. Saiu usando um anel de diamante que valia mais de 105 mil reais. Um juiz ordenou que passasse vários meses na prisão e, após sua libertação, ficasse longe de joalherias. Ela não cumpriu a ordem e foi presa de novo em outubro de 2015.

Payne foi tema do documentário *A vida e os crimes de Doris Payne*, de 2014, que a retratou como uma rebelde que desafiava os preconceitos da sociedade para encontrar sua própria versão do sonho americano. ■

Entra na loja vestida como uma **mulher rica** e elegante.

Começa a olhar **anéis de diamante**.

Envolve o vendedor em conversas e pede para ver uma variedade de itens.

Usa seu **charme** para fazer o vendedor esquecer quantos itens estão **fora do estojo**.

Deixa a loja usando a joia.

Carreira criminosa

Poucos criminosos ainda estão ativos aos 80 anos, em especial após uma carreira lucrativa de sessenta anos em que se tornaram uma celebridade.

Doris Payne se lembra de dizer ao pai, quando menina, que queria viajar o mundo, fazendo pequenas pilhas de sal e farinha nas áreas de mapas do mundo que queria visitar um dia. A "carreira" que escolheu certamente permitiu isso, levando-a à França, ao Reino Unido, à Suíça e à Grécia. Aos 75 anos, Payne prometeu abandonar a vida de crimes, mas deixou a aposentadoria para roubar um casaco em 2010 e um anel de diamante no ano seguinte.

Parte de sua motivação vem sem dúvida de, por meio dos roubos, poder ter um estilo de vida extravagante. Mas ela também parece ser estimulada pela emoção de enganar os donos de lojas e pela injeção de adrenalina associada a escapar com o roubo. Ela só lamenta os momentos em que foi apanhada. E não parece ter nenhum plano de se aposentar.

ELES INFLARAM O BOTE E DEIXARAM A ILHA.

DEPOIS DISSO NINGUÉM PARECE SABER O QUE ACONTECEU

A FUGA DE ALCATRAZ, 11 DE JUNHO DE 1962

A FUGA DE ALCATRAZ

EM CONTEXTO

LOCAL
San Francisco, Califórnia, EUA

TEMA
Fuga da prisão

ANTES
2 de março de 1935 Seis presos fogem da colônia penal da Guiana Francesa de barco; todos, menos o parisiense René Belbenoît, são capturados depois.

DEPOIS
10 de junho de 1977 James Earl Ray, preso pelo assassinato do líder dos direitos civis Martin Luther King Jr., foge da Prisão Estadual de Brushy Mountain, no Tennessee, com seis companheiros; eles são todos recapturados três dias depois.

25 de setembro de 1983 Dois prisioneiros republicanos irlandeses usam armas contrabandeadas para fazer guardas de reféns e fugir da Prisão Maze, no condado de Antrim, na Irlanda do Norte, com 36 outros membros do IRA, na maior fuga de prisão da história britânica.

31 de maio de 1984 Seis presos no corredor da morte, no Centro Correcional de Mecklenburg, na Virgínia, dominam os guardas, vestem seus uniformes e conseguem sair da prisão numa van.

Nas últimas horas de 11 de junho de 1962, três presos da Penitenciária Federal de Alcatraz entraram no folclore criminal ao realizar a façanha aparentemente impossível de fugir da prisão de segurança máxima e chegar à costa num bote inflável improvisado. O que ocorreu com os fugitivos é um dos mistérios mais obscuros da história americana.

A idealização do plano de fuga levou anos e deve ter envolvido quatro presos – os irmãos Clarence e John Anglin, Frank Morris e Allen West – mas só três saíram das celas. O trio escalou um muro de nove metros e atravessou um telhado, antes de se esgueirar por quinze metros numa tubulação abaixo até o chão. Eles também subiram cercas de arame farpado de 3,5 metros. E conseguiram tudo isso carregando um bote improvisado, que inflaram e lançaram nas águas geladas.

Eu voltei para a ala das celas e todos os presos estavam berrando: "Eles escaparam! Eles escaparam! Eles escaparam!".
Darwin Coon, preso em Alcatraz

The Rock é uma ilha de 19 hectares a assustadores dois quilômetros da costa. A localização a torna ideal tanto como base militar quanto como prisão de segurança máxima.

Tarefa assustadora
Alcatraz era considerada uma prisão à prova de fuga, com sua segurança inigualável e localização isolada e inóspita, cercada pelas águas geladas e fortes correntes da baía de San Francisco. Em sua história como prisão federal, de 1934 a 1963, só um preso – John Paul Scott – é conhecido por ter escapado vivo da ilha. Em dezembro de 1962, seis meses depois da "Fuga de Alcatraz", Scott se esgueirou pela janela do depósito sob a cozinha e mergulhou no mar. Ele foi achado ao lado da Ponte

Ver também: O Assalto ao Trem Pagador 30-35 ▪ D. B. Cooper 38-43

As fotos de fichamento de Clarence Anglin (esq.), seu irmão John Anglin (centro) e Frank Lee Morris (dir.), após a chegada deles em Alcatraz, em 1960 e 1961.

Golden Gate inconsciente e com hipotermia, e foi imediatamente recapturado.

No total, 36 presos tentaram fugir de Alcatraz, em catorze tentativas separadas. Dentre eles, 23 foram capturados, seis mortos a bala e dois se afogaram. Cinco são listados como "supostamente afogados": os irmãos Anglin, Morris, Theodore Cole e Ralph Roe. Cole e Roe se lançaram às águas em 16 de dezembro de 1937, após passarem entre as barras achatadas de ferro de uma janela, mas fizeram isso numa noite de tempestade, quando as correntezas estavam especialmente traiçoeiras, reduzindo a chance de chegarem à praia vivos.

Aproveitando uma fraqueza

Em dezembro de 1961, os Anglin, Morris e West ficaram em celas vizinhas e se tornaram amigos. Segundo West, naquele mesmo mês começaram a imaginar um plano de fuga, depois de descobrir lâminas de serra descartadas num corredor. Buscando um ponto fraco na parede do fundo de suas celas, viram que as aberturas do duto de ventilação sob as pias podiam ser alargadas.

O quarteto talhou o furo com cuidado, fazendo turnos para espiar os guardas com um periscópio que criaram. Eles usaram uma variedade de ferramentas rústicas, entre elas colheres afiadas e uma furadeira improvisada a partir do motor de um aspirador quebrado, para remover todo um trecho da parede de cada uma das celas. Eles também aproveitavam ao máximo o "horário da música" diário, um momento em que era permitido aos presos tocar instrumentos, o que convenientemente escondia o barulho dos quatro homens escavando seus túneis.

Os túneis davam num corredor com tubulações não vigiado atrás da fileira de celas. Ali eles subiram dutos e canos de vapor até o telhado do prédio, onde cortaram o aparelho de ventilação. Escondidos no telhado, construíram uma oficina improvisada para a próxima fase do plano – fugir da ilha.

Coletas para a causa

Para esconder as atividades noturnas e continuar sem serem perturbados, eles esculpiram cabeças falsas, usando uma mistura de pó de cimento. Eles as decoraram com tinta cor de pele dos kits de arte e cabelos coletados no chão da barbearia da prisão.

Os quatro punham os fantoches nos travesseiros e recheavam de roupas e toalhas as cobertas da cama para dar a impressão de um corpo e evitar »

Os fugitivos

John e Clarence Anglin começaram a roubar bancos juntos nos anos 1950. Em 1956, foram detidos e condenados a quinze a vinte anos em prisão federal. Após tentativas de fuga frustradas em diferentes penitenciárias, foram transferidos para Alcatraz. John chegou no fim de 1960 e Clarence no início de 1961. Os irmãos foram alojados no mesmo bloco de celas do condenado por roubo a bancos Frank Lee Morris. Órfão criado em lares temporários, Morris iniciou a vida no crime aos 13 anos e no fim da juventude já tinha um registro criminal longo, que incluía condenações por assalto à mão armada. Cumprindo dez anos na Penitenciária Estadual de Louisiana por roubo a banco, Morris conseguiu fugir. Foi recapturado um ano depois ao cometer um arrombamento e mandado para Alcatraz em 1960. Ele tinha um QI excepcionalmente alto e muitos o consideram o cérebro por trás da fuga – apesar de Allen West alegar ter sido o instigador do audacioso plano.

A FUGA DE ALCATRAZ

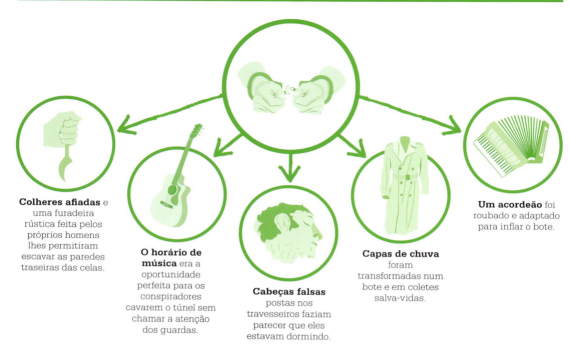

Os cinco componentes essenciais do plano

Colheres afiadas e uma furadeira rústica feita pelos próprios homens lhes permitiram escavar as paredes traseiras das celas.

O horário de música era a oportunidade perfeita para os conspiradores cavarem o túnel sem chamar a atenção dos guardas.

Cabeças falsas postas nos travesseiros faziam parecer que eles estavam dormindo.

Capas de chuva foram transformadas num bote e em coletes salva-vidas.

Um acordeão foi roubado e adaptado para inflar o bote.

---

serem descobertos nas checagens noturnas. No escuro da prisão, pareciam estar dormindo. Em sua oficina, eles juntaram vários objetos roubados, entre eles mais de cinquenta capas de chuva de borracha, que o quarteto usou para criar um bote e coletes salva-vidas. Eles uniam as beiradas e as selavam com o calor de uma tubulação de vapor, para tornar os artefatos à prova de água. Roubaram um acordeão de um colega preso e o adaptaram como fole para inflar o bote, e fizeram remos de madeira rústicos.

Um a menos
Concluídos os preparativos, os homens escolheram fugir na noite de 11 de junho de 1962. Mas houve um problema. A abertura do túnel de West tinha começado a ficar visível, então ele o remendou com uma mistura improvisada de cimento. Ao secar, o buraco se estreitou, e West não foi capaz de passar por ele. Quando conseguiu alargar o buraco o bastante, os outros tinham partido sem ele.

Enquanto isso, os três subiram os dutos da ventilação até o telhado, sem querer fazendo um grande barulho que alertou os guardas. Mas, como não houve mais ruídos, os guardas não investigaram. O trio escalou as cercas de arame farpado e inflou o bote. Investigadores estimaram depois que eles deixaram a ilha às dez da noite, rumo à ilha Angel, pouco mais de três quilômetros ao norte. Na manhã seguinte a trama foi descoberta quando os guardas acharam as cabeças falsas. Conforme a notícia da notável fuga se espalhou, os presos começaram a cantar: "Eles escaparam! Eles escaparam!".

Começa a perseguição
Nos dez dias seguintes, agências policiais realizaram uma intensa busca por ar, mar e terra. Em 14 de junho, a guarda costeira descobriu um remo a cerca de 180 metros da costa sul da ilha Angel. Um barqueiro também achou uma maleta envolvida em plástico com fotos da família Anglin. Em 21 de junho, pedaços de capa de chuva,

Um guarda da prisão de Alcatraz segura um pedaço pequeno da parede que um dos presos escavou para o corredor das tubulações. A partir dali, os presos puderam subir para o telhado da ala de celas.

supostamente restos do bote, foram recuperados na praia. No dia seguinte, um barco da prisão coletou um colete salva-vidas improvisado.

Nenhum resto humano nem qualquer outra evidência física do destino dos homens foram jamais encontrados. Investigadores do FBI concluíram que, embora fosse teoricamente possível que um ou mais dos presos chegasse à ilha Angel, a temperatura da água e as fortes correntezas na baía tornavam isso muito improvável.

Quando a fuga foi descoberta, West colaborou com os investigadores sob a condição de ser poupado de punição por sua parte no plano. Ele forneceu uma descrição detalhada da fuga pretendida, dizendo aos investigadores que quando chegassem à terra o plano era roubar roupas e um carro. O FBI investigou mas, determinou que não houvera roubo de carro ou loja de roupas nos dias após a fuga. Isso fortaleceu a crença de que os três fugitivos tinham morrido nas águas geladas.

Novas pistas

Em 31 de dezembro de 1979, o FBI fechou o arquivo da investigação, que durara dezessete anos. Segundo sua conclusão oficial, os prisioneiros tinham muito provavelmente se afogado nas águas frias da baía ao tentar chegar à ilha Angel. Eles entregaram o caso ao Serviço de Delegados dos EUA, que continuou a investigar.

Em outubro de 2015, a família Anglin trouxe nova vida ao caso, apresentando cartões de Natal que os irmãos Anglin teriam mandado à mãe nos três anos após a fuga. A caligrafia batia, mas a data em que tinham sido escritos não podia ser determinada. A família Anglin também revelou uma foto que supostamente mostrava os irmãos numa fazenda brasileira em 1975. Um especialista forense que trabalhou numa investigação subsequente do History Channel considerou muito provável que a foto mostrasse os Anglin vivos naquele ano.

Documentos do FBI liberados também em outubro de 2015 revelaram que seu diretor, Edgar Hoover, foi informado em 1965 de que os Anglin poderiam estar escondidos no Brasil, contrariando a linha de investigação da agência. Na época, Hoover mandou ao Brasil investigadores em segredo para procurá-los, mas não foi achado rastro algum dos irmãos Anglin. Qualquer que seja a verdade sobre o destino dos fugitivos, parece que esse incrível caso está longe de acabar. ■

Eu realmente acredito que os meninos escaparam daqui. Acredito que os meninos estão vivos hoje.
Marie Widner

NA ÉPOCA, A VIRTUDE NÃO ERA UMA DAS MINHAS VIRTUDES

FRANK ABAGNALE, 1964-1969

EM CONTEXTO

LOCAL
Nova York, Utah, Louisiana e Geórgia, EUA

TEMA
Impostor e falsificador de cheques

ANTES
1874 James Reavis, um mestre falsário, usa documentos forjados para se apossar de terras no Arizona e no Novo México e vende títulos de propriedade por mais de 523 milhões de reais.

DEPOIS
1992 Michael Sabo, um magistral impostor e falsificador de cheques da Pensilvânia, é condenado por fraude bancária, falsificação, roubo de grandes valores e falsa identidade.

1998 John Ruffo, um ex-executivo de banco dos EUA, subtrai de vários bancos cerca de 1,7 bilhão de reais; ele é detido e condenado a dezessete anos de prisão, mas some no dia em que começaria a cumprir a pena.

Aos 16 anos e logo após saber que os pais iam se divorciar, Frank William Abagnale Jr. deixou sua casa com uma sacola de pertences, entre eles um talão de cheques, e rumou para a estação Grand Central de Nova York. Nos seis anos seguintes, ele se tornou um impostor lendário, praticando golpes que confundiram detetives do FBI.

Com 1,8 metro de altura e aparência de vinte e poucos anos, Abagnale alterou um dígito na carteira de motorista para aumentar a idade para 26 e se empregou como entregador. Frustrado com sua renda, começou a preencher cheques que voltavam. A polícia já estava procurando por ele como fugitivo de casa, então ele fugiu para Miami.

O "homem da rota aérea"
Ao passar por um hotel na cidade, Abagnale viu uma tripulação de voo e teve uma ideia: poderia posar como piloto, viajar o mundo e nunca ter problemas com cheques. No dia seguinte, ligou para o escritório da Pan American World Airways e pediu para falar com o departamento de compras, alegando que o hotel em

Redenção

Frank Abagnale demonstra uma necessidade profunda e persistente de redimir-se de seus crimes. Ele continua associado ao FBI, 42 anos após ser alocado na agência como parte de sua liberdade condicional, e recusa aceitar pagamento pelo trabalho governamental que realiza. Ele também não aceitou as ofertas de perdão de três presidentes diferentes, insistindo que "um papel não desculpa minhas ações, só minhas ações farão isso". Usando suas habilidades únicas para o bem, Abagnale se tornou um renomado especialista em roubo de identidade pessoal e corporativa, segurança e proteção contra fraudes. Em 1976, fundou sua própria empresa de segurança e seus programas de prevenção a fraudes foram implementados por 14 mil corporações, agências policiais e instituições financeiras do mundo todo. Abagnale ficou amigo de Joseph Shea – o agente que chefiou a investigação sobre ele – e se mantiveram próximos até a morte de Shea, em 2005.

GOLPISTAS 87

Ver também: A Venda da Torre Eiffel 68-69 ▪ Clifford Irving 88-89

Desde sua libertação, Frank Abagnale se transformou de mestre golpista em uma das mais respeitadas autoridades mundiais sobre fraudes, falsificações e estelionato.

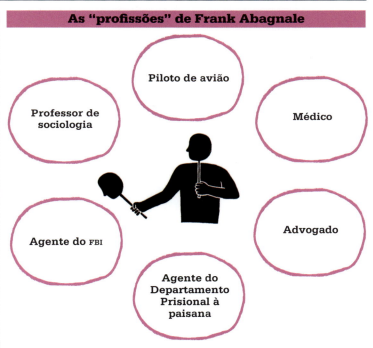

As "profissões" de Frank Abagnale
- Piloto de avião
- Professor de sociologia
- Médico
- Agente do FBI
- Advogado
- Agente do Departamento Prisional à paisana

que estava perdera seu uniforme. Eles o direcionaram para o fornecedor de Nova York, que lhe providenciou um novo uniforme sob medida. Ele usou adesivos de uma miniatura de avião da Pan Am para fazer uma licença de piloto da empresa e descobriu que poderia usá-la para viajar o mundo de graça, graças à política das companhias aéreas de fornecer umas às outras viagens grátis a seus pilotos.

Mudanças na carreira

Após dois anos como "piloto", ele se mudou para Utah, trocou o nome para Frank Adams, forjou um diploma e foi contratado como professor de sociologia na Universidade Brigham Young por um semestre. A seguir, apesar de nunca ter frequentado uma escola de direito, passou no exame estadual da ordem em Louisiana na terceira tentativa e foi recrutado como assistente legal pela divisão de direito corporativo do escritório do procurador-geral de Louisiana. Abagnale deixou o emprego após um ano, quando um advogado começou a questionar suas credenciais. Ele se fez passar então por pediatra num hospital da Geórgia, trabalhando sob o nome de doutor Frank Williams. O tempo todo, ele passou cheques e notas de depósito bancário falsos, deixando efetivamente um rastro para o FBI.

Risco de fuga

Abagnale foi finalmente preso em 1969, na França. Ele foi deportado para os EUA, mas fugiu do avião e foi para o Canadá, onde foi detido de novo em Montreal. Então escapou mais uma vez, posando como agente prisional à paisana, e fugiu para Washington, DC, onde se safou por um triz de ser pego personificando um agente do FBI. Foi capturado por acaso quando passou por dois detetives da polícia de Nova York num carro comum. Abagnale foi condenado a doze anos de prisão, mas após quatro anos foi libertado sob a condição de trabalhar para o FBI pelo restante da sentença.

Abagnale fundou depois uma empresa de segurança, aconselhando bancos sobre como evitar e combater fraudes. Sua biografia de 1980 tornou-se um filme, *Prenda-me se for capaz*, dirigido por Steven Spielberg e lançado em 2002. ∎

EU VINHA NUMA SUCESSÃO DE MENTIRAS. NÃO CONSEGUIA PULAR FORA

CLIFFORD IRVING, 1972

EM CONTEXTO

LOCAL
Cidade de Nova York, EUA

TEMA
Fraude literária

ANTES
1844 *The New York Sun* informa que o balonista irlandês Thomas Monck Mason atravessou o Atlântico num balão, mas se verifica que é uma farsa perpetrada por Edgar Allan Poe.

DEPOIS
1998 O escritor William Boyd lança uma biografia do artista americano fictício Nat Tate para ridicularizar o mundo artístico de Nova York, ajudado por David Bowie, que lê passagens do livro na festa de lançamento.

2015 O livro *Indo para casa no Texas*, de Laura Harner, é retirado das livrarias ao se revelar que ela plagiou um dos romances best-sellers do *New York Times*, de Becky McGraw.

Uma fraude literária ganhou as manchetes em 1972, após o escritor Clifford Irving convencer a editora americana McGraw-Hill de que Howard Hughes, o mais rico e arredio homem dos EUA, o tinha convidado a escrever sua biografia.

Irving apresentou uma carta que alegou ser de Hughes, dizendo ao editor que tinha contatado Irving para elogiar um de seus livros. Ele acrescentou que Hughes lhe tinha mandado fitas de áudio e um manuscrito. O escritor apostou no fato de que Hughes, recluso desde 1958, não iria querer chamar a atenção da mídia ou da polícia e não faria nada para evitar a publicação do livro.

Negócio fechado

Os editores da McGraw-Hill convidaram Clifford Irving a seu escritório em Nova York e apresentaram contratos para Irving e Hughes assinarem. Eles ofereceram cerca de 480 mil reais de adiantamento para Irving e quase 2 milhões de reais para Hughes. Antes de completar e entregar o manuscrito, porém, Irving renegociou o adiantamento total para aproximadamente 3,7 milhões de

Howard Hughes se tornou tremendamente bem-sucedido nos anos 1930, mas foi afligido por problemas psicológicos mais tarde.

reais. O autor de livros infantis Richard Suskind, amigo e colaborador de Irving, forjou a assinatura de Hughes no contrato de modo plausível o bastante para a McGraw-Hill não a questionar.

Os editores mandaram a Irving os cheques dos adiantamentos seus e de Hughes. A mulher de Irving na época, Edith, depositou os cheques feitos para H. R. Hughes numa conta num banco suíço que ela tinha

GOLPISTAS

Ver também: O Caso do Colar de Diamantes 64-65 ▪ A Venda da Torre Eiffel 68-69 ▪ Elmyr de Hory 74-77

> A farsa de Irving funcionou porque os dados em que se baseou eram, em grande parte, genuínos.
> **Revista *Time***

aberto havia pouco sob o nome "Helga R. Hughes".

Dois golpes de sorte

Ao longo da pesquisa, Irving e Suskind viram um manuscrito inacabado de autoria do escritor James Phelan sobre o ex-gerente de negócios de Hughes. Phelan não sabia que haviam dado o manuscrito a Irving, que se apropriou de muitas partes dele, creditando-as a si próprio. No fim de 2006, Irving entregou um manuscrito completo a seus editores na McGraw-Hill, que planejaram publicá-lo no ano seguinte. Ao saber disso, os advogados de Hughes interviram, expressando dúvidas aos editores de Irving quanto à autenticidade da autobiografia. A McGraw-Hill continuou a apoiar Irving depois que uma empresa de caligrafia examinou amostras do texto e declarou-as autênticas.

O jogo vira

Hughes finalmente saiu da reclusão dois meses antes do lançamento do livro, planejado para março de 1972, e concedeu uma coletiva de imprensa por telefone a repórteres. Ele denunciou o livro como falso e a McGraw-Hill rescindiu o contrato. A revista *Time*, na edição de fevereiro de 1972, chamou Irving de "Golpista do Ano".

A polícia investigou Irving e um júri popular foi convocado para decidir sobre as acusações de fraude postal, perjúrio e falsificação. Ele foi indiciado por "conspiração para fraudar por meios postais", mas em vez de ir a julgamento declarou-se culpado, recebeu uma multa de cerca de R$48 mil e a ordem de devolver o adiantamento, e foi condenado a trinta meses. Irving entrou em falência no mesmo ano. Edith foi condenada a dois meses de prisão e Suskind a seis meses por roubo e conspiração. A história notável de Irving foi publicada em 1977 e uma grande adaptação para o cinema se seguiu em 2006. ▪

Irving com a máquina de escrever que usou para criar o livro de Hughes. Sua história foi adaptada no filme *O vigarista do ano* (1981). Foi contratado como consultor, mas não gostou do produto final e pediu para tirar seu nome dos créditos.

Edith Irving teve um papel crucial na farsa e usou uma manobra para esconder a identidade ao depositar os cheques de Hughes na nova conta bancária que abriu.

A arte do embuste

Os farsantes muitas vezes se empenham bastante para fazer uma fraude parecer plausível. Clifford Irving não só criou as entrevistas com Hughes no livro como as encenou com Suskind, com Irving fazendo o papel de Hughes e Suskind o de Irving.

O material que Irving plagiou do escritor James Phelan parecia plausível porque era genuíno, baseado em experiências reais de alguém que conhecia bem Hughes. Isso, combinado à inegável habilidade literária de Irving – ele tinha obtido sucesso em 1969 com sua biografia do falsário Elmyr de Hory (ver pp. 74-77) –, tornou o livro uma leitura cativante. O momento também era perfeito, porque havia um anseio internacional por conhecer a verdade sobre o bilionário excêntrico e recluso.

Irving depois admitiu seu segredo: ele se envolveu em suas próprias mentiras. A única coisa que calculou mal foi o próprio Hughes, que, ao contrário de suas previsões, rompeu o silêncio para denunciar Irving.

PRIMEIRO COPIEI A VIDA DE HITLER DOS LIVROS, MAS DEPOIS COMECEI A SENTIR QUE EU ERA HITLER

KONRAD KUJAU, 1978-1984

EM CONTEXTO

LOCAL
Stuttgart, Alemanha

TEMA
Falsificação de documentos

ANTES
2 de abril de 1796 O falsário William Henry Ireland vende uma peça que alega ser uma obra perdida de William Shakespeare.

DEPOIS
23 de janeiro de 1987 O falsificador americano Mark Hofmann é condenado à pena perpétua após se declarar culpado de forjar documentos históricos mórmons e matar duas testemunhas.

Fevereiro de 2007 O senador italiano Marcello Dell'Urti afirma ter achado diários do líder fascista Benito Mussolini de 1935-1939; historiadores italianos revelam depois que são falsificações.

Trabalhando furtivamente no quarto dos fundos de sua loja em Stuttgart, na Alemanha, Konrad Kujau escreveu à mão extensas anotações em diários adornados com letras góticas alemãs antigas, preenchendo as páginas de cadernos pretos simples.

Ao completar cada caderno, jogava chá sobre ele e golpeava as páginas para lhes dar uma aparência gasta, rasgada. Por fim, adornava o caderno com um selo de cera vermelho na forma da águia imperial, uma fita preta de um documento nazista verdadeiro e letras góticas douradas. Depois de labutar por três anos quase todos os dias, Kujau

GOLPISTAS **91**

Ver também: Elmyr de Hory 74-77 ▪ Clifford Irving 88-89

Konrad Kujau brande um de seus Diários de Hitler no início de seu julgamento em Hamburgo, em 1984.

tinha criado 61 cadernos alegadamente escritos pelo ditador nazista Adolf Hitler. Uma das falsificações mais infames da história, eles se tornaram conhecidos como os Diários de Hitler.

Uma carreira forjada

Nascido numa família pobre na Alemanha, Kujau era fascinado pelo nazismo e iniciou sua carreira de falsificador na adolescência, vendendo autógrafos falsos de políticos da Alemanha Oriental.

Em 1967, abriu uma loja em Stuttgart, forjando e vendendo parafernália nazista. As criações de Kujau incluíam uma introdução para um sequência da autobiografia de Hitler, *Minha luta*, além do início de uma ópera e poemas supostamente escritos por ele.

Kujau poderia ter continuado como um criminoso menor e um falsificador amador, não fosse por um repórter da revista investigativa alemã *Stern*. Quando a carreira de Gerd Heidemann chegou a um impasse, após mais de vinte anos na revista, seu interesse por Hitler e o Terceiro Reich, que incluía uma coleção de *memorabilia* nazista, o levou a Kujau.

Com a caneta no papel

Em 1978, após semanas praticando a caligrafia de Hitler, Kujau escreveu o primeiro texto do diário, com base em documentos históricos, jornais, registros médicos e livros. Ele usou cadernos baratos comprados em Berlim e uma mistura de tintas azul e preta diluída em água, de modo que fluísse bem de sua caneta moderna. Outro grande erro que ninguém notou na época foi feito quando Kujau acrescentou as iniciais de Hitler na capa do caderno. Ele acidentalmente usou um "f" em vez de um "a" porque as duas letras eram muito similares na caligrafia gótica que usou.

No mesmo ano, Kujau vendeu o primeiro Diário de Hitler, intitulado "Notas políticas e privadas de janeiro a junho de 1935", a um colecionador. Ele inventou uma história fantástica, mas plausível, »

Lamento que o método normal de verificação histórica tenha sido sacrificado às possíveis exigências de um furo jornalístico.
Hugh Trevor-Roper

Autenticação de documentos históricos

Todo manuscrito histórico é único, seja uma carta, um diário ou um item manuscrito. Para determinar a autenticidade e autoria de documentos históricos não datados, os investigadores forenses realizam análises históricas, científicas e estilísticas. Eles examinam o método de impressão, o endereço e o carimbo postal para determinar a época em que foi criado.

Muitas falsificações são descobertas ao identificar material que não existia no período. A análise científica do papel usado pode ser em especial reveladora, e os investigadores usam vários instrumentos à sua disposição, da ampliação à espectroscopia molecular, que destacam quanto a tinta se degradou com o tempo e que fornecem pistas sobre quando o documento foi escrito.

O exame da tinta presente num documento histórico pode também determinar o tipo de instrumento usado – em geral caneta, pena ou lápis –, o que pode revelar mais informações sobre o período em que foi escrito.

KONRAD KUJAU

sobre como os diários tinham sido recuperados dos destroços de um avião nazista que caíra em 1945 e escondidos por décadas num celeiro.

Negócio fechado

No fim de 1979, notícias sobre o diário começaram a circular entre colecionadores de *memorabilia* de Hitler. Desesperado por um furo jornalístico, Heidemann localizou Kujau, que lhe disse que havia mais volumes escondidos na Alemanha Oriental. O jornalista levou a história à *Stern*, e seus editores lhe deram o dinheiro para comprá-los.

Heidemann prometeu a Kujau 2,5 milhões de marcos alemães (cerca de R$10 milhões hoje) pelo "restante" dos diários. O falsário se pôs a trabalhar, produzindo mais sessenta volumes. No fim de fevereiro de 1981, a *Stern* tinha gasto quase 1 milhão de marcos (quase 4 milhões de reais hoje) nos diários. Kujau recebeu menos de metade: Heidemann manteve o resto, enganando a revista e o falsário. Após a entrega de doze diários, Heidemann disse à *Stern* que o preço tinha subido, alegando que ficara difícil contrabandeá-los da Alemanha Oriental.

Heidemann continuou a comprar

O último volume dos Diários de Hitler, completo com a autenticação de Kujau, foi vendido na casa de leilões Jeschke, Greve & Hauff, em Berlim, por cerca de 34 mil reais em 2004.

os diários ao longo de 1981, dizendo periodicamente à *Stern* que o preço subira. Por fim, ele recebeu 9,3 milhões de marcos (cerca de R$35,5 milhões hoje) da *Stern*, dos quais Kujau recebeu menos de um terço. O jornalista vivia luxuosamente com os ganhos; comprou um apartamento, carros caros e mais *memorabilia* nazista de Kujau.

Em abril de 1982, a direção da *Stern* pediu o exame dos diários por especialistas em caligrafia, fornecendo amostras de textos de Hitler. Sem que os peritos soubessem, as amostras eram da coleção de *memorabilia* nazista de Heidemann, também forjadas por Kujau, e eles declararam que os diários eram genuínos. O primeiro historiador a examiná-los, o professor Hugh Trevor-Roper, declarou-os autênticos, dando sustentação à confiança dos diretores da *Stern*, mas manchando depois sua própria reputação.

No fim de abril de 1983, a *Stern*

revelou a existência dos diários, deflagrando uma enxurrada de manchetes pelo mundo. Segundo a revista, eles revelavam que a Solução Final de Hitler era a deportação dos judeus, não a aniquilação, o que levou alguns comentaristas a dizer que a história do Terceiro Reich deveria ser reescrita.

Emergem suspeitas

Mas a banalidade de algumas passagens fez alguns historiadores mais céticos denunciarem os documentos como falsos. Quando as suspeitas sobre a autenticidade cresceram, a *Stern* encomendou uma análise por especialistas forenses do Bundesarchiv (Arquivo Nacional) da Alemanha.

Enquanto isso, a edição de 28 de abril da *Stern* dava ao público o primeiro vislumbre dos diários. No dia seguinte, Heidemann se encontrou com Kujau e pegou os últimos quatro volumes. Em uma semana, a direção da *Stern* soube que os especialistas forenses tinham concluído sem qualquer dúvida que os diários eram falsos. Eles tinham sido feitos com tinta, papel, cola e

Konrad Kujau

Nascido em condições de pobreza em 1938, em Löbau, na Alemanha, Konrad Kujau tinha quatro irmãos. Em 1933, seus pais aderiram ao Partido Nazista e Kujau cresceu idolatrando Adolf Hitler, uma fixação que continuou após o suicídio do ditador e a derrota da Alemanha Nazista na Segunda Guerra Mundial. Nos anos 1960, Kujau já era um criminoso menor, com um histórico de falsificação, roubo e brigas em bares. Em 1970, ao visitar a família na Alemanha Oriental, ele descobriu que muitos ali tinham *memorabilia* nazista, apesar das leis que proibiam isso. Vendo uma oportunidade, Kujau comprou itens nazistas no mercado clandestino e os levou para vender, na volta à Alemanha Ocidental. Em 1974, Kujau tinha reunido tal coleção de *memorabilia* nazista em casa que sua mulher, Edith, se queixou e ele alugou uma loja em Stuttgart para guardá-la. Foi então que passou a aumentar o valor de seus itens com detalhes. Aos poucos ficou mais ambicioso e começou a forjar os manuscritos de Hitler.

encadernação do pós-guerra. Luz ultravioleta mostrou um elemento fluorescente no papel que não existia em 1945. A encadernação de um dos diários incluía poliéster, uma fibra que só foi criada em 1953.

Antes que a *Stern* pudesse anunciar ela mesma as descobertas, o governo alemão se adiantou, declarando que os diários eram falsificações claras. A direção da *Stern* pediu a Heidemann que revelasse o nome de sua fonte, o que ele fez.

A queda

Nessa altura, Kujau e a mulher já tinham fugido para a Áustria. Após saber que Heidemann o tinha enganado, o próprio falsário recorreu à polícia. Enraivecido por Heidemann ter ficado com tanto do dinheiro, ele afirmou que o jornalista sabia que os diários eram falsos.

Em 21 de agosto de 1984, Heidemann e Kujau foram julgados por espoliar a *Stern* em 9,3 milhões de marcos (37 milhões de reais hoje). Cada um culpou o outro no julgamento. Em julho de 1985, Heidemann foi condenado a quatro anos e oito meses e Kujau a quatro anos e seis meses.

Ao ser libertado em 1987, Kujau abraçou a própria infâmia. Começou a pintar e vender cópias de obras de arte famosas e se tornou uma subcelebridade da TV até morrer de câncer, em 2000, aos 62 anos. Heidemann também foi libertado da prisão em 1987, porém nunca mais trabalhou como jornalista. O escândalo foi muito negativo para a *Stern*. A revista ficou desacreditada pelo jornalismo irresponsável. ∎

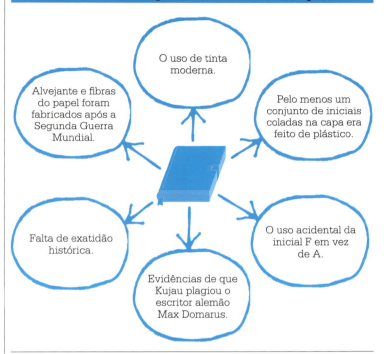

Seis indícios de que os diários eram forjados

- O uso de tinta moderna.
- Alvejante e fibras do papel foram fabricados após a Segunda Guerra Mundial.
- Pelo menos um conjunto de iniciais coladas na capa era feito de plástico.
- Falta de exatidão histórica.
- Evidências de que Kujau plagiou o escritor alemão Max Domarus.
- O uso acidental da inicial F em vez de A.

Pintor talentoso, após sua libertação Kujau começou a criar obras no estilo de outros artistas, vendendo-as como "falsificações de Kujau genuínas".

SE ISSO NÃO É UMA TRAPAÇA, EU NÃO SOU EU

O ESCÂNDALO DE FINE COTTON, 18 DE AGOSTO DE 1984

EM CONTEXTO

LOCAL
Brisbane, Queensland, Austrália

TEMA
Golpe das apostas

ANTES
1844 O Derby de Epsom, reservado para cavalos de três anos, é vencido por Maccabeus, de quatro anos, disfarçado como Running Rein. O culpado, Levi Goldman, foge para a França.

16 de julho de 1953 Dois cavalos franceses com marcas idênticas são trocados no Spa Spelling Stakes de Bath, na Inglaterra. Os quatro homens envolvidos recebem sentenças de nove meses a três anos.

DEPOIS
1º de março de 2007 O jóquei australiano Chris Munce é condenado por receber suborno em troca de dicas de corrida e sentenciado a vinte meses na cadeia.

Na noite anterior à corrida Commerce Novice Handicap, no hipódromo de Eagle Farm, em Brisbane, em 18 de agosto de 1984, o treinador de cavalos Hayden Haitana e o empresário John Gillespie aplicaram tinta branca e tintura de cabelo marrom num cavalo campeão de sete anos de idade. Como não era iniciante, o cavalo não era elegível para a corrida, mas Haitana, Gillespie e outros membros de um grupo criminoso, entre eles o empresário Robert North, planejaram colocá-lo no lugar de um competidor legítimo.

Correndo sob o nome de Fine Cotton, o cavalo substituto começou devagar a corrida, mas logo ganhou velocidade, galopando rápido ao redor da curva e superando o favorito Harbour Gold no último poste. Porém, assim que a disputa acabou, fiscais da pista notaram tinta branca escorrendo das pernas de Fine Cotton. Menos de meia hora depois de cruzar a linha final, o cavalo foi desqualificado e todas as apostas foram perdidas.

Substituto de emergência
A corrida de Fine Cotton durou menos de noventa segundos, mas o plano começou meses antes. Colegas de cela na prisão, John Gillespie – que tinha um histórico de apostas ilegais no turfe – e um parente de Haitana passavam o tempo discutindo uma possível trapaça com troca de cavalos. Após a soltura, Gillespie comprou um galopador rápido de Sydney, na Austrália, chamado Dashing Solitaire, por 10 mil dólares australianos (cerca de 36

Hayden Haitana em foto com o Fine Cotton real. Haitana foi banido do esporte pelo resto da vida por sua participação na trapaça das apostas, mas a medida foi suspensa em 2013.

GOLPISTAS 95

Ver também: O Pretenso Tichborne 177

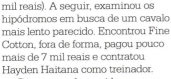

O **"Fine Cotton" substituto** é mostrado à esquerda ultrapassando o favorito, no trecho final do páreo.

Pensei que estavam me vaiando porque era uma zebra, e eu não deveria ter vencido o favorito.
Gus Philpot

mil reais). A seguir, examinou os hipódromos em busca de um cavalo mais lento parecido. Encontrou Fine Cotton, fora de forma, pagou pouco mais de 7 mil reais e contratou Hayden Haitana como treinador.

Dias antes da corrida, o grupo criminoso sofreu um catastrófico revés quando Dashing Solitaire se machucou. Gillespie tinha investido muito no golpe até ali e estava desesperado por um retorno. Pagou então cerca de 72 mil reais – com um cheque que seria devolvido – pelo cavalo Bold Personality. Havia um problema: ele não se parecia em nada com Fine Cotton. Bold Personality era mais claro e Fine Cotton tinha manchas brancas na testa. Então, na noite antes da corrida, Gillespie e Haitana furtivamente aplicaram tintura de cabelo e tinta branca para torná-lo mais parecido com Fine Cotton.

Pouco retorno

Quando "Fine Cotton" entrou na pista de corridas, as apostas subiram a um ritmo suspeito. O cavalo começou com rateio de 33-1, mas logo mudou drasticamente para 7-2. Depois que "Fine Cotton" ganhou por um triz, os inspetores encontraram rápido evidências de embuste, e o cavalo foi desclassificado. A polícia começou a busca pelos culpados, mas Haitana já tinha fugido. Em pouco tempo, porém, ele foi detido, ficou preso por seis meses e foi banido do turfe pelo resto da vida. Seis outros, entre eles Gillespie, também foram banidos. O jóquei inocente do cavalo, Gus Philpot, foi absolvido.

A trapaça se tornou uma das mais notórias na história do esporte. Para combater golpes similares, os cavalos de corrida hoje são identificados com microchips. ∎

Trapaça no "Esporte de Reis"

A troca de cavalos não é o único método usado pelos golpistas para obter dinheiro ilegal nas pistas de turfe. O golpe mais famoso talvez seja a alteração dos rateios fazendo estrategicamente grandes apostas. Hoje, os agenciadores de apostas monitoram de perto os padrões das pules para identificar qualquer atividade suspeita. Outros fraudadores chegam ao ponto de criar bilhetes falsos de vencedores, mas evoluções tecnológicas tornam mais difícil agora o êxito de práticas tão toscas. A maioria dos golpes ocorre do outro lado da grade, com treinadores, jóqueis, proprietários e veterinários inescrupulosos tentando alterar as corridas por conluio ou drogando os cavalos com esteroides e analgésicos. Mas testes regulares de drogas dificultaram isso. Treinadores e jóqueis desonestos também são conhecidos por usar "campainhas", dispositivos ilegais que dão choques elétricos nos cavalos, forçando-os a correr mais rápido.

CRIMES COLARIN BRANCO

DO
HO

INTRODUÇÃO

Na França, a queda no valor da Mississippi Company, que está reestruturando a dívida nacional francesa, causa **uma grande crise financeira**.

Nos EUA, um **esquema fraudulento de investimentos** montado por Charles Ponzi desaba, perdendo as economias de centenas de investidores.

Na Índia, substâncias da fábrica americana Union Carbide matam milhares de pessoas em Bhopal, levando a acusações de **homicídio culposo** contra o CEO da empresa.

1720   **1920**   **1984**

1869   **1921-1922**   **1990**

Os especuladores James Fisk e Jay Gould **manipulam o mercado de ouro dos EUA**, colocando em risco a economia.

No Escândalo de Teapot Dome, o secretário do Interior dos EUA, Albert Bacon Fall, **cede o arrendamento de reservas de petróleo em troca de propina**.

Em Londres, usando uma faca, ladrões **roubam dinheiro do mensageiro de corretora** John Goddard e levam 292 milhões de libras (2,4 bilhões de reais hoje) em títulos.

Os crimes do colarinho branco têm uma diferença fundamental de outros tipos de atividades ilegais. O contador que secretamente desvia dinheiro de um empregado e depois altera os dados para esconder suas atividades é muitas vezes um profissional capacitado, numa posição de confiança na empresa. Invariavelmente motivados por dinheiro, os crimes do colarinho branco incluem todos os tipos de fraude, uso de informação privilegiada e estelionato.

Muitas vezes, leva-se meses ou anos para descobri-los. Se uma pessoa comum vê um assassinato, roubo ou extorsão – crimes classificados como "do colarinho azul" pelos criminologistas porque em geral envolvem esforço físico, muitas vezes por um retorno baixo –, reconhece de imediato que está ocorrendo um crime. Porém, alguém digitando no computador não desperta alarme, porque não se ajusta ao estereótipo social de um criminoso. Também é complicado detectar crimes do colarinho branco porque, em geral, são complexos e, assim, difíceis de entender. Sem conhecimento especializado, é improvável que mesmo um investigador experiente note algo irregular. É desafiador até estimar a extensão desses crimes. Por isso, podem ser muito mais prevalentes que sua contraparte do colarinho azul.

Impacto na sociedade

Em termos econômicos, os crimes do colarinho branco podem ser devastadores no plano individual, corporativo ou até nacional. O dano financeiro infligido pelo fraudador Bernie Madoff afetou cidadãos dos EUA de todas as esferas. Mais importante ainda, o impacto da ruína econômica pode em geral ir além da simples perda de dinheiro. Segundo uma pesquisa da Universidade de Oxford feita após a crise financeira de 2008 – em parte precipitada e muito agravada pela fraude hipotecária, golpes em investimentos, subornos e práticas de negócios antiéticas –, cerca de 10 mil americanos e europeus se suicidaram. A economia dos EUA e as de muitas nações europeias ainda lutam para se recuperar.

O psicólogo criminal Robert Hare, desenvolvedor de uma ferramenta diagnóstica chamada escala de psicopatia, disse certa vez que deveria ter feito sua pesquisa em Wall Street e não em prisões. Quando

CRIMES DO COLARINHO BRANCO

2001 — A empresa de energia americana Enron é denunciada por uma **fraude contábil sistemática**.

2008 — Autoridades dos EUA multam a gigante alemã de engenharia Siemens por usar **propinas para obter contratos no exterior**.

2013 — **Desenvolvedor de malware**, o russo Aleksandr Panin é detido por hackear milhões de contas bancárias online.

2007-2008 — Na França, o **corretor de valores ardiloso** Jérome Kerviel faz várias operações não autorizadas no Société Générale e quase leva o banco à falência.

2008 — O esquema Ponzi do consultor de investimentos Bernie Madoff, de Wall Street, colapsa e **provoca a falência de milhares de pessoas**.

2015 — A Agência de Proteção Ambiental dos EUA **descobre uma fraude de emissões** da fabricante de automóveis alemã Volkswagen.

---

perguntado sobre o impacto relativo de serial killers, respondeu que eles devastam famílias, enquanto os criminosos do colarinho branco destroem sociedades. Apesar disso, as punições destes últimos tendem a ser mais leves que as dos crimes violentos.

Culpa repartida

Os criminologistas identificam duas grandes categorias de crimes do colarinho branco: "individuais" e "corporativos" (também chamados crimes "estruturais").

O crime individual do colarinho branco ocorre quando uma ou mais pessoas em uma organização política ou privada tiram proveito de sua posição, sem conhecimento da instituição, e lucram por meio de atividades ilegais. Elas podem estar associadas a outros membros da organização, fornecedores ou clientes, mas trata-se de uma pequena minoria de empregados corruptos e não da organização toda. O caso conhecido como Escândalo de Teapot Dome, em que Albert Bacon Fall foi condenado em 1922 por conspiração e suborno quando trabalhava na Secretaria do Interior dos EUA, tipifica esse comportamento.

Mais perturbadores são crimes corporativos como os dos escândalos da Enron e da Siemens e o do Desastre de Bhopal. Nestes, a criminalidade é localizada, motivada e realizada no plano organizacional.

Nesses casos, indivíduos podem se beneficiar dos delitos de sua empresa, mas participam de uma conspiração maior. A atividade criminal é iniciada ou permitida no nível executivo, muitas vezes após uma análise de custo-benefício. Se os ganhos de atividades ilegais superam o custo das possíveis multas, a violação da lei pode ser vista como uma decisão de negócios perfeitamente racional.

Numa situação em que quase todos na empresa são cúmplices em uma atividade ilegal ou numa conspiração de silêncio, fica muito difícil estabelecer a culpa individual além de qualquer dúvida razoável – em especial quando a empresa pode pagar advogados de defesa talentosos.

Em casos como o de Jérôme Kerviel, a narrativa oficial de um lobo solitário atuando numa empresa que, ao contrário, respeita a lei, é vista com ceticismo por muitos setores. Entende-se que funcionários em postos mais altos simplesmente *tinham* de saber; a seu ver, não estar ciente de crimes tão sistêmicos seria operacionalmente impossível. ■

O DINHEIRO, COM FREQUÊNCIA, CAUSA ILUSÃO EM MULTIDÕES
O ESQUEMA DE MISSISSÍPI, 1716-1720

EM CONTEXTO

LOCAL
França

TEMA
Bolha financeira

ANTES
Anos 1630 No auge da "mania das tulipas" na República Holandesa, especuladores vendem bulbos de tulipa por uma fortuna, até que o mercado definha da noite para o dia.

1720 A britânica Companhia dos Mares do Sul, que negocia com a América Espanhola, assume a dívida nacional britânica. Mas ela colapsa – com suas ações –, e milhares de pessoas se arruínam.

DEPOIS
1849 William Thompson aplica uma série de golpes em estrangeiros nas ruas da cidade de Nova York. Seus feitos levam um jornalista a cunhar a expressão "Homem de Confiança" (daí a expressão abreviada, em inglês, *con man*, "vigarista").

Em 1705, o economista escocês John Law propôs grandes reformas no sistema bancário escocês, visando reduzir a dívida pública e estimular a economia. Elas incluíam o uso de papel-moeda em vez de ouro. A teoria de Law foi rejeitada, mas em 1716 o duque de Orléans, regente do jovem rei Luís XV, convidou-o a testá-las na França, que estava à beira da falência.

Law fundou um banco nacional que aceitava depósitos de ouro e prata e emitia notas bancárias em troca. Em 1717, criou uma empresa com direitos exclusivos para desenvolver os territórios da França na América do Norte, no vale do rio Mississípi; em 1719, a empresa controlava todo o comércio colonial do país.

Ele promoveu, então, uma reestruturação radical da dívida da França. Concebeu o "Esquema de Mississípi", vendendo ações da empresa, cujo valor exagerou de modo muito grande, em troca de títulos públicos emitidos pelo Estado. Os investidores afluíram para

Há boas razões para pensar que a natureza do dinheiro ainda não é bem entendida.
John Law

comprar as ações, e seu preço subiu muito; lançadas a quinhentas libras de Tours cada, um ano depois valiam vinte vezes mais. O valor dos títulos também aumentou. O esquema levou a uma especulação selvagem e os mercados de ações na Europa foram impulsionados. As autoridades francesas responderam imprimindo dinheiro, mas isso causou uma inflação galopante e a perda de valor da moeda e dos títulos. Em 1720, as ações da Mississipi Company afundaram, causando uma grande crise financeira. Law fugiu para Veneza, onde morreu na pobreza nove anos depois. ∎

Ver também: Charles Ponzi 102-107 ▪ Bernie Madoff 116-121

CRIMES DO COLARINHO BRANCO 101

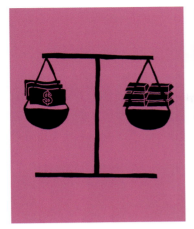

NADA SE PERDE A NÃO SER A HONRA
O ESCÂNDALO DO OURO DA BLACK FRIDAY, 1869

EM CONTEXTO

LOCAL
Cidade de Nova York, EUA

TEMA
Manipulação do mercado de ações

ANTES
1821-1837 O estelionatário Gregor MacGregor inventa uma "colônia desenvolvida" na América Central e vende apólices nela. Os colonos vão para lá, mas, ao chegarem, encontram só uma faixa de selva.

DEPOIS
1986 O corretor de Wall Street, Ivan Boesky confessa que obteve sua fortuna de cerca de R$958 milhões com manipulação ilegal de mercado e negócios com informações privilegiadas.

1992 Harshad Mehta usa recibos bancários forjados como garantia para empréstimos de cerca de R$3,5 bilhões na Bolsa de Valores de Bombaim. Tentando evitar um processo, suborna políticos.

No fim do século XIX nos EUA, os mercados financeiros não eram regulados e algumas pessoas conhecidas como "barões do crime" se aproveitaram para construir enormes fortunas. Em 1869, os financistas James Fisk e Jay Gould estocaram vastas quantidades de ouro para tentar manipular o mercado. Eles planejavam subir os preços e depois vender com enorme lucro. Mas enfrentaram um obstáculo. Durante a Guerra Civil (1861-1865), o governo emitiu grandes quantidades de papel-moeda sem reservas em ouro para lastreá-las. Em 1869, o presidente Ulysses S. Grant forneceu o ouro para realmente comprar de volta o dinheiro. Ao fazer isso, o Tesouro definiu o valor do ouro: quando vendia suas reservas, o preço caía; quando as mantinha, o preço subia. Se tentassem manipular o mercado do ouro, o governo poderia fazer o mesmo.

Fisk e Gould precisavam que o ouro do governo ficasse fora do mercado, o que conseguiram com influência política e propinas. Eles compraram ouro, e o preço disparou. Mas Grant percebeu o plano e liberou 4 milhões de dólares (R$365 milhões hoje) do ouro do Tesouro. Em 24 de setembro de 1869 (depois chamado Black Friday), o preço inflacionado do ouro caiu e o mercado quebrou. Enquanto isso, Gould secretamente vendera seu ouro, antes do preço cair. ∎

James Fisk, ao contrário de Jay Gould, não vendeu seu ouro antes da queda dos preços na Black Friday, e perdeu uma parte significativa de seu investimento.

Ver também: Charles Ponzi 102-107 ▪ Jérôme Kerviel 124-125

O VELHO JOGO DE ROUBAR PEDRO PARA PAGAR PAULO

CHARLES PONZI, 1903-1920

EM CONTEXTO

LOCAL
Boston, Massachusetts, EUA

TEMA
O esquema Ponzi

ANTES
1899 William "520 Por Cento" Miller cria um esquema de pirâmide em Nova York com juros de 10% por semana e dá um calote de 1 milhão de dólares (mais de R$115 milhões hoje) nos investidores.

1910 Um homem que se diz chamar Lucien Rivier funda um banco em Paris e espolia 6 mil investidores em cerca de mais de R$40 milhões hoje.

DEPOIS
2010 A denúncia de um funcionário derruba o esquema de mais de R$15 bilhões do empresário Tom Petters, de Minnesota.

1991-2009 Allen Stanford promove um esquema de mais de R$30 bilhõess por vinte anos, por meio de seu banco, em Antígua.

Charles Ponzi sorri para a foto de fichamento na polícia, após a detenção por falsificação em Montreal, no Canadá, em 1909. Na época, ele usava um de seus muitos nomes falsos, Charles P. Bianchi.

Em julho de 1920, o grandioso esquema financeiro de Charles Ponzi colapsou. Enquanto as autoridades rastreavam cada movimento seu, investidores em pânico se amontoavam na porta de seu escritório em Boston exigindo dinheiro de volta. Os detalhes do golpe eram estampados na primeira página dos jornais locais.

Confiante e encantador como sempre, Ponzi parecia inabalável. Com um terno de estilista, enfrentou a horda de investidores irados com um sorriso. Durante os três dias seguintes, Ponzi aplacou a multidão, entregando mais de 2 milhões de dólares (mais de 91 milhões de reais hoje). milhões de reais hoje) em dinheiro. Além das cédulas, ele distribuiu café e donuts, convencendo os investidores de que não tinham razão para se preocupar. Porém, a demonstração arrojada de Ponzi atraiu a atenção do procurador dos EUA para o distrito de Massachusetts. Foi encomendada uma auditoria das finanças de Ponzi, que revelou um dos golpes mais notórios da história do país.

Um empreendedor entusiasmado

Ao contrário dos escroques que o sucederam, Ponzi não pareceu ter começado com más intenções. Em 1903, o imigrante italiano chegou a Boston aos 21 anos com só 2,50 dólares (cerca de trezentos reais hoje) nos bolsos. Apesar da falta de dinheiro, Ponzi tinha um espírito empreendedor e desejava fazer nome. Ele logo aprendeu inglês e viajou pela costa leste dos EUA, assumindo várias funções temporárias, como as de garçom e tradutor. Foi para Montreal em 1907, onde se empregou no Banco Zarossi e chegou ao cargo de gerente.

Primeiros crimes

O banco em que Ponzi trabalhava faliu, deixando-o em desespero. Ele falsificou um cheque, esperando levantar recursos para voltar aos EUA, mas foi pego e passou três anos detido nos arredores de Montreal. Mal retornou aos EUA, após a soltura, e foi preso em Atlanta por mais dois anos por contrabandear imigrantes italianos para o país. Seja devido às circunstâncias ou ao seu caráter, ser um golpista logo se tornou uma segunda natureza para Ponzi.

Após ser solto, Ponzi voltou a Boston. Ele conheceu uma estenógrafa, Rose Maria Gnecco, e eles se casaram em 1918. Nos meses seguintes, Ponzi trabalhou em vários serviços, entre eles um para seu sogro, sonhando ao mesmo tempo com ideias de negócios.

Ele esperava fazer sucesso com uma nova iniciativa, uma revista de negócios, mas em 1919 isso também pareceu destinado ao fracasso. Sem poder pagar o aluguel

Cheguei a este país com 2,50 dólares em dinheiro e 1 milhão de dólares em esperanças, e essas esperanças nunca me deixaram.
Charles Ponzi

CRIMES DO COLARINHO BRANCO

Ver também: Bernie Madoff 116-121 ▪ Jérôme Kerviel 124-125

> Ele é um dos melhores exemplos de energia mal direcionada nos anais do crime nos EUA.
> **The Washington Post**

do escritório, o desespero voltara.

Foi por essa época que Ponzi recebeu uma carta da Espanha com um documento incomum. Similar a um envelope autoendereçado, o cupom de resposta internacional (CRI) parecia dinheiro, mas era, na verdade, um sistema de pré-pagamento de postagem internacional. Ele poderia ser usado em várias partes do mundo, mas os preços fixos não refletiam a drástica desvalorização de algumas moedas no pós-guerra. Ponzi percebeu que poderia obter lucro se comprasse os cupons na Itália, onde eram relativamente baratos, e os trocasse por cupons mais caros nos EUA.

Embora não tivesse um plano para a conversão dos cupons em dinheiro, Ponzi imaginou que poderia obter um lucro de 2,30 dólares (cerca de 85 reais hoje) para cada dólar (pouco mais de 35 reais hoje) que investisse. Percebendo o potencial para um empreendimento comercial, Ponzi obteve um empréstimo e mandou o dinheiro

Os cupons de resposta internacionais, que podiam ser trocados por selos postais, inspiraram o golpe de Ponzi. O modelo ao lado foi adotado pela União Postal Universal em 1906.

para a família na Itália, pedindo que comprassem cupons postais e os mandassem de volta para ele, nos EUA. Consta que ele conseguiu mais de 400% de lucro em algumas de suas vendas.

Geração de investimento

O esquema não era ilegal – Ponzi comprava um bem por um preço baixo e o vendia com lucro num mercado diferente –, mas ele não tinha ideia de como trocar os cupons por dinheiro. Sem se intimidar, prometeu a amigos e investidores que poderia dobrar seu investimento em noventa dias. Confiante, explicou que era simples lucrar com o retorno fantástico dos CRIS.

Muitos investidores foram pagos conforme prometido, recebendo 750 dólares (pouco mais de 28 mil reais hoje) de lucros para um investimento inicial de 1.250 dólares (cerca de 47 mil reais hoje). Mas esses lucros não vinham dos negócios com CRIS. Na verdade, Ponzi pagava os investidores iniciais com o dinheiro dos novos, sem que eles tivessem ciência disso. Para dar um ar de legitimidade a sua iniciativa, Ponzi abriu a própria empresa, a Security Exchange Company. As notícias sobre os retornos que fornecia se espalharam, e um grupo minúsculo inicial de investidores logo se expandiu na elite da sociedade de Boston, impulsionado pelas taxas impressionantes dos investidores iniciais.

Não está claro se era um golpe desde o início ou se Ponzi pretendia pagar os investidores quando descobrisse como converter os cupons em dinheiro, mas ele não fez nenhum esforço para gerar lucros legítimos. Por fim, parou de comprar CRIS e manteve todo o dinheiro para si. Em junho de 1920, tinha obtido 2,5 milhões de dólares (116 milhões de reais hoje) com cerca de 7.800 clientes. As gavetas de sua »

106 CHARLES PONZI

Um esquema de pirâmide promete altos retornos aos investidores, que recebem a partir das aplicações de investidores posteriores. Como todos os esquemas de pirâmide, o de Charles Ponzi era matematicamente insustentável, porque cada rodada exigia o envolvimento de pelo menos o dobro do número de investidores da rodada anterior.

O planejador do esquema

Na primeira rodada, o planejador do esquema recebe mil dólares de aplicação de dois investidores, prometendo dobrar seu dinheiro.

Na segunda rodada, o planejador do esquema encontra mais quatro investidores, que aplicam mil dólares cada um. Com esses 4 mil dólares, ele paga os investidores da primeira rodada.

Na terceira rodada, ele precisa de 8 mil dólares para pagar a segunda rodada de investidores, e encontra oito investidores, que aplicam mil dólares cada um. A primeira rodada de investidores está satisfeita com os resultados, reinveste e conta aos amigos. O esquema cresce, e o planejador do esquema pode retirar dinheiro para si.

Quatro amigos dos investidores da primeira rodada

escrivaninha transbordavam de dinheiro, que era guardado até em lixeiras. Convencidos de sua genialidade, os investidores hipotecavam as casas e aplicavam as economias de toda a vida com Ponzi. A maioria não retirava os lucros quando eram oferecidos, e reinvestiam, confiantes em aumentar ainda mais sua riqueza. Em fevereiro de 1920, Ponzi prometia aos clientes um lucro de 50% após meros 45 dias. Logo esse número subiu para 100%, despertando ainda mais interesse.

Ponzi depositava o dinheiro no Hanover Trust Bank de Boston – do qual também comprou o controle acionário. Com a entrada cada vez maior de dinheiro, Ponzi aproveitava a nova vida de luxo: adquiriu uma mansão com uma piscina aquecida em Lexington, fumava charutos com piteiras de diamantes e tinha dezenas de bengalas com cabo de ouro para desfilar pela cidade.

Surgem dúvidas

Ponzi obtinha dinheiro, mas sua operação sofria perdas tremendas, usando dinheiro recolhido de novos investidores para pagar os retornos prometidos aos antigos. Esse tipo de esquema, que "empresta de Pedro para pagar Paulo", acabou recebendo o nome do próprio Charles Ponzi.

Em meados de 1920, Ponzi estava fazendo cerca de 250 mil dólares (12 milhões de reais hoje) por dia, mas jornais locais começaram a investigar quando um comerciante de móveis divulgou que cheques de Ponzi tinham voltado. O *Boston Post* reagiu com uma série de artigos questionando a máquina de dinheiro de Ponzi, notando que ele não investia na própria empresa.

Na mesma época, o governo de Massachusetts se envolveu. Apesar de ter sido questionado por funcionários do estado, Ponzi se esquivou de deixá-los inspecionar

seus livros – sua solícita oferta de recusar novos investimentos durante a investigação acalmou as suspeitas. Quando o procurador dos EUA em Massachusetts afinal viu os livros, encontrou apenas uma caixa de cartões indexados com os nomes dos investidores.

Em julho veio outro golpe: a Empresa de Correios dos EUA confirmou que Ponzi não poderia estar obtendo os retornos que afirmava sobre os CRIS – não havia tantos deles em circulação. O *Post* também publicou isso, e Ponzi processou o jornal, antes de inventar uma história sobre a compra de cupons na Itália e venda e revenda por toda a Europa. Ele não convenceu ninguém. Em 2 de agosto de 1920, os jornais o declararam insolvente.

Conforme os investidores se retiravam, Ponzi se empenhava em encontrar dinheiro para pagar o que lhes era devido. Em 9 de agosto, sua

CRIMES DO COLARINHO BRANCO

conta principal no banco já estava no vermelho, e o advogado distrital a congelou. Sabendo que a prisão era iminente, Ponzi se entregou às autoridades federais em 12 de agosto de 1920, respondendo a 86 acusações de crime de fraude postal.

Anos finais

Ponzi tinha perdido cerca de 20 milhões de dólares (cerca de R$913 milhões hoje) do dinheiro dos investidores. Alguns foram pagos, mas faltavam a Ponzi 7 milhões de dólares (mais de R$322 milhões hoje). Sua prisão quebrou seis grandes bancos estaduais, entre eles o Hanover Trust. Muitos investidores tiveram problemas financeiros, ao receberem menos de 30% do que deveriam. Ponzi usou a liberação por fiança para fugir para a Flórida, onde lançou o "Charpon Land Syndicate", outro esquema Ponzi, vendendo áreas pantanosas com a promessa de retorno substancial. Ponzi foi preso por fraude e condenado a um ano de prisão, mas libertado ao recorrer.

Em Nova Orleans, foi capturado tentando fugir para a Itália de barco – apesar de ter raspado a cabeça e deixado crescer um bigode para se disfarçar – e mandado de volta a Boston para terminar a pena de prisão original. Deportado para a Itália em 1934, ele tentou mais uns poucos esquemas malsucedidos antes de ir para o Brasil, onde morreu em 1948. ∎

Uma grande aglomeração se forma nas portas do escritório de Charles Ponzi em Boston, em julho de 1920, após o *Boston Post* publicar vários artigos questionando suas práticas de negócio.

Como os esquemas Ponzi impactam a economia

Os esquemas Ponzi infligem graves danos financeiros a investidores e à economia desviando dinheiro de investimentos produtivos e legítimos. Quanto maior o golpe, maior o dano que causa, em especial se grandes bancos são envolvidos. Quando o esquema é revelado, os investidores podem perder a confiança nas instituições e relutar em investir de novo nelas. Descobrir e encerrar esquemas Ponzi pode ser difícil. Com frequência, nem seus promotores, nem os próprios esquemas são regularizados. E mesmo em instituições regularizadas, os esquemas Ponzi podem usar linguagem técnica para ocultar sua real natureza. Os esquemas Ponzi que violam várias leis financeiras podem ser investigados em separado por mais de um agente regulador, o que torna mais difícil descobrir o quadro geral. A importância financeira das instituições que investiram no esquema também pode tornar os investigadores relutantes, por acreditar que elas são grandes demais para falhar.

VOCÊ NÃO PODE CONDENAR 1 MILHÃO DE DÓLARES
O ESCÂNDALO DE TEAPOT DOME, 1921-1922

EM CONTEXTO

LOCAL
Washington, DC, EUA

TEMA
Corrupção política

ANTES
1789-1966 Os líderes corruptos da Tammany Hall, em Nova York, uma poderosa máquina política dos democratas, permitem aos candidatos a prefeito comprar apoio e influência.

1912 No Reino Unido, os membros seniores do governo liberal aproveitam informação privilegiada sobre planos para emitir um contrato lucrativo para a empresa Marconi.

DEPOIS
1975 O Senado dos EUA conclui que a empresa aeroespacial americana Lockheed pagou propina a membros de governos estrangeiros para garantir encomendas de aviões militares.

Até Watergate, a operação de espionagem ilegal que levou à renúncia do presidente Richard M. Nixon em 1974, os escândalos políticos nos EUA eram definidos pelo incidente de Teapot Dome, no início dos anos 1920. Ele não tinha nada a ver com chá (*teapot*, em inglês, é "chaleira"), nem com cúpula (*dome*), mas com corrupção, que foi suficiente para manchar o governo de um presidente.

No início do século XX, a Marinha Americana trocou o carvão pelo petróleo. Para garantir suprimento suficiente sempre, o presidente William Howard Taft designou várias áreas petrolíferas federais como reservas de petróleo da Marinha – entre elas um trecho de terra em Wyoming chamado "Teapot Dome".

Política e petróleo

Em 1921, Taft foi sucedido pelo presidente Warren G. Harding, que nomeou uma mistura de políticos capazes e velhos amigos para seu gabinete. Entre eles estava Albert Bacon Fall, secretário do Interior. No mesmo ano, por pressão de Fall, Harding emitiu uma ordem executiva que transferia a

Suborno

Considera-se que há suborno quando um indivíduo troca favores com outra parte para obter uma vantagem ilegítima num processo que deveria ser neutro. Isso pode ocorrer tanto em nível corporativo quanto governamental.

Mesmo hoje, em países com leis abrangentes contra a corrupção, provar que um *quid pro quo* ilegal ocorreu – em que algo é concedido especificamente para que outra coisa seja dada em troca – é uma tarefa enorme. Essa dificuldade alimenta em muito a controvérsia sobre as grandes contribuições em dinheiro que os lobistas "doam" aos políticos. Os lobistas esperam que elas tenham efeito nas políticas do governo, mas é quase impossível provar que qualquer mudança eventual nessas políticas seja resultado direto de suas doações.

As investigações de suborno tendem a depender de grampos e elaboradas ciladas policiais, em que as duas partes são levadas a declarar de modo explícito o que querem dar ou receber.

CRIMES DO COLARINHO BRANCO

Ver também: O Esquema de Mississípi 100

supervisão do campo petrolífero de Teapot Dome e de dois outros na Califórnia do Departamento da Marinha para o do Interior. Discretamente, e sem licitação, Fall concedeu direitos exclusivos de Teapot Dome a Harry F. Sinclair, da Mammoth Oil Company. Um negócio similar foi fechado com Edward Doheny, da Pan American Petroleum and Transport Company, para a reserva de Elk Hills, no vale de San Joaquin, na Califórnia. Em troca, Fall recebeu centenas de milhares de dólares em empréstimos sem juros das empresas.

Embora essas cessões e contratos fossem tecnicamente legais, o fato de Fall aceitar dinheiro não era. Ele tentou manter os negócios em segredo e apagar rastros administrativamente, mas foi visto

Posso dar conta de meus inimigos numa luta, mas meus amigos, meus malditos amigos, são eles que me fazem perder o sono à noite!
Presidente Warren G. Harding

"Teapot Dome" se tornou parte do léxico político como sinônimo de corrupção de alto nível. A expressão foi usada em cartões de campanha (esq.) na eleição presidencial de 1924.

gastando muito dinheiro em seu rancho de gado no Novo México e em outros de seus negócios. A súbita prosperidade fez levantar suspeitas.

O escândalo explode

Em 1922, o Senado dos EUA lançou uma investigação sobre as cessões e contratos negociados por Fall e sua desonestidade foi finalmente revelada. O presidente Harding teve de cancelar as cessões e os campos de petróleo foram fechados. Harding não tinha envolvimento direto nos negócios ilícitos de Fall, mas sua saúde piorou conforme o escândalo se desdobrava. Em 1923, morreu de ataque cardíaco, antes de todos os detalhes dos delitos de Fall virem a público.

Condenado por aceitar propina nas negociações de Elk Hills e Teapot Dome, Fall foi multado em 100 mil dólares (cerca de 5,3 milhões de reais hoje) e sentenciado a um ano na prisão, tornando-se o primeiro membro de um gabinete a responder por felonia. A multa foi dispensada, porém, porque ele ficou sem nada, e foi libertado após nove meses por motivo de doença. Os diretores da Mammoth Oil e da Pan American Petroleum foram absolvidos de todas as acusações de suborno e conspiração criminosa.

Investigações iniciadas pelo presidente seguinte, Calvin Coolidge, revelaram que o escândalo de Teapot Dome foi um de muitos exemplos de corrupção no mandato de Harding. Sua reputação ficou manchada para sempre. ■

O presidente Harding **nomeia vários amigos** para altos cargos do governo.

Os amigos **traem sua confiança** ao aceitarem **propina e desviarem** recursos governamentais.

O secretário do Interior, Albert Fall, **cede o arrendamento de reservas públicas de petróleo**, entre elas a de Teapot Dome, a empresas privadas em troca de **dinheiro e presentes**.

Tem início uma **investigação do Senado** sobre as atividades de Albert Fall, mas o **presidente Harding morre** antes da divulgação dos resultados.

Uma investigação do Congresso após a morte de Harding descobre que sua administração estava repleta de corrupção.

CIDADÃOS MORRIAM POR TODOS OS LADOS
O DESASTRE DE BHOPAL, 1984

EM CONTEXTO

LOCAL
Bhopal, estado de Madhya Pradesh, Índia

TEMA
Acidente industrial

ANTES
1906 Uma explosão e um incêndio numa mina de carvão francesa da empresa Courrières mata 1.099 mineiros.

1932-1968 Metil mercúrio lançado na baía de Minamata, no Japão, pela empresa química Chisso Corporation, contamina mariscos, que por sua vez envenenam os habitantes locais.

DEPOIS
31 de julho a 1º de agosto de 2014 Uma série de explosões de gás causadas por tubulações mal conservadas mata 32 pessoas em Kaohsiung, em Taiwan.

Nas primeiras horas de 2 de dezembro de 1984, quarenta toneladas de um gás mortal, o metil isocianato, vazaram de uma fábrica de pesticidas da subsidiária indiana da empresa americana Union Carbide Corporation (UCC) em Bhopal, no estado de Madhya Pradesh, na Índia.

Meio milhão de pessoas foram expostas à nuvem de gás que flutuou pelas favelas ao redor da fábrica. As estimativas do número de vítimas variam, mas o governo de Madhya Pradesh notificou que milhares de pessoas morreram imediatamente sob efeito do gás e que outras milhares ficaram com lesões incapacitantes permanentes.

CRIMES DO COLARINHO BRANCO 111

Ver também: O Escândalo da Siemens 126-127 ▪ O Escândalo das Emissões da Volkswagen 130-131

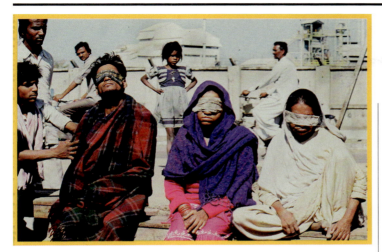

Milhares de vítimas, entre elas pessoas cujos olhos foram queimados pelos vapores tóxicos, se juntaram nas ruas, à espera de tratamento rudimentar. Os hospitais e necrotérios locais logo ficaram lotados.

Foi o pior acidente industrial da história. O nome Bhopal se tornou sinônimo de morte, má gestão corporativa e governamental e negligência.

Sinais de aviso
Em 1969, a indústria química UCC construiu uma fábrica em terras arrendadas pelo governo estadual de Madhya Pradesh para produzir Sevin, um pesticida usado em toda a Ásia. O governo indiano tinha uma participação acionária de 49,1% da operação. Mas houve problemas desde o início. A cidade de Bhopal foi escolhida por sua boa estrutura de transportes, mas o zoneamento destinava o local da fábrica a uso industrial e comercial leve, não a uma fábrica com riscos potenciais. E embora devesse produzir pesticidas com substâncias químicas preparadas em outros locais, ela passou a fazer as matérias-primas – um processo muito mais perigoso – para cortar custos e ganhar vantagem competitiva no mercado.

No início dos anos 1980, com a queda nas colheitas e a fome por todo o subcontinente indiano, os agricultores não puderam investir em pesticidas e a demanda caiu. A fábrica de Bhopal reduziu a produção, enquanto a UCC buscava um comprador. Enquanto isso, ela continuou a funcionar com equipamentos e métodos de segurança muito aquém do padrão

A água causou uma reação que aumentou o calor e a pressão no tanque, transformando rapidamente o composto químico num gás letal que escapou para o ar da noite fria.
Union Carbide Corporation

das fábricas nos EUA. O governo indiano sabia dos problemas de segurança, mas receava os efeitos econômicos de fechar uma fábrica que empregava milhares de locais.

Então ocorreram os terríveis eventos de 2-3 de dezembro de 1984. Um vento rápido logo soprou a fumaça de gás venenoso da fábrica pela cidade; ela chegou ao chão e as vítimas a inalaram, com a garganta e os olhos queimando. Muitos morreram de modo horrível, vomitando e com a boca espumando. O caos se instalou, com dezenas de milhares de pessoas aterrorizadas tentando escapar da cidade. Arjun Singh, o ministro-chefe de Madhya Pradesh, foi acusado de fugir de seu palácio nos subúrbios de Bhopal, deixando os cidadãos à própria sorte.

Começa a investigação
As notícias do desastre chegaram à sede da UCC nos EUA e seu presidente executivo, Warren Anderson, voou para a Índia com uma equipe técnica para ajudar o governo a gerir as consequências. Quando Anderson chegou foi posto sob prisão domiciliar. Técnicos começaram a analisar a causa do vazamento do gás e a distribuir suprimentos e equipamento médico à comunidade local. O que descobriram foi horripilante: as ruas entulhadas de cadáveres humanos e de animais.

Anderson foi liberado após a promessa de voltar à Índia para ser julgado quando fosse convocado. Dez dias após o acidente, ele foi ao »

112 O DESASTRE DE BHOPAL

Congresso dos EUA relatar que sua empresa tinha um compromisso com a segurança. Prometeu tomar providências para garantir que um acidente similar "nunca mais ocorresse". Nos meses seguintes, a UCC criou um fundo de assistência de 120 mil dólares (cerca de 1,2 milhão de reais hoje) para os empregados afetados pela tragédia, mas que não era suficiente. Em abril de 1985, a empresa aumentou o fundo para 7 milhões de dólares (mais de 67 milhões de reais hoje).

A luta por justiça

A investigação que se seguiu durou anos e revelou que uma válvula defeituosa permitiu que uma tonelada de água destinada à limpeza de tubulações internas se misturasse a quarenta toneladas de metil isocianato. Isso causou uma reação química que forçou a válvula a abrir, permitindo que o gás escapasse. Os investigadores acreditaram que isso era resultado de sabotagem; um empregado devia ter manipulado o tanque.

De início, a UCC tentou evitar a responsabilidade legal pela tragédia, mas em 1989 chegou a um acordo

Especialistas médicos relatam uma alta incidência de câncer nos pulmões, consequências adversas na gravidez e problemas respiratórios, neurológicos, psiquiátricos e oftálmicos entre as pessoas expostas ao gás.
John Elliott

extrajudicial com o governo da Índia e pagou 470 milhões de dólares (cerca de 2,8 bilhões de reais hoje) de indenização. Porém, alguns analistas sentiram que a empresa subestimou tanto os efeitos à saúde no longo prazo quanto o número de pessoas afetadas pela exposição ao gás. O governo indiano e a UCC pagaram a um hospital aberto em 2001 pelo tratamento de vítimas e criaram um fundo de seguro da saúde para cobrir as despesas de 100 mil pessoas. Porém, os sobreviventes com

problemas crônicos e seus dependentes ainda esperam por uma reparação mais de vinte anos após o desastre e algumas ações coletivas continuam pendentes.

Como nenhum sabotador individual foi identificado, ações civis e criminais foram movidas contra a UCC e se arrastaram por anos. Em 2010, sete ex-executivos da UCC, todos cidadãos indianos, foram condenados por causar mortes por negligência. Cada um foi multado em quase 10 mil reais e condenado a dois anos de prisão. Dada a devastação causada pelo vazamento de gás, a pena parece leve, mas era o máximo permitido pela lei indiana.

Em termos de segurança pública, parece que certas lições ainda precisam ser aprendidas com Bhopal. Nos anos seguintes ao acidente, a Índia passou por uma rápida industrialização, mas ativistas dizem que a regulamentação da indústria pelo governo é morosa, continuando a pôr a saúde dos cidadãos em risco. Bhopal provou a necessidade de estratégias preventivas para evitar eventos similares, padrões internacionais obrigatórios para a segurança ambiental e treinamento para acidentes industriais.

Um legado tóxico

Décadas após o Desastre de Bhopal, as estimativas do número de vítimas fatais variam de 3,8 mil a até 16 mil pessoas. Hoje o governo indiano cita 15 mil pessoas, incluindo as que morreram de doenças relacionadas à exposição ao gás. Milhares de sobreviventes continuam a enfrentar males, como câncer, cegueira e distúrbios

Warren Anderson, presidente executivo da UCC na época do desastre, foi acusado de homicídio culposo pelas autoridades de Bhopal em 1991. Os EUA se recusaram a extraditá-lo para a Índia, para o julgamento.

CRIMES DO COLARINHO BRANCO 113

Organizações de sobreviventes e outros ativistas locais realizam protestos regulares pedindo punições mais duras aos responsáveis pela tragédia e mais compensação às vítimas.

neurológicos e imunológicos. Um grande número de crianças nascidas após o desastre na área ao redor da fábrica sofre de deformidades físicas e problemas mentais.

Grupos de direitos humanos alegam que, na verdade, os defeitos de nascença ocorrem na área desde que a fábrica foi aberta em 1969, devido à contaminação da água do subsolo causada por resíduos despejados na fábrica e ao seu redor. O governo, porém, não confirma essa conexão e não foi feita nenhuma pesquisa que prove que os defeitos de nascença têm relação direta com a ingestão de água envenenada.

Apatia governamental

Embora a fábrica de 27 hectares da UCC tenha sido fechada logo após o desastre, a empresa só teve permissão para descontaminar o local no início dos anos 1990. Enquanto os litígios estavam em processo, a unidade de metil isocianato era considerada uma "prova" na causa criminal. Em 2001, a UCC foi incorporada pela Dow Chemical Company, que se recusa a aceitar o acidente de Bhopal. A Dow diz que o caso foi definido em 1989 e que a culpa pela operação de limpeza, assim como pelo cuidado médico corrente das vítimas e por novos pedidos de indenização hoje está nas mãos das autoridades do estado de Madhya Pradesh, que assumiu o controle do local em 1998. Pouco foi feito nos últimos anos pelo governo da Índia para resolver o impasse. E embora não tenham dúvida de que os resíduos tóxicos na fábrica abandonada representam graves riscos à saúde das pessoas que vivem perto, os ativistas locais se opõem aos planos do governo de removê-los e incinerá-los, por razões de segurança. Em 2015, porém, uma pequena parte dos resíduos foi queimada numa incineração de teste e as emissões foram classificadas dentro dos limites permissíveis. ■

O júri do caso Robinson vs. Reynolds decidiu que a gigante do tabaco tinha anunciado seus cigarros como seguros, sabendo muito bem que não eram.

Negligência corporativa

Em geral, a negligência corporativa ocorre quando uma empresa viola um compromisso com uma terceira parte de não causar danos. Seja por acidente ou intencionalmente, para economizar dinheiro, a empresa pode ser declarada responsável por agir de modo negligente ou por não ter agido. A matriz da corporação pode ser responsabilizada pela negligência de uma empresa subsidiária, mesmo sem ser parte no delito. Causas históricas incluem a de Stella Liebeck, de 79 anos, que em 1994 ganhou um processo de mais de 15 mil reais contra o McDonalds após derramar um copo de seu café escaldante no colo e sofrer queimaduras graves. Hoje a maioria das bebidas quentes têm sinais de aviso. Em 2014, um júri nos EUA deu a Cynthia Robinson a indenização de mais de R$115 bilhões contra o fabricante de cigarros R. J. Reynolds pelo homicídio culposo de seu marido, um fumante que morreu de câncer nos pulmões em 1996. Ela alegou que a empresa foi negligente ao não informar aos consumidores de que seus produtos são viciantes e prejudiciais à saúde.

O MAIOR ASSALTO DE RUA DA HISTÓRIA
O ROUBO DE TÍTULOS DE LONDRES, 2 DE MAIO DE 1990

EM CONTEXTO

LOCAL
Londres, Reino Unido

TEMA
Roubo de títulos

ANTES
1983 Uma quadrilha armada rouba mais de 36 milhões de reais em dinheiro de um depósito da Security Express em Londres. Os irmãos Ronnie e John Knight são condenados depois como mentores do roubo.

DEPOIS
2006 Sete homens mascarados armados irrompem no prédio da Securitas Cash Management Ltd. em Kent, no Reino Unido, amarram catorze funcionários e em pouco mais de uma hora pegam cerca de 323 milhões de reais, no maior roubo de dinheiro do país.

2007 Guardas de um banco privado em Bagdá, no Iraque, roubam o equivalente a 1,2 bilhão de reais, em dólar, de suas caixas-fortes.

Para John Goddard, um mensageiro de 58 anos da corretora de valores Sheppards, sediada no distrito financeiro de Londres, o dia de trabalho de 2 de maio de 1990 começou como qualquer outro. Ele deixou o Banco da Inglaterra com uma pasta cheia de títulos ao portador e rumou para uma instituição financeira próxima para entregá-los. Às 9h30, enquanto andava num lado tranquilo da rua, foi abordado por um homem com quase trinta anos que lhe encostou uma faca em sua garganta, pegou sua pasta e carteira e correu.

Um roubo audacioso
O assaltante fugiu a pé e logo sumiu num túnel movimentado do metrô. Ele tinha levado 301 títulos do portador – 170 letras do Tesouro e 131 certificados de depósito de bancos e construtoras –, a maioria no valor de cerca de 6 milhões de reais cada um. O total roubado chegava a assombrosos quase 1,8 bilhão de reais.

O Banco da Inglaterra emitiu um alerta global, notificando instituições financeiras sobre os números de série dos títulos. No dia seguinte, a imprensa noticiou o

A vida como um policial infiltrado: você sempre está a um milímetro da morte ou de um colapso nervoso.
Fonte policial britânica

roubo como a obra de um ladrão amador oportunista que, sem conexões, seria incapaz de negociar os títulos. Mas os detetives de Londres logo descobriram que os responsáveis eram, na verdade, uma rede internacional de lavagem de dinheiro e fraudes com conexões com o crime organizado nos EUA.

A polícia despachou uma equipe de quarenta funcionários para localizar o ladrão e, numa operação conjunta, trabalhou com agentes secretos do FBI que se infiltraram no grupo de criminosos. Ambas as partes trabalhavam com urgência após o alerta do Banco da Inglaterra de que a quadrilha talvez pudesse converter os títulos em dinheiro.

Dois meses após o roubo, em 31 de julho, houve um grande avanço.

CRIMES DO COLARINHO BRANCO

Ver também: O Assalto ao Trem Pagador 30-35 ▪ D. B. Cooper 38-43 ▪ O Roubo de Diamantes de Antuérpia 54-55

Mark Lee Osborne, um empresário do Texas, tinha tentado vender cerca de 61 milhões de reais dos títulos roubados a um traficante de drogas em Nova York. Para azar dele, o comprador potencial era o agente infiltrado do FBI David Maniquis.

Na pista do dinheiro

Osborne cooperou com o FBI e entregou seus cúmplices, entre eles o golpista Keith Cheeseman, pego por agentes numa operação chamada "Comissão por Fora". Ele se declarou culpado de lavagem de alguns dos títulos e foi preso. Porém, quando se tornou um informante, Osborne também passou a ser um alvo dos agentes do crime organizado, que não gostam de delatores. Em agosto de 1990, embora estivesse sob proteção do FBI, ele foi fatalmente baleado duas vezes na cabeça.

Os títulos roubados foram cercados no mundo todo. A polícia londrina recuperou uma sacola cheia de títulos não declarados no Aeroporto Heathrow e outros foram apreendidos em Chipre. No verão de 1990, a polícia tinha rastreado todos os títulos, com exceção de dois. Ela fez 25 detenções, mas Cheeseman foi o único processado com sucesso. Acredita-se que o ladrão tenha sido Patrick Thomas, de 28 anos, um criminoso menor de Londres que se suicidou em dezembro daquele ano.

Quanto ao mensageiro John Goddard, ele só entendeu o real valor de sua pasta após o evento. Na época, títulos do mercado financeiro

Depois do assalto, para prevenir crimes similares, o Banco da Inglaterra (acima) logo desenvolveu um serviço para permitir a transferência eletrônica de títulos em libras esterlinas.

no valor de bilhões eram levados por toda a cidade de Londres por portadores que não sabiam o que carregavam. Esse arriscado método de entrega foi depois desativado. ∎

O disfarce de Pistone era tão convincente que antes do fim da operação foi quase convidado a participar da família Bonanno.

A polícia infiltrada

Para obter provas e informações sobre atividades ilegais correntes e futuras de grupos e indivíduos, as polícias usam agentes infiltrados especialmente treinados.

Suas missões vão de ciladas de curto prazo que podem durar só algumas horas até investigações com muito envolvimento e de longo prazo, que implicam meses ou anos em campo. Os riscos pessoais podem ser enormes, mas a recompensa – pôr os criminosos atrás das grades – pode suplantá--los. Um homem que entendeu isso muito bem foi o agente infiltrado do FBI Joe D. Pistone (1939-). Em 1976, ele se infiltrou numa das cinco sociedades do crime organizado de Nova York, da família Bonanno, como o ladrão de joias Donnie Brasco. Ele viveu e trabalhou com eles por seis anos, coletando provas que condenariam mais de cem mafiosos. A Máfia pôs sua cabeça a prêmio e hoje ele vive sob identidade secreta. Ele escreveu um livro sobre seu trabalho como infiltrado que serviu de base ao filme *Donnie Brasco*, de 1997.

É TUDO SÓ UMA GRANDE MENTIRA

BERNIE MADOFF, 1960-2008

118 BERNIE MADOFF

Madoff é escoltado até o tribunal, em 10 de março de 2009, onde foi acusado de onze crimes, entre eles os de fraude em títulos, por correspondência e meio eletrônico, lavagem de dinheiro e perjúrio.

EM CONTEXTO

LOCAL
Cidade de Nova York, EUA

TEMA
Esquema Ponzi

ANTES
6 de abril de 2007 Syed Sibtul Hassan, o "Duplo Xá", é desmascarado por um repórter investigativo ao promover um esquema Ponzi no Paquistão que prometia um retorno de 100% em investimentos em só quinze dias.

21 de maio de 2008 O produtor musical e empresário de banda americano Lou Pearlman é condenado a 25 anos por criar um esquema Ponzi que chegou a mais de 1,2 bilhões de reais.

DEPOIS
7 de junho de 2011 Nevin Shapiro é condenado a vinte anos de prisão e a pagar mais de 396 milhões de reais como restituição por operar um enorme esquema Ponzi a partir de Miami.

O elaborado esquema Ponzi de Bernie Madoff esquivou-se das agências reguladoras financeiras por décadas. Ele deu ganhos monetários irresistíveis a milhares de investidores antes de levar à falência pessoas dos cinco continentes, deixando um rastro de desespero financeiro e emocional. Rotulado como monstro, fraudador e traidor, Madoff cumpre agora pelo resto da vida uma sentença de 150 anos na prisão.

Tudo começou com golpes similares – um indivíduo ou organização atrai investidores prometendo retornos excepcionalmente altos. Mas, enquanto a maioria dos esquemas Ponzi conquista investidores oferecendo altas taxas de renda e logo desmorona, os lucros anuais de Madoff eram incrivelmente consistentes. Conforme as notícias do investimento miraculoso se espalharam, a regularidade atraente do esquema foi um fator crucial para a perpetuação da fraude, e Madoff podia escolher entre dezenas de ricos investidores loucos para participar.

Início humilde

Madoff fundou sua empresa na Wall Street – a Bernard L. Madoff Investment Securities LLC – em 1960, ao sair da faculdade. Ele tinha economizado 5 mil dólares (cerca de 152 mil reais hoje) ao atuar em empregos como salva-vidas e instalador de sprinklers, e seu sogro, o contador Saul Alpern, lhe emprestou 50 mil dólares (mais de 1,5 milhão de reais hoje) para ajudá-lo a montar e manter a empresa. De início ele trabalhou com ações baratas, negociadas fora da Bolsa de Valores de Nova York (NYSE, na sigla em inglês) e da Bolsa de Valores Americana (AMEX), conseguindo assim evitar suas pesadas taxas.

A empresa de Madoff decolou. Seu primeiro grande investidor – Carl Shapiro, dono de uma empresa famosa de roupas femininas – deu a Madoff, em 1960, 100 mil dólares (cerca de 3 milhões de reais hoje). Isso foi o início de sua relação como amigos e parceiros de negócios, constituindo a primeira oportunidade que Madoff podia aproveitar. Nos cinquenta anos seguintes, Shapiro o trataria como um filho, dando a ele acesso a círculos de ricos investidores e, por fim, perdendo mais de 3 bilhões de reais com seus investimentos na empresa de Madoff.

A empresa conseguiu evitar o escrutínio da Comissão de Valores Mobiliários dos EUA (SEC) porque

CRIMES DO COLARINHO BRANCO 119

Ver também: Charles Ponzi 102-107 ▪ Jérôme Kerviel 124-125

aparentemente tinha pouquíssimos clientes – ela se baseava num grupo de elite de ricos investidores. Saul Alpern de início ajudou Madoff a recrutar esses clientes por uma comissão, mas depois atuou também como intermediário, investindo dinheiro de vários clientes sob seu próprio nome para parecer que Madoff tinha menos investidores.

Negócio de família
A empresa de Madoff continuou a crescer. Em 2008, era um negócio de família multibilionário: sua sobrinha era a funcionária responsável pelo compliance e seus dois filhos, Andrew e Mark, foram encarregados das operações legítimas da empresa, fora da divisão de investimentos privados. Essa divisão era um segredo mesmo dentro da empresa e altamente ilegal – os investimentos dos clientes eram depositados em contas privadas de Madoff em vez de serem investidos.

Quando os investidores pediam o dinheiro de volta, a empresa de Madoff devolvia o investimento com os lucros, além de uma lista

Eu certamente não investiria no mercado de ações. Nunca acreditei nele.
Bernie Madoff

forjada de negócios baseados em dados reais. O dinheiro, na verdade, vinha das contribuições de outros investidores. Talvez devido à aura que se criou ao redor de Madoff e seus investimentos mágicos, a maioria não via razão para duvidar dos ganhos. Um fundo de Madoff se concentrava em ações do índice S&P 100. Ele reportou um retorno anual de 10,5% por dezessete anos. Mesmo na crise da bolsa americana em 2008, o fundo subiu.

As pessoas confiaram na coerência de Madoff por décadas – e não só os ricos. Milhares de trabalhadores entregaram a ele o cuidado da poupança de suas vidas.

A empresa parecia legítima e ele era, por todas as aparências, um empresário confiável, que tinha trabalhado num comitê consultor da SEC e como diretor não executivo da segunda maior bolsa de valores do mundo.

Quando a escala da fraude de Madoff foi revelada, as centenas de milhares de vítimas incluíam astros de Hollywood como Kevin Bacon, John Malkovich e Steven Spielberg, o financista e aristocrata francês René-Thierry Magon de la Villehuchet e o veterano do Exército Britânico William Foxton. Tragicamente, de la Villehuchet e Foxton foram levados ao suicídio devido às perdas financeiras.

Começam as investigações
Não está claro quando o esquema Ponzi de Madoff principiou. Ao finalmente confessar, em 2008, ele insistiu que a fraude começou no início dos anos 1990, mas investigadores federais pensam que isso pode ter ocorrido já nos anos 1970 ou meados dos 1980. Na verdade, as operações de

Edward Snowden vazou informações sigilosas em 2013, que revelaram detalhes sobre programas secretos dos EUA de monitoramento global.

Denunciantes
Os denunciantes são um fator importante, mas controverso, na detecção de crimes que poderiam não ser observados por processos burocráticos. Apesar do assédio e intimidação que os denunciantes com frequência sofrem, eles são protegidos por lei.

Após notar as análises dos denunciantes no caso Madoff, a SEC criou um fundo específico para denúncias destinado a estimular financistas a apresentar informações vitais sobre crimes financeiros.

Os denunciantes, porém, também são úteis em outros campos, entre eles a educação e a saúde, com funcionários encorajados a notificar negligência e má conduta. Em questões de estado, os denunciantes podem ser extremamente controversos. O ex-funcionário da CIA Edward Snowden foi alternadamente celebrado como patriota e criticado como traidor, enquanto Chelsea Manning, ex-militar dos EUA, foi levada à corte marcial e presa por vazar documentos confidenciais para condenar a política externa americana.

120 BERNIE MADOFF

investimentos de Madoff podem nunca ter sido legítimas – suas transações financeiras foram sempre muito secretas, a ponto de seu irmão, Peter, que trabalhou com ele por mais de quarenta anos e era codiretor da empresa, ignorar a exata natureza do esquema.

Suspeitas de que algo estava errado, já nos anos 1990, eram descartadas como resultantes de inveja. Em 2000, o analista financeiro e investigador independente de fraudes Harry Markopolos disse à SEC que poderia provar que era legal e matematicamente impossível obter os ganhos que Madoff alegava. Suas descobertas foram ignoradas por anos, mas outros chegaram à mesma conclusão. Além do banco privado de Madoff, J. P. Morgan, nenhuma das grandes empresas de Wall Street investia ou negociava com Madoff porque não acreditavam que seus números fossem reais. O J. P. Morgan pagaria por seu envolvimento – em 2014, eles foram multados em cerca de 10 bilhões de reais para indenizar as vítimas do esquema.

> A matemática era tão convincente [...] A menos que se pudessem mudar as leis da matemática, eu sabia que tinha de estar certo.
> **Harry Markopolos**

A SEC tinha investigado Madoff antes de 2008, mas não notou a enorme fraude. Já em 1992, ela investigara e fechara a Avellino e Bienes, um dos "fundos subsidiários" de Madoff para atrair investidores potenciais, mas não conseguiu ver os sinais de que essa má prática era parte da operação maior de Madoff.

Investigações posteriores foram marcadas por incompetência, falta de conhecimento financeiro e falhas de comunicação entre departamentos da SEC que trabalhavam separadamente em aspectos da empresa de Madoff. O contato frequente mas improdutivo entre a SEC e os funcionários de *compliance* de Madoff levou até ao casamento da sobrinha de Madoff com Eric Swanson, um advogado da SEC que chefiava as investigações sobre o fundo de Madoff.

Após anos de investigações incompetentes pela SEC, no fim do outono de 2008 Madoff soube que seu esquema, e a economia, estavam começando a ruir. Os clientes de repente pediram um total de cerca de 28 milhões de reais em retornos. Madoff só tinha de 200 a 300 milhões de dólares (aproximadamente de 958 milhões a 1,4 bilhões de reais) restantes para dar.

A verdade emerge

Em 10 de dezembro de 2008, Madoff se encontrou com os filhos para discutir os bônus de fim de ano, totalizando milhões de dólares. Ele explicou que queria dar os valores antes do programado. Quando os filhos ficaram desconfiados o

---

Uma celebridade respeitada de Wall Street, Bernie Madoff vinha enganando secretamente os investidores, agentes reguladores e o governo desde o início dos anos 1990, quando criou seu esquema Ponzi.

1960
Madoff funda a Bernard L. Madoff Investment Securities LLC.

1986
Madoff instala a sede de sua empresa na Third Avenue, 885, em Nova York.

1990
Madoff se torna presidente da bolsa de valores Nasdaq, cargo que ocupa por três anos.

1992
A SEC fecha a Avellino & Bienes – um "fundo subsidiário" que recrutava investidores para a empresa de Madoff –, mas não conseguiu encontrar uma conexão com o próprio Madoff.

CRIMES DO COLARINHO BRANCO 121

Sapatilhas de veludo bordadas foram incluídas no leilão dos bens de Madoff para levantar fundos para compensar as vítimas de seu esquema Ponzi de mais de 311 bilhões de reais.

bastante para perguntar de onde o dinheiro sairia, Madoff admitiu que viria em parte do negócio em que eles não estavam envolvidos, e confessou o elaborado esquema Ponzi. Em vez de aceitar o dinheiro, os filhos de Madoff o denunciaram a autoridades federais; agentes do FBI prenderam Madoff no dia seguinte. Pouco após a prisão, Madoff foi liberado sob fiança enquanto aguardava as acusações e o julgamento. Ele e a mulher, Ruth, empacotaram alguns itens pessoais e de família, entre eles joias, e os enviaram aos filhos.

Em 2011, Ruth Madoff afirmou que ela e o marido tentaram suicidar-se na véspera do Natal de 2008. Assustados e agindo por impulso, tomaram um coquetel de diferentes comprimidos — entre eles o que esperavam que seria uma overdose de pílulas para dormir —, mas acordaram ilesos.

Trágica conclusão

Em 12 de março de 2009, Madoff se declarou culpado de onze crimes diferentes, entre eles os de fraude em títulos, em consultoria de investimentos, por correspondência e meio eletrônico, três acusações de lavagem de dinheiro, falso testemunho, perjúrio e apresentação de documentos falsos à SEC.

Em 29 de junho de 2009, Madoff foi condenado a 150 anos na prisão — a pena máxima admitida para seus crimes. Quando ia ser sentenciado, Madoff pediu desculpas às vítimas, muitas delas sentadas nos bancos atrás dele. Em novembro de 2009, para pagar os investidores, o governo começou a vender e leiloar os bens de Madoff. Eles incluíam um grande iate e dois barcos menores; uma carteira de imóveis, entre eles uma cobertura em Nova York, uma casa de praia em Montauk, e uma mansão na Flórida; obras de arte de Picasso e Roy Lichtenstein; a grande coleção de joias de sua mulher; uma coleção de Rolex; e um piano de cauda Steinway.

A revelação do golpe de Madoff — o maior esquema Ponzi da história — teve um impacto significativo em centenas de famílias nos EUA, e na sua própria, que em seguida se desestruturou. Seu filho de 46 anos, Mark, se enforcou no segundo aniversário da prisão de Madoff — um triste fim para uma vida complexa, passada sob a constante, mas enganadora, autoridade de seu pai. ■

2000
A primeira demonstração de Harry Markopolos provando a culpa de Madoff é submetida à SEC, mas acaba rejeitada.

2005
Após preocupações manifestadas pela Renaissance Enterprises LLC, a SEC inicia outra investigação sem sucesso da empresa de Madoff.

2002
Um administrador anônimo de um fundo de investimento registra uma queixa detalhada à SEC sobre os investimentos de Madoff. Nada resulta da investigação.

2008
Madoff confessa o esquema Ponzi a seus filhos. Eles imediatamente denunciam o pai ao FBI e Madoff é detido.

TENHO CONSCIÊNCIA DE QUE NÃO FIZ NADA CRIMINOSO
O ESCÂNDALO DA ENRON, 2001

EM CONTEXTO

LOCAL
Houston, Texas, EUA

TEMA
Fraude contábil

ANTES
1991 O Bank of Credit and Commerce International (BCCI) é fechado por agências reguladoras após ser implicado numa grande operação de lavagem de dinheiro.

1998 A Waste Management, uma empresa americana de descarte de lixo e reciclagem, paga cerca de 2,4 bilhões de reais para liquidar uma ação coletiva de acionistas; o auditor da empresa, Arthur Andersen, é multado em mais de 37 milhões de reais hoje.

DEPOIS
Março de 2008 A SEC acusa de envolvimento em esquemas contábeis fraudulentos a empresa canadense Biovail, que é multada em cerca de 37,7 milhões de reais hoje.

Quinze anos só após sua formação, a empresa americana de energia Enron tinha se tornado a sétima maior corporação dos EUA, mas ela desmoronou após um incrível escândalo em 2001, quando se revelou que seu sucesso se baseara em práticas contábeis fraudulentas.

A empresa foi criada pelo empresário Kenneth Lay em 1985, após fundir duas companhias regionais de energia relativamente pequenas, a Houston Natural Gás Company e a InterNorth Inc. Em 2000, a Enron Corporation já tinha crescido muito, alegando ter mais de 670 bilhões de reais de faturamento e empregando 20 mil funcionários em mais de quarenta países.

Inovação criativa

Depois de ter impressionado como consultor da McKinsey and Company, Jeff Skilling foi contratado por Lay em 1990 como CEO (presidente executivo) da Enron e logo se tornou o segundo em comando de Lay. Skilling começou a implantar um plano agressivo de investimentos, angariando para a empresa o título de "empresa mais inovadora dos EUA" da revista *Fortune* por seis anos consecutivos, de 1996 a 2001.

Skilling usava uma técnica conhecida como contabilidade a valor de mercado, registrando os lucros projetados de um ativo em vez de seu valor real. Se o faturamento final gerado pelo ativo acabasse não se ajustando ao lucro projetado, Skilling transferia o ativo para uma empresa secreta que não era contabilizada, escondendo a perda. O presidente financeiro da Enron,

Sherron Watkins, uma vice-presidente da Enron, testemunha numa comissão do Senado em 2002. Ela relatou preocupação por irregularidades financeiras aos chefes da Enron em 1996, mas foi repreendida.

CRIMES DO COLARINHO BRANCO 123

Ver também: Charles Ponzi 102-107 ▪ Bernie Madoff 116-121 ▪ Jérôme Kerviel 124-125

Kenneth Lay chega a seu julgamento por fraude e conspiração em 26 de abril de 2006, sob intensa atenção da mídia. Ele foi condenado, mas morreu de ataque cardíaco antes de receber a sentença.

Andrew Farstow, foi fundamental na criação de uma rede de empresas para ajudar a encobrir os reveses. Para o público e a mídia, a Enron parecia crescer rápido. Foi só em 14 de agosto de 2001, quando Skilling de repente se demitiu, no dia em que a divisão de banda larga da Enron relatou uma perda de cerca de R$913 milhões, que a confiança na empresa começou a cair.

Cai a ficha

Os acionistas só descobriram o estado das finanças da empresa em 16 de outubro de 2001, quando a Enron perdeu cerca de R$3 bilhões no terceiro trimestre. Descobriu-se mais tarde que quatro dias antes advogados subordinados ao auditor da Enron, Arthur Andersen, tinham destruído quase todos os arquivos da empresa.

Depois que o valor unitário das ações da empresa afundou, de um pico de cerca de 345 reais em meados de 2000 para menos de cinco reais no fim de novembro de 2001, os acionistas moveram um processo de mais de 267 bilhões de reais contra a corporação. Nele, alegaram que os executivos da Enron tinham enganado o conselho de administração e o comitê de auditoria sobre práticas contábeis de alto risco da companhia.

As consequências

O processo levou a SEC a investigar. Em 2 de dezembro de 2001, a Enron declarou falência sob o capítulo 11 da lei pertinente – na época, a maior falência da história dos EUA. O Senado convocou uma comissão, que intimou os líderes da empresa a explicar o colapso. As audiências revelaram que as práticas contábeis tinham sido aprovadas pelo conselho de administração. A comissão do Senado também descobriu que os relatórios financeiros da empresa eram tão complexos que os investidores não entendiam e não compreendiam os riscos.

Em junho de 2002, Arthur Andersen foi acusado de obstrução da justiça por destruir documentos. A decisão foi anulada pela Suprema Corte, mas o dano à reputação da empresa era irreversível.

Kenneth Lay e Jeffrey Skilling foram ambos condenados por fraude de títulos e por meio eletrônico num tribunal federal em 2006. Lay morreu um mês depois. No total, 22 outros executivos da Enron foram condenados. ■

Perícia contábil

A perícia contábil é um ramo especializado da contabilidade destinado a investigar, analisar e interpretar complexas questões financeiras e de negócios. Os peritos contábeis são com frequência contratados por empresas públicas de contabilidade, agências policiais, companhias de seguros, órgãos governamentais e instituições financeiras para analisar alegações de práticas fraudulentas e apresentam regularmente provas periciais em tribunais. O escândalo da Enron ocorreu no início dos anos 2000, quando o número de casos de fraude corporativa investigados pelo FBI cresceu incríveis 300%, aumentando muito a demanda por peritos contábeis. Os efeitos do escândalo levaram a uma legislação mais robusta e a regulamentos mais rígidos, para melhorar a governança corporativa. Instituições financeiras e auditores também usam cada vez mais os peritos contábeis para evitar atividades fraudulentas em suas organizações.

ELE PÔS EM RISCO A EXISTÊNCIA DO BANCO
JÉRÔME KERVIEL, 2007-2008

EM CONTEXTO

LOCAL
Paris, França

TEMA
Desonestidade nos negócios

ANTES
1992-1995 Os negócios ilegais de Nick Leeson, um corretor de futuros sediado em Singapura, quebra o Barings, o banco mercantil mais antigo do Reino Unido. Leeson é condenado a seis anos e meio na prisão.

2004-2006 Jordan Belfort, considerado o Lobo de Wall Street da vida real, cumpre 22 meses na prisão por fraude de títulos.

DEPOIS
2011 Os negócios não autorizados do operador Kweku Adoboli, do UBS Global, custam ao banco suíço o equivalente a 9,1 bilhões de reais. Em 2012, Adoboli é condenado por fraude e preso por sete anos.

A carreira do operador francês Jérôme Kerviel, de 31 anos, como criminoso do colarinho branco durou pouco mais de um ano. Nesse breve período, ele fez um dos principais bancos franceses, o Société Générale, perder cerca de 27 bilhões de reais. Mas de quem foi a culpa?

O crime
Kerviel entrou no departamento de *compliance* do Société Générale em 2000 e se tornou operador júnior em 2005. Ele começou a fazer transações não autorizadas no fim de 2006. Seu *modus operandi* era fazer apenas transações pequenas e ocasionais, mas com o tempo elas se tornaram maiores e mais regulares, ocultadas por falsas negociações de investimento. Kerviel sempre concluía suas operações em três dias, antes que as medidas de controle do banco tivessem efeito. Ele não lucrava pessoalmente com as transações.

Em janeiro de 2008, o Société Générale descobriu que Kerviel vinha fazendo negócios não autorizados. Eles afirmaram que Kerviel, antecipando uma queda nos preços das ações, tinha feito oito operações não autorizadas com derivativos em dezembro de 2007 e janeiro de 2008, totalizando cerca de 27 bilhões de reais – mais que a soma total das ações e resultados líquidos do banco.

Kerviel foi processado por violação de confiança, falsificação e uso não sancionado dos sistemas digitais do banco. Seu julgamento começou em 8 de junho de 2010.

Durante o processo, Kerviel admitiu que fizera operações ilícitas e falsificara documentos para ocultar suas ações, mas alegou que seus superiores no Société Générale toleravam secretamente o comportamento porque rendia lucros significativos. Seus advogados disseram que ele ganhara para o banco mais de 7,3 bilhões de reais só no último trimestre de 2007.

Em 5 de outubro de 2010, o juiz Dominique Pauthe condenou Kerviel

Havia uma tremenda cultura [...] de assumir grandes riscos para obter o lucro máximo.
Bradley D. Simon

CRIMES DO COLARINHO BRANCO

Ver também: Charles Ponzi 102-107 ▪ Bernie Madoff 116-121

Kerviel e seu advogado David Koubbi chegam à corte de apelações de Paris em 2012. Kerviel não teve sucesso, mas numa apelação posterior, em 2016, a multa foi reduzida a quase 5,3 milhões de reais.

a três anos de prisão e a pagar ao Société Générale cerca de 27 bilhões de reais como reparação.

Opiniões alternativas

Pessoas céticas quanto à narrativa oficial, entre elas ex-colegas de trabalho de Kerviel, salientaram que a mera escala de suas operações não autorizadas não poderia ter escapado à atenção do banco por tanto tempo. Elas também disseram que concluir negócios tão grandes em três dias seria impossível. Além disso, alegaram que a posição de Kerviel na empresa tornava inviável que trabalhasse sozinho.

Demissão ilegal

Em 2014, a Corte de Cassação da França reduziu a quantia do reembolso, considerando que a decisão do juiz Pauthe não levara em conta o papel do próprio gerenciamento inadequado de riscos do banco. Kerviel foi libertado no mesmo ano.

Porém, Kerviel tinha decidido continuar sua luta contra o banco. Em junho de 2016, ele convenceu um tribunal trabalhista francês de que sua demissão pelo banco havia sido antiética. Num estranho paradoxo, o tribunal ordenou que o banco lhe pagasse pouco mais de 1,5 milhão de reais como reparação, incluindo férias não gozadas e o bônus por desempenho de 2007. Em setembro de 2016, foi julgada a apelação de Kerviel relativa à multa de cerca de 27 bilhões de reais. Ele ganhou a causa, e a multa foi reduzida para quase 5,3 milhões de reais.

Injustificadamente ou não, Kerviel é visto como mártir por alguns: um homem de negócios pressionado a competir de modo antiético por um sistema corrupto que o sacrificou ao primeiro sinal de problema. Qualquer que fosse o grau de cumplicidade do banco, Kerviel aproveitou a oportunidade de autopromoção – em 2014 fez uma peregrinação bastante divulgada a Roma para discutir com o papa Francisco a "tirania dos mercados". ▪

A psicologia da mentira

Em seu livro *A (honesta) verdade sobre a desonestidade*, o doutor Dan Ariely, um psicólogo cognitivo e economista comportamental da Universidade Duke, na Carolina do Norte, propõe que a probabilidade de alguém ser desonesto aumenta quando ele: (1) pode racionalizar a mentira, (2) tem um conflito de interesses, (3) já mentiu sobre o tema no passado, (4) observa outros agindo com desonestidade, (5) pertence a uma cultura ou subcultura em que a desonestidade é normalizada, (6) conhece outros que se beneficiam de sua falsidade, (7) é muito criativo e imaginativo e (8) está cansado ou estressado. No caso de Kerviel, os seis primeiros fatores decerto se aplicam e os dois últimos são possíveis. Um mapeamento do cérebro mostra que mentir e enganar repetidamente reduz a atividade da amígdala, a área cerebral onde as respostas emocionais são processadas. Isso pode limitar os sentimentos de vergonha ou culpa associados a mentir, tornando mais fácil continuar a fazer isso.

O SUBORNO ERA TOLERADO E... RECOMPENSADO
O ESCÂNDALO DA SIEMENS, 2008

EM CONTEXTO

LOCAL
Washington, DC, EUA

TEMA
Corrupção corporativa

ANTES
1914 A empresa alemã Siemens e sua rival britânica Vickers são denunciadas por subornar funcionários japoneses em contratos de navios de guerra; Karl Richter, empregado da Siemens, é condenado a dois anos de prisão.

1985-2006 O grupo aeroespacial britânico BAE Systems admite ter distorcido seus negócios com funcionários sauditas na troca de armas por petróleo de Iamama.

DEPOIS
2009 Executivos da Kellogg Brown & Root são condenados por um esquema de suborno de funcionários do governo da Nigéria em troca de contratos de cerca de 26 bilhões de reais para construir instalações de gás liquefeito.

O que uma rede de celulares em Bangladesh, um esquema de carteiras de identidade na Argentina, um programa da ONU de troca de comida por petróleo no Iraque e duas novas ferrovias na Venezuela têm em comum? São apenas alguns dos lucrativos projetos públicos atribuídos à gigante de engenharia alemã Siemens por funcionários estatais corruptos que ficaram felizes em aceitar um "estímulo financeiro" na hora de escolher os empreiteiros.

Entre março de 2001, quando a Siemens foi pela primeira vez listada na Bolsa de Valores de Nova York, e setembro de 2007, quando funcionários dos EUA intervieram em suas operações, a equipe da empresa promoveu uma operação de suborno no exterior em escala sem precedentes.

Alegações de suborno
A guardiã do mercado acionário dos

A Siemens separa **grandes quantidades de dinheiro para suborno**.

Governos ao redor do mundo **oferecem contratos** a empresas privadas para construir **projetos de infraestrutura de grande escala**.

A Siemens **suborna funcionários governamentais** para contornar processos de licitação pública e simplesmente ser premiada com os contratos.

As empresas concorrentes são excluídas e a Siemens lucra com o funcionamento diário de ferrovias, redes de energia, usinas elétricas e outros projetos estatais.

CRIMES DO COLARINHO BRANCO

Ver também: O Escândalo de Teapot Dome 108-109 ▪ O Escândalo da Enron 122-123 ▪ O Escândalo das Emissões da Volkswagen 130-131

Passou o tempo em que corporações multinacionais podiam ver pagamentos ilícitos a funcionários de governos estrangeiros como apenas mais um gasto ao fazer negócios.
Cheryl J. Scarboro

Reinhard Siekaczek era em grande parte responsável pela contabilidade da Siemens na época do escândalo, mas ajudou a expor a corrupção da empresa e, com isso, recebeu uma sentença mais leve.

EUA, a SEC, apresentou uma denúncia contra a Siemens em setembro de 2008. Ela verificou que, entre 2001 e 2007, 4.283 propinas, no total de cerca de 5,6 bilhões de reais, foram dadas pela empresa a funcionários de governos de mais de sessenta países. Outros 1.185 pagamentos, com valor total de mais de 1,5 bilhão de reais foram feitos a terceiros.

A SEC não foi o único órgão com alegações contra a Siemens. Na Grécia, promotores públicos visaram a empresa por queixas derivadas de contratos para sistemas de segurança nas Olimpíadas de 2004, em Atenas. Em meses posteriores, novas acusações foram feitas sobre atividades da Siemens em outras partes do mundo, da Noruega à Eslováquia e da China à Turquia.

Cultura de corrupção

Para a gerência e funcionários da Siemens, oferecer propinas ao concorrer por contratos no exterior era uma estratégia padrão. O Departamento de Justiça dos EUA revelou que a empresa tinha três "caixas" em seus escritórios. Os funcionários chegavam com pastas vazias e saíam com elas cheias de notas. Mais de 5 milhões de reais podiam ser retirados de uma vez para garantir contratos para o braço de telecomunicações da empresa; poucas perguntas eram feitas e exigia-se pouca documentação. Entre 2001 e 2004, cerca de 304 milhões de reais foram retirados nesses caixas. Porém, a maioria das práticas ilícitas da Siemens era realizada de modo menos grosseiro; bastava poder ocultar. Contas bancárias especiais extraoficiais e "consultores" eram amplamente usados para esconder a natureza das transações suspeitas. A contabilidade era deliberadamente superficial. Os gerentes assinavam guias de pagamento para propinas usando bilhetes Post-it, jogados fora assim que os recursos eram transferidos.

A aparente tolerância da Siemens com tais práticas corruptas indica que os funcionários deviam sentir, em algum grau, que não faziam nada de errado. A atitude contrariava o fato de que para participar da Bolsa de Valores de Nova York a empresa se sujeitava às leis contra suborno dos EUA. E, embora a oferta de propina a funcionários públicos estrangeiros tivesse sido legal antes na Alemanha, a prática tinha sido proibida em 1999. Em dezembro de 2008, a Siemens se declarou culpada num tribunal nos EUA; foi condenada a pagar multas de cerca de 6 bilhões de reais e a se reabilitar reformando sua cultura interna. Desde então, ela instaurou processos anticorrupção. ∎

Definição de crime do colarinho branco

A expressão "crime do colarinho branco" foi cunhada em 1939 pelo sociólogo americano Edwin Sutherland. Seu trabalho buscou tirar o foco da criminologia dos crimes das ruas, de colarinho azul, cometidos pela classe trabalhadora – segundo a teoria dominante, o crime tinha uma ligação intrínseca com a pobreza. Em vez disso, ele escolheu estudar os crimes não violentos, de motivação financeira, cometidos por profissionais e empresários, muitas vezes ricos, e outros pilares da sociedade. Sua definição de crime do colarinho branco era "aquele cometido por pessoa respeitada e de posição alta em sua ocupação". Sutherland afirmou ser mais provável que os delitos de criminosos do colarinho branco – entre eles fraude, falsificação, suborno e lavagem de dinheiro – fossem tratados como questões de direito civil que penal. E comparados a seus equivalentes de classes mais baixas, esses criminosos tinham muito mais chances de "se safar".

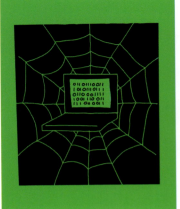

NÃO ERAM SÓ GAROTOS NERDS DISPOSTOS A MALDADES NO PORÃO DA CASA DOS PAIS
O ROUBO DE DADOS PELO MALWARE SPYEYE, 2009-2013

EM CONTEXTO

LOCAL
Moscou, Rússia

TEMA
Crime cibernético

ANTES
2000 O RBN, um provedor de internet russo que hospeda negócios ilegais e questionáveis, entre eles sites de distribuição de malware, se torna uma importante via de informação para o crime organizado no mundo todo.

2007 Hackers roubam pelo menos 45,6 milhões de números de cartões de crédito de servidores da TJX, que possui várias lojas nos EUA, e torna pública uma enorme violação de dados.

DEPOIS
2010-2013 A rede de hackers turca de Ercan Findikoglu distribui dados de cartões de débito a "quadrilhas de sacadores" do mundo todo, que sacam milhões em caixas eletrônicos.

Nos últimos anos, o crescimento da parte "oculta" da internet ofereceu aos criminosos uma arena maior onde operar. Sob a *surface web* dos sites indexados acessados via mecanismos de busca está a *deep web*. Ela consiste basicamente em todos os dados não indexados, por trás de firewalls: intranets, arquivos, sites protegidos por senhas etc. A *deep web* também contém a *dark web*, sites hospedados anonimamente que só podem ser acessados usando programas especiais. Alguns desses sites vendem armas e drogas ou vírus de computador inventados por programadores criminosos.

Roubo de dados

Programas de computador criados para facilitar fraudes online são um dos maiores riscos de segurança para bilhões de usuários da internet. Entre os mais danosos deles estava o SpyEye, um software malicioso usado pelos hackers entre 2010 e 2012 para infectar 50 milhões de PCs e dados eletrônicos confidenciais de indivíduos e instituições financeiras no mundo todo.

Os criminosos cibernéticos podiam comprar o kit pronto do SpyEye por entre mil dólarcerca de 4 mil a 33 mil reais, da versão básica à premium. Com ele, podiam se infiltrar em computadores e obter um registro da digitação e cliques dos donos. A principal vantagem do SpyEye era que identificava e isolava dados introduzidos em páginas (supostamente) seguras de bancos, capturando-os antes que os programas de proteção pudessem encriptá-las. De posse de senhas das contas das vítimas, os hackers podiam sacar recursos.

O criador e administrador do SpyEye era um jovem russo chamado Aleksandr "Sasha" Panin, que operava a partir de um apartamento em Moscou. De aspecto respeitável e estudioso, era uma pessoa totalmente diversa online, onde tinha o pseudônimo "Gribodemon". Seu cúmplice era Hamza Bendelladj – ou "Bx1" – um cientista da computação argelino que vendia o kit online.

A dupla ganhou uma aura de Robin Hood ao circularem rumores de que Panin queria investir os lucros em pesquisa tecnológica que poderia transformar a vida humana e que Bendelladj fazia generosas doações a entidades beneficentes palestinas.

CRIMES DO COLARINHO BRANCO

Ver também: Frank Abagnale 86-87

Os criminosos cibernéticos aproveitam a velocidade, conveniência e anonimato da internet para cometer uma gama variada de crimes que não conhecem fronteiras físicas ou virtuais.

Busca por provas

Para as agências policiais dos EUA, capturar escroques cibernéticos sob nomes falsos na tela era desafiador. O FBI contratou a empresa privada de segurança digital Trend Micro para identificar os bytes suspeitos que indicavam a presença de malware entre os bilhões de bits distribuídos que criam o código de computação. Por quatro anos, 1.200 pesquisadores mapearam a a infraestrutura do SpyEye. Encontraram endereços IP e um computador infectado em Atlanta, na Geórgia, usado como servidor principal. Ele era operado remotamente a partir da Argélia por Bendelladj.

Uma equipe de pesquisadores se fingiu então de criminosos cibernéticos para se infiltrar nos fóruns online usados para distribuir o SpyEye. Em junho de 2011, a Trend Micro já tinha as provas. A compra de um kit do SpyEye levou ao sistema de pagamento online usado por Panin. Mesmo depois que o Gribodemon online tinha sido decisivamente ligado ao Panin do mundo real, o FBI teve de esperar mais dois anos, até que ele saiu da Rússia – que não tem tratado de extradição com os EUA –, antes de poder agir. Panin foi finalmente detido em julho de 2013, quando tirou férias na República Dominicana. Ele foi preso por nove anos e meio. Bendelladj, capturado seis meses antes na Tailândia, recebeu uma sentença de quinze anos. ∎

É trabalho de detetive – o bom e velho trabalho de detetive.
Rik Ferguson, Trend Micro

Nasce o crime eletrônico

Hoje, o crime cibernético – definido como qualquer tipo de atividade criminosa que use computadores ou a web como meio para roubar dinheiro, bens, dados ou outros recursos – se expande tão rápido quanto as atividades online legítimas. Os criminosos cibernéticos podem visar indivíduos, corporações, instituições e até órgãos do governo. Conforme mais pessoas realizam negócios online e usam armazenagem na nuvem, empresas e indivíduos podem ficar indefesos frente às inovações usadas pelos hackers. No caso dos kits para hackear que automatizam o roubo de detalhes bancários e de cartões de crédito, mesmo após a prisão de seus criadores o software continua a circular online. Ele pode mudar de forma e nome tão facilmente quanto os endereços IP. A pessoa que criou um notório malware chamado Zeus, que inspiraria a criação do SpyEye, nunca foi pega, e hackers continuam desde então a vazar, adaptar e fazer circular ainda mais seu código-fonte.

Um hacker anônimo escreve um **programa malicioso de computador**.

O programa é posto à venda na **dark web**.

Criminosos cibernéticos compram o programa e o adaptam.

Os dados e identidades de centenas, milhares ou até milhões de pessoas podem ser acessados e roubados.

AS IRREGULARIDADES... VÃO CONTRA TUDO QUE A VOLKSWAGEN DEFENDE
O ESCÂNDALO DAS EMISSÕES DA VOLKSWAGEN, 2015

EM CONTEXTO

LOCAL
O mundo todo

TEMA
Manipulação de software

ANTES
2010 A empresa de motores de veículos Cummins, Inc., sediada em Columbus, em Indiana, paga 2,1 milhão de dólares (cerca de 8,5 milhões de reais hoje) de multa e faz o recall de 405 motores após ter despachado por navio mais de 570 mil motores a diesel para veículos pesados sem equipamento de controle de poluição.

DEPOIS
2016 No Japão, a Mitsubishi Motors admite ter falsificado testes de economia de combustível para 157 mil de seus próprios carros e 468 mil que produziu para a Nissan.

O escândalo das emissões da Volkswagen é o maior em uma corporação desde a crise financeira global.
Peter Spence

Punição corporativa

A punição típica para delitos corporativos é uma multa à empresa, tratando-a como uma "pessoa" legal, e não a seus executivos. Os EUA – que estabeleceram o conceito de responsabilidade penal corporativa no século XIX – investiga e processa delitos corporativos com seriedade, e outros países também estão adotando a prática. Uma tendência recente é o aumento substancial das multas, em especial ao se descobrir que

Num ato inédito, em 2015 a Agência de Proteção Ambiental dos EUA (APA) acusou o fabricante de carros alemã Volkswagen (VW) de instalar um software de "dispositivo manipulador" proibido em veículos a diesel vendidos nos EUA.

O programa reduzia as emissões de óxido de nitrogênio quando os carros eram colocados numa máquina de teste, mas permitia emissões mais altas e desempenho melhor do motor durante o uso normal. Na estrada, os carros emitiriam até quarenta vezes o nível faltaram controles internos ou que as empresas não cooperaram com os investigadores. Em setembro de 2016, o Deutsche Bank, o maior financiador alemão, enfrentou uma demanda de 14 bilhões de dólares (quase 67 bilhões de reais hoje) do Departamento de Justiça dos EUA por vender de forma indevida hipotecas a investidores na bolha imobiliária de 2005. Críticos afirmaram que uma multa tão alta poderia causar instabilidade financeira internacional e alegaram que em vez disso o Deutsche Bank deveria ser reestruturado e fortalecido.

CRIMES DO COLARINHO BRANCO 131

Ver também: O Escândalo da Enron 122-123 ■ O Escândalo da Siemens 126-127

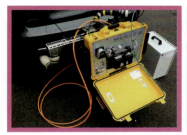

Um sistema de medida de emissões é mostrado acoplado ao escapamento de um carro em testes realizados pela maior agência técnica independente de testagem da Alemanha.

permitido de óxido de nitrogênio. Em setembro de 2015, a Volkswagen admitiu que 11 milhões de VW e Audi 2.0 a diesel tinham sido equipados com programas usados para burlar os testes de emissões. O executivo-chefe da gigante automobilística, Martin Winterkorn, desculpou-se e pediu demissão.

O poderoso chefão

Investigadores dos EUA revisaram 1,5 milhão de documentos como parte de sua sondagem criminal no escândalo. Crucial para a investigação foi James Robert Liang, um cidadão alemão que dirigiu a equipe da Volkswagen Diesel Competence nos EUA. Ele era membro do grupo de engenheiros que desenvolveu o assim chamado motor de "diesel limpo" na Alemanha. Segundo documentos do tribunal, ele e seus colegas concluíram que não poderiam criar um motor a diesel que se ajustasse aos padrões estritos de emissões dos EUA, então conceberam e implementaram um programa que em vez disso enganaria os testes de emissões. Em junho de 2016, a VW assinou um acordo civil separado para pagar às agências reguladoras e aos consumidores até 15 bilhões de dólares (cerca de 72 bilhões de reais hoje). O acerto, anunciado em agosto de 2016, envolveu 652 revendedores de carros dos EUA.

Em setembro de 2016, Liang se declarou culpado das acusações federais americanas por seu papel no escândalo e concordou em cooperar na investigação de outros empregados da VW. Descobriu-se que Liang tinha respondido perguntas das agências reguladoras sobre os resultados dos testes dos motores, sabendo que eram falsos. Investigadores federais afirmaram também que Liang escreveu e-mails aos colegas na Alemanha sobre o programa, enquanto cometia os crimes nos EUA.

Liang foi condenado a cinco anos de prisão nos EUA e a deportação após a libertação, além de ter que pagar uma multa de 250 mil dólares (cerca de 1,2 milhões de reais hoje). Porém, é improvável que isso seja o fim do escândalo: a empresa ainda enfrenta processos criminal e civil. ■

Um **software de dispositivo manipulador** é colocado em 11 milhões de motores VW para burlar testes de emissões.

Durante os testes de emissões, o carro produz **baixas emissões** e passa no teste.

Na estrada, o motor emite **quarenta vezes** o nível permissível de óxido de nitrogênio.

Testes na Universidade da Virgínia Ocidental, em maio de 2014, revelam a fraude do diesel.

A VW faz o recall de milhões de carros no mundo todo e concorda em pagar cerca de 72 bilhões de reais para liquidar as reclamações nos EUA.

CRIME
ORGANIZ

ADO

134 INTRODUÇÃO

Uma **rede de tráfico** conhecida como Quadrilha de Hawkhurst ataca cidades e povoados no sudeste da Inglaterra.

1735-1749

Começam as **atividades da Máfia** na ilha da Sicília, sob a forma de esquemas de proteção de plantações de frutas cítricas.

MEADOS DOS ANOS 1800

Durante a Lei Seca em Chicago, eclodem as **Guerras da Cerveja** entre **gangues rivais de traficantes**.

1923-1929

1761

A Sociedade do Céu e da Terra, precursora das **Tríades Chinesas**, é formada na Manchúria, no sudeste do país.

1889–1908

O **Bando Selvagem de Butch Cassidy** assalta trens ao longo dos estados do oeste dos EUA. Os bandidos são procurados "vivos ou mortos".

O FBI define crime organizado como uma categoria perpetrada por um grupo de pessoas com uma estrutura formal e cujo objetivo primeiro é obter dinheiro por atividades ilegais. Tais grupos usam violência, suborno e extorsão para manter sua posição, muitas vezes dando propina a funcionários públicos corruptos para que fechem os olhos ou deem seu apoio.

O crime organizado pode ser tanto um problema local como um fenômeno mundial. No fim dos anos 1800, o Bando Selvagem de Butch Cassidy, desprezado como uma quadrilha insignificante pelos homens da lei, dos quais se esquivou por tanto tempo, foi talvez a gangue mais bem-sucedida de ladrões de trens da história dos EUA. Na outra ponta da escala estão organizações criminosas cujos tentáculos se espalham pelo mundo, como a Yakuza, do Japão, e a Máfia siciliana.

Grupos marginais

Os grupos criminosos com frequência têm início às margens da sociedade. As Tríades, de início, eram revolucionários que combatiam a dinastia Qing, na China do século XIX, a Cosa Nostra italiana e seus braços nos EUA evoluíram nos recessos rurais da Sicília, e o Hells Angels Motorcycle Club, que se formou após a Segunda Guerra Mundial, incluía principalmente veteranos de guerra insatisfeitos. Essas organizações prosperaram com atividades ilegais, como tráfico de drogas, prostituição, agiotagem, jogo e exploração de sindicatos.

O sociólogo americano Robert Merton acreditava que os indivíduos se voltavam para o crime organizado quando não conseguiam alcançar objetivos sociais por meios aceitáveis devido ao ódio de classe ou pobreza. Não por coincidência, os cartéis da cocaína surgiram na cidade empobrecida de Medellín, na Colômbia, e os irmãos Kray e a família de criminosos dos Richardson apareceram nas áreas carentes do sul de Londres. Os ramos da Tríade moderna se enraizaram nas partes mais pobres de Hong Kong e Macau.

Em muitos casos, tais indivíduos são tolhidos pelo preconceito racial. As máfias da era da Lei Seca eram em grande parte de italianos, judeus e irlandeses, e 30% da Yakuza são coreanos nascidos no Japão, que enfrentam discriminação permanente. A epidemia de crack foi

CRIME ORGANIZADO 135

Os **Hells Angels** surgem em San Bernardino, na Califórnia, e se espalham por todo o mundo, lutando contra gangues rivais e traficando narcóticos.

O **Cartel de Medellín** inicia suas operações na Colômbia e usa de extrema violência para monopolizar o comércio de cocaína e enfraquecer o governo.

1948

1972

1946

ANOS 1960

1980-1985

No Japão, Kazuo Taoka se torna o líder da Yamaguchi-gumi, da **organização criminosa Yakuza**, ficando conhecido como "chefão dos chefões".

Os Krays e os Richardsons – gangues rivais – lideram o **submundo do crime** no East End de Londres.

Em Los Angeles, **"Freeway" Rick Ross** cria um mercado multimilionário negociando crack.

impulsionada pelas gangues de rua afro-americanas. "Freeway" Rick Ross, que era analfabeto e desempregado na Los Angeles dos anos 1980, construiu um império multimilionário vendendo crack.

Talvez a maior atração do crime organizado seja que os grupos fornecem um vínculo a indivíduos separados de suas famílias ou alienados da sociedade.

Atividades no submundo
Alguns grupos do crime organizado são glamourizados pelo público, em especial os que atuaram num passado vago e distante, como na era da Lei Seca, nos anos 1920, nos EUA. Mais perto de nós, as gangues de rua dos anos 1980 e 1990 – que assolavam muitas comunidades pobres com tiroteios, arrombamentos, roubos de carros e venda de drogas –,

não são vistas com a mesma boa vontade. Grupos criminosos sofisticados se tornaram peritos em atuar em sigilo e angariar apoio público como bandidos benevolentes. Usando uma plataforma populista e hábeis manobras políticas, o "Rei da Cocaína" Pablo Escobar conseguiu até ser eleito deputado na Colômbia.

A Yakuza e as Tríades se infiltraram em postos de colarinho branco em toda a Ásia, das mais poderosas corporações ao serviço público e ao Judiciário. Porém, ao contrário de Pablo Escobar, que operava sob as luzes do público, esses grupos têm sido bem-sucedidos justamente por sua habilidade em trabalhar nos bastidores, quase invisíveis. Até o último quarto do século XX, a Máfia siciliana prosperou ocultando o fato de que era uma associação

criminosa muito organizada usando a premissa de que a Itália continental simplesmente não entendia as nuances da cultura siciliana.

Os Hells Angels e outros clubes de motociclistas tentaram se vender como saudosistas barulhentos, mas na verdade inofensivos, de uma era de liberdade pessoal exemplificada por grupos como o Bando Selvagem. Ao fazer isso, esses grupos aproveitam uma nostalgia coletiva muitas vezes equivocada por um mundo menos centralizado.

Os mafiosos se associaram com frequência a ícones pop, como o cantor Frank Sinatra, que ajudaram a legitimá-los. Afinal, não podiam ser tão ruins, se socializavam com astros respeitados, não é? Para esses grupos criminosos, que tentavam disfarçar o que de fato ocorria, o truque funcionou. ∎

O MAIS ARRISCADO DOS NEGÓCIOS, O CONTRABANDO

A QUADRILHA DE HAWKHURST, 1735-1749

EM CONTEXTO

LOCAL
Costa sul da Inglaterra

TEMA
Contrabando

ANTES
1735-1816 O Bando de Hadleigh atua ao longo da costa leste da Inglaterra. Dois integrantes são enforcados pela morte de um soldado.

DEPOIS
1799-1831 Jack Rattenbury, um arrombador inglês, mantém diários de suas façanhas, publicados com a ajuda de um clérigo.

1817-1826 Uma batalha entre a gangue de Aldington, na costa de Kent, na Inglaterra, e cobradores de impostos deixa cinco mortos e vinte feridos.

2014-2016 O piloto da Nascar Derek White participa de uma grande operação de contrabando de tabaco na América do Norte – vendendo no Canadá tabaco comprado nos EUA e sonegando quase R$2 bilhões em impostos.

O contrabando atingiu o auge na Inglaterra no século XVIII. Quando o governo começou a taxar muito as importações para financiar as campanhas militares contra a França, o aumento de preço dos bens – só o chá subiu 70% em meados dos anos 1700 – tornou o crime lucrativo. Um bando de traficantes conhecido como Quadrilha de Hawkhurst tornou-se o mais famoso.

Adotando o nome de uma cidade do sudeste inglês, o bando planejava os golpes no Mermaid Inn, em Rye, em Sussex, com as pistolas e sabres a postos. Os bandidos eram notoriamente violentos e não hesitavam em usar a força contra os cobradores de impostos. Em 1740, o bando emboscou o cobrador Thomas Carswell e seus soldados em Silver Hill, quando carregavam 750 quilos de chá apreendidos num celeiro em Etchingham. Eles mataram Carswell, capturaram os homens e levaram o chá.

Ataque matutino
Apesar da violência, o público em geral admirava a quadrilha por

O efeito Robin Hood

O público, em geral obediente às leis, há muito tem os bandidos populares em grande estima. É uma atitude que às vezes vem da insatisfação com leis draconianas impostas pela classe dirigente. Em outras épocas, ocorre quando os governos não têm capacidade ou vontade de proteger os cidadãos e o vácuo de poder resultante é preenchido por gangues organizadas.

O sociólogo americano Robert Merton teorizou que quando os indivíduos não podem alcançar os objetivos de sua cultura por meios institucionalizados, alguns os buscam de modo ilegítimo. Cidadãos menos corajosos podem idolatrar a ousadia e flagrante rebeldia do bandido. Porém, quando a violência atinge vítimas inocentes, a admiração se torna indignação.

Os assassinatos de Daniel Chater e William Galley voltaram o público contra a Quadrilha de Hawkhurst. O jornal do governo, *London Gazette*, estampou os nomes dos contrabandistas e prometeu um perdão real em troca de informação sobre eles.

CRIME ORGANIZADO 137

Ver também: Bonnie e Clyde 26-29 ▪ As Guerras da Cerveja 152-153

O sapateiro Chater e o cobrador de impostos Galley foram raptados, amarrados num cavalo e açoitados pelos membros da Quadrilha de Hawkhurst antes de seu brutal assassinato.

derrotar os cobradores de impostos e dar acesso a bens mais baratos. Isso mudou, porém, em outubro de 1747, quando os traficantes tentaram recuperar quinhentas libras (cerca de 426 mil reais hoje) em contrabando de chá, bebidas e café atacando a alfândega de Poole, em Dorset.

Os bandidos haviam tentado contrabandear esses bens de Guernsey para Christchurch a bordo do *The Three Brothers*, quando seu navio foi interceptado pelo *Swift*, um barco do fisco comandado pelo capitão William Johnson. O bando escapou num bote a remo, mas os itens tinham sido confiscados e levados a Poole.

Decididos a recuperar as mercadorias, nas primeiras horas de 8 de outubro o líder do bando, Thomas Kingsmill, e trinta homens armados atacaram a alfândega de Poole,

Eles são tão imensamente ricos que vos compram, homens privados [...], [que] agora escondem as pessoas fora da lei em suas casas e são o suporte de todo o caso.
Senhor Pelham

escapando com mais de 1,5 mil quilos de chá. Foi oferecida uma recompensa de duzentas libras (pouco mais de 182 mil reais hoje) pela sua captura, e o ex-soldado William Sturt formou a Milícia Goudhurst para enfrentar a quadrilha.

Ninguém se ofereceu para denunciar os traficantes. No ano seguinte, porém, um comentário do sapateiro Daniel Chater, de Fordingbridge, que conhecia um membro do bando, levou à detenção e prisão de John "Dimer" Diamond. Chater tinha ganhado um pequeno saco de chá de Diamond quando a quadrilha passou por Fordingbridge, atraindo uma multidão de curiosos. Orgulhoso de ser distinguido por esse gesto, Chater se vangloriou aos vizinhos de sua amizade com Diamond.

Diamond foi preso em seguida e determinou-se que Chater iria ao tribunal em Chichester para testemunhar contra o contrabandista.

Alertado do julgamento iminente, outros membros do bando, William Jackson e William Carter, raptaram Chater e o oficial da alfândega William Galley na White Hart Inn, perto do Castelo de Rowlands, onde a dupla tinha parado para descansar a caminho de Chichester. Amarrando os homens num cavalo, os traficantes os levaram à Red Lion Inn, em Rake, e áreas próximas. Eles os mataram a sangue frio, enterrando Galley vivo e jogando Chater de ponta-cabeça num poço.

Castigo final

A abominável violência contra Galley e Chater voltou a opinião pública contra os contrabandistas. Os líderes foram detidos, julgados e condenados pelo ataque à alfândega de Poole. Em 26 de abril de 1749, Kingsmill e três cúmplices foram enforcados em Tyburn, em Londres. O corpo de Kingsmill foi pendurado em correntes em Goudhurst – lugar que ele tinha ameaçado reduzir a cinzas por ter se virado contra ele. ∎

NA SICÍLIA
HÁ UMA SEITA DE
BANDIDOS

A MÁFIA SICILIANA, MEADOS DOS ANOS 1800-

A MÁFIA SICILIANA

EM CONTEXTO

LOCAL
Sicília, Itália

TEMA
Famílias de criminosos

ANTES
c. 1800 A Camorra, uma confederação de famílias criminosas, surge no Reino de Nápoles; ela acaba controlando os negócios de leite, café e peixes da região.

DEPOIS
Anos 1850 É formada a 'Ndràngheta na Calábria, no sul da Itália. No fim dos anos 1990, ela já é a organização criminosa mais poderosa do país. Suas atividades incluem extorsão, lavagem de dinheiro e tráfico de drogas.

Fim do século XIX A Máfia americana surge entre famílias de imigrantes italianos no East Harlem, no Lower East Side e no Brooklyn, em Nova York.

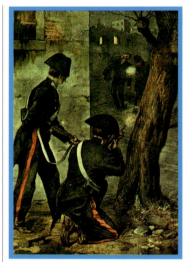

Mafiosos do século XIX trocam tiros com os *carabinieri* do povoado de Vita, na província de Trapani, no oeste da Sicília, uma das seis localidades da região com forte presença da Máfia.

Meu nome é Mori e vou fazer pessoas morrerem! O crime vai desaparecer como some o pó levado pelo vento!
Cesare Mori

A Máfia tem origem nos pomares de laranja e limão do século XIX no oeste da Sicília. As frutas cítricas eram um produto lucrativo em especial, e se a colheita fosse boa, o dono de uma plantação de limão podia contar com um ganho substancial. Infelizmente, os limoeiros eram vulneráveis a secas temporárias – algo muito comum na Sicília. O potencial de obter um lucro significativo combinado com a precariedade do fruto deu origem a uma forma de crime especificamente siciliana: os esquemas de proteção das frutas cítricas.

Investigações frustradas

O doutor Galati, de Palermo – a capital da Sicília e epicentro da Máfia, foi expulso de sua fazenda de cítricos por esse tipo de esquema. Ele se queixou à polícia, mas nada foi feito. Isso o convenceu de que os investigadores estavam atuando em conluio com os acossadores. Em 1874, o doutor Galati abandonou o negócio e se mudou com a família para Nápoles.

Galati ficara sabendo que um gângster influente chamado Antonio Giammona, baseado no povoado de Uditore, estava montando esquemas de proteção para extorquir dinheiro dos donos de pomares de limão do oeste da Sicília. Seu objetivo era obter um monopólio da fruta. A influência de Giammona não se estendia só à polícia e aos políticos locais, mas também aos carroceiros e doqueiros que transportavam o produto. Um parlamentar italiano, Diego Tajani, afirmou que a Máfia siciliana não era intrinsecamente letal e invencível; na verdade, foi sua capacidade de colaborar e se infiltrar nos governos locais que lhe deu grande poder.

Em agosto de 1875, Galati enviou seu primeiro relatório conhecido sobre as atividades da "Máfia" na Sicília ao ministro do Interior em Roma, notando que, apesar de a população de Uditore ser de oitocentas pessoas, tinha havido 23 assassinatos só em 1874. Nada foi feito para ajudar Galati, mas seu memorando forçou o governo nacional a ver o problema que crescia no sul.

Dos anos 1800 ao fim da Primeira Guerra Mundial, funcionários do governo e estudiosos fizeram mais investigações sobre a Máfia, ou "Cosa Nostra", em geral após o assassinato de uma figura de destaque ou uma série de mortes. Mafiosos individuais eram indiciados, mas a organização nunca foi sistematicamente perseguida ou processada com sucesso. Enquanto isso, a Máfia continuou a conspirar com governos municipais e a polícia, exercendo uma influência sutil, lucrativa e coercitiva na vida siciliana.

CRIME ORGANIZADO 141

Ver também: As Tríades 146-149 ▪ As Guerras da Cerveja 152-153 ▪ A Yakuza 154-159

Apoio ao fascismo

Os esforços mais bem-sucedidos para aniquilar a Máfia siciliana foram iniciados em 1925 por Cesare Mori, prefeito de Palermo durante o governo fascista de Benito Mussolini. Suas táticas eram simples – usar o poder de autoridade ao lado de táticas de ameaça. Mori não acreditava que a Máfia fosse uma estrutura unificada. Montou uma polícia antimáfia "interprovincial" e deteve 11 mil sicilianos, entre eles muitos mafiosos e bandidos, mas também civis inocentes. Ele os processou em julgamentos em massa, ocultados da imprensa. Por fim, Mussolini pôde proclamar à nação que o crime organizado tinha sido esmagado na Itália. Na época, cerca de quinhentos mafiosos fugiram para a América, onde criaram a Máfia siciliana dos EUA.

A invasão aliada da Sicília em 1943 sem querer restaurou a Máfia no poder. Quando o governo fascista foi deposto, seguiu-se um vácuo de poder, em especial no nível municipal. Isso permitiu à Máfia voltar aos postos que ocupara antes da ascensão de Mussolini.

Solução de disputas

Numa viagem em 1957 à Sicília, o mafioso Joe Bonanno, de Nova York, sugeriu que seus colegas europeus criassem uma comissão para resolver discórdias. Os importantes mafiosos Tommaso Buscetta, Gaetano Badalamenti e Salvatore Greco começaram a esboçar as regras e no ano seguinte foi formada a primeira Comissão da Máfia Siciliana em Palermo. O objetivo era solucionar disputas entre famílias e indivíduos, definir punições por violar as regras da Máfia e controlar o uso de violência contra membros do governo, advogados e jornalistas, pois esses assassinatos traziam atenção indesejada ao crime organizado »

Um folheto da polícia italiana mostra nove supostos membros da Máfia, acusados de tráfico de drogas na Sicília. O impresso era parte de uma operação internacional nomeada "Ponte Velha", que visou cinquenta suspeitos em Nova York e trinta na Sicília.

siciliano como um todo. Se um chefe quisesse mandar matar alguém, precisaria da aprovação da comissão.

Mafiosos em guerra
Por cerca de vinte anos a comissão teve pouco poder, em grande parte porque os chefes regionais estavam acostumados à independência. Ela não conseguiu evitar a assim chamada Primeira Guerra da Máfia, iniciada em 1961 entre as famílias Greco e La Barbera e que resultou em 68 vítimas. A guerra culminou no infame massacre de Ciaculli, em 1963, em que sete policiais e militares morreram ao tentar desativar um carro-bomba destinado a Salvatore Greco. As consequências para a Cosa Nostra foram significativas. Em dez semanas, 1,2 mil mafiosos foram detidos.

O governo montou uma Comissão Antimáfia liderada por Cesare Terranova, ex-procurador investigativo chefe de Palermo. A investigação fez muitas descobertas importantes – como o conluio entre o ex-prefeito de Palermo, Salvo Lima, e a Cosa Nostra –, mas acabou faltando vontade política de agir com base no relatório final. A Máfia siciliana dissolveu temporariamente sua comissão, e centenas de membros importantes fugiram para outros países a fim de evitar processos.

No fim dos anos 1970, mafiosos do povoado de Corleone começaram a dominar a Cosa Nostra por meio do que seria chamado de Segunda Guerra da Máfia (1981-1983). Liderados por Salvatore "Totò" Riina, os corleoneses dominaram a amplamente ineficaz Comissão da Máfia Siciliana, tornando-a um instrumento para exercer poder absoluto. Apesar de incultos, os corleoneses mais que compensavam seu déficit com desonestidade e violência. Como era de prever, sua ascensão foi acompanhada de um aumento drástico no assassinato de figuras públicas, algo diverso do *modus operandi* da Cosa Nostra.

Em 1979, quatro figuras oficiais, entre elas Terranova, foram mortas em eventos separados. No ano seguinte, o capitão dos *carabinieri* de Monreale, o presidente da região da Sicília e o procurador-chefe de Palermo foram mortos pela Máfia. Em 1982, a morte de Pio La Torre,

Estamos em guerra [...] Os mafiosos estão usando metralhadoras e TNT. Só podemos reagir com palavras. Há milhares deles e só umas poucas centenas de nós.
Policial anônimo

um membro ativo da Comissão Antimáfia, impulsionou uma lei que tornou ilegal pertencer a uma "associação do tipo Máfia". No mesmo ano, o general Carlo Alberto, um herói nacional, advogado antimáfia e prefeito de Palermo, foi morto com a mulher quando uma dúzia de mafiosos bloquearam a estrada em que viajavam e esvaziaram os revólveres em seu carro. Seu funeral foi transmitido para espectadores chorosos em toda a Itália.

Ofensiva legal
Pela primeira vez, o público e o governo italiano decidiam agir para romper o domínio mortal da Cosa Nostra sobre a Sicília. Uma nova lei permitiu que o governo confiscasse a riqueza dos condenados mafiosos, obstruindo sua capacidade de exercer poder enquanto presos.

Em julho de 1983, um carro-bomba foi detonado em Palermo, matando o investigador-chefe Rocco Chinnici, seus dois guarda-costas e um passante inocente. A violência instigou Antonino Caponnetto, um magistrado de carreira que planejava se aposentar, a substituir Chinnici. Caponnetto montou uma equipe de magistrados antimáfia. Seguindo a

---

Perda de moral

Na linguagem da Máfia, *sfregio* (literalmente traduzido como "cicatriz" ou "insulto") se refere a uma ferida que resulta em desfiguramento, sob a forma de cicatriz física ou humilhação, que leva quem a recebe a ficar sem moral.

Uma forma comum de *sfregio* é o vandalismo ou roubo de propriedade de outro mafioso ou sob sua proteção. Isso o força a decidir se deve ou não reagir à injúria e, se sim, qual a resposta apropriada. Se escolher não reagir, pode ser percebido como fraco e dominado por seu agressor. A troca de insultos pode escalar até níveis fatais.

Um exemplo disso foram as execuções em 1897 de Vincenzo Lo Porto e Giuseppe Caruso, membros da família Olivuzza, sancionadas pelos chefes das oito famílias. Eles concordaram unanimemente que os dois homens tinham infligido um insulto infame à liderança de seu clã.

CRIME ORGANIZADO 143

A polícia siciliana inspeciona os destroços do carro-bomba que matou o juiz Paulo Borsellino e seus guardas perto da casa da mãe do juiz em Palermo, na Sicília, em 20 de julho de 1992.

ofensiva, ele anunciou que as autoridades trabalhavam agora com o informante ex-mafioso Tommaso Buscetta, cujos relatos provariam afinal que a Cosa Nostra era uma organização unificada. Caponnetto declarou que toda a Máfia, e não membros individuais ou grupos, seria julgada. Sua equipe acabou emitindo 366 mandados de prisão com base no testemunho de Buscetta. Quando outras testemunhas se apresentaram, mais detenções ocorreram.

Resposta firme

Em vez de diminuir a violência, a Máfia controlada pelos corleoneses a acelerou. Como a Itália ainda não tinha desenvolvido um sistema efetivo de proteção à testemunha, a Cosa Nostra matou a tiros o informante Leonardo Vitale, cunhado de Tomaso Buscetta. Beppe Montana, oficial da Brigada Móvel responsável por rastrear fugitivos da Máfia, foi morto em julho de 1985. No mês seguinte, outro membro da brigada, Antonino Cassarà, foi crivado por duzentas balas diante de sua horrorizada mulher.

A escala enorme da violência deflagrou o que é conhecido como "Primavera de Palermo".

Estudantes fizeram manifestações antimáfia em Palermo e um influente religioso falou abertamente da Máfia pela primeira vez, criticando o governo nacional por não tratar do problema, como fazia o prefeito de Palermo. Enquanto isso, magistrados antimáfia acumularam provas suficientes para abrir um maxiprocesso em 10 de fevereiro de 1986, em que 474 mafiosos e seus aliados enfrentaram acusações. Em 16 de dezembro de 1987, 360 dos acusados foram declarados culpados e condenados a um total de 2.665 anos de prisão. Isso era »

> Eu obedecia a ordens e sabia que, estrangulando um menininho, criaria uma carreira para mim. Eu andava nas nuvens.
> **Salvatore Cancemi**

144 A MÁFIA SICILIANA

Hierarquia de comando da Máfia

Chefe (rei): também chamado de "Dom", está no controle da organização.

Consigliere (torre): conselheiro de confiança do chefe. Pode representar o chefe em encontros importantes.

Subchefe (rainha): o segundo em comando. Em geral é um membro da família que assume se o chefe é morto ou fica incapaz.

Caporegime (bispo): em geral abreviado para "capo" (cabeça), ele lidera um grupo de soldados. Pode haver entre dois e vinte numa família.

Soldado (cavalo): o nível mais baixo de mafioso ligado a uma gangue. Deve fazer o juramento da *omertà*, o código de silêncio, e trabalha num pequeno grupo.

Associate (peão): indivíduo que não se tornou ainda um homem "feito", mas trabalha para o grupo da Máfia sob a supervisão de um soldado.

---

só o início: a equipe de Caponneto já tinha se preparado para mais dois maxiprocessos e, graças a novos testemunhos do informante Antonio Calderone, estava prestes a fazer mais um. Em março de 1988, houve 160 detenções. A Máfia respondeu matando o juiz do Tribunal de Apelação de Palermo, Antonio Saetta, e seu filho.

Reveses administrativos
Quando Caponnetto se afastou, no fim de 1987, foi sucedido pelo inexperiente Anthony Meli. Ele tomou várias decisões desastradas que puseram em risco todo o projeto. Os juízes Paolo Borsellino e Giovanni Falcone, da equipe antimáfia, se manifestaram contra sua incompetência, mas foram ignorados. Para piorar as coisas, o prefeito antimáfia de Palermo,

Ninguém deve fornecer à polícia ou ao Judiciário fatos que ajudem a revelar absolutamente nenhum crime.
Niccolò Turrisi Colonna

Leoluca Orlando, perdeu o posto em 1990. O momento mais difícil foi quando o juiz Corrado Carnevale, presidindo o Tribunal de Apelação de Palermo, decidiu que algumas condenações do maxiprocesso deviam ser anuladas por detalhes técnicos.

Em 1991, Giovanni Falcone foi nomeado diretor de questões penais do Ministério da Justiça. Ele uniu a polícia antimáfia de várias organizações numa só entidade. Novas leis permitiram escutas telefônicas de membros da Máfia, combateram a lavagem de dinheiro e dissolveram os conselhos municipais infiltrados pelo crime organizado.

De novo, a Máfia reagiu à ameaça com violência. Em agosto de 1991, eles contrataram a 'Ndràngheta para matar Antonio Scopelliti, um promotor da Corte de Cassação. O empresário de Palermo Libero Grassi, que lutava contra os esquemas de extorsão, foi vítima de um homicídio similar três semanas depois.

Novas leis
Em 31 de janeiro de 1992, a Suprema Corte italiana anulou o

CRIME ORGANIZADO 145

Cartazes de "procurado" para o "chefe dos chefes" da Máfia, Bernardo Provenzano, apareceram em Palermo, em 2005. Eles se baseavam numa foto de fichamento policial – a única dele então a existir.

veredicto do juiz Carnevale, marcando uma vitória inédita para a causa antimáfia na Itália. Porém, isso causou uma reação furiosa dos corleoneses. Em 23 de maio de 1992, Falcone e a mulher foram assassinados num ataque com bombas a seu carro. Paolo Borsellino e cinco membros de sua equipe foram mortos dois meses depois por outra bomba.

Nesse momento, o governo finalmente decidiu que bastava e mandou 7 mil soldados à Sicília para se encarregarem das tarefas diárias da polícia, liberando as forças locais para caçar Riina e seus homens. A polícia recebeu poderes legais para se infiltrar na Máfia e armou ciladas com transações falsas de drogas e lavagem de dinheiro. Uma importante nova lei também ajudou a proteger os informantes, permitindo a troca de identidade.

Informantes mafiosos

A lei foi aprovada na hora certa. Na esteira do veredicto da Corte de Cassação, muitos mafiosos se tornaram informantes. Com base nos dados fornecidos por um mafioso capturado, Riina foi apanhado em 1993. A liderança da Máfia passou a Leoluca Bagarella – por sua vez detido em 1995 – e depois a Bernardo Provenzano.

Os esforços antimáfia nos anos 1980 e início dos 1990 praticamente castraram a Cosa Nostra. Provenzano teve pouco poder e a organização se descentralizou. Os líderes locais da Máfia voltaram a esquemas de proteção de pouco alcance, menos lucrativos, mas que lhes permitiam atuar em relativo sigilo.

Em 11 de abril de 2006, após uma grande perseguição, Provenzano foi afinal capturado. Nos anos seguintes, a Máfia definhou, e é improvável que algum dia seja tão poderosa quanto foi na segunda metade do século XX. ∎

Giovanni Falcone

Autodescrito como "servidor do Estado na terra dos infiéis", o juiz Giovanni Falcone, mais que qualquer outro político antes dele, decidiu corajosa e diligentemente esmagar a Máfia siciliana.

Por meio de conversas com o informante Tomaso Buscetta, tornou-se o primeiro funcionário do governo italiano a conhecer e documentar a estrutura da Máfia siciliana. Quando Falcone foi morto por uma bomba da Máfia em 23 de maio de 1992, com a mulher e três policiais, foi saudado como herói pelo povo italiano. Os sicilianos penduraram lençóis nas janelas com os dizeres "Falcone vive" e a árvore ao lado de sua casa logo se transformou num santuário adornado de fotos, flores e mensagens para o estadista que desvendou a Máfia.

O aeroporto de Palermo foi até renomeado Aeroporto Falcone-Borsellino em honra de Falcone e seu amigo Paolo Borsellino, um colega juiz antimáfia que foi assassinado de modo similar por um carro--bomba em Palermo apenas dois meses após Falcone.

ELES OUSAM FAZER QUALQUER COISA

AS TRÍADES, MEADOS DOS ANOS 1800-

EM CONTEXTO

LOCAL
China e ao redor do mundo

TEMA
Organizações criminosas internacionais

ANTES
1761-1911 A Sociedade do Céu e da Terra é fundada no sudeste chinês como uma seita secreta; após 1911, evolui como as Tríades.

DEPOIS
Anos 1850 A irmandade "Tong" surge entre expatriados chineses nos EUA e ganha reputação de traficar mulheres.

1990 A gangue de rua asiático-americana Jackson Street Boys é formada em San Francisco, nos EUA, e se envolve com extorsão, chantagem e tráfico de narcóticos.

No nível mais alto da hierarquia criminal chinesa estão as sociedades das Tríades, com 250 mil membros no mundo todo e representantes em Macau, Hong Kong, Taiwan, sudeste asiático e nas Chinatows pelo globo. Os membros das Tríades vão de pequenos criminosos aos que ocupam posições na política e no sistema de justiça penal.

As três Tríades mais poderosas são a Sun Yee On, a 14K e a Wo Shing Wo. Fundada por Heung Chin em 1919, em Hong Kong, a Sun Yee On é a maior, com cerca de 55 mil membros. Suas operações se estendem até o sudeste asiático, a Austrália, a Europa e as Américas

CRIME ORGANIZADO 147

Ver também: A Máfia Siciliana 138-145 ▪ A Yakuza 154-159 ▪ O Cartel de Medellín 166-167

Samson Tan, um químico chinês, é detido pela polícia filipina em 2008. Tan foi acusado de produzir metanfetamina para gangues da Tríade baseadas em Hong Kong.

do Norte e Central. Desde o fim dos anos 2000, ganhou fama por traficar metanfetamina e fornecer aos cartéis de drogas mexicanos as matérias-primas para produzi-la.

A principal rival da Sun Yee On é a 14K. Fundada em Cantão em 1945, a 14K mudou sua base para Hong Kong em 1949 e também criou um braço maior em Macau nos anos 1970. É a segunda maior Tríade, com 25 mil membros.

A Wo Shing Wo surgiu na Chinatown de Toronto em 1930, antes de transferir suas operações para Hong Kong em 1931. Tem também forte presença na Chinatown de Londres. Consta que é a principal traficante de narcóticos de Hong Kong.

Origens antigas

A maioria dos historiadores remonta as origens das Tríades à Sociedade do Céu e da Terra – uma irmandade secreta fundada em 1761 no sudeste asiático. Também chamada Clã Hung, a seita considerava a dinastia regente Qing, baseada na Manchúria, como "estrangeira" e planejou sua derrubada. Entre outras atividades no século XVIII, o Clã Hung conspirou com mercadores estrangeiros para importar ópio. O nome "Tríade" foi usado pela primeira vez pelos ingleses, aludindo aos desenhos triangulares nos estandartes do Clã Hung.

Acredita-se que as Tríades foram uma força motriz na Revolução Xinhai de 1911. Por fim, ela encerrou o período Qing, levando à criação da República da China. Após essa época, as Tríades acharam um novo objetivo e enriqueceram muito por meio do jogo ilegal e da prostituição.

Hierarquia das Tríades

As Tríades têm devoção pelos símbolos de seus fundadores e por rituais antigos e, assim, baseiam-se na numerologia tradicional chinesa relacionada ao *I Ching* para estruturar sua organização. O líder de uma Tríade, que toma decisões executivas, é chamado de Cabeça de Dragão, com designação numérica 489. Ele é auxiliado por um ou mais membros executivos, de número 438, entre eles o Representante e o Mestre do Incenso – em geral um funcionário superior, em termos de posição e idade. Os escalões abaixo – 415, 426 e 432 – incluem os Executores, que trabalham como comandantes militares. Os níveis não executivos são chamados de "49s". Um número especial – 25 – é usado para denotar espiões, informantes e agentes policiais infiltrados.

A cerimônia tradicional de iniciação de novos recrutas pode durar até três dias. Ela inclui dezoito etapas e envolve historicamente beber sangue de membros e sacrificar uma galinha. As cerimônias modernas são muito mais curtas, omitindo o sacrifício de galinha, e os recrutas devem »

Gosto de descrever o crime organizado chinês como o vírus da gripe, porque está em constante mutação.
Kingman Wong

148 AS TRÍADES

A estrutura hierárquica de uma Tríade

489: Cabeça de Dragão ("Mestre da Montanha")
O chefe da Tríade.

438: Representante ("Mestre da Montanha Substituto")
O subchefe que lidera a Tríade se o Cabeça de Dragão fica incapacitado.

438: Oficial de Cerimônias ("Mestre do Incenso")
Organiza novos recrutamentos e a cerimônia de iniciação.

438: Oficial de Operações ("Vanguarda")
Assistente do Mestre do Incenso.

415: Administrador ("Leque de Papel Branco")
Conselheiro sobre questões financeiras e de negócios.

426: Executor ("Poste Vermelho")
Comandante militar que supervisiona um grupo de 49s e Lanternas Azuis.

432: Chefe de Comunicações ("Sandália de Palha")
Promove a coordenação entre as diferentes unidades.

49: Membros comuns ("49s")
Após passar pela cerimônia de iniciação, um Lanterna Azul se torna um "soldado".

Membros não iniciados ("Lanternas Azuis")
Indivíduos que ainda não são considerados membros plenos e que não têm designação numérica, mas são ligados à gangue de uma Tríade.

---

chupar apenas o sangue de seu próprio dedo.

O surgimento das Tríades

Em 1916, após a morte do primeiro presidente da República da China, Yuan Shikai, o país se dividiu em uma terra de senhores feudais. No caos que se seguiu, o povo chinês se voltou para as Tríades em busca de proteção e estabilidade. Isso levou a um grande aumento do poder das Tríades dos anos 1920 aos 1940. Seu centro na época era Xangai, onde o gângster Du Yuesheng garantia o comércio de ópio da cidade forçando uma "proteção" sobre os mercadores locais. Du subornou autoridades da França em algo equivalente a quase 1,4 bilhão de reais hoje e traficou livremente ópio para Xangai pela área de concessão francesa. Du se tornou o líder da Gangue Verde, de 100 mil membros, uma sociedade secreta formada no início dos anos 1900 por transportadores navais de grãos em Xangai. A sociedade logo se corrompeu e dominou a atividade criminal na cidade, em especial o comércio de ópio.

Por volta de 1923, o Kuomintang – o Exército Republicano Nacionalista

CRIME ORGANIZADO

Chinês – se aliou aos comunistas e expulsou os senhores da guerra, buscando reunificar a China. Porém, os dois aliados se voltaram um contra o outro, disputando o controle político do país.

A Gangue Verde entrou na luta em 1927, ao ser recrutada pelo líder do Kuomintang, Chiang Kai-shek, para combater os comunistas. Buscando proteger seu monopólio do ópio, ela apoiou esse partido democrático. Em 12 de abril de 1927, em conluio com o Kuomintang, perpetrou o Massacre do Terror Branco, em que atacou o setor chinês de Xangai e chacinou 5 mil comunistas. Para recompensar a Gangue Verde por controlar a cidade, Chiang Kai-shek tornou Du general. Mais tarde, Du seria um membro influente da Câmara de Comércio e, ironicamente, chefe da Comissão de Supressão do Ópio. Naturalmente, ele usou o posto para manter a fortuna da Gangue Verde, revendendo o ópio confiscado pela comissão.

Du e a Gangue Verde sofreram um grande golpe em 1937, quando os japoneses invadiram Xangai. Ele fugiu, mas voltou quando a cidade foi liberada em 1945. Sua influência, porém, tinha diminuído muito.

Quando os comunistas tomaram o poder em 1949, Du fugiu de novo, deixando a gangue à própria sorte.

Atividades modernas

Como as Tríades apoiaram os Kuomintang quando os comunistas tomaram o poder em 1949, o presidente Mao Tsé-Tung começou a implantar medidas que empurraram as Tríades para os EUA, Taiwan, Canadá e Hong Kong, controlada pelos britânicos.

Hong Kong, em especial, se tornou um foco de atividade das Tríades, com cerca de cinquenta gangues atuando na ilha. Mas, nos anos 1970, o governo britânico apertou o cerco, e em 1997, ano em que a ilha foi devolvida ao domínio chinês, o número registrado de crimes das Tríades em Hong Kong já tinha diminuído a 5% a 10% do total. Muitos gângsteres mudaram suas operações para Macau e sul da China.

Nos anos 1950, as Tríades praticamente criaram o mercado global de heroína, vendendo-a a soldados americanos no Vietnã. Em décadas mais recentes, porém, elas se concentraram no tráfico humano. Sabendo que é possível ganhar até dez vezes mais nos EUA, famílias pobres chinesas dão uma entrada a "Cabeças de Serpente" – traficantes de estrangeiros ilegais –, que contrabandeiam homens jovens para os EUA. Esses homens são forçados a conseguir o restante da taxa – em geral, cerca de 192 mil reais – trabalhando por quase nada em cozinhas e fábricas apinhadas. Deixar de pagar resulta inevitavelmente em derramamento de sangue. ∎

Os cassinos de Macau se tornaram o epicentro da atividade criminosa da Tríade 14K no fim dos anos 1990, após a polícia fechar o cerco sobre suas atividades em Hong Kong, em 1997.

Wan "Dente Quebrado" Kuok-koi

Wan Kuok-koi nasceu em 1955 numa favela de Macau e, adolescente, formou uma gangue de rua. Ele ganhou o apelido "Dente Quebrado" após ter se ferido ao bater um carro roubado. Foi iniciado na notória Tríade 14K e subiu nos escalões da gangue até controlar o submundo da cidade. Ficou conhecido pelo uso de extrema violência. Nos anos 1990, já comandava 10 mil homens.

Obcecado com a imagem e vestindo-se com elegância, gastou cerca de 8 milhões de reais para produzir *Cassino*, um filme sobre sua vida de gângster, estrelando o ator Simon Yam, de Hong Kong. Wan Kuok-koi foi detido em 1º de maio de 1998, quando assistia à pré-estreia do seu filme, e acusado de tentativa de assassinato do chefe de polícia de Macau, Antonio Marques Baptista, além de agiotagem, lavagem de dinheiro e organização de gangue. Condenado a quinze anos de prisão, Wan Kuok-koi continuou a atuar por trás das grades. Foi libertado em 2012, após cumprir a pena, e em 2015 aderiu a uma comissão de consultoria política importante, com outros empresários poderosos de Macau.

JAMAIS FOI ORGANIZADA UMA QUADRILHA MAIS SÓRDIDA E FACÍNORA
O BANDO SELVAGEM, 1889-1908

EM CONTEXTO

LOCAL
Wyoming, Colorado, Utah, EUA

TEMA
Gangues de bandidos

ANTES
1855 Ladrões substituem ouro no valor de 12 mil libras (cerca de 6 milhões de reais hoje) por bolinhas de chumbo no trem Londres-Folkstone, no "Grande Roubo do Ouro". A troca é descoberta quando os caixotes chegam a Paris.

1877 Sam Bass e seus homens levam 60 mil dólares (cerca de 6,7 milhões milhões de reais hoje) em moedas de ouro de um trem vindo de San Francisco, no Roubo da Union Pacific em Big Springs.

DEPOIS
1976 O Partido Socialista Republicano Irlandês rouba 200 mil libras (mais de 6,2 milhões de reais hoje) de um trem postal em Sallins, na Irlanda.

Apesar de não ser anárquico como o nome sugere, o "Bando Selvagem" de Butch Cassidy não era similar em nada à Cosa Nostra ou às Tríades.

Em 1866, Butch (Robert Leroy Parker) nasceu numa família mórmon de Utah. Ele adotou o "Cassidy" de um cauboi mais velho com que trabalhou na adolescência e "Butch" devido a um breve período que passou com um açougueiro (*butcher*, em inglês).

Cassidy cometeu seu primeiro roubo com um pequeno grupo de amigos em 1889. Eles foram num sábado aos bares de Telluride, no Colorado, e saíram com 24 mil dólares (mais de 2,4 milhões de reais hoje) do San Miguel Valley Bank da cidade no domingo. Seu esconderijo era o Poleiro dos Ladrões, um penhasco no acidentado Canyon Country do sudeste de Utah.

Ladrões de trens
Cassidy e os camaradas ficavam quietos nos cânions por semanas ou meses a cada vez, em cabanas rústicas ou ranchos, antes de se aventurar pelos estados do oeste roubando trens. O Bando Selvagem

As mulheres do Bando Selvagem

O Bando Selvagem tomava o cuidado de manter boas relações com os rancheiros donos das terras onde viviam. Eles também eram muito receptivos com as mulheres. As irmãs Josie e a "Rainha" Ann Bassett trabalhavam num rancho familiar perto do Poleiro dos Ladrões. Elas se envolveram romanticamente e por amizade com vários membros do Bando Selvagem, que protegiam o rancho dos Bassett quando era atacado por caubóis que queriam suas terras. Uma das mulheres do círculo do Bando Selvagem, Laura Bullian, acabaria fazendo parte dele. Assaltante de bancos e trens, ela teve Sundance Kid e Ben Kilpatrick – o "Texano Alto" – entre seus numerosos amantes.

Os historiadores se intrigam com o envolvimento de mulheres com bandidos, em especial devido à falta de ressentimento quando as ligações românticas iam e vinham.

CRIME ORGANIZADO **151**

Ver também: O Bando de James-Younger 24-25 ▪ O Assalto ao Trem Pagador 30-35

não era idealista, mas havia uma aura utópica em sua vida de crimes. Butch afirmava nunca ter matado um homem, mas um ataque de membros do grupo ao *Overland Flyer*, um trem da Union Pacifique, ao largo de Wilcox, no Wyoming, em 1899, certamente levou a uma morte. O trem foi parado por dois membros do bando de pé nos trilhos. Os bandidos desengataram a maior parte do trem e forçaram o maquinista a seguir por uma ponte com os vagões que levavam valores. Após dinamitar a ponte para bloquear a linha, eles tomaram 30 mil dólares (mais de 3,3 milhões de reais hoje) em dinheiro e joias e fugiram.

Uma companhia chefiada pelo xerife Josiah Hazen rastreou-os por 120 quilômetros, até a ravina de Castle Creek. Num tiroteio, o xerife foi morto pelo bandido Harvey Logan. O resto do bando escapou.

Procurados vivos ou mortos

Em grupos de três ou quatro, o Bando Selvagem continuou roubando, e sua notoriedade cresceu muito.

Membros do Bando Selvagem, entre eles Longabaugh (Sundance Kid), na extrema esquerda, e Cassidy, na extrema direita, posam num estúdio fotográfico no Texas, em 1901.

Autoridades estaduais e detetives privados os procuravam vivos ou mortos. Membros isolados eram capturados em tiroteios e perseguições, e o contingente do bando diminuía continuamente.

Em 1901, Cassidy fugiu para a América do Sul com Harry Longabaugh – famoso como "Sundance Kid" – e a mulher de Harry. Seus últimos anos são envoltos em mistério romântico, com relatos de vários roubos e um último tiroteio fatal na Bolívia, em 4 de novembro de 1908. ∎

Vê xerifes e delegados com piedade e desprezo. Ele é uma potência em si mesmo.
San Francisco Call

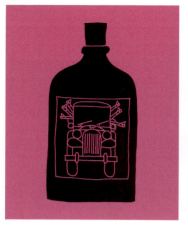

A LEI SECA SÓ TROUXE PROBLEMAS
AS GUERRAS DA CERVEJA, 1923-1929

EM CONTEXTO

LOCAL
Chicago, Illinois, EUA

TEMA
Guerra entre gangues

ANTES
1910 A polícia de Chicago prende mais de duzentos gângsteres da família criminosa Mão Negra.

16 de janeiro de 1917 O procurador do estado de Illinois indicia oito políticos e policiais corruptos, entre eles o chefe da Polícia, por suborno e conluio com gângsteres de Chicago.

DEPOIS
29 de julho de 1932 John, Arthur e James Volpe – traficantes de bebidas de Pittsburgh – são baleados numa cafeteria por ordem do chefe da Máfia local, John Bazzano.

26 de setembro de 1933 George Barnes Jr. ("Kelly Metralhadora") é detido em Memphis, por tráfico de bebidas e assalto à mão armada.

Numa noite chuvosa de sexta-feira em Chicago, em Illinois, seis gângsteres armados irromperam pelas portas de um bar e atacaram o dono com a coronha das armas, deixando-o inconsciente. Poucos dias antes, Jacob Geis tinha se recusado a comprar cerveja da gangue O'Donnell, do South Side, preferindo continuar como cliente fiel da gangue Saltis-McErlane.

Diante dos fregueses do bar, os gângsters da O'Donnell ameaçaram Geis, exigindo que comprasse bebidas deles e só deles. O dono foi deixado numa poça de sangue, com múltiplas fraturas no crânio. O crime, em 7 de setembro de 1923, foi o início da chamada "Guerra da Cerveja" de Chicago – um conflito entre gangues que deixaria um rastro de violência e mortes.

Monopólios territoriais
Esse surto de violência entre as gangues teve origem na Lei Seca. Em 1920, políticas federais proibiram a venda de álcool nos EUA. Pouco depois, surgiram traficantes para suprir a demanda por bebidas ilegais, contrabandeando-as de outros países e engarrafando sua própria produção. A Máfia se envolveu muito no tráfico de bebidas e ganhou domínio devido a seu sucesso em fornecer álcool durante a Lei Seca.

O criminoso mais notório a lucrar com o tráfico de bebidas foi o mafioso Al Capone, de Chicago. Consta que ele ganhava 60 milhões de dólares (mais de 4 bilhões de reais hoje) por ano com esse negócio. Seu sucesso se devia ao monopólio que sua organização – a Chicago Outfit – exercia no South Side da cidade. Al Capone era subordinado a Johnny Torrio, que tinha dividido o South Side da cidade em territórios. Cada território era controlado por uma gangue

Quando vendo álcool, isso é chamado de tráfico de bebidas. Quando meus clientes o servem na Lake Shore Drive, é chamado de hospitalidade.
Al Capone

CRIME ORGANIZADO 153

Ver também: A Quadrilha de Hawkhurst 136-137 • A Máfia Siciliana 138-145

Um investigador entre tambores de aguardente após uma batida no South Side, em 1922. Era comum pagar à polícia por buscas em destilarias rivais ou para avisar se fosse em suas próprias instalações.

menor, que abastecia bares clandestinos – e uma rede lucrativa de bordéis e cassinos – por meio das cervejarias de Torrio. O North Side de Chicago era controlado pela Máfia irlando-americana, com quem Torrio tinha acertado uma trégua.

A Outfit controlava todo o South Side de Chicago, menos uma área sob a jurisdição da gangue Saltis--McErlane. Havia outra gangue disputando um pedaço do South Side – a O'Donnell, que não dominava nenhum território, mas tinha cervejarias. Eles estavam ansiosos por lutar com as gangues existentes por um pedaço da operação.

Cidade em guerra

As gangues de Chicago disputavam os fregueses, sabotando umas às outras, ameaçando donos de bar e roubando distribuidores. A luta por limites territoriais com frequência derramava sangue. Os gângsteres tinham morte violenta – em geral no lado errado da "Máquina de Escrever de Chicago", a metralhadora Thompson, trazida à cidade por Frank McErlane.

A Guerra da Cerveja grassava entre a O'Donnell e a Saltis-McErlane, que também entraram em conflito com a gangue Sheldon, aliada de Al Capone. No fim de 1925, um membro da Sheldon foi morto por um mafioso da Saltis-McErlane. Os Sheldons assassinaram dois pistoleiros da Saltis em retaliação, acirrando a rivalidade entre as gangues. A trégua com o North Side também ruiu nos anos 1920. O chefe do North Side, Dean O'Banion, foi morto em 1924, e Torrio se aposentou após sobreviver a um atentado e entregou tudo a Al Capone. A guerra sangrenta pelo controle de Chicago, herdada por Al Capone, culminou no Massacre do Dia de São Valentim, em 1929, em que sete gângsteres do North Side foram mortos.

Muitas dessas gangues se uniram em associações criminosas maiores quando a Lei Seca afinal acabou, em 1933. A organização de Al Capone, por outro lado, se diversificou, com esquemas relacionados a jogo, prostituição e tráfico de narcóticos, e dominou Chicago por muitos anos. ∎

Lei Seca, crime e economia

De 1920 a 1933, a proibição da produção, transporte e venda de álcool teve o efeito involuntário de fomentar a desobediência em massa. Apesar das expectativas de que proibir o álcool reduzisse o crime, a Lei Seca na verdade levou a uma taxa mais alta de contravenções devido ao tráfico de bebidas. Durante a Lei Seca, a taxa de crimes nos EUA aumentou 24%, com as organizações criminosas fornecendo álcool ao mercado clandestino. A Lei Seca também teve um efeito na economia dos EUA. Nos anos 1920, o custo para manter a Agência da Lei Seca subiu de 4,4 milhões de dólares (cerca de 250 milhões de reais hoje) para 13,4 milhões de dólares (aproximadamente 760 milhões de reais hoje). O fechamento de destilarias e bares também causou retração econômica. A maioria dos grandes produtores de álcool foram fechados, levando a uma reversão nos avanços tecnológicos que tinham sido feitos na indústria de bebidas alcoólicas.

SE O CHEFE DISSER QUE UM CORVO É BRANCO, VOCÊ TEM DE CONCORDAR

A YAKUZA, 1946-

EM CONTEXTO

LOCAL
Japão e EUA

TEMA
Gangues criminosas japonesas

ANTES
Século XVI Os Kabukimono, ou "excêntricos", bandos de samurais aristocráticos errantes, surgem num período de paz no Japão feudal. Com trajes extravagantes, brigam e criam o caos em povoados e cidades.

DEPOIS
Anos 1950 Grupos de adolescentes formam gangues de motociclistas que lutam entre si e disputam corridas ilegais. A polícia os chama de *bosozoku*, "tribo fora de controle".

1972 Nos subúrbios de Tóquio, "K-Ko, a Navalha" lidera uma gangue feminina de cinquenta *sukeban* – garotas que usam uniformes escolares modificados e portam correntes e navalhas para atacar gangues rivais.

Policiais armados fazem guarda após um ataque em 2016 à sede de Kobe da Yamaguchi-gumi, da Yakuza. Investigadores apreendem caixas com provas de tráfico de drogas.

A máfia japonesa, chamada coletivamente de Yakuza, inclui mais de 100 mil membros divididos num pequeno número de grupos independentes. Quatro organizações – a Yamaguchi-gumi, a Sumiyoshi-kai, a Inagawa-kai e a Aizukotetsu-kai – respondem pela vasta maioria dos membros da Yakuza. A estrutura desses grupos é complexa e variada, mas a maioria é organizada em uma estrutura piramidal com um *oyabun* (chefe) no topo, assistido por vários conselheiros veteranos, cada um dos quais controla gangues afiliadas. A Sumiyoshi-kai é uma exceção, pois é formada por uma confederação de gangues.

Há vestígios da Yakuza que remontam ao século XVII e a dois grupos do escalão mais baixo da sociedade japonesa. O primeiro grupo, *tekiya*, era de vendedores que negociavam suas mercadorias em eventos festivos. Alguns *tekiya* se empregavam como guarda-costas de outros *tekiya*, o que levou à criação de esquemas de proteção.

O segundo grupo – apostadores chamados *bakuto* – montava cassinos ilegais em templos nos limites de cidades e povoados e operava com agiotagem.

"Yakuza" é um termo de jogo que deve muito às raízes *bakuto* do grupo: no jogo de cartas japonês *oichokabu* – em que a meta é atingir uma contagem de 19 com três cartas – *ya* significa 8, *ku*, 9, e *za*, 3. Juntos, resultam em 20 e formam a pior mão possível. A palavra "*yakuza*" se tornou sinônimo de algo inútil e mais tarde passou a designar os próprios jogadores, denotando que eram membros inúteis da sociedade.

Estrutura e ritual

Embora os grupos de Yakuza tenham se envolvido em atividades ilícitas desde sua criação, nunca foi ilegal participar de grupos de Yakuza e eles ainda não são vistos como organizações do submundo.

Na Máfia, as relações de sangue são cruciais, mas para a Yakuza o essencial é o sistema japonês de mentoria *senpai-kohai*, sênior-júnior. Este envolve uma figura de pai adotivo, o *oyabun*, que tem autoridade sobre seus filhos adotivos, chamados *kobun*. Historicamente, essa estrutura fornece a base da relação entre mestre e aprendiz e entre chefe da Yakuza e seguidor. O sistema confere unidade, força e devoção ao chefe.

Como na sociedade japonesa em geral, o ritual assegura a coesão da cultura da Yakuza. Isso é evidente na tradicional cerimônia do *sakazuki* (pratinho de saquê), em que um *oyabun* bebe saquê do mesmo copo

CRIME ORGANIZADO   157

Ver também: A Máfia Siciliana 138-145 ▪ As Tríades 146-149 ▪ Os Hells Angels 160-163

> Uma vez que você se compromete com a gangue, o único jeito de sair é cortar os dedos.
> **Membro da Yakuza**

que o *kobun*, marcando a entrada deste no grupo da Yakuza.

As associações da Yakuza desenvolveram regras estritas para preservar o sigilo, garantir obediência ao sistema *senpai-kohai* e estabelecer uma estrutura escalonada, que define a posição de cada um no grupo. Abaixo do *oyabun* está o *wakigashira* (subchefe ou primeiro-tenente) e o *shateigashira* (segundo-tenente). Os tenentes comandam os *kyodai* (grandes irmãos), de escalão sênior, e os *shatei* (pequenos irmãos) de escalão mais baixo. O *oyabun* também é ajudado pelo *saiko komon* (conselheiro sênior), que chefia uma equipe de administradores, consultores legais e contadores.

Práticas simbólicas

As tatuagens se tornaram uma marca dos grupos da Yakuza na época do Japão feudal (1185-1603). De início os criminosos eram marcados com tatuagens de anéis pretos, mas a Yakuza transformou a prática em insígnias de honra decorativas e complexas, que funcionavam como símbolos de força, resistência e condição. Um hábito menos artístico, chamado *yubitosome*, é a mutilação do

As principais organizações da Yakuza no Japão

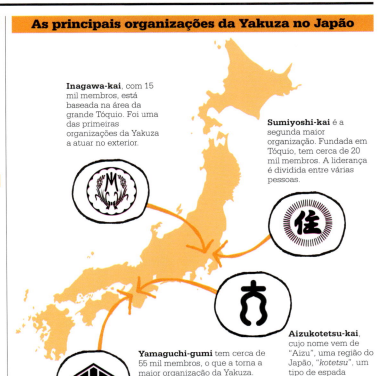

Inagawa-kai, com 15 mil membros, está baseada na área da grande Tóquio. Foi uma das primeiras organizações da Yakuza a atuar no exterior.

Sumiyoshi-kai é a segunda maior organização. Fundada em Tóquio, tem cerca de 20 mil membros. A liderança é dividida entre várias pessoas.

Yamaguchi-gumi tem cerca de 55 mil membros, o que a torna a maior organização da Yakuza. Está baseada em Kobe e responde por 50% dos membros da Yakuza.

Aizukotetsu-kai, cujo nome vem de "Aizu", uma região do Japão, "*kotetsu*", um tipo de espada japonesa, e "*kai*", "sociedade". Esse grupo tem 7 mil membros.

próprio dedo com uma faca, como penitência ao *oyabun* por dívida ou desobediência. Num primeiro delito, o dedinho esquerdo é removido até a articulação e apresentado ao *oyabun*. Uma parte do dedo anular é cortada numa segunda ofensa, seguida do dedo do meio e, por fim, do indicador. Na transgressão seguinte, o culpado passa à próxima junção do dedo mindinho. Se um dedo todo for tirado devido a repetidos delitos, fica conhecido como "dedo morto".

A Yakuza moderna

No início do século XX, o Japão passou por uma modernização econômica intensa. A Yakuza expandiu as atividades em conformidade, organizando a mão de obra de trabalhadores temporários em docas e construções. Os chefes da Yakuza investiram em negócios legítimos que funcionavam como fachada para ocultar seus esquemas. Eles também começaram a subornar policiais para que fizessem vista grossa para seus crimes. »

Em 1915, a Yamaguchi-gumi surgiu de um sindicato de doqueiros de Kobe, na ilha de Honshu. Ele ascendeu ao poder no pós-guerra, aproveitando um crescente mercado clandestino. A Yamaguchi-gumi acabou se tornando o grupo maior e mais influente da Yakuza, envolvido em esquemas de prostituição, tráfico de narcóticos, jogo, comércio de armas e subornos.

A ascensão da Yamaguchi-gumi é em grande parte atribuída à liderança do terceiro *oyabun*, Kazuo Taoka, que entre 1946 e 1981 transformou-a na maior gangue criminosa do mundo.

Após a morte de Taoka, em 1981, o subchefe Kenichi Yamamoto também morreu antes de assumir o posto e o grupo sofreu uma sangrenta crise sucessória. Hiroshi Yamamoto substituiu Taoka como *oyabun* temporário e Masahisa Takenaka se tornou seu subchefe. Porém, quando Takenaka foi eleito *oyabun* por um conselho de membros seniores da Yamaguchi-gumi, Hiroshi Yamamoto deixou a Yamaguchi-gumi para formar o grupo Ichiwa-kai, levando 3 mil membros com ele. Em janeiro de 1985, Yamamoto mandou à casa da namorada de Takenaka um grupo de assassinos que baleou Takenaka e seu subchefe. Isso foi o início do que seria depois chamado de Guerra Yama-Ichi. Jurando vingança, a Yamaguchi-gumi buscou destruir a Ichiwa-kai. Após quatro anos e mais de duzentas trocas de tiros, a Yamaguchi-gumi finalmente subjugou seus rivais. A paz foi mediada pelo respeitado *oyabun* da organização Inagawa-kai, permitindo aos membros da Ichiwa-kai restantes reingressar na Yamaguchi-gumi. A guerra, porém, deixou os vencedores devastados. Muitos membros importantes da Yamaguchi-gumi foram presos e 36 da Yakuza morreram no conflito. A mídia japonesa manteve uma intensa cobertura do conflito e um placar com a contagem de corpos.

Gangue rival

A segunda maior organização da Yakuza é a Sumiyoshi-kai, fundada em 1958. De modo incomum na Yakuza, essa confederação de grupos menores é menos hierárquica que a Yamaguchi-gumi e tem uma liderança menos centralizada. Apesar disso, tem um chefe nominal, chamado Isao Seki. Ele foi detido em 2015, mas teve suspensa a pena de um ano de prisão por violações da lei eleitoral.

A Sumiyoshi-kai montou empresas de fachada em Tóquio – entre elas, imobiliárias –, que atuavam legitimamente, antes de se voltar à extorsão e à ameaça de clientes. Rival visceral da Yamaguchi-gumi, partilhou com ela uma história de conflitos ferozes. Em fevereiro de 2007, esse enfrentamento quase se tornou uma guerra total por território, após

> As máfias são entidades legais aqui. Suas revistas e histórias em quadrinhos são vendidas em lojas de conveniência e os chefes socializam com primeiros-ministros e políticos.
> **Jake Adelstein**

Kenichi Shinoda

Em 29 de julho de 2005, Kenichi Shinoda assumiu a liderança da Yamaguchi-gumi, depois que Yoshinori Watanabe, o quinto *oyabun*, se aposentou inesperadamente. Shinoda é muito conhecido por expandir a influência da organização dentro de Tóquio. Ele iniciou a carreira criminosa em 1962 numa gangue afiliada à Yamaguchi-gumi. Quando a gangue foi desmantelada, em 1984, Shinoda trabalhou com o amigo Kiyoshi Takayama, associado da Yakuza, na criação de uma organização que a sucedesse chamada Kodo-kai. As atitudes modestas de Shinoda – era famoso por ter ido a sua cerimônia de iniciação de trem, em vez de numa limusine com chofer – escondem sua capacidade de violência; nos anos 1970, foi condenado a treze anos de prisão por matar um *oyabun* rival com uma espada samurai. Shinoda ficou preso por porte de armas de 2005 a 2011. Em setembro de 2015, buscando consolidar sua liderança, expulsou milhares da Yamaguchi-gumi por lhe demonstrarem deslealdade; eles logo formaram uma nova gangue.

o assassinato de Ryoichi Sugiura, um membro sênior de uma afiliada da Sumiyoshi-kai.

Envolvimento nos negócios

A influência corrosiva da Yakuza afeta claramente tanto os negócios de entretenimento quanto a arena esportiva – incluindo as lutas de sumô e os campeonatos Pride Fighting, competições populares de artes marciais televisionadas de 1997 a 2007. Em 2003, o agente de artes marciais australiano Miro Mijatovic foi raptado por uma afiliada da Yamaguchi-gumi. Ele foi ameaçado de execução a menos que assinasse um contrato transferindo o agenciamento de seus lutadores de classe mundial para o grupo da Yakuza. Mijatovic obedeceu, mas depois se tornou informante e contou à polícia como a Yakuza tinha pagado a seus lutadores para que manipulassem o resultado de lutas ferindo a si próprios.

A Yakuza está envolvida na indústria do entretenimento desde o fim da Segunda Guerra Mundial, gerenciando agências de talentos para extrair dinheiro de celebridades. Em 2011, o Departamento de Polícia Metropolitana de Tóquio revelou que um apresentador popular de TV, Shinsuke Shimada, tinha ligações íntimas com a Yakuza. Shimada foi forçado a pedir demissão e o caso levou a uma série de leis anti-Yakuza, como a Lei de Contramedidas do Grupo sobre Crime Organizado, que tornou legal a detenção de qualquer pessoa supostamente envolvida em atividades de gangue se ele ou ela fizer exigências desproporsitadas ou ilegais a cidadãos comuns.

O escritor japonês Tomohiko Suzuki – que trabalhou infiltrado na usina nuclear de Fukushima pouco após o triplo colapso, em março de 2011 – afirmou que a Yakuza tinha enorme envolvimento na Empresa de Energia Elétrica de Tóquio, que operava a usina. Suzuki disse que a companhia se empenhou muito em mascarar violações de segurança na usina de Fukushima, adulterando vídeos que mostravam tubulações quebradas e outros sinais de negligência para não ter de gastar dinheiro com manutenção.

Redução de contingente

A violência interna e medidas enérgicas contra a Yakuza fizeram o número de membros cair em 14% entre 1991 e 2002. Mesmo com essa redução, ela se empenhou em afirmar sua presença: em 2010, o advogado Toshiro Igari, um cruzado feroz anti-Yakuza, foi encontrado morto em sua casa de férias em Manila, Filipinas, com os punhos cortados. Muitos acreditam que sua morte foi um golpe da Yakuza encenado para parecer suicídio.

Em setembro de 2016, a polícia japonesa prendeu quase mil membros da Yakuza, esgotando muito de sua mão de obra e recursos. Crucialmente, a ação também impediu uma guerra iminente entre grupos rivais, que superaria – as autoridades temiam – o banho de sangue da Guerra Yama-Ichi. ∎

Para ter o corpo todo tatuado, você precisa de resistência.
Horizen

Tatuagens da Yakuza

A forma única de tatuagem japonesa conhecida como *irezumi* teve início já no período Paleolítico. Com o tempo, as tatuagens foram associadas à criminalidade. A partir do período Kofun (250-538 d.C.), os condenados foram marcados com tatuagens que indicavam a natureza e o número de seus crimes. De 1789 a 1948, elas foram proibidas no Japão, mas os membros da Yakuza mostravam seu desprezo pela lei tatuando o corpo todo. Obedecendo à tradicional *irezumi*, as tatuagens da Yakuza eram feitas com a técnica *tebori* ("esculpir à mão", em japonês), com uma ponta de aço presa a um bastão. O processo era lento e doloroso – a cor vermelha é criada por um sulfato de ferro tóxico que causa doenças –, e tatuar todo o corpo leva anos. Suportar esse sofrimento é prova de resistência e o custo financeiro demonstra riqueza. Como as tatuagens estão ligadas com tanta força ao crime organizado no Japão moderno, as pessoas tatuadas com frequência são impedidas de frequentar academias e saunas. O prefeito de Osaka até defendeu em 2012 uma campanha para que as empresas demitissem empregados tatuados.

QUANDO FAZEMOS O CERTO, NINGUÉM LEMBRA. QUANDO ERRAMOS, NINGUÉM ESQUECE

OS HELLS ANGELS, 1948-

EM CONTEXTO

LOCAL
Internacional

TEMA
Gangue de motociclistas e organização criminosa

ANTES
1935 A Outlaws Motorcycle Club é fundada em Illinois: embora não seja considerada uma organização criminosa, seus membros se envolvem em lavagem de dinheiro, fraudes, drogas e até assassinato.

DEPOIS
1966 Arquirrivais dos Hells Angels, a Bandidos MC passa de uma gangue de motociclistas a um grupo criminoso assustador envolvido com tráfico de drogas, extorsão e prostituição.

1969 A Mongols MC – uma suposta organização criminosa ligada ao comércio de metanfetamina – se forma na Califórnia, EUA.

R alph "Sonny" Barger era um ex-militar que falsificou a certidão de nascimento para entrar no Exército aos 16 anos e foi dispensado quando a farsa foi descoberta. Em 1957, aos 19 anos, começou a andar de moto com uma gangue de motociclistas que tinha um logotipo notável: a Death Head (uma caveira) flanqueada por asas. O logotipo tinha sido trazido de Sacramento pelo motoqueiro Don Reeves.

Inspirado pelo emblema, o grupo de Barger se autonomeou Hells Angels, sem saber que já havia na Califórnia um grupo de clubes vagamente afiliados com o mesmo nome. Quando descobriu

CRIME ORGANIZADO

Ver também: As Tríades 146-149 ▪ A Yakuza 154-159 ▪ O Cartel de Medellín 166-167

A associação de motocicletas com LSD não é um acidente de propaganda. São ambos um meio para um fim no campo das definições.
Hunter S. Thompson

Os membros ascendem de "associado" a "aspirante" e a membro "pleno". Só plenos podem usar o logotipo da Death Head e têm direito ao emblema completo, com o nome dos Hells Angels.

esses outros clubes, o grupo de Barger uniu forças com eles, partilhando o logotipo Death Head. Em 1963, após um encontro em Porterville, na Califórnia, a divisão de Oakland, de Barger, assumiu uma posição de autoridade nos Hells Angels mais amplos — com Barger como presidente do clube.

Barger consolidou o poder fixando um novo código de regras no lugar da anarquia que prevalecia antes. Ele elaborou uma carta para estabelecer a organização dos Hells Angels: cada novo grupo teria de ser patrocinado por um clube existente e contar com pelo menos seis membros plenos — o mais alto escalão de participação. Dali a cinquenta anos, a Death Head adornava clubes de todo o mundo, conforme novas subdivisões brotavam. Cada um tinha seu próprio território e liderança, mas era parte de uma organização maior, atribuindo a ideologia e identidade aos Hells Angels. O estabelecimento da ordem interna, porém, não levou a maior harmonia com o mundo externo. Mais organizados sob a liderança de Sonny, os Angels se envolveram cada vez mais em atividades criminosas.

Ligações com as drogas
De início, os Angels eram principalmente consumidores de narcóticos — o tranquilizante para cavalos PCP era chamado de "Angel Dust" ("pó de anjo"), devido à predileção dos motociclistas por ele —, mas no fim dos anos 1960 seus interesses comerciais começaram a pender para o tráfico.

No Verão do Amor, em 1967, os Angels se tornaram importantes vendedores de LSD entre os hippies de San Francisco, mas a droga era barata demais para dar lucro. Enquanto isso, o Angel Dust ganhava fama por provocar *bad* »

Operação Biscoito Preto
Em 2002, o agente secreto Jay Dobyns e dois colegas conseguiram um feito julgado impossível — infiltraram-se num grupo dos Hells Angels. Eles trabalhavam para a Agência do Álcool, Tabaco, Armas de Fogo e Explosivos dos EUA. Na Operação Biscoito Preto, fingiram ser membros de uma subdivisão em Phoenix do Solo Angeles — um clube aliado aos Hells Angels. Dobyns simulou então o assassinato de um membro dos Mongols MC. Ele deu aos Hells Angels uma camiseta ensanguentada de um clube rival, conquistando sua confiança, e numa missão de 21 meses subiu até a condição de "aspirante" na organização dos Angels. Os Hells Angels acabaram revelando técnicas de tráfico de drogas e de armas aos agentes infiltrados. Mais de oitocentas horas de conversas gravadas e 8.500 documentos foram reunidos para provar que os Hells Angels atuavam como uma organização criminosa. Com isso, em 2004 dezesseis Hells Angels foram acusados e levados a julgamento.

trips e violência psicótica. A metanfetamina (*speed*) parecia não ter essas desvantagens e basicamente se vendia sozinha. Fumado, aspirado ou injetado, esse "estimulante" sintético se tornou o produto mais vendido dos Hells Angels. Seu consumo atingiria proporções quase epidêmicas ao longo da América do Norte.

Apesar disso, não foram as drogas mas a violência o que chamou a atenção da lei. Um relatório de um procurador-geral da Califórnia nomeou os Hells Angels no caso do estupro coletivo de uma garota em Monterey por membros do clube. O documento pôs o clube sob as luzes nacionais e histórias de seus atos violentos circularam pelo mundo.

Um desses notórios eventos ocorreu em 1969, quando membros do clube foram contratados pelos Rolling Stones como seguranças no Altamond Speedway Free Festival. Na multidão turbulenta, o espectador Meredith Hunter, de 18 anos, sacou uma arma e tentou duas vezes subir ao palco. Hunter foi fatalmente esfaqueado por Alan Passaro, dos Hells Angels.

Anos depois, o agente da turnê dos Rolling Stones, Sam Cutler, insistiu que os fãs estavam tão fora de controle que, sem os Hells Angels, a banda teria sido

Os Hells Angels usaram de violência extrema em Altamont, em 6 de dezembro de 1969. Um Angel até esmurrou Marty Balin, da banda Jefferson Airplane, durante sua apresentação.

pisoteada. Entretanto, Altamond revelou um quadro diferente dos Angels: esses homens eram bandidos perigosos.

Sua violência não se limitava aos EUA. Barger incorporou a gangue de motociclistas Popeyes, de Quebec, no Canadá, em 1977, iniciando uma nova subdivisão. Um dos membros fundadores era o serial killer Yves "Apache" Trudeau, de 30 anos, que, dois anos depois, criou o grupo de Laval "do Norte", em Quebec.

Rivais e conflitos

O grupo de Laval ganhou má reputação pelo uso sem paralelo de violência. Seus membros foram acusados de tomar as drogas que

Nos anos 1960, ganhamos muita publicidade. Era tudo diversão. Nos anos 1970, todos nos tornamos gângsteres.
Sonny Barger

CRIME ORGANIZADO 163

Alcance mundial dos Hells Angels

A adesão ao clube
Os grupos dos Hells Angels são chamados de "capítulos", e se distribuem por 53 países em seis continentes.

 + de 20 grupos   10 a 20 grupos   1 a 9 grupos

deviam vender e de ficar com o dinheiro de uma subdivisão de Nova Escócia. Outras divisões também os consideravam selvagens e queriam que se fossem. Em março de 1985, cinco Angels de Laval foram convidados a um clube em Lennoxville, em Quebec, pelo grupo de Sherbrooke. Ao chegar, foram baleados na nuca e jogados no rio São Lourenço. O evento, conhecido como "Massacre de Lennoxville", reforçou a reputação de violentos dos Angels – até mesmo pelos padrões de bandidos. Ainda assim, isso não reduziu a expansão do clube nem impediu violências futuras.

Em 1994, sob a liderança de "Mamãe" Boucher, os Angels de Montreal travaram uma guerra feroz com uma coalizão de gangues rivais pelo controle da distribuição de narcóticos. Um conflito similar ocorreu na Escandinávia, onde os Hells Angels enfrentaram, na Grande Guerra Nórdica dos Motociclistas, os Bandidos MC e seus aliados numa luta pela hegemonia sobre o comércio de drogas no norte europeu.

Como importante organização criminosa, os Hells Angels acumularam sua cota de inimigos e têm notável rivalidade com os três outros "quatro grandes" motoclubes fora da lei no mundo: os Pagans, os Outlaws e os Bandidos MC. Os quatro estão na mira dos governos mundo afora. Pode-se dizer que os Hells Angels, porém, são o mais notório e o mais associado ao comportamento criminoso. Desde sua fundação, os membros do clube foram acusados de vários crimes – de tráfico de drogas, extorsão e lavagem de dinheiro a assaltos, assassinatos e prostituição. ∎

"Mamãe" Boucher

Maurice "Mamãe" Boucher nasceu na pobreza em 21 de junho de 1953, em Quebec, no Canadá. Ele deixou a escola para entrar numa gangue de motociclistas brancos supremacistas, a SS, e acabou se tornando seu líder. Boucher ingressou nos Hells Angels de Montreal em 1987 após passar quarenta meses na prisão por atacar sexualmente uma garota de 16 anos. Contrariado com o Massacre de Lennoxville, Salvatore Cazzetta, um ex-colega de Boucher na SS, formou uma gangue – a Rock Machine – em vez de entrar nos Angels. Quando Cazzetta foi detido em 1994 por tentar importar onze toneladas de cocaína, Boucher decidiu monopolizar os narcóticos em Montreal. A Guerra dos Motociclistas resultante entre os Hells Angels e a Rock Machine levou à morte 150 pessoas. O conflito afinal acabou em 2002, após Boucher ser condenado por ordenar o assassinato de dois agentes penitenciários, numa tentativa frustrada de intimidar promotores.

FORAM OS MELHORES ANOS DE NOSSAS VIDAS
OS KRAYS E OS RICHARDSONS, ANOS 1960

EM CONTEXTO

LOCAL
Londres, Reino Unido

TEMA
Esquemas de proteção

ANTES
Anos 1930-anos 1950 O notório criminoso Billy Hill realiza ataques-relâmpago em joalherias de Londres, entre eles o Roubo da Eastcastle Street em 1952.

DEPOIS
Anos 1980-anos 2000 A empresa criminosa Noonan, chefiada pelos irmãos Dominic e Desmond Noonan, controla o crime organizado em Manchester, no Reino Unido; alega-se que cometeu até 25 assassinatos.

Anos 1980 É criada nos arredores de Londres a organização criminosa Clerkenwell, especializada em tráfico de drogas, extorsão e assassinato.

Na Londres dos anos 1960, a notória gangue Richardson, baseada em Brixton, e a Firma Kray, dos gêmeos Ronnie e Reggie, do East End, disputavam o domínio do lucrativo centro de entretenimento de Londres, o West End. Ambas as máfias tinham origem pobre, com pais ausentes, e ascenderam rápido, antes de se destruírem com a violência irracional.

Reggie e Ronnie Kray eram boxeadores amadores que idolatravam o mafioso londrino Billy Hill e eram fascinados por revistas e filmes de gângsteres. Seu império criminoso teve início no East End de Londres em 1954, quando assumiram a propriedade de um salão de bilhar em Bethnal Green. Quando bandidos malteses tentaram extorqui-los para "proteção", Ronnie os mutilou com uma espada. Os

Parceiros no crime, Reggie (esq.) e Ronnie (dir.) relaxam após serem interrogados sobre o assassinato de George Cornell. No teste de reconhecimento policial, as testemunhas não conseguiram identificá-los – ou preferiram não fazê-lo.

CRIME ORGANIZADO

Ver também: A Máfia Siciliana 138-145 ▪ A Yakuza 154-159 ▪ Jack, o Estripador 266-273

gêmeos começaram então um esquema próprio de proteção. Consta que apostavam quem poderia fazer mais dinheiro num dia e ficaram famosos pela violência.

Reggie e Ronnie logo fundaram a "Firma" com Freddie Foreman, um poderoso gângster do East End, como seu preposto ocasional. Em 1957, tornaram-se donos do clube noturno Double R e então se estenderam para oeste, comprando o Esmeralda's Barn, um clube de jogo em Knightsbridge.

Rivalidade feroz

Embora a fama dos Krays tenha eclipsado a dos Richardsons, Charlie e Eddie eram muito mais cruéis e calculistas. Charlie, chamado de "depravado, sádico e uma desgraça para a civilização" por um juiz, era o cérebro da operação. Seu irmão mais novo, Eddie, era os músculos. A gangue torturava as vítimas pregando-as no chão, arrancando seus dentes com alicates e cortando dedões com torqueses.

O preposto mais temido dos Richardsons era Frankie Fraser, que recebera o apelido de "Louco" após cortar o rosto do chefe do crime Jack Comer. Frankie "Louco" oferecia proteção a pubs e clubes se permitissem a instalação das máquinas de jogo dos Richardsons. Os que se recusavam tornavam-se vítimas de vandalismo ou pior. Os Richardsons também praticavam extorsão direta, além de negociar pornografia e narcóticos. Eles lavavam os ganhos por meio de negócios de seu ferro-velho em Brixton e máquinas de jogo.

O primeiro embate entre os Krays e os Richardsons ocorreu numa boate no West End, quando Eddie Richardson e Frankie Fraser espancaram Kenny Hampton, um jovem empregado de Freddie Foreman. Jurando vingança, Foreman entrou no clube e enfiou uma pistola .38 na narina de Eddie.

As tensões entre as gangues ferveram em março de 1966 com a "Batalha do Mr. Smith's", quando membros da gangue Richardson e associados de Kray balearam, esfaquearam e espancaram uns aos outros em uma boate no sudeste londrino. Tanto Fraser quanto Eddie Richardson foram alvejados, com cinco outros, enquanto Dickie Hart, primo dos Kray, foi assassinado com sua própria arma .45. Fraser e Eddie Richardson foram condenados a cinco anos de prisão por tumulto. Charlie Richardson foi detido enquanto via a final da Copa do Mundo de 1966, em 30 de julho, e depois condenado a 25 anos de prisão.

Alguns dias após a Batalha do Mr. Smith's, Ronnie Kray entrou no animado pub Blind Beggar, em Whitechapel, e foi insultado por um membro bêbado da gangue Richardson, George Cornell. Ele acertou um tiro fatal na cabeça de

> Charlie [Richardson] é mau [...] do modo mais gentil possível. As pessoas más às vezes são assim.
> **John McVicar**

Cornell. Numa festa antecipada de Natal, em 7 de dezembro, Reggie Kray esfaqueou repetidamente o traficante de drogas Jack McVitie, numa discussão por causa de dinheiro.

Em 8 de maio de 1968, os Krays foram presos pela brigada móvel do detetive inspetor-chefe Leonard "Pinça" Read, com quinze outros membros da Firma. Os gêmeos foram condenados à pena perpétua, sem possibilidade de condicional por trinta anos. Ronnie morreu de ataque cardíaco em 1995; em 2000, o câncer terminal de Reggie lhe valeu a libertação da prisão por compaixão. ∎

Os gêmeos Kray

Os gêmeos Kray cresceram numa comunidade de classe trabalhadora de Hoxton, no leste de Londres. Era considerada uma "zona de transição", onde a atividade criminal florescia. Ambos os seus avós – Jimmy "Bala de Canhão" Lee e Jimmy "Louco" Kray – eram boxeadores famosos em sua época, assim como a tia dos gêmeos, Rose.

Reggie e Ronnie tinham uma ligação única. Eles aprenderam a lutar ao mesmo tempo e se protegiam mutuamente, e juntos entraram no mundo do crime. Foi muito especulado se seriam gays ou bissexuais. O escritor John Pearson, que os entrevistou no fim dos anos 1960 e escreveu sua biografia autorizada, afirmou que Ronnie lhe revelara que os dois se envolviam em sexo incestuoso para esconder sua sexualidade.

Os gêmeos só se separaram brevemente após a condenação, quando Ronnie foi transferido para Broadmoor, um hospital psiquiátrico de alta segurança, após ser diagnosticado com esquizofrenia paranoide.

TODOS OS IMPÉRIOS SÃO CRIADOS COM SANGUE E FOGO
O CARTEL DE MEDELLÍN, 1972-1993

EM CONTEXTO

LOCAL
Colômbia, Bolívia, Peru, Honduras e EUA

TEMA
Cartéis de drogas

ANTES
1969 O Comando Vermelho é formado no Brasil após o contato de presos políticos com presos comuns.

DEPOIS
1977-1998 O Cartel de Cali se separa do Cartel de Medellín e se torna uma das organizações criminosas mais poderosas do mundo, controlando mais de 90% do comércio global de cocaína.

Meados dos anos 1980
Joaquín "El Chapo" Guzmán lidera o Cartel de Sinaloa, no noroeste do México, levando narcóticos para os EUA; a organização é o cartel de tráfico de drogas mais poderoso do mundo.

A história do Cartel de Medellín, um acordo comercial para o tráfico de cocaína na Colômbia, é muito mais que um crime organizado movido pelo dinheiro – é parte de uma violenta luta pelo governo do país.

O Cartel de Medellín foi criado no início dos anos 1970 como uma aliança de tráfico de drogas entre o "Rei da Cocaína" Pablo Escobar, "El Mexicano" José Gonzalo Rodríguez Gacha, Carlos Lehder e a família Ochoa. No auge do poder, o cartel auferia pelo menos 2 bilhões de reais por semana com o contrabando de cocaína, fornecendo em certa época até 90% da droga nos EUA e 80% em todo o mundo.

Atuando como financiador do cartel, Jorge Luis Ochoa e seu amigo de infância Gilberto Rodriguez, do Cartel de Cali, no sul colombiano, compraram o First InterAmericas Bank, no Panamá, que ambos os cartéis usavam para lavar dinheiro de drogas. Já Carlos Lehder adquiriu propriedades em Norman's Cay, uma ilha nas Bahamas que serviu como um centro importante de tráfico de drogas de 1978 a 1982. A cocaína era transportada da Colômbia para lá de jato e redistribuída pela frota pessoal de pequenas aeronaves de Lehder. Os aviões descarregavam então os narcóticos no sudeste dos EUA, rendendo a Lehder bilhões de dólares em lucros.

Influência política
Nos primeiros dez anos, o cartel operou mais ou menos com impunidade, sem ser incomodado pelas autoridades colombianas. Então, em 1984, ele se deparou com o ministro de Justiça Rodrigo Lara Bonilla. Lara – que suspeitava que a eleição de Pablo Escobar em 1982 para a Câmara dos Deputados era o primeiro movimento numa campanha para transformar a Colômbia num "narcoestado" – trabalhou com a Agência de

Às vezes eu sou Deus. Se digo que um homem morre, ele morre no mesmo dia.
Pablo Escobar

CRIME ORGANIZADO 167

Ver também: As Tríades 146-149 ▪ Os Hells Angels 160-163 ▪ "Freeway" Rick Ross 168-171

Fabio Ochoa, figura central no Cartel de Medellín, é escoltado por dois policiais no aeroporto de Bogotá em 13 de outubro de 1999. Ele foi extraditado para os EUA em 2001.

Controle de Drogas americana para tirar Escobar da política e abrir processos criminais contra o cartel. Lara, porém, foi assassinado em 1984 por ordem de Escobar. Não foi a primeira nem a última vez em que Escobar ordenou a morte de um oponente político.

Uma questão particularmente sensível, que fez Escobar e Lehder decidirem entrar na política, foi o apoio do governo à extradição. Ambos usaram de modo sagaz a retórica anticolonialista para se opor às leis de extradição. Lehder fundou o Movimento Latino Nacional, que despertou o apoio popular ao condenar o envolvimento dos EUA na América Latina. Ele afirmou até que a cocaína era um meio de liberação.

Descoberta policial

O desmonte do Cartel de Medellín se deu graças à intensa colaboração entre os governos colombiano e americano. O primeiro chefe a cair foi Carlos Lehder, forçado a abandonar sua base em Norman's Cay em 1983, quando o governo das Bahamas tomou sua propriedade e congelou suas contas de banco, levando-o a fugir pela floresta. Escobar levou depois Lehder de volta a Medellín de helicóptero. Logo após, ele foi capturado em sua fazenda pela polícia colombiana, segundo consta a partir de uma pista dada por um dos empregados de Lehder.

Lehder foi extraditado para os EUA em 1987, onde foi condenado à prisão perpétua e mais 135 anos, sem condicional, uma sentença que mandou uma mensagem forte aos outros membros do cartel. Ele se tornou delator em 1992 e concordou em testemunhar contra o general Manuel Noriega, do Panamá, que tinha ajudado a abrigar membros do cartel. Lehder recebeu uma sentença reduzida de 55 anos.

José Gonzalo Rodríguez Gacha e Pablo Escobar recusaram a entregar-se pacificamente. Gacha, seu filho Fredy, um guarda-costas e Gilberto Rendón, alto membro do cartel, foram mortos numa troca de tiros com helicópteros militares colombianos em 1989. Três anos depois, em 2 de dezembro de 1993, Escobar foi morto num tiroteio com a polícia em ruas afastadas de Medellín. ∎

Guerra às drogas

Em 1971, o presidente Richard Nixon declarou o consumo de drogas o "Inimigo Público Número 1" e que para combatê-las e vencê-las era preciso uma ofensiva total. Esse discurso marcou o início da chamada "Guerra às Drogas". Nos anos 1980, a demanda americana por cocaína já era tão alta que estimadas 68 toneladas eram contrabandeadas para o país a cada mês. Nos anos seguintes, avanços foram obtidos, da destruição do Cartel de Medellín até dados que indicaram a redução de 46% no uso de cocaína por jovens adultos de 2006 a 2011. Porém, percebendo o preço da intervenção militar em seus países, os líderes de Colômbia, México e Guatemala expressaram o desejo de uma nova estratégia antidrogas. Em anos recentes, o modelo português de controle de drogas, que descriminaliza a posse de quantidades moderadas de narcóticos e se concentra em tratar em vez de encarcerar, surgiu como uma alternativa viável.

FOI SEMPRE PELOS NEGÓCIOS, NUNCA PELAS GANGUES

"FREEWAY" RICK ROSS, 1980-1995

EM CONTEXTO

LOCAL
Los Angeles, Califórnia, EUA

TEMA
Tráfico de drogas

ANTES
1923 Miyagawa Yashukichi, um traficante de drogas japonês morador do Reino Unido, chefia uma das maiores redes criminosas dos anos 1920. Ele envia enormes quantidades de heroína para o Japão através de Londres.

Anos 1960-1970 Frank Lucas, um comerciante de heroína no Harlem, elimina o intermediário comprando a droga direto do Triângulo Dourado da Ásia.

DEPOIS
2003 Thomas "Grampeador" Comerford cria uma rede internacional de tráfico de drogas na Inglaterra. Ele é detido, mas morre de câncer no fígado antes de ser julgado.

No auge da carreira criminal, "Freeway" Rick Ross – não confundir com o rapper Rick Ross – ganhava cerca de 3 milhões de reais por dia. Ele vendia crack num império comercial que se espalhava do centro-sul de Los Angeles a mais de quarenta cidades nos EUA e escapou de ser preso por quase uma década.

Ross cresceu num gueto de Los Angeles no fim de uma rua que acabava na Harbor Freeway – daí o apelido. Ele foi um astro do tênis na escola e alguns dizem que começou a vida no crime após ter negada uma bolsa para a faculdade com o tênis porque era analfabeto. Aos 17

CRIME ORGANIZADO   169

Ver também: Os Hells Angels 160-163 ▪ Os Krays e os Richardsons 164-165 ▪ O Cartel de Medellín 166-167

Aos 28 anos, Rick Ross aprendeu a ler e escrever na prisão. Em 2014, fez um tour pelos EUA promovendo sua autobiografia e pregando a importância da alfabetização.

anos, desistiu da escola. Incapaz de ler o suficiente para preencher pedidos de emprego, não conseguia trabalho. Então, ficava pelas ruas, roubando e desmontando carros e depois vendendo as peças com um grupo de amigos que se autointitula "Garotos do Ferro-Velho de Freeway".

Império do crack
Um ano depois de deixar a escola, Ross aproveitou o boom do crack. Antes, a cocaína era considerada uma droga elitista, usada pelos ricos. Agora, em sua forma barata de crack, tinha se tornado a droga preferida do centro da cidade. O crack difere da cocaína porque é feito misturando a droga com água e bicarbonato de sódio, secando-a e depois quebrando-a em pedras para serem fumadas.

Ross vendia uma quantidade aparentemente infinita de crack a preços baixos, e seu uso disparou. Seus fornecedores principais eram Oscar Danilo Blandón e Norwin Meneses, que contrabandeavam cocaína para os EUA de sua nativa Nicarágua.

Ross saturou o centro da cidade com a droga. Devastadoramente viciante, o crack arrasou comunidades pobres urbanas, tornando famílias inteiras dependentes dela. De início, Ross não tinha consciência dos graves efeitos colaterais da droga, que incluem problemas respiratórios, parada cardíaca e psicose. Ele abordava o tráfico como um homem de negócios montando uma empresa. Como comprava e produzia grandes quantidades de crack tão barato, podia vendê-lo a preço baixo e obter ainda um enorme lucro. As vendas explodiram.

Ross usava uma rede de mensageiros e traficantes para distribuir o crack e até empregou pessoas só para contar o dinheiro que ganhava. Segundo o Departamento de Justiça dos EUA, Ross se tornou um dos maiores traficantes de cocaína do centro-sul de Los Angeles.

Os detetives de narcóticos, com a Delegacia do Condado de Los Angeles, investigaram suas operações por oito anos, mas Ross conseguia escapar mudando o tempo todo de lugar e de carro. Porém, conforme acumulou mais dinheiro, casas, veículos e empregados, chamou a atenção de investigadores federais.

As agências policiais formaram uma força-tarefa especial focada em Ross e outros grandes traficantes de drogas. Ela incluía funcionários da US Drug Enforcement Agency (DEA) dos EUA, do Departamento de Polícia de Los Angeles e da Delegacia do Condado. Como seu foco era capturar o esquivo Ross, o grupo ficou conhecido como Força-Tarefa Freeway Rick Ross.

Expansão e detenção
Entre 1986 e 1990, Ross e seu grupo se expandiram para outras cidades, como St. Louis, no Missouri, e Cincinnati, em Ohio. As autoridades dessas cidades também foram levadas a investigar suas atividades, com pouco sucesso. Em outubro de 1986, Ross foi detido sob a acusação federal de conspirar para distribuir cocaína em St. Louis, mas o caso foi rejeitado por falta de provas.

Porém, Ross foi indiciado de novo sob acusações de tráfico de cocaína em Ohio e Texas, depois que drogas destinadas a Cincinnati descobertas por um cão farejador numa rodoviária foram ligadas a Ross. Dessa vez, as acusações se sustentaram, e em 1990 ele foi condenado. Ao completar a pena federal em Ohio, Ross imediatamente começou a cumprir nove meses »

[Rick Ross] era um garoto de 19 anos desiludido [...] que, no início dos anos 1980, se viu sem rumo nas ruas do centro-sul de Los Angeles.
Gary Webb

numa prisão estadual do Texas por crimes relacionados a drogas. Ele recebeu liberdade condicional em setembro de 1994.

A cilada

Enquanto isso, em 1992, Oscar Danilo Blandón, o fornecedor nicaraguense de Ross, foi apanhado em ligações grampeadas se vangloriando de seus negócios com cocaína, incluindo acordos com Ross. Em resultado, Blandón foi detido em San Diego, na Califórnia, onde enfrentou acusações federais e uma longa pena na prisão.

Percebendo que poderia usar Blandón para capturar Ross e outros barões das drogas, a ACD propôs a ele que trabalhasse como

Acondicionadas em bolsas esportivas, as drogas eram transportadas pelo império de Ross, passando por aqueles que Ross pagava para "cozinhar" o pó de cocaína em crack, pelo próprio grupo de Ross e pelos traficantes locais.

informante infiltrado para a ACD, eles lhe ofereceram uma redução na sentença, o green card ao ser libertado e um salário de 42 mil dólares ao ano (cerca de 200 mil reais hoje). Blandón cumpriu um ano de prisão antes de ser libertado e começou seu trabalho para a ACD.

Sua primeira missão era fazer uma última negociação de drogas com Ross sob os olhos de agentes da ACD e da polícia de San Diego, que ajudou a preparar a cilada. Com a ACD na escuta, Blandón contatou Ross, oferecendo cem quilos de crack. Sem saber do arranjo, Ross combinou um encontro com Blandón em San Diego em 2 de março de 1995. O negócio foi fechado na garagem de um shopping center no subúrbio de Chula Vista, no sul de San Diego. Assim que o dinheiro e as drogas foram trocados, os policiais se aproximaram de Ross e o prenderam.

No ano seguinte, Ross foi

Se já houve um capitalista fora da lei mais responsável por inundar as ruas de Los Angeles com cocaína, seu nome foi Freeway Rick.
Jesse Katz

julgado num tribunal federal em San Diego por conspiração para distribuir drogas ilegais compradas de um informante da polícia. Considerando suas condenações anteriores por drogas, Ross recebeu a pena perpétua, sem possibilidade de condicional.

Escândalo e conspiração

Ross acreditava que Blandón tinha sido preso ao mesmo tempo. Porém, logo antes do julgamento, o jornalista investigativo Gary Webb visitou Ross e lhe contou sobre a traição de Blandón. Em 1996, após várias entrevistas com Ross, Webb escreveu uma série de artigos,

Supostos membros de gangue são parados pela polícia de Los Angeles em operação contra crimes relacionados a drogas em junho de 1988.

Vida e crime no gueto

Uma epidemia de crack irrompeu nos EUA de meados dos anos 1980 ao início dos 1990. No auge, o uso do crack se tornou um grave problema na maioria das grandes cidades do país, em especial no centro-sul de Los Angeles. O crack é cerca de duas vezes mais puro que o pó de cocaína. Isso significa que a sensação de fumar crack é forte e instantânea, produzindo euforia, estado de alerta e impressão de invencibilidade. Durante a epidemia, o crack era incrivelmente barato. Segundo a ACD, em muitas cidades, uma tragada de crack custava cerca de 2,50 dólares (cerca de 13 reais) no início dos anos 1980, então mesmo alguém de uma comunidade pobre podia pagar. O vício em crack levou os usuários à violência e ao crime, na busca por dinheiro para sustentá-lo. Tiroteios, assassinatos, furtos e assaltos dispararam nas áreas pobres. No fim dos anos 1980, o governo dos EUA foi forçado a intervir e lançou uma nova "guerra às drogas" para combater a epidemia.

CRIME ORGANIZADO

chamados "Aliança sombria", no *San Jose Mercury News*. Os artigos revelavam que Blandón trabalhava havia muito para o governo como informante. O relato de Webb em "Aliança sombria" abriu uma nova dimensão no caso, afirmando que o império das drogas estava ligado à CIA e ao exército dos Contras, que lutavam contra o governo revolucionário da Nicarágua.

Segundo Webb, o dinheiro que Ross pagava a seus contatos nicaraguenses era usado para financiar e armar os Contras. A CIA, enquanto isso, fechava os olhos para a fonte dos recursos.

Embora a maioria da grande imprensa tenha recebido as descobertas de Webb com descrédito, a CIA depois reconheceu ter trabalhado com supostos traficantes de drogas e usado recursos do império de Ross para armar os Contras. Num telefonema da prisão, o próprio Ross lamentou as ações da CIA. O governo o tinha explorado, afirmou – como ele explorara sua própria comunidade.

Condenação anulada
Ross estava decidido a não passar a vida preso. Enquanto cumpria a pena numa penitenciária federal, aprendeu a ler e escrever e estudou livros de direito na biblioteca da

Boas pessoas fazem coisas ruins quando não há opções.
"Freeway" Rick Ross

Um agente fortemente armado da ACD participa de uma ação de madrugada contra um suposto barão das drogas em Los Angeles. A guerra contra as drogas se militarizou cada vez mais nos anos 1980.

prisão. Ele usou esses livros para contestar sua sentença, baseada na lei "dos três crimes", que requer pena perpétua na condenação pelo terceiro delito grave. Ross alegou que os processos no Texas e em Ohio se relacionavam ao mesmo crime federal e assim contavam como um crime, resultando num total de duas condenações.

Embora seu próprio advogado tenha desconsiderado a alegação, em 1998 a Corte de Apelação do Nono Circuito concordou com seu raciocínio. Assim, a pena de Ross foi reduzida de vinte para 16,5 anos. Ele foi libertado em 2009 após passar catorze anos atrás das grades. ∎

SEQUEST
E EXTOR

RO
SÃO

INTRODUÇÃO

Em Jamestown, na Virgínia, EUA, o capitão Samuel Argall sequestra **Pocahontas**, a filha de um chefe indígena poderoso.

1613

O **bebê** filho do aviador americano **Charles Lindbergh** é sequestrado em sua casa em Nova Jersey, EUA.

1932

1897

No caso conhecido como o **Pretenso Tichborne**, Arthur Orton alega ser o filho perdido e herdeiro de lady Tichborne.

O sequestro é o transporte ilegal e não consentido de uma pessoa por meio do uso de força ou fraude. Nos EUA e no Reino Unido, a maioria das vítimas é levada por alguém querido, como um pai ou esposo. Os motivos incluem garantir a guarda de uma criança, obter um resgate em dinheiro, cometer abuso sexual e escravizar.

Nenhum dos casos descritos neste livro se destinava a terminar em assassinato: a intenção era extrair o pagamento de regaste ou manter a vítima viva, como escrava sexual. Quando a vítima acabou morrendo, como, em 1932, no sequestro do bebê Charles Augustus Lindbergh Jr., filho do aviador americano, as evidências indicavam que a morte resultou da incompetência e não de plano do(s) sequestrador(es). O sequestro inepto do bebê Lindbergh levou a novas leis para combater esse crime nos EUA. No mesmo ano, o Congresso dos EUA aprovou a Lei Federal sobre Sequestro 18 U.S.C. § 1201, conhecida como "Lei Lindbergh", que permitiu aos policiais federais perseguir sequestradores que cruzavam fronteiras estaduais com a(s) vítima(s). O FBI pôde assim colaborar com sua experiência, treinamento e autoridade suprema nesses casos, embora o rapto pelos próprios pais não constasse da lei. Até a revisão da lei, nos anos 1970, os sequestradores condenados podiam enfrentar a pena de morte em alguns estados se a vítima fosse ferida.

Síndrome de Estocolmo

Mesmo vítimas mantidas por tempo relativamente curto podem sofrer trauma psicológico, como ataques de ansiedade, fobias e transtorno de stress pós-traumático. Os sintomas desse trauma podem ser físicos, mentais ou ambos.

Ficar preso por longos períodos pode mudar o caráter das vítimas a ponto de ficarem irreconhecíveis para amigos e família. Isso pode ocorrer devido à síndrome de Estocolmo – fenômeno psicológico em que reféns começam a se identificar com os motivos de seus captores. Um caso famoso foi o da herdeira americana Patty Hearst, em 1974, que se juntou à causa dos sequestradores, o revolucionário Exército Simbionês de Libertação. Após dez semanas de cativeiro, na maior parte do tempo num closet, ela ajudou os captores a roubar um banco. A foto hoje icônica de Patty apareceu vários meses após ela ser capturada pelos sequestradores.

SEQUESTRO E EXTORSÃO   175

Patty Hearst, filha do magnata da mídia americana William Randolph Hearst, é sequestrada pelo Exército Simbionês de Libertação.

1974

Na Áustria, **Natasha Kampusch** é mantida em cativeiro na casa de seu sequestrador por oito anos.

1998-2006

1973

Sequestradores capturam **John Paul Getty III**, de 16 anos, neto do bilionário Jean Paul Getty, na Piazza Farnese, em Roma.

1976

Vinte e seis crianças são sequestradas e enterradas vivas dentro de um caminhão-baú em Chowchilla, na Califórnia.

Ela é mostrada portando uma arma automática na frente do logotipo do Exército Simbionês de Libertação e só repudiou sua fidelidade ao grupo após ser separada dele por algum tempo.

É claro que nem todas as vítimas escapam dos sequestradores. Algumas são obrigadas a se ajustar à vida deles – como ocorreu com Pocahontas, filha de um chefe indígena americano do século XVII que foi sequestrada por colonos ingleses em 1613 e nunca voltou à sua antiga vida.

Avanços tecnológicos

Descobrir a identidade de sequestradores anônimos pode ser muito difícil para a polícia. O sucesso depende muitas vezes da capacidade de testemunhas ou da vítima de dar uma descrição física do agressor, após sua libertação. Às vezes, os sequestradores se descuidam e deixam sem querer pistas que revelam a localização da vítima.

O surgimento da identificação forense de documentos, admitida como prova nos EUA desde a decisão histórica da Suprema Corte em Bell vs. Brewster, em 1887, que reconheceu a importância da caligrafia como meio de identificação, permitiu à polícia usar especialistas treinados para comparar a escrita de bilhetes de resgate com a de suspeitos. Marcar as notas usadas para pagar um resgate, ou registrar seus números de série, são outros modos de rastrear sequestradores.

Em anos recentes, os avanços da tecnologia digital tornaram muito mais difícil cometer sequestros. Câmeras de circuito interno têm um papel relevante na detecção e programas de rastreio de celulares podem localizar vítimas e seus sequestradores. Remover ou neutralizar dispositivos de rastreio é de importância vital para um sequestrador; do contrário, é só uma questão de tempo até a polícia chegar à porta do bandido.

Tais avanços levaram a um mercado de dispositivos de rastreio por GPS para crianças. A maioria se parece com um relógio de pulso, e permite à criança contatar os pais apertando um botão. Porém, muitos são desajeitados e facilmente notados pelos sequestradores. Em teoria, na medida em que pessoas e máquinas se interconectam cada vez mais, a tecnologia de rastreio poderia um dia ser incorporada ao corpo humano – o que suscita questões importantes relativas a liberdades civis. ■

ELE DAVA MENOS VALOR A ELA QUE A ESPADAS VELHAS
O SEQUESTRO DE POCAHONTAS, 1613

EM CONTEXTO

LOCAL
Virgínia, EUA

TEMA
Sequestro político

ANTES
1303 O papa Bonifácio VIII é sequestrado por um exército de famílias nobres. Ele se recusa a abdicar e é devolvido a Roma, mas morre pouco após ser libertado.

DEPOIS
1936 Chiang Kai-shek, líder da República da China, se torna refém por duas semanas de oficiais dissidentes que dizem que ele não usa toda a força do exército contra o Japão; Chiang concorda, mas depois manda executar os oficiais rebeldes.

10 de fevereiro de 1962 O piloto americano Francis Gary Powers é libertado numa troca de prisioneiros com os soviéticos em Berlim, dois anos após ter se ejetado de um avião espião danificado no espaço aéreo soviético..

A vida curta de Pocahontas, a jovem princesa indígena americana que foi um contato crucial entre os primeiros colonos ingleses nos EUA e as tribos indígenas americanas, há muito é romanceada na cultura popular.

Nascida por volta de 1596, Pocahontas era filha de Powhatan, chefe supremo de cerca de trinta tribos nativas americanas, na baía de Chesapeake, na Virgínia. Quando menina, dizem que ela impediu os homens de seu pai de matarem John Smith, o líder de Jamestown, uma colônia inglesa fundada em 1607 em terras dentro do território de Powhatan.

Os habitantes de Jamestown conviveram em relativa paz com as tribos indígenas americanas até 1609, quando o chefe Powhatan deu fim a todo o comércio, numa campanha para expulsar os colonos da Virgínia pela fome. Logo eclodiu a guerra.

Na primavera de 1613, o marinheiro sir Samuel Argall subiu o rio Potomac em busca de novas ligações comerciais com a tribo Patawomeck. Ele ficou sabendo que Pocahontas estava com Japazeus, seu chefe. Planejando usar a princesa para forçar a devolução de prisioneiros ingleses e armas e ferramentas roubadas, Argall a sequestrou. Um bilhete de resgate foi enviado ao chefe Powhatan e sua filha foi mantida prisioneira em Jamestown. O chefe se recusou a cumprir as exigências e Pocahontas permaneceu com os ingleses. Em 1614, ela se tornou cristã e casou-se com o colono John Rolfe. Ela morreu na Inglaterra em 1617, onde a realeza a acolheu como um modelo para as relações coloniais. ∎

Pocahontas chega a Jamestown como refém dos ingleses – seu sequestro foi um exemplo inicial do uso de um prisioneiro como força política.

Ver também: O Sequestro de Patty Hearst 188-189 ▪ O sequestro de Aldo Moro 322-323 ▪ O Sequestro de Ingrid Betancourt 324-325

SEQUESTRO E EXTORSÃO   **177**

O MARAVILHOSO ENREDO DA VIDA REAL
O PRETENSO TICHBORNE, 1897

EM CONTEXTO

LOCAL
Hampshire, Reino Unido

TEMA
Impostura

ANTES
1487 Lambert Simnel, um pretendente plebeu ao trono inglês, ameaça o reinado de Henrique VII. Ele é derrotado e depois perdoado pelo rei, que acredita que Simnel foi manipulado por nobres.

1560 Na França, Arnaud du Tilh é executado depois que sua personificação de Martin Guerre é desmascarada com a volta do verdadeiro Guerre.

DEPOIS
1921 Um homem que afirma ser o príncipe Ramendra Narayan Roy, um dos três governantes do grande estado de Bhawal, no leste de Bengala, na Índia, reaparece doze anos após sua suposta morte e cremação. Sua alegação é contestada, mas dois julgamentos decidem em seu favor.

Roger Tichborne, herdeiro dos barões Tichborne, se perdeu no Atlântico em 1854, quando o navio em que viajava afundou na costa do Rio de Janeiro, no Brasil. Sua mãe, lady Henriette Tichborne, ficou devastada. Após ler que sobreviventes do navio tinham sido resgatados e levados à Austrália, ela recuperou a esperança de que ele estivesse vivo e colocou anúncios no mundo todo, pedindo notícias sobre seu paradeiro.

Em 1866, um advogado da Austrália escreveu à lady Tichborne. Um açougueiro de Nova Gales do Sul que se apresentara como Tom Castro tinha entrado em contato com ele, alegando ser Roger. Maravilhada, lady Tichborne mandou buscar Castro e, ao encontrá-lo, ainda naquele ano, afirmou reconhecê-lo.

Um filho pródigo improvável
Para o resto da família, porém, esse "Roger" era um impostor. Um homem de que todos se lembravam com baixa estatura, modos delicados e sotaque marcado pela infância na França era agora grande, de aparência rústica e

O Roger Tichborne real (esq.) e Arthur Orton (dir.) eram muito diferentes, mas dezenas de pessoas juravam que eram o mesmo indivíduo.

sem refinamento no falar. Após a morte de lady Tichborne, a família contestou sua pretensão à propriedade e ao título. Os longos julgamentos civis e criminais que se seguiram causaram comoção pública. Por fim, Arthur Orton, um londrino que tinha deixado a Inglaterra, desembarcara no Chile e acabara na Austrália, foi condenado a catorze anos de prisão por perjúrio. Orton tentou viver de sua fama, mas sem sucesso. Morreu na pobreza, ainda afirmando ser Tichborne. ■

Ver também: O Caso do Colar de Diamantes 64-65 ■ Harry Domela 70-73 ■ Frank Abagnale 86-87

ANNE, ROUBARAM O NOSSO BEBÊ!

O SEQUESTRO DO BEBÊ LINDBERGH, 1º DE MARÇO DE 1932

180 O SEQUESTRO DO BEBÊ LINDBERGH

EM CONTEXTO

LOCAL
Hopewell, Nova Jersey, EUA

TEMA
Sequestro de criança

ANTES
Julho de 1874 Charles Ross, de 4 anos, é a primeira criança conhecida a ser sequestrada para pagamento de resgate.

DEPOIS
Julho de 1960 Graham Thorne, de 8 anos, é sequestrado para resgate após seus pais ganharem a loteria da Opera House da Austrália. Seu corpo é descoberto dois meses depois.

Maio de 1982 Nina Gallwitz, de 8 anos, é libertada por seus captores após 149 dias, quando seus pais pagam o resgate de 1,5 milhão de marcos alemães (cerca de 5,8 milhões de reais hoje).

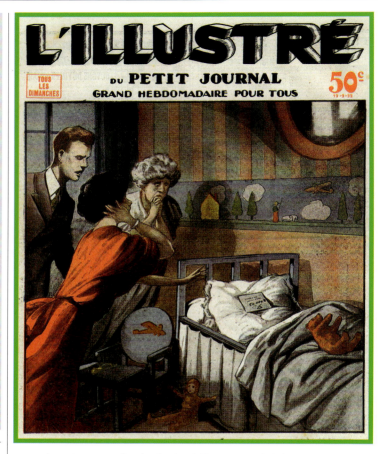

Por volta das 22 horas de uma noite chuvosa, em 1º de março de 1932, a babá Betty Gow deu uma olhada no quarto de Charlie Lindbergh, onde ele estava dormindo desde o jantar. Ela o vestira com uma camisolinha de flanela sem mangas e um pijama rosa e o colocara no berço. Duas horas antes, observara o menino e ele dormia. Agora, porém, o bebê de vinte meses tinha sumido.

Gow se apressou escadas abaixo para informar aos pais – o aviador pioneiro Charles Lindbergh e sua mulher, Anne. Ele subiram correndo e viram uma janela aberta e um bilhete de resgate ao lado do parapeito. Em mau inglês, escrita com tinta azul, a mensagem exigia 50 mil dólares (cerca de 4,5 milhões de reais hoje) em troca da devolução do bebê em segurança.

O pânico se apossou da casa dos Lindbergh. Membros da família e empregados vasculharam freneticamente a mansão em Hopewell, em Nova Jersey, em busca do menino, sem querer destruindo evidências. Não encontraram sinal do pequeno Charlie. Um jardineiro ligou para a polícia de Hopewell, que, em trinta minutos, colocou bloqueios de rua e barreiras na área. A polícia também notificou os hospitais locais do desaparecimento de um bebê.

O sequestro do bebê do piloto celebridade despertou indignação internacional. Manchetes sensacionalistas e capas de revistas sobre a história foram publicadas no mundo todo.

Sequestro confirmado
Os policiais chamados à cena logo viram que o sequestrador tinha usado uma escada de mão

SEQUESTRO E EXTORSÃO

Ver também: O Sequestro de John Paul Getty III 186-189 ▪ O Sequestro de Chowchilla 190-195 ▪ O Sequestro de Ingrid Betancourt 324-325

Anne Lindbergh segura com Charlie, pouco após seu nascimento em junho de 1930. Seis meses antes, Anne, grávida, foi a primeira mulher a obter a licença de primeira classe para planadores.

extensível de três peças – que fora abandonada, quebrada, a 23 metros da casa – para subir e entrar pela janela do segundo andar. Alguns degraus estavam rachados, o que indicava que poderiam ter se quebrado quando o sequestrador descia com o bebê.

A polícia também achou rastros de pneus e um formão e, no chão do quarto, traços de barro. Além disso, dois conjuntos de pegadas no chão úmido sob a janela do quarto, que levavam da casa rumo ao sudeste, até os rastros de pneus do carro da fuga. Porém, eles não fizeram moldes de gesso das pegadas, nem mediram suas posições – o que permitiria compará-las com as de possíveis suspeitos. Os jornais disseram que os policiais ignoraram o protocolo na pressa de achar o bebê e apanhar o sequestrador.

Nenhuma impressão digital aproveitável foi achada nos bilhetes de resgate, no berço ou na escada, fazendo os investigadores acreditarem que a cena do crime tinha sido limpa.

Às 22h30, as ondas de rádio levaram ao mundo a notícia do sequestro. Nos três dias seguintes, uma equipe de agentes do FBI e policiais de Nova Jersey e Nova York tampouco encontraram novas pistas.

Em 5 de março, chegou uma segunda carta, exigindo 70 mil dólares (cerca de 6 milhões de reais hoje). A nota também dizia aos Lindbergh que não envolvessem a polícia. Num terceiro bilhete, o sequestrador deu aos Lindbergh instruções sobre a entrega do dinheiro.

Começa a negociação

O doutor John Condon, um educador aposentado de 72 anos, leu sobre o sequestro num jornal local. Ele escreveu uma carta ao editor, oferecendo-se para atuar como intermediário entre o sequestrador e a família Lindbergh. Ao ver a carta, o sequestrador escreveu a Condon e concordou. Eles se encontraram num cemitério e o sequestrador devolveu o pijama rosa como prova de que o bebê estava bem.

Os Lindbergh foram informados então por Condon quando e onde deixar o dinheiro. Após recebê-lo, o sequestrador deixaria o bebê num barco chamado *The Nelly*, ancorado perto de Martha's Vineyard, ao largo da costa de Massachusetts – entre a praia de Horseneck e Gay Head, perto da ilha Elizabeth. Os Lindbergh concordaram em pagar o resgate para ter seu filho de volta são e salvo.

Na escuridão da noite, o doutor Condon deixou os 50 mil dólares (cerca de 4,5 milhões de reais hoje) que havia negociado a partir do segundo pedido. Lindbergh ficou à espera no carro. O cemitério era escuro e eles mal podiam ver o sequestrador, mas sua voz com sotaque alemão soou alta e clara. O homem se identificou apenas como "John" e foi embora com o dinheiro dos Lindbergh. Porém, ele não cumpriu sua parte do acordo; após uma busca exaustiva, em que Lindbergh repetidamente voou sobre o mar, o barco e a criança não foram achados em nenhum lugar.

Os investigadores continuaram procurando o menino, mas sem sucesso. Quando Charlie foi finalmente achado, em 12 de maio de 1932, foi por acaso – um motorista de caminhão que fez uma parada encontrou um pequeno corpo coberto de folhas numa área arborizada perto do povoado de Mount Rose, a cerca de três quilômetros da propriedade dos Lindbergh em Hopewell.

Enterrado numa cova rasa, o corpo já tinha começado a se decompor. Charlie Lindbergh, ao que parecia, estava morto desde a noite em que tinha sido levado. Exames médicos determinaram que a criança tinha sido morta com um golpe na »

Nós o avisamos de que não devem fazer nada público nem notificar a polícia. A criança está sob bons cuidados.

Primeiro bilhete de resgate

182 O SEQUESTRO DO BEBÊ LINDBERGH

Como os eventos se desenrolaram

Charles Augustus Lindbergh Jr. desaparece.

A família encontra um bilhete exigindo resgate de 50 mil dólares.

A polícia interroga os empregados da casa e da propriedade.

O sequestrador manda um segundo, um terceiro e um quarto bilhete de resgate, pedindo 70 mil dólares.

Um motorista de caminhão encontra os restos de uma criança enterrados perto da propriedade de Lindbergh e chama a polícia.

O resgate de 50 mil dólares é entregue. Não há sinal do bebê.

O mensageiro doutor Condon se encontra com o sequestrador.

---

cabeça. A decomposição, porém, tornou impossível definir oficialmente até o gênero do bebê. A equipe de um orfanato próximo disse que o corpo não era de uma de suas crianças. Uma diferença de altura suscitou mais dúvidas sobre a identidade da criança morta – Charlie Lindbergh tinha 74 centímetros, mas o corpo encontrado tinha 84. O pai e a babá, porém, identificaram o corpo com base na camisolinha de flanela costurada à mão e num dedo do pé deformado sobreposto.

A Lei Lindbergh

Em meio à investigação, a indignação popular levou o Congresso a logo promulgar a assim chamada "Lei Lindbergh", em 1932: a Lei Federal sobre Sequestro tornou o sequestro um crime federal punível com morte. Graças a ela, autoridades federais poderiam perseguir os sequestradores assim que cruzassem fronteiras estaduais com suas vítimas.

Em setembro de 1934, descobriu-se dinheiro do resgate num posto de gasolina na Lexington Avenue, no norte de Manhattan. O atendente ficou desconfiado quando um motorista num sedã Dodge azul-escuro sacou um certificado de ouro de dez dólares – uma forma de

O cão de Lindbergh aparece aqui no carrinho com Charlie. Um detalhe curioso do caso é que o cão, que em geral latia para estranhos, não latiu durante o sequestro.

moeda emitida pelo Tesouro dos EUA que tinha sido tirada de circulação em 1933, quando o presidente Franklin D. Roosevelt removeu o padrão ouro devido à acumulação durante a Depressão.

Pensando que o certificado de ouro podia ser falso, o atendente anotou o número da placa do carro na margem do certificado.

Quando ele chegou ao banco, um caixa checou o número de série e descobriu que era parte do resgate de 50 mil dólares pago ao sequestrador do pequeno Charles Lindbergh Jr. O banco notificou o FBI, que rastreou a placa até um imigrante alemão chamado Bruno

SEQUESTRO E EXTORSÃO

Charles Lindbergh III

Lindbergh nasceu em Detroit, em Michigan, em 1902, mas cresceu em Minnesota. Seu pai, Charles August Lindbergh, foi congressista por Minnesota de 1907 a 1917. Lindbergh estudou engenharia mecânica na faculdade por dois anos, mas saiu para aprender a pilotar aviões. Em 20 de maio de 1927, fez história voando solo de Nova York a Paris em seu monoplano *The Spirit of St. Louis*. Após 34 horas de voo seguidas, pousou no Aeródromo de Le Bourget, em Paris, conquistando o Prêmio Orteig, de 25 mil dólares (cerca de 120 mil reais). A façanha transatlântica, com apenas 25 anos, mudou totalmente sua vida, trazendo fama e fortuna. Num voo beneficente para a Cidade do México, conheceu Anne Morrow, cujo pai era embaixador no país. Os dois logo se casaram e, em 1930, tiveram o primeiro de seus seis filhos, Charles Jr. Após o ataque a Pearl Harbor em 1941, Lindbergh tentou se alistar na Força Aérea, mas foi recusado pelo presidente Roosevelt após uma longa discussão entre os dois homens. Lindbergh ajudou depois o esforço de guerra treinando pilotos.

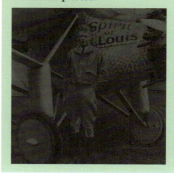

Hauptmann. Ele era um carpinteiro que vivia numa área tranquila do Bronx, em Nova York.

Detenção de Hauptmann

A polícia detém Hauptmann em 19 de setembro de 1934, quando ele saía de casa. Dentro de sua carteira havia 20 dólares em certificados de ouro, também do resgate de Lindbergh.

Uma busca na casa de Hauptmann encontrou quase 14 mil dólares (cerca de 1 milhão de reais hoje) do dinheiro do resgate numa lata de óleo, dentro de um pacote atrás de madeiras na garagem. Hauptmann, porém, insistia ser inocente. Ele estava guardando o dinheiro, afirmou, para Isidor Fisch, um amigo que tinha morrido. Fisch, também alemão, tinha pedido um passaporte em 12 de maio de 1932, mesmo dia em que o corpo de Charlie Lindbergh foi achado. Em dezembro daquele ano, tinha viajado para Leipzig, na Alemanha, para visitar a família.

Hauptmann disse à polícia que o amigo tinha deixado uma caixa de sapatos com alguns pertences e que só descobriu que continha

Reconstituindo o crime, policiais tentam encontrar pistas ao lado da mansão em Hopewell. Uma longa escada de mão, como a quebrada achada perto da casa, leva até a janela do quarto aberta.

dinheiro quando houve um vazamento no telhado e ele esvaziou a caixa molhada. Acrescentou ainda que tinha mantido o dinheiro em certificados de ouro por receio de inflação.

Segundo o noticiário, a polícia não acreditou nele, referindo-se às alegações de Hauptmann como muito suspeitas. Fisch, que morreu de tuberculose na Alemanha em 1934, nunca voltou aos EUA.

No sótão de Hauptmann, os investigadores encontraram um pedaço de pínus amarelo que combinava com a escada usada no sequestro. Especialistas em caligrafia foram chamados e declararam que a letra de Hauptmann coincidia com a dos bilhetes de resgate.

O processo judicial atraiu milhares de espectadores e escritores, que se amontoaram na pequena cidade de Fleminton, em »

Nova Jersey. Alguns dos mais famosos jornalistas da época – Walter Winchell, Damon Runyon e Fanny Hurst – cobriram o julgamento.

Hauptmann, representado pelo exuberante advogado Edward "Big Ed" Reilly, depôs em sua própria defesa e negou qualquer envolvimento no crime. Ele disse ao júri que apanhara da polícia e fora forçado a alterar sua caligrafia para que combinasse com a dos bilhetes de resgate. Enquanto isso, Reilly tentava despertar suspeitas sobre Condon e suas comunicações com o sequestrador.

Charles Lindbergh testemunhou pela promotoria. Ele disse aos jurados que reconhecia a voz de Hauptmann como a do homem a quem Condon tinha entregado o dinheiro do resgate anos antes.

A fase de depoimentos terminou em fevereiro de 1935. O promotor David Wilentz, em sua exposição,

> O julgamento do século foi provavelmente a maior fraude da história deste país.
> **Robert R. Bryan**

pediu ao júri que declarasse Hauptmann culpado de assassinato em primeiro grau, impondo a pena capital. O júri se retirou da sala da corte e deliberou por mais de onze horas. Às 22h45 de 18 de fevereiro de 1935, o júri de oito homens e quatro mulheres decidiu o veredicto. Quando um sino tocou para anunciar isso, os vivas da multidão do lado de fora podiam ser ouvidos na sala do tribunal. Hauptmann, algemado entre dois guardas, ficou parado enquanto o primeiro jurado lia o veredicto. Talvez por pressão do público, o júri declarou Bruno Hauptmann culpado de assassinato em primeiro grau. O juiz o condenou à morte. Lindbergh, que foi a todas as sessões do julgamento de 32 dias, não estava presente para o veredicto e a sentença.

Investigação malfeita

O caso Lindbergh cativou os corações em todo o país, mas foi um problema tanto para a polícia quanto para o FBI.

Pelo estatuto de assassinato da capital de Nova Jersey, a promotoria não precisava provar que Hauptmann queria matar o bebê – só que ele morrera como resultado da invasão. Nunca foi determinado se o menino foi atingido na cabeça ou se morreu numa queda da escada quando era levado de casa. Após a leitura do veredicto e da sentença, Hauptmann se recusou a dirigir-se ao tribunal.

Harold G. Hoffman, governador do estado de Nova Jersey, manifestou dúvidas sobre o veredicto e deu um indulto de trinta dias a Hauptmann, ordenando que a polícia do estado reabrisse o caso. A investigação, afirmou, tinha sido uma das mais malfeitas da história da polícia.

A polícia do estado de Nova Jersey não conseguiu achar nenhuma nova evidência, então Hoffman contratou investigadores particulares. Eles também voltaram de mãos vazias, e quando a investigação acabou, a carreira política de Hoffman ficou tão

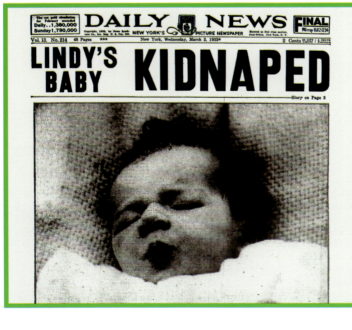

Os jornais anunciaram o sequestro ao mundo, tornando Charlie um dos bebês mais famosos da América. Esta capa mostra Charlie totalmente indefeso, com duas semanas de idade.

SEQUESTRO E EXTORSÃO

Eles acham que quando eu morrer, o caso morrerá.
Bruno Hauptmann

A polícia procura pistas na garagem de Hauptmann que possam explicar o que ocorreu com Charlie Lindbergh, enquanto centenas de pessoas se amontoam fora da casa.

manchada que ele não conseguiu ser reeleito governador.

Veredicto contestado

O advogado de Hauptmann apelou da condenação em todas as instâncias até a Suprema Corte, mas em nenhuma vez obteve sucesso. Mesmo assim, Bruno Hauptmann proclamou sua inocência até o último momento. Ele foi executado na "Old Smokey", a cadeira elétrica da Prisão Estadual de Nova Jersey, em 13 de abril de 1936.

Mas o caso não terminou ali. Em 1981, a viúva de Hauptmann, Anna, de 83 anos, processou o estado de Nova Jersey em 100 milhões de dólares (794 milhões de reais hoje), afirmando que ele havia executado injustamente seu marido. Ela queria que o caso fosse reaberto, mas o tribunal negou o pedido. O advogado também pediu que o Legislativo declarasse oficialmente Bruno Hauptmann inocente. Nenhuma ação foi tomada.

O caso inspirou mais de uma dúzia de livros e dois filmes. Em 1982, o documentário *Quem matou o bebê Lindbergh?*, escrito e narrado pelo jornalista britânico Ludovic Kennedy, afirmou que Hauptmann foi inculpado. No livro *O crime do século: a farsa do sequestro de Lindbergh*, de Gregory Ahlgren e Stepheb Monier, é sugerido que Charles Lindbergh matou acidentalmente o filho e encenou o sequestro para encobrir isso. Outros autores aventaram que houve múltiplos culpados, assinalando o uso de "nós" nos bilhetes de resgate e a presença de dois conjuntos de pegadas na mansão.

Em 2012, o escritor Robert Zorn propôs que "John do Cemitério" seria o funcionário de mercearia alemão John Knoll e que ele e Bruno Hauptmann tinham feito o sequestro juntos. Embora a teoria de Zorn tenha ganhado impulso, em especial devido à semelhança física entre as imagens de John Knoll e o retrato falado de "John do Cemitério", com base na descrição do doutor Condon, ninguém sabe ainda o que ocorreu naquela noite. ∎

Pena capital

A União Americana pelas Liberdades Civis sustenta que a pena capital é irrevogável, arbitrária e permanente. Ela retira para sempre do indivíduo a possibilidade de se beneficiar de novas provas ou novas leis. A Comissão Internacional contra a Pena de Morte notou que, embora o apoio do público à pena capital se ligue ao desejo de livrar a sociedade do crime, há modos mais eficazes de prevenir crimes que matar os perpetradores. As pessoas e grupos que se opõem à pena capital assinalam que, embora seu objetivo seja deter os assassinos, ela na verdade espelha o próprio comportamento que busca prevenir. Eles também alegam que a pena de morte promove a ideia de que é aceitável matar desde que seja o governo a fazer isso.

A enorme maioria das nações desenvolvidas aboliu a pena capital tanto em lei quanto na prática. Os EUA são o único país ocidental que ainda a conserva.

DESDE SEGUNDA, ESTOU NAS MÃOS DE SEQUESTRADORES
O SEQUESTRO DE JOHN PAUL GETTY III, 1973

EM CONTEXTO

LOCAL
Roma e Calábria, Itália

TEMA
Sequestro

ANTES
1936 Charles Mattson, de 10 anos, é levado de sua casa em Washington; o resgate pedido é de quase 1,8 milhão de reais. As negociações fracassam e o menino é assassinado por alguém desconhecido.

1963 Frank Sinatra Jr., de 19 anos, filho do famoso cantor, é sequestrado em um quarto de hotel Nevada, e libertado três dias após ser pago o resgate. Três homens são depois condenados.

DEPOIS
1983 Em Amsterdam, Freddy Heineken – CEO da empresa familiar de cervejas – e seu motorista são sequestrados. Eles são libertados após o pagamento de cerca de R$128 milhões. Os quatro sequestradores são presos depois.

John Paul Getty III, conhecido como "Paul", era o neto rebelde de J. Paul Getty, o bilionário do petróleo famoso por ser sovina. Aos 16 anos, Paul levava uma vida boêmia em Roma, na Itália, onde cresceu. Numa noite de bebedeira com amigos, em 10 de julho de 1973, ele foi sequestrado na Piazza Farnese, em Roma. Sua reputação de indisciplinado, porém, fez muitos pensarem que ele tinha armado o sequestro para extrair dinheiro do avô.

Na verdade, ele tinha sido levado quatrocentos quilômetros para o sul, até a Calábria, por seus captores. Eles se mantiveram em movimento, mudando sempre de lugar, para despistar possíveis perseguidores. Também o forçaram a escrever uma carta para a mãe, dizendo que seus sequestradores cortariam um de seus dedos se não fosse pago o resgate de 18 milhões de dólares (cerca de 275 milhões de reais hoje).

Ainda não convencido da veracidade do sequestro, J. Paul Getty contratou o ex-agente da CIA Fletcher Chace para achar seu neto. Enquanto isso, outra carta chegou, escrita de novo por Paul sob coação. Os sequestradores incluíram um bilhete ameaçador, dando à família

Esta é a orelha de Paul. Se não recebermos algum dinheiro em dez dias, a outra orelha chegará. Em outras palavras, ele chegará em pedacinhos.
Bilhete de resgate

quinze dias para entregar o dinheiro, caso contrário enviariam outra carta com um cacho de cabelo de Paul e uma de suas orelhas.

A mãe de Paul, Gail, contatou os sequestradores para dizer que arranjaria o dinheiro e os encontraria no momento e lugar especificados. Ela, porém, não apareceu.

Pacote horrível
Algumas semanas depois, os sequestradores cumpriram a ameaça. Em 10 de novembro, o jornal *Il Messagero* recebeu um pacote com um cacho do cabelo de Paul e sua orelha direita. Os sequestradores ameaçaram cortar sua outra orelha se não recebessem

SEQUESTRO E EXTORSÃO

Ver também: O Sequestro do Bebê Lindbergh 178-185 ▪ O Sequestro de Patty Hearst 188-189

3,2 milhões de dólares (mais de 48 milhões de reais hoje) em dez dias. Enquanto isso, outro pacote chegou à redação do jornal *Il Tempo*, com fotos do rosto com cicatrizes de Paul.

Anuência relutante

As fotos causaram uma reação de J. Paul Getty. Ele contribuiu com 2,2 milhões de dólares (cerca de 33 milhões de reais hoje) – segundo seu contador, essa era a quantia máxima dedutível de impostos – e emprestou ao filho o dinheiro restante, a 4% de juros. Chace entregou os três sacos de dinheiro em 12 de dezembro. Dois dias depois, Paul foi libertado nos arredores de Lagonegro, no sul da Itália, e recolhido pela polícia. Estava desnutrido e fraco devido à perda de sangue quando lhe cortaram a orelha.

A polícia prendeu nove homens ligados à Máfia calabresa. Sete receberam sentenças entre quatro e dez anos e dois foram liberados. Só 85 mil dólares (1,3 milhão de reais hoje) do resgate foram encontrados.

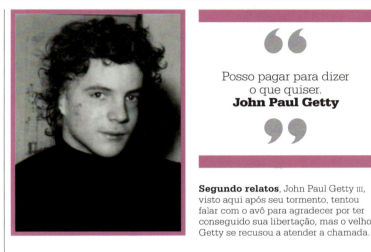

Posso pagar para dizer o que quiser.
John Paul Getty

Segundo relatos, John Paul Getty III, visto aqui após seu tormento, tentou falar com o avô para agradecer por ter conseguido sua libertação, mas o velho Getty se recusou a atender a chamada.

Cicatrizes perpétuas

Um ano após seu tormento, Paul se casou com uma fotógrafa alemã. Eles se mudaram para Nova York e tiveram um filho, Balthazar Getty, que se tornaria ator. Paul nunca se recuperou do trauma psicológico do sequestro e se viciou em álcool e drogas. Em 1981, aos 24 anos, sofreu um derrame causado por um coquetel de drogas. Ficou paralisado, quase cego e praticamente sem fala. Sua mãe cuidou dele após o derrame, mas foi obrigada a processar o ex-marido, pai de Paul, para que pagasse pelo tratamento e cuidado. Paul e a mulher se divorciaram em 1993 e ele morreu em casa, em Londres, em 2011, aos 54 anos. ∎

Gershon Baskin, especialista no conflito Israel-Palestina, ajudou a mediar a negociação entre os israelenses e o Hamas para libertar Shalit, em 2011.

Regras do resgate

Cada país tem sua política sobre o pagamento de resgate. O Reino Unido não paga resgate a terroristas porque acredita que isso estimularia outros sequestros. Os EUA adotam há muito tempo uma posição contra o pagamento de resgate por reféns porque isso coloca os cidadãos sob um risco maior e financia o terrorismo. O governo americano processa a instituição pública ou privada que compre a liberdade de um empregado dessa forma. Porém, permite às famílias negociar por si próprias. Os governos de França, Itália e Espanha têm uma longa história de pagamento direto de resgate, embora o italiano tenha aberto uma notável exceção recusando-se a negociar no sequestro do ex-primeiro-ministro Aldo Moro (ver pp. 322-323).

Israel tem uma postura diferente e se dispõe a negociar pela soltura de cidadãos. Por exemplo, em 2011, mais de mil prisioneiros palestinos foram trocados por um só soldado israelense capturado, Gilad Shalit.

SOU UMA COVARDE. NÃO QUERIA MORRER
O SEQUESTRO DE PATTY HEARST, 1974

EM CONTEXTO

LOCAL
Berkeley, Califórnia, EUA

TEMA
Sequestro e coerção

ANTES
1874 Charley Ross, de 4 anos, é atraído para uma carruagem ao lado de casa na Pensilvânia e sequestrado. Seu pai não consegue pagar o resgate e o menino não é mais visto.

1968 A estudante Barbara Jane Mackle é raptada de um hotel nos EUA por Gary Krist e Ruth Eisemann-Schier. Eles recebem cerca de 12 milhões de reais de resgate de seu rico pai e a menina é encontrada viva, enterrada numa caixa de madeira.

DEPOIS
1996 O empresário alemão Jakub Fiszman é sequestrado em seu escritório em Eschborn. Os criminosos recebem o resgate de cerca de 9 milhões de reais, mas já o tinham matado.

Na noite de 4 de fevereiro de 1974, Patricia "Patty" Hearst, de 19 anos, herdeira do império de mídia de William Randolph Hearst, estava em seu apartamento na Califórnia com o noivo, Steven Weed. Às 21 horas, houve uma batida na porta e três homens armados entraram. Eles espancaram Weed e arrastaram Patty, que gritava, para fora do apartamento, jogaram-na no porta-malas de um carro e partiram. O sequestro apareceu em manchetes internacionais, com repórteres acampando no gramado da mansão da família Hearst em San Francisco.

Uma guerrilha urbana
Dois dias depois, a emissora de rádio KPFA, de Berkeley, recebeu uma carta de um grupo de guerrilha de esquerda chamado Exército Simbionês de Libertação (ESL), incluindo, como prova do sequestro, o cartão de crédito de Patty Hearst. A carta avisava que qualquer um que tentasse interferir seria executado e exigia que todas as comunicações do ESL fossem publicadas na íntegra em todos os jornais, no rádio e na TV. Em 12 de fevereiro, a emissora recebeu uma gravação do ESL, em que Hearst era ouvida dizendo a seus pais que

Por que eles capturaram Patty? Para ganhar a atenção do país, antes de tudo. Ela era de uma família rica e poderosa.
Agência Federal de Investigação (FIB) dos EUA

estava bem, não passava fome nem apanhara. Ela também dizia que a polícia não deveria tentar encontrá-la. O líder do ESL, Marshal Cinque, cujo nome real era Donald DeFreeze, extraiu 2 milhões de dólares (mais de 28 milhões de reais hoje) do pai de Patty em comida para os pobres da Califórnia. Mas quando o grupo pediu mais 4 milhões de dólares (cerca de 56 milhões de reais hoje) a ele, Hearst disse que não conseguiria obter a soma. e as negociações não foram além.

Nos dois meses após levarem Patty, seus sequestradores aparentemente a transformaram

SEQUESTRO E EXTORSÃO 189

Ver também: O Sequestro de Pocahontas 176 ▪ O Sequestro do Bebê Lindbergh 178-185 ▪ O Sequestro de John Paul Getty III 186-187

Patty Hearst posa com uma arma em frente à bandeira do ESL em 1974. Após 57 dias de cativeiro, ela aderiu ao grupo, mas ainda não está claro se continuou a ser uma vítima ou se tornou uma criminosa.

numa cúmplice ativa. Em outra gravação, a herdeira declarou sua lealdade ao ESL, dizendo que tinha recebido a opção de ser libertada ou se juntar ao ESL e lutar pela libertação de todas as pessoas oprimidas. Patty afirmou que tinha escolhido ficar e lutar ao lado de seus captores. Em meados de abril de 1974, sob o *nom de guerre* "Tania", Patty participou de um roubo a banco em San Francisco, em que as câmeras de segurança a fotografaram segurando um rifle.

Tiroteio sangrento

O caso teve uma reviravolta em 16 de maio de 1974, quando dois membros do ESL tentaram roubar um cinto de munições numa loja em Los Angeles. Eles fugiram numa van, encontrada depois na casa onde o grupo se escondia. No dia seguinte, a polícia cercou o lugar. Um grande tiroteio se seguiu e a casa pegou fogo. Seis membros do ESL foram mortos no incêndio, entre eles DeFreeze, mas Patty não estava entre os mortos. Ela e dois outros membros tinham escapado e viram o drama num quarto de hotel de estrada, na primeira transmissão ao vivo por TV de um evento não programado.

Em setembro de 1975, dezenove meses após o início de seu tormento, o FBI capturou Patty. Em março de 1976, ela foi julgada e condenada a sete anos de prisão por assalto a mão armada a banco e outros crimes. O júri não achou plausível a teoria da defesa de que Patty tinha sofrido uma lavagem cerebral pelo ESL, embora hoje o caso seja visto por muitos como um claro exemplo de síndrome de Estocolmo. Patty só cumpriu 21 meses de sua pena. O presidente Jimmy Carter comutou a pena para tempo já cumprido, alegando que, se ela não tivesse sido submetida a experiências degradantes como vítima do ESL, jamais teria participado dos atos criminosos do grupo. Ela foi libertada em fevereiro de 1979. Vários outros membros do ESL que foram capturados com Patty se declararam culpados do sequestro da herdeira. Em 2001, em um dos últimos atos de seu mandato, o presidente Bill Clinton concedeu a Patty o perdão pleno. ▪

A síndrome de Estocolmo

Em agosto de 1973, quatro empregados de um banco em Estocolmo, na Suécia, foram feitos reféns em sua caixa-forte por seis dias. Os captores eram o foragido Jan-Erik Olsson e o colega condenado Clark Olofsson, cuja libertação Olsson tinha negociado com a polícia. Estranhamente, embora temessem pela vida durante o sequestro, as vítimas formaram um forte vínculo de simpatia com seus captores, parecendo até ficar contra a polícia. Quando o impasse terminou, reféns e condenados se abraçaram, beijaram e deram as mãos. O apego aparentemente irracional das vítimas confundiu as pessoas, e logo um psiquiatra cunhou a expressão "síndrome de Estocolmo" para explicar essa reação psicológica. Hoje se acredita que num cenário de sequestro ou em que há reféns, uma ligação com o captor é um mecanismo de sobrevivência adotado subconscientemente sob extremo estresse. O banco de dados do FBI informa que cerca de 8% das vítimas mostram sinais da síndrome.

AINDA DURMO COM UMA LUZ ACESA. NÃO CONSIGO ANDAR DE METRÔ

O SEQUESTRO DE CHOWCHILLA, 15 DE JULHO DE 1976

O SEQUESTRO DE CHOWCHILLA

EM CONTEXTO

LOCAL
Chowchilla, Califórnia, EUA

TEMA
Sequestro em massa

ANTES
6 de outubro de 1972 Dois estucadores, Edwin John Eastwood e Robert Clyde Boland, sequestram seis alunos e um professor numa escola no povoado de Faraday, em Victoria, na Austrália, mas as vítimas escapam.

DEPOIS
14 de abril de 2014 O grupo militante islâmico Boko Haram sequestra 276 alunas da Escola Pública Secundária Feminina de Chibok, na Nigéria. Uma menina é resgatada em maio de 2016, e em 13 de outubro de 2016 mais 21 são libertadas pelos sequestradores.

Um caminhão-baú enterrado foi usado como cativeiro no sequestro. Aqui ele está sendo desenterrado por operários da pedreira de Livermore, depois que as 26 crianças escaparam.

O dia 15 de julho de 1976 era um típico dia de verão no vale central da Califórnia – quente, seco e ensolarado, com a temperatura avançando para os 38 graus Celsius. O clima ideal para as crianças brincarem na água, e era exatamente o que 26 alunos da escola de verão de Chowchilla tinham feito quando o motorista de ônibus Ed Ray as buscou na piscina da comunidade pouco antes das 16 horas.

Dirigindo por pomares na volta para a escola, Ray viu uma van branca bloqueando um trecho isolado da Avenue 21, no lado sul da cidade. Ao desacelerar, cuidando para que as crianças não se machucassem, viu três homens com armas e cabeças cobertas por meias femininas de náilon saírem de trás da van. Os homens o mandaram parar e se apossaram do ônibus.

Viagem aterrorizante

A intenção do grupo não era apenas roubar o veículo. Era um plano de sequestro. Com Ray e as crianças ainda a bordo, os homens dirigiram para um lamaçal próximo – um córrego intermitente escondido por um bambuzal e outras plantas – onde amontoaram Ray e as crianças, de 5 a 14 anos, na traseira de duas vans brancas. Os sequestradores abandonaram o ônibus no leito seco do riacho e partiram nas duas vans. Foi uma viagem penosa para as crianças. Sem água ou paradas para ir ao banheiro e com as janelas escurecidas para que não vissem aonde estavam indo, as crianças suportaram onze horas de trajeto.

Algumas das mais novas vomitaram por causa do enjoo. As mais velhas cantavam músicas populares para animá-las, entre elas "Boogie fever", "Love will keep us together", e, ironicamente, o sucesso dos acampamentos de verão "If you're happy and you know it clap your hands".

Enterrados vivos

Finalmente, nas primeiras horas de 16 de julho, as vans pararam numa pedreira em Livermore, a cerca de

Ele era um homem corajoso. Manteve 26 crianças assustadas sob controle e nos fez sentir seguros.
Jodi Heffington-Medrano

SEQUESTRO E EXTORSÃO 193

Ver também: O Sequestro do Bebê Lindbergh 178-185 ▪ O Sequestro de Natascha Kampusch 196-197 ▪ O Assassino Zodíaco 288-289 ▪ O Sequestro de Ingrid Betancourt 324-325

160 quilômetros de Chowchilla. Os sequestradores tomaram o nome de seus reféns e um item da roupa de cada um, depois os mandaram entrar num caminhão-baú velho da Allied Van Lines que estava enterrado abaixo do chão.

Ventilado por dois tubos, o baú do caminhão estava equipado com alguns colchonetes e boxes de colchões sujos. A única comida fornecida – cereais matinais, manteiga de amendoim, pão e água – mal era suficiente para uma refeição. Quando todos os cativos estavam dentro, os sequestradores fecharam a abertura no teto do baú, mergulhando o interior dele na escuridão. Eles jogaram terra sobre o teto, enterrando os reféns vivos, que ficaram amontoadas no escuro da caixa de metal, com o calor da Califórnia tornando o cheiro de vômito e a imundície insuportáveis.

Quando viram que o ônibus não chegara à Dairyland Elementary School, os pais começaram a ligar para a escola. Presumindo que o ônibus tinha quebrado, os funcionários da escola foram para a estrada, mas não encontraram nada. Às 18 horas, a polícia de Chowchilla »

Era como um túmulo, escuro. Todos tinham sujado as calças, com os corpinhos suados aos 43° C.
Lynda Carrejo Labendeira

Os erros do sequestro de Chowchilla

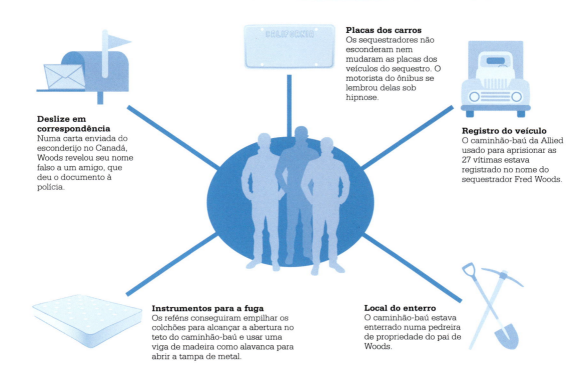

Deslize em correspondência
Numa carta enviada do esconderijo no Canadá, Woods revelou seu nome falso a um amigo, que deu o documento à polícia.

Placas dos carros
Os sequestradores não esconderam nem mudaram as placas dos veículos do sequestro. O motorista do ônibus se lembrou delas sob hipnose.

Registro do veículo
O caminhão-baú da Allied usado para aprisionar as 27 vítimas estava registrado no nome do sequestrador Fred Woods.

Instrumentos para a fuga
Os reféns conseguiram empilhar os colchões para alcançar a abertura no teto do caminhão-baú e usar uma viga de madeira como alavanca para abrir a tampa de metal.

Local do enterro
O caminhão-baú estava enterrado numa pedreira de propriedade do pai de Woods.

O SEQUESTRO DE CHOWCHILLA

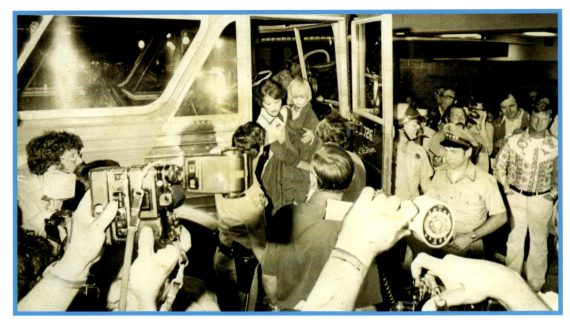

As crianças se reúnem a seus pais chorosos em Chowchilla, enquanto repórteres e fotógrafos se aglomeram ao seu redor. Todas as 27 vítimas voltaram para casa neste ônibus da Greyhound.

e o xerife do condado foram notificados do desaparecimento.

Um delegado descobriu o ônibus abandonado às 20 horas, mas sem sinal do motorista ou das crianças. Investigadores de cenas de crime acharam rastros de pneus saindo do lamaçal, mas nenhuma outra evidência de como 27 pessoas tinham simplesmente sumido. Chowchilla entrou em crise. Repórteres afluíram à cidade e começaram a circular teorias sobre o que poderia ter ocorrido – desde o Assassino Zodíaco (ver pp. 288-289) e terrorismo até um simples sequestro e pedido de resgate. Enquanto isso, os sequestradores foram ao esconderijo dormir um pouco. Quando acordaram, na manhã de 16 de julho, planejavam telefonar às autoridades de Chowchilla com um pedido de resgate de 24 milhões de reais, fornecendo os nomes do motorista e das crianças. Se fosse preciso mais provas, entregariam as amostras de roupas num lugar onde as autoridades pudessem facilmente achá-las. Só havia uma falha no plano: as linhas de telefone da polícia de Chowchilla estavam tão ocupadas com palpiteiros, repórteres e pais que os sequestradores não conseguiram ligar.

A grande escapada

Dentro do caminhão-baú, Mike

Quando todos estávamos fora, começamos a caminhar. Um homem apareceu e disse: "Oh, meu Deus. Vocês são aquelas crianças".
Jodi Heffington-Medrano

Marshall, o filho de 14 anos de um caubói de rodeio, decidiu que não morreria sem tentar escapar. Com a ajuda de Ray e outros meninos, Marshall empilhou os colchões alto o bastante para alcançar a abertura no teto do baú. Bloqueando o caminho havia uma placa de aço, duas baterias pesadas de trator e uma pilha de terra de um metro de profundidade. Usando vigas de madeira tiradas dos boxes de colchões como alavanca, eles conseguiram mover a placa, arrastar as baterias e escavar para cima a terra.

Após dezesseis horas sob a terra, as crianças de Chowchilla escaparam. Não tinham andado muito quando foram vistas por um

SEQUESTRO E EXTORSÃO 195

vigia da pedreira, que as reconheceu de imediato. Após 36 horas, desde o sequestro do ônibus, as crianças se reuniram aos pais.

De início as autoridades pensaram que o sequestro tinha sido cometido por criminosos conhecidos da região. Eles vasculharam sem resultado seus registros em busca de alguém que conferisse com o perfil. Ray, que tentara lembrar os detalhes do sequestro, concordou em se submeter a hipnotismo para ajudar nas investigações e, assim, conseguiu lembrar a placa toda de uma van e parte da segunda – o bastante para dar às autoridades sua primeira grande pista. Eles logo descobriram que o caminhão-baú velho da Allied estava registrado no nome de Fred Woods, o filho do dono da pedreira. As autoridades só podiam supor os motivos de Wood e seus cúmplices.

Jim Schoenfeld, Fred Woods e Richard Schoenfeld (esq. para dir.), sentados no tribunal, foram condenados à prisão perpétua sem possibilidade de condicional por 27 acusações de sequestro.

Plano fracassado
Aspirantes a magnatas do cinema, os três homens queriam o dinheiro do resgate para recuperar as perdas de um projeto imobiliário. Woods e os cúmplices – Richard e James Schoenfeld, filhos de um rico podólogo de Menlo Park – tinham imaginado o sequestro como um crime perfeito, mas agora ele estava desmoronando. Após saber pela mídia que os reféns tinham escapado, os homens decidiram fugir.

Woods voou para Vancouver e se instalou num hotel sob nome falso. Jim Schoenfeld planejava ir de carro encontrá-lo, mas seu comportamento suspeito levou os guardas de fronteira a negar sua entrada no Canadá. Rick Schoenfeld, enquanto isso, voltou para casa na Bay Area e se entregou. Quando soube que o irmão estava sob custódia, Jim também voltou para casa e logo foi preso.

Woods, enquanto isso, foi detido no Canadá depois de escrever uma carta a um amigo nos EUA onde colocou seu nome falso. Os três se declararam culpados do sequestro e receberam pena perpétua. ∎

Stress pós-traumático induzido por crime

Segundo o Centro Nacional para Vítimas de Crimes dos EUA, os soldados não são os únicos a sofrer de transtorno de estresse pós-traumático (TEPT). A síndrome também é vista em vítimas de traumas civis e violência criminal.

Os sintomas de TEPT incluem flashbacks e pesadelos, letargia, indiferença, ansiedade e raiva. Audiências de apelação e para liberdade condicional podem causar reações de stress nas vítimas muitos anos após os crimes.

No caso do Sequestro de Chowchilla, os pais das vítimas demoraram a admitir preocupação com a saúde mental das crianças e só pediram ajuda cinco meses depois. Um estudo realizado com 23 das vítimas um ano após o evento – e de novo quatro anos depois – revelou que todas tiveram TEPT. Cinco crianças que por pouco não foram levadas – por terem sido entregues em casa antes do sequestro – também ficaram traumatizadas. Hoje com seus 50 anos, muitas das vítimas relatam ansiedade prolongada, depressão e abuso químico.

EU SEMPRE ME SENTIA UMA POBRE GALINHA NUM GALINHEIRO
O SEQUESTRO DE NATASCHA KAMPUSCH, 1998-2006

EM CONTEXTO

LOCAL
Viena, Áustria

TEMA
Sequestro de criança

ANTES
1984 A austríaca Elisabeth Fritzl, de 18 anos, é presa pelo pai, Josef, no porão da casa da família. Ela fica lá por 24 anos e dá à luz sete crianças, todas filhas de Josef.

1990 No Japão, a escolar Fusako Sano, de 9 anos, é raptada por Nobuyuki Sato, um desempregado mentalmente perturbado, que a mantém presa por nove anos.

DEPOIS
2013 Três mulheres americanas, Amanda Berry, Michelle Knight e Georgina DeJesus, fogem da casa de Ariel Castro, que as prendeu, as estuprou e as manteve famintas por dez anos.

Na manhã de 2 de março de 1998, Natascha Kampusch, de 10 anos, começou a caminhada de casa à escola, num subúrbio de Viena. Ela nunca chegou lá.

O engenheiro de telecomunicações desempregado Wolfgang Priklopil, de 44 anos, sequestrou a criança na rua e levou-a para sua casa, no subúrbio de Strasshof, a apenas trinta minutos de carro. Depois que uma testemunha de 12 anos relatou ter visto Natascha ser arrastada para um micro-ônibus branco por dois homens, a polícia investigou os donos de 776 veículos – entre eles Priklopil. Ao ser interrogado, ele disse à polícia que estava sozinho no momento do sequestro, usando o micro-ônibus para retirar o entulho de uma obra em sua casa. Ele não foi mais questionado e não houve busca em sua residência.

Uma prisioneira secreta
Nos oito anos seguintes, Priklopil manteve Natascha cativa num porão de cinco metros quadrados à prova de som e sem janelas, sob sua garagem. O espaço era bem

Os efeitos de um cativeiro de longa duração

Após se libertar de seu longo confinamento, Natascha Kampusch recebeu tratamento intensivo de médicos e psicólogos para ajudá-la a conviver com sua experiência. O cativeiro prolongado pode ter um impacto psicológico profundo nas vítimas, em especial se o sequestrador também for violento ou um abusador sexual. Os especialistas dizem que a determinação de qualquer pessoa privada de autonomia acaba se estilhaçando. Conforme sofrem trauma após trauma, param de lutar com seus captores, e muitas vezes se rendem à impotência. A submissão pode dar lugar à depressão, distúrbio dissociativo, stress pós-traumático e ansiedade. Quando as vítimas são libertadas do confinamento, os psicólogos dizem que o que mais precisam é de tempo com a família e pessoas amadas para que se recuperem e assimilem bem seu ambiente doméstico. Ter uma oportunidade de falar sobre sua experiência, se e quando escolherem, também ajuda na recuperação.

SEQUESTRO E EXTORSÃO

Ver também: O Sequestro do Bebê Lindbergh 178-185 ▪ O Sequestro de John Paul Getty III 186-187 ▪ O Sequestro de Patty Hearst 188-189

> Você viu meu calabouço [...] Você sabe como era pequeno. Era um lugar de desespero.
> **Natascha Kampusch**

escondido e tão seguro que se levava uma hora para entrar nele. Logo no início, Priklopil avisou Natascha que tinha uma arma e que a mataria se tentasse fugir. Ele disse que as portas e janelas da casa tinham armadilhas com explosivos.

Conforme os anos passaram e Natascha se tornou adolescente, ficou menos dócil em relação a seu captor. Priklopil reagiu intensificando esforços para consolidar seu domínio sobre ela: começou a bater regularmente nela, a fazê-la passar fome e a mantê-la no escuro por longos períodos. Ele também a levou para cima, para limpar a casa. Em algumas poucas ocasiões, saiu com Natascha, mas a menina ficava com medo demais para fugir ou se dirigir às pessoas que encontrava.

Libertação

Em 23 de agosto de 2006, quando tinha 18 anos, Natascha afinal teve uma chance de escapar. Priklopil tinha pedido que ela aspirasse o interior do carro dele, estacionado no quintal. Ele recebeu uma chamada no celular e se afastou por um momento do barulho. Natascha deixou o aspirador funcionando e simplesmente andou até o portão. Ela começou então a correr pela rua, implorando ajuda aos passantes. A princípio foi ignorada, mas finalmente convenceu alguém a chamar a polícia. No dia da fuga de Natascha, Priklopil procurou um amigo próximo e confessou seu crime, dizendo: "Sou um sequestrador e estuprador". Então ele se matou pulando na frente de um trem.

Quando Natascha surgiu, a polícia austríaca foi criticada por não ter investigado certas pistas após seu desaparecimento. Nos anos que se seguiram, persistiram rumores de que Priklopil tinha um cúmplice – impulsionados pela insistência da jovem testemunha de que dois homens tinham levado Natascha. Em 2012, uma investigação internacional

Natascha Kampusch comprou depois a casa onde foi mantida numa cela (acima), para evitar que se tornasse um "parque temático".

de nove meses, com a participação de especialistas do FBI, concluiu que era altamente provável que Priklopil tinha agido sozinho.

O suplício traumático de Natascha Kampusch e sua fuga sensacional estamparam manchetes globais. Em 2011, ela escreveu um relato de seu cativeiro, *3.096 dias*; em 2016, publicou outro livro, *Dez anos de liberdade*, em que refletia sobre a dificuldade de se ajustar a sua nova vida, sob o escrutínio constante do público. ∎

CASOS D
ASSASS

NATOS

200 INTRODUÇÃO

Achado numa caverna no norte da Espanha, o crânio com marcas de espancamento de um homem de Neandertal é a **evidência mais antiga de assassinato**.

430.000 A.C.

A absolvição do assassino Daniel M'Naghten **por motivo de insanidade** cria um precedente legal no direito inglês.

1843

Nos EUA, **Lizzie Borden**, a **principal suspeita** do assassinato a machadinha de seu pai e sua madrasta, é absolvida.

1892

O **doutor Hawley Crippen** é enforcado na Prisão de Pentonville, em Londres, pelo assassinato de sua mulher, Cora.

1910

1762

O comerciante de roupas francês **Jean Calas é executado** pelo assassinato de seu filho mais velho, que pretendia se converter ao catolicismo.

1879

A empregada doméstica Kate Webster, conhecida como **Assassina da Banha**, é executada em Londres por matar sua empregadora.

1905

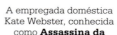

Na Inglaterra, os irmãos Stratton são condenados graças a provas de **impressão digital** e executados.

1914

Em Paris, um júri só de homens cita a **"incontrolável paixão feminina"** ao absolver madame Henriette Caillaux de assassinato.

N os EUA e no Reino Unido, o homicídio é a morte de uma pessoa causada por outra. Embora nem todos os homicídios sejam assassinatos, todo assassinato é um homicídio. Porém, enquanto o homicídio pode ser tolerado, ou até defendido, como nas execuções aprovadas pelo Estado, o assassinato é sempre condenado. Ele é em geral definido como "a morte *ilegal* de um ser humano com premeditação".

Assassinatos por grau

A lei distingue entre diferentes tipos de assassinato, que variam conforme a jurisdição legal. O grau de premeditação é crítico. Nos EUA, a maioria dos estados distingue entre assassinato premeditado; intenção de causar sério dano corporal que resulta em assassinato; morte resultante de negligência extrema; e assassinato cometido por um cúmplice durante um crime grave. Já no Reino Unido, o assassinato em primeiro grau envolve premeditação, enquanto aquele em segundo grau ocorre no calor do momento, com uma clara intenção de matar, mas sem um plano prévio. O caso do carpinteiro Daniel M'Naghten, em Londres, em 1843, instituiu o precedente de "absolvição de assassinato por motivo de insanidade". Segundo o direito inglês, isso só pode ocorrer se o réu for capaz de provar claramente que, "no momento do crime, a parte acusada agiu com a razão tão anuviada por doença mental, que não sabia a natureza e a qualidade do ato que cometia; ou, se sabia, não entendia que o que estava fazendo era errado". A maioria dos estados dos EUA têm uma lei similar referente à sanidade mental.

Assassinatos a sangue-frio

Fora do sistema de justiça penal, os criminologistas classificam a violência como "reativa" ou "instrumental". A violência reativa é explosiva, ocorre espontaneamente e caracteriza a maioria dos homicídios. Os assassinatos descritos neste capítulo são instrumentais: a sangue-frio, premeditados e com um objetivo. Suas motivações variam muito, do lucro (os irmãos Stratton) e da satisfação sexual (o assassinato de Dália Negra) à vingança (Roberto Calvi).

Historicamente, muitas mulheres de classe média e alta têm escapado da condenação devido a falsas ideias sobre feminilidade e violência. O caso mais chocante foi o de madame Caillaux, apanhada em flagrante por assassinato premeditado na França do início do século XX, mas absolvida

CASOS DE ASSASSINATO 201

Elizabeth Short, conhecida como **Dália Negra**, é assassinada e desmembrada em Los Angeles por um assassino desconhecido.

1947

Charles Whitman comete o Massacre da Torre do Texas, o **primeiro ataque a tiros em massa** num campus nos EUA.

1966

Mark David Chapman **mata John Lennon a bala**, em Nova York.

1980

O ex-astro do futebol americano **O. J. Simpson** é julgado pelo assassinato da ex-mulher, Nicole, e de um amigo dela, Ron Goldman.

1995

1948

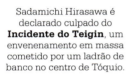

Sadamichi Hirasawa é declarado culpado do **Incidente do Teigin**, um envenenamento em massa cometido por um ladrão de banco no centro de Tóquio.

1969

Na Califórnia, a **Família Manson**, semelhante a uma seita, comete nove assassinatos num período de cinco semanas.

1993

Dois garotos de 10 anos se tornam os **assassinos mais jovens condenados** na história britânica, pela morte de James Bulger.

1996-1997

Nos EUA, os astros rivais do hip-hop Tupac Shakur e Biggie Smalls são assassinados em dois diferentes **ataques a tiros de carro**.

---

porque se acreditava que as mulheres não conseguiam controlar suas emoções. De modo similar, o julgamento da assassina americana Lizzie Borden, que usou uma machadinha, foi regido pela crença de que uma senhora era incapaz de matar com esse instrumento. Essas atitudes, porém, não protegeram a empregada Kate Webster, no século XIX, em Londres, que matou sua rica patroa, nem Lindy Chamberlain, cuja inesperada reação calma ante o sumiço de seu bebê levou a sua injusta condenação por "esfaqueá-lo" até a morte na Austrália, nos anos 1980.

O estigma social e as pesadas penas resultantes de uma condenação injusta por assassinato podem devastar a vida de um inocente. O ex-fuzileiro naval dos EUA Kirk Bloodsworth passou nove anos no corredor da morte antes de ser inocentado. O artista japonês Sadamichi Hirasawa, que por muitos foi considerado inocente no caso das mortes no Banco Teigin, morreu atrás das grades sem que seu nome fosse limpo. Mesmo inocentado, o acusado permanece com uma mancha em sua história – em especial quando o réu é uma celebridade, como O. J. Simpson.

Assassinatos em massa
Os assassinatos em massa são considerados uma categoria separada e envolvem quatro ou mais mortes no mesmo lugar: o Massacre da Torre do Texas e o Incidente do Teigin são exemplos desse tipo de crime.

A Família Manson tende a ser caracterizada por uma "espiral de crimes" – quando indivíduos ou grupos alienados embarcam numa fúria criminosa. Embora o número de vítimas desse tipo de crime seja maior que em homicídios únicos, duplos ou triplos, invariavelmente eles são considerados como eventos únicos pelo público em geral. Em contraste com um serial killer, o assassino da espiral de crimes não volta à rotina de sua vida diária, para atacar de novo numa data futura. Tipicamente, ou ele não reincide ou, tendo atravessado a linha, continua a matar até ser morto ou preso.

Avanços tecnológicos no campo das ciências forenses – do perfil de DNA à reconstrução facial forense – permitem a investigadores reabrir casos fechados e não resolvidos. Esses avanços também tornam cada vez mais difícil a pessoas culpadas andar livremente e, de modo análogo, a um inocente ser preso. ∎

UM CASO INVULGARMENTE CLARO, COMO UMA "ARMA FUMEGANTE"
O ASSASSINATO DO NEANDERTAL, 430 MIL ANOS ATRÁS

EM CONTEXTO

LOCAL
Montanhas Atapuerca, norte da Espanha

TEMA
Primeiro assassinato conhecido

DEPOIS
5000 a.C. Num assentamento do início do Neolítico, no sudoeste alemão, quinhentas pessoas – de bebés a adultos – são mortas e canibalizadas.

392-201 a.C. Na Irlanda, dois homens são torturados e mortos em um ritual de sacrifício e os corpos são jogados num pântano de turfa. Seus restos mumificados são encontrados por trabalhadores em 2003.

c. 367 d.C. Em Vindolanda, um forte romano perto da Muralha de Adriano, na Itália, uma criança de 10 anos é morta por um golpe na cabeça e enterrada num buraco do piso de um alojamento de soldados. O esqueleto é descoberto em 2010.

Cerca de 430 mil anos atrás, no alto das montanhas Atapuerca, no norte da Espanha, foi cometido um ataque letal. A vítima, um jovem de Neandertal, recebeu dois golpes na cabeça, acima do olho esquerdo. Eles foram dados com o mesmo instrumento, mas em ângulos diferentes, indicando golpes separados e deliberados.

Em algum momento após sua morte, o corpo da vítima foi lançado num poço vertical de treze metros, dentro de um complexo de cavernas. Os restos permaneceram ali até que uma equipe internacional de arqueólogos descobriu o local – chamado Sima de los Osos [Poço dos Ossos] – em 1984.

Revelações históricas

O crânio da vítima – chamado de "Cranium 17" – estava esmagado em 52 fragmentos, entre mais de 6.500 ossos pertencentes a pelo menos 28 humanos antigos desenterrados na caverna subterrânea. Não está claro como os corpos foram parar lá, mas acredita-se que possam ter sido depositados deliberadamente no poço após a morte. Isso indica que os humanos antigos começaram a enterrar – ou pelo menos recolher – seus mortos muito antes do que se pensava. Análises científicas do crânio da vítima, que incluem tomografia e um modelo 3D, levaram à conclusão de que o dono do Cranium 17 não morreu por acidente, mas por violência de um colega, podendo representar o primeiro caso de assassinato na história humana. ∎

Técnicas forenses modernas foram usadas para estudar o ângulo das duas fraturas na testa do Cranium 17 e recriar as trajetórias de impacto. Os resultados sustentam a teoria de assassinato.

PERPETRADO COM A ESPADA DA JUSTIÇA
JEAN CALAS, 1761

EM CONTEXTO

LOCAL
Toulouse, França

TEMA
Execução injusta

ANTES
1673 A colona americana Rebecca Cornell morre num incêndio doméstico acidental. Mas seu filho Thomas, com o qual não se entendia, é enforcado após rumores serem oferecidos como provas em seu julgamento.

DEPOIS
1785 Anna Göldi, empregada doméstica suíça de um médico, é acusada de feitiçaria por seu empregador (e amante rejeitado) e é executada. Em 2007, o parlamento suíço declara o caso um erro judiciário.

1922 Na Austrália, Colin Campbell Ross é enforcado pelo assassinato de uma menina de 12 anos. O caso é reexaminado com técnicas forenses modernas e Ross é perdoado postumamente em 2008.

Numa noite de outubro de 1761, Marc-Antoine Calas foi encontrado enforcado na loja de tecidos de seu pai, Jean. Acreditou-se que o francês, mergulhado em dívidas, tinha se matado. Sua morte intempestiva foi uma tragédia pessoal para a família, mas, como huguenotes (protestantes) que viviam num implacável país católico romano, seus problemas só tinham começado. Multidões se juntaram e as suspeitas cresceram: dizia-se que Marc-Antoine estava prestes a converter-se ao catolicismo e que o pai o tinha matado para impedi-lo. Jean Calas foi detido pelas autoridades, além de quatro outros suspeitos.

Um julgamento terrível
O magistrado de Toulouse pediu às testemunhas que se apresentassem. Elas expuseram apenas boatos, mas na França do século XVIII isso era aceito como prova. O caso de Calas foi enviado a um tribunal de apelação, que também o condenou. A sentença determinava que Calas fosse interrogado sob tortura, na esperança de que confessasse e incriminasse seus quatro cúmplices. Mas Calas declarou o tempo todo sua inocência. Ele foi então supliciado na roda, estrangulado e queimado.

Pouco depois, o filósofo Voltaire se ocupou do caso de Calas, acreditando que sua condenação fora injusta. Numa campanha de imprensa, Voltaire convenceu a muitos de que o Judiciário tinha permitido que o preconceito contra os huguenotes influenciasse o veredicto. Após uma cruzada de três anos, a condenação de Calas foi anulada. ■

Aparentemente o fanatismo está com raiva do sucesso da razão e o combate cada vez com mais fúria.
Voltaire

Ver também: Sadamichi Hirasawa 224-225 ▪ Elizabeth Báthory 264-265 ▪ O Caso Dreyfus 310-311

ABSOLVIDO POR MOTIVO DE INSANIDADE
DANIEL M'NAGHTEN, 1843

EM CONTEXTO

LOCAL
Londres, Reino Unido

TEMA
Assassinato fracassado

ANTES
1800 James Hadfield tenta balear o rei Jorge III num teatro londrino. Ele é julgado por alta traição, mas absolvido por motivo de insanidade quando os médicos fornecem provas de seu estado mental. Ele passa o resto da vida num hospital.

DEPOIS
1954 Monte Durham, um jovem com histórico de doença mental, é condenado por arrombamento em Washington, DC. A corte de apelação decide que ele não é criminalmente responsável por ser doente mental, alargando a defesa para além do conhecimento do que é certo e errado. Mais tarde isso é revertido.

Na Inglaterra do século XIX, havia séculos se aceitava que alguns réus não seriam responsabilizados por suas ações, por motivo de "defeitos" mentais. Os tribunais também faziam uma diferenciação entre criminosos que distinguiam ou não o certo do errado. Mas, em 1843, um caso desafiou o *status quo*, redundando num novo padrão de avaliação da responsabilidade criminal dos réus que alegavam insanidade.

Identidade errada
Em 20 de janeiro de 1843 o carpinteiro escocês Daniel M'Naghten decidiu matar o primeiro-ministro do Reino Unido, o conservador Robert Peel, em Londres. Com a intenção criminosa, ele abordou um homem que pensava ser Peel andando rumo à Downing Street, sede do governo. Era, na verdade, Edward Drummond, o secretário de Peel. M'Naghten sacou com calma uma pistola e atirou à queima-roupa nas costas de Drummond. Ele foi detido por um policial próximo antes de poder dar o segundo tiro. Drummond morreu alguns dias depois, e M'Naghten foi acusado de seu assassinato.

É quase certo que Daniel M'Naghten sofria de esquizofrenia paranoide. Seu julgamento foi um marco ao estabelecer uma definição legal de insanidade criminal.

Culpado, mas insano
No julgamento de M'Naghten, os advogados de defesa chamaram nove testemunhas que afirmaram que ele vinha agindo "de modo suspeito" e tinha delírios paranoicos. O acusado admitiu seu plano de assassinar o primeiro-ministro Peel depois de ser "levado ao desespero pela perseguição". Durante o interrogatório policial, M'Naghten disse que era assombrado pelos

CASOS DE ASSASSINATO 205

Ver também: Jeffrey Dahmer 293 ▪ O Assassinato de Abraham Lincoln 306-309 ▪ O Assassinato de John F. Kennedy 316-321

conservadores do governo, que o seguiam em toda parte, e que queria matar Peel. A promotoria alegou que, apesar do que chamou de "insanidade parcial", M'Naghten era capaz de distinguir o certo do errado. Porém, o júri não o considerou culpado, devido à insanidade, e ele foi condenado a passar o resto da vida num hospital psiquiátrico.

A absolvição do assassino provocou protestos intensos: até a rainha Vitória, que tinha sido vítima de tentativas de assassinato, manifestou insatisfação. Nunca, num caso que envolvesse alguém importante, fora aceita a defesa por insanidade.

Testes legais

Sem poder ignorar a grande insatisfação do público e da realeza, o governo convocou um painel de juízes para responder a uma série de perguntas sobre a lei da insanidade, aplicada no julgamento de M'Naghten. Suas respostas estabeleceram um teste específico – conhecido como regra de M'Naghten – a ser aplicado pelo júri em casos semelhantes. Segundo a regra, presume-se a sanidade do réu criminal e, para que uma alegação de insanidade seja aceita, é preciso provar que ele tem um problema ou doença mental e que não estava ciente de que o que fez era errado. A regra ainda é usada em muitos países hoje. Nos EUA, ela foi modificada em alguns estados para incluir uma disposição de "impulso irresistível".

Um réu pode ser considerado inocente por razão de insanidade se sabe a diferença entre certo e errado, mas não consegue se impedir de cometer um ato criminoso.

Em quase todos os casos, a absolvição por motivo de insanidade leva a uma pena em uma instituição de saúde mental por um número indefinido de anos – e até de modo perpétuo. ▪

A Regra de M'Naghten

Presume-se a sanidade do réu.

↓

Seus representantes legais montam uma defesa que **prova que ele não é são**.

A defesa **mostra** que o réu não entendeu o crime ou não distingue o certo do errado.

↓

Veredicto de absolvição por motivo de insanidade.

Os hospícios abrigavam os assassinos insanos do Reino Unido até 1863, quando Broadmoor, o primeiro hospital psiquiátrico, foi fundado.

Hospitais para os criminosos insanos

As instituições para criminosos insanos existem desde o início do século XIX. No Reino Unido, elas foram criadas pela Lei dos Loucos Criminosos de 1800 para evitar que criminosos insanos fossem para prisões e hospícios, mas logo ganharam fama pelo tratamento ruim e más condições. As instituições para insanos criminosos funcionam supostamente como outros estabelecimentos de saúde, mas, na verdade, muitas vezes põem em risco pacientes e funcionários. Nos EUA, o Bridgewater State Hospital, no sul de Massachusetts, motivou muitas polêmicas devido à morte e à violência contra detentos e ao uso exagerado de amarras. Por outro lado, os funcionários também ficam em risco. *Atrás dos portões de Gomorra*, de Stephen Seager, faz um relato contundente da violência crônica cometida por um pequeno número de pacientes que ele testemunhou ao trabalhar como psiquiatra no Napa State Hospital, na Califórnia.

DEU O AVISO PRÉVIO A KATHERINE
A ASSASSINA DA BANHA, 1879

EM CONTEXTO

LOCAL
Richmond, Surrey, Reino Unido

TEMA
Assassinato por dinheiro

ANTES
1809 Mary Bateman, a Bruxa de Yorkshire, é enforcada pelo assassinato de Rebecca Perigo. Foi uma das primeiras pessoas condenadas a ser publicamente dissecada.

9 de agosto de 1849 Maria Manning, uma criada suíça, e seu marido Frederick matam o amante de Maria, Patrick O'Connor, e o enterram na cozinha. Eles são pegos dias depois, julgados e executados em 13 de novembro de 1849, em Londres.

DEPOIS
1977-1978 O escocês Archibald Hall, o "Mordomo Monstruoso", mata quatro pessoas enquanto trabalha para aristocratas britânicos. Ele é condenado à prisão perpétua.

Na última vez em que Henry Porter vira sua amiga irlandesa Kate Webster, ela tinha acabado de sair da prisão por roubo. Seis anos depois, em março de 1879, ela foi à casa dele, no oeste de Londres, elegante, num vestido de seda. Chamada agora senhora Thomas por casamento, Kate explicou que tinha herdado uma casa na afluente Richmond, em Surrey, mas queria vendê-la e tudo o que continha. Henry conhecia algum corretor de imóveis? Ele a apresentou a John Church.

Kate encarregou então o filho de Henry, Robert, de ajudá-la a carregar uma caixa de sua casa em Richmond até a estação de trem. Ele não desconfiou quando, no meio do caminho, ela lançou a caixa no rio Tâmisa.

Descoberta chocante
Infelizmente para Kate, a caixa foi levada pela correnteza e um dia depois foi vista por um carregador de carvão enquanto ele cruzava uma ponte. Na esperança de que contivesse bens roubados, ele a puxou e a abriu. Dentro havia um torso feminino estripado e duas pernas envolvidas em papel marrom. Horrorizado, ele chamou a

Separei a cabeça do corpo com uma navalha, que usei também para cortar depois a carne.
Kate Webster

polícia, que logo ligou o terrível achado a um pé humano cortado encontrado havia pouco ali perto.

Enquanto isso, em Mayfield Cottages, número 2, em Richmond, os vizinhos da senhora Julia Thomas, de 55 anos, estavam ficando preocupados. Ela não era vista havia duas semanas, embora sua empregada, Kate, ainda estivesse por ali. Em 18 de março, uma frota de carretas chegou à casa, contratada por John Church, para comprar a mobília da senhora Thomas por 68 libras. Quando lhes perguntaram quem tinha feito o negócio, os homens da mudança disseram: "a senhora Thomas", e apontaram para Kate, que fugiu e pegou um trem para Liverpool.

CASOS DE ASSASSINATO 207

Ver também: Lizzie Borden 208-211 ▪ Elizabeth Báthory 264-265

Criminologia antropológica

No século XIX, a pseudociência (teorias e métodos vistos erroneamente como científicos) gerou debates acadêmicos na Europa e nos EUA. Um exemplo foi a teoria da criminologia antropológica, do médico e criminologista italiano Cesare Lombroso. Usando de modo equivocado ideias darwinistas, Lombroso afirmava que os criminosos eram retrocessos evolutivos rumo ao homem primitivo e podiam ser identificados por características físicas, como braços desengonçados, testa inclinada, orelhas de abano, assimetria facial etc.

Kate Webster foi examinada por esses critérios em seu julgamento, com observadores de classe média e a mídia comentando seu "porte não feminino", forte, sem considerar que isso podia ser resultado de uma vida de trabalho braçal. No início do século XX, as ideias de Lombroso foram descartadas.

Church percebeu que a "senhora Thomas" era uma impostora. Ele chamou a polícia, que encontrou manchas de sangue, ossos de dedos carbonizados na lareira e uma vasilha de cobre na lavanderia cheia de banha humana. A Scotland Yard descobriu que Kate fugira para a Irlanda e lá foi presa. Em 2 de julho, foi julgada por assassinato no Old Bailey. Os detalhes revoltantes do crime emergiram nos seis dias de testemunhos.

Kate fora contratada por Julia Thomas em janeiro de 1879, mas as relações entre elas logo ficaram tensas. Julia criticava o trabalho da empregada, que bebia muito, e um mês depois a despediu, com aviso prévio de algumas semanas. Na tarde de 2 de março, Julia estava em casa esperando por Kate, para que a ajudasse a se arrumar para o culto na igreja local. Porém, Kate chegou tarde do pub e Julia se atrasou.

Quando Julia voltou da igreja, as duas discutiram. Kate afirmou que num acesso de raiva, bêbada, empurrou Julia pelas escadas e depois a estrangulou até a morte com as mãos, para evitar que gritasse. Usando uma serra de carne, uma faca e uma navalha, ela desmembrou o corpo, queimando porções maiores na cozinha.

Kate dividiu as partes do corpo de Julia entre uma valise de couro e uma caixa que depois jogou no rio. Em vez de fugir, Kate passou a vestir as roupas da patroa morta, assumir sua identidade e vender seus bens. Segundo alguns relatos, Kate ferveu o corpo de Julia e ganhou dinheiro vendendo a gordura como banha a pubs locais. Verdadeira ou não, a história levou muitos a apelidá-la de "Assassina da Banha". Kate foi condenada e enforcada em 29 de julho de 1879. ∎

O carrasco William Marwood usou sua técnica recém-aperfeiçoada de "queda longa", em que o pescoço era quebrado instantaneamente ao acabar de cair, para executar Kate Webster.

LIZZIE BORDEN PEGOU UM MACHADO E GOLPEOU A MÃE QUARENTA VEZES

LIZZIE BORDEN, 1892

EM CONTEXTO

LOCAL
Massachusetts, EUA

TEMA
Assassinato dos pais

ANTES
1497 Giovanni Borgia, filho do papa Alexandre VI, é esfaqueado várias vezes e lançado no rio Tibre, em Roma. Rumores inculpam famílias rivais, inimigas políticas, e o próprio irmão de Borgia, mas o crime não é resolvido.

DEPOIS
1996 Em 26 de dezembro, JonBenet Ramsey, de 6 anos, desaparece e um estranho bilhete pedindo resgate é achado na escada da casa da família no Colorado, nos EUA. Ela é encontrada depois estrangulada no porão, mas ninguém é acusado e a polícia ainda não tem ideia de quem a matou.

Num dia quente de agosto, em 1892, um agressor deu dezenove golpes de machadinha atrás da cabeça de Abby Borden e desfechou mais onze no rosto de seu marido, Andrew, enquanto ele dormia. Um exame médico posterior deduziu que o casal foi morto com cerca de duas horas de intervalo.

Às 6h15, a empregada dos Bordens, Bridget ("Maggie") O'Sullivan, acordou para pegar lenha no porão da casa deles na Second Street, 92, em Fall River. Dez minutos depois, Abby entrou na cozinha e às 7 horas seu marido se juntou a ela na mesa do café da manhã. Pouco depois, a filha mais

CASOS DE ASSASSINATO **209**

Ver também: O. J. Simpson 246-251 ▪ Jack, o Estripador 266-273

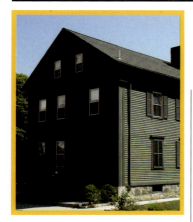

A casa dos Bordens na Second Street, 92, em Fall River. Andrew era um homem de posses, mas escolheu não morar na parte mais rica da cidade, preferindo ficar perto de seus negócios.

nova de Andrew, Lizzie, chegou, com um vestido azul. Abby pediu a Bridget que lavasse as janelas do térreo e depois subiu para mudar as fronhas do quarto de hóspedes.

Às 9 horas, Andrew saiu para tratar de afazeres; ao voltar, por volta de 10h30, Bridget o ouviu tentando destrancar a porta principal e correu para ajudá-lo. Ela viu que o ferrolho tinha sido fechado e ouviu Lizzie rindo no andar de cima.

Andrew foi para a sala e a empregada continuou seu trabalho. Lizzie desceu e conversou com o pai. Bridget ouviu-a dizer que Abby, a madrasta de Lizzie, tinha recebido uma mensagem de uma amiga doente e tinha ido visitá-la. Bridget foi à sala de jantar lavar as janelas e Lizzie se juntou a ela e começou a passar algumas roupas, conversando enquanto fazia isso.

O pesadelo começa

Sentindo-se cansada e nauseada, Bridget disse a Lizzie que ia tirar uma soneca e subiu as escadas dos fundos para seu quarto. Deitada na cama, ela escutou o sino da prefeitura tocar onze vezes. Por volta das 11h10, Bridget ouviu Lizzie chamá-la: "Maggie, venha logo! Papai está morto. Alguém entrou e o matou". Bridget desceu correndo as escadas e encontrou Lizzie de pé no corredor de trás. Ela lhe disse que o corpo assassinado de Andrew estava na sala e pediu que fosse buscar o doutor Seabury Bowen. Incapaz de encontrá-lo, Bridget logo voltou.

Enquanto isso, a vizinha dos Bordens, a senhora Adelaide Churchill, tinha ido ver o que era toda aquela confusão. Ela encontrou Lizzie aflita e tentou confortá-la. Lizzie contou que estava no celeiro quando ouviu um gemido vindo da casa. Ao entrar, encontrou o pai morto no sofá. A senhora Churchill perguntou sobre Abby, e Lizzie disse que ela estava fora, visitando uma amiga. Pouco depois, quando Bridget sugeriu tentar encontrar Abby, Lizzie disse que

Vou queimar este [vestido] velho, está coberto de tinta.
Lizzie Borden

pensava ter ouvido ela voltar. Com a senhora Churchill a reboque, Bridget decidiu checar no andar de cima. Assim que seus olhos alcançaram o patamar, ela viu o corpo ensanguentado de Abby com o rosto para baixo, no quarto de hóspedes.

Às 11h45, a primeira leva de policiais chegou à casa e começou a vasculhá-la. Eles não notaram sinais de arrombamento. As portas da frente e do porão estavam trancadas e, embora houvesse sangue nas vítimas, no teto e nas paredes, não havia em nenhum outro lugar. Bridget levou um policial ao porão, onde ele achou uma caixa com uma machadinha »

Lesões de defesa

Quando uma vítima de violência é atacada, invariavelmente ergue as mãos, num reflexo, para desviar os golpes ou se proteger deles. Os machucados resultantes são conhecidos como "lesões de defesa". Numa investigação de homicídio, uma regra é que a ausência de lesões de defesa indica que a vítima não podia se defender – seja porque estava amarrada ou drogada, seja porque confiava em seu agressor, ficando incapaz de reagir a um ataque súbito e inesperado. Nem Andrew, nem Abby Borden tinham lesões de defesa.

No caso de Andrew isso era esperado, já que estava dormindo ao ser atacado. Abby, porém, estava limpando o quarto de hóspedes, e consta que foi atacada no lado da cama mais longe da porta. Parece provável que o agressor se aproximou sem que ela percebesse ou que foi morta por alguém que conhecia, que a pegou de surpresa e a atacou com a machadinha.

210 LIZZIE BORDEN

Assassinato 1

Abby Borden vai ao andar de cima limpar um quarto entre 9h00 e 10h30.

↓

Ela é **golpeada com uma machadinha** no lado da cabeça por um agressor que não viu.

↓

Abby se vira e **cai de rosto para baixo** no chão, o que provoca sérias contusões no rosto.

↓

O assassino se senta sobre as costas de Abby e desfere **19 golpes diretos** na parte de trás de sua cabeça.

↓

O corpo de Abby Borden é achado por volta de 11h30 pela empregada, Bridget, e pela vizinha, a senhora Churchill.

Assassinato 2

A empregada, **Bridget**, abre a porta da frente para Andrew Borden por volta das 10h30.

↓

Bridget ouve Lizzie Borden **rindo** no andar de cima quando abre a porta.

↓

Andrew Borden se deita no sofá da sala para uma soneca. Lizzie diz que tira seus sapatos.

↓

Andrew é atacado com uma machadinha e **golpeado dez ou onze vezes ao redor da cabeça**, recebendo ferimentos fatais.

↓

Lizzie Borden dá o alerta às 11h10, quando chama a empregada, ao encontrar o pai morto.

Um cidadão venerável e sua esposa idosa feitos em pedaços em sua casa.
Fall River Herald

envolta em sangue e cabelos e outra recém-quebrada, coberta de cinzas.

Lizzie foi interrogada pelo delegado Fleet sobre seus movimentos. Ela disse que pretendia gastar a manhã passando roupas. Quando seu pai voltara cansado para casa, havia tirado os sapatos dele enquanto dormia no sofá. Tinha ido para o celeiro por quinze ou vinte minutos, para procurar por chumbo para fazer pesos de pesca. E não tinha visto Abby sair para "visitar sua amiga doente". Um policial examinou o celeiro para confirmar o álibi de Lizzie. O dia estava úmido e sem vento; dado o calor sufocante no celeiro, ele duvidou que ela tivesse passado tanto tempo ali como afirmara. A ausência de pegadas na poeira pesada confirmava essa teoria.

Detenção e absolvição

Em 11 de agosto, Lizzie foi detida pelo assassinato de seus pais. O motivo alegado foi que ela suspeitava que seu pai a estava tirando do testamento, em favor de sua madrasta. De início, pareceu que o caso poderia não ir a julgamento, já que no inquérito foi relatado que um vendedor ambulante tinha visto uma mulher andando do quintal para a porta lateral da casa, aparentemente dando sustentação

CASOS DE ASSASSINATO

ao álibi de Lizzie. Além disso, um médico da Escola de Medicina de Harvard atestou que o sangue e o cabelo na machadinha eram de uma vaca.

De repente, porém, houve uma reviravolta na sorte de Lizzie. Uma enfermeira da prisão afirmou tê-la ouvido dizer "Emma, você me entregou, não foi?" a sua irmã mais velha durante uma visita. Além disso, a melhor amiga de Lizzie disse no inquérito que havia visto Lizzie queimar um vestido azul no forno da cozinha dias após os assassinatos. Isso era suficiente para apresentar uma acusação de assassinato contra ela.

O julgamento de Lizzie Borden começou em 1893. Em 20 de junho, após apenas noventa minutos de deliberação, o júri emitiu o veredicto absolvendo-a. Lizzie usou sua herança para comprar uma casa na parte rica de Fall River. Ela morreu ali em 1927.

O assassinato não solucionado dos Borden continua a ser motivo de especulação. Muitas teorias — algumas potencialmente válidas, a maior parte risíveis — foram emitidas sobre quem os matou, como e por quê. Os que acreditam que Lizzie era culpada indicam as provas levantadas pela promotoria: o momento propício, o celeiro quente e empoeirado, pelo menos trinta afirmações inconsistentes e a queima do vestido azul. Porém, duas provas se destacam: Lizzie era a única pessoa que estivera no patamar enquanto sua madrasta jazia morta no quarto de hóspedes, uma cena que Bridget e a senhora Churchill viram de imediato ao

A porta lateral da casa dos Bordens, marcada com um V, ficou destrancada das 9h30 às 10h30. Um estranho poderia ter se esgueirado para dentro e atacado Abby, se escondido por mais de noventa minutos e então surgido para matar Andrew?

subir as escadas. E embora Lizzie insistisse que tinha tirado os sapatos do pai enquanto ele cochilava no sofá, na foto da cena do crime, ele está calçado. ∎

Lizzie Borden

Lizzie Andrew Borden era uma mulher solteira de 32 anos que vivia com seu pai rico, mas mesquinho, e a segunda mulher dele, como importantes moradores de Fall River. Relatos sobre seu caráter vão de "gentil mestra da escola dominical, ativa em entidades beneficentes" a "cleptomaníaca mal-humorada que decapitou o gato de Abby porque a irritava".

Houve rumores de que Lizzie se envolveu em incesto, consensual ou não, com seu tio John Morse e com seu pai – a porta trancada de seu quarto ao de Andrew, com uma cômoda apoiada nela, é vista como evidência do segundo. Ela certamente era uma ladra contumaz. Quando vivo, o pai a protegia, mas depois ela foi acusada de roubar uma pintura numa loja. A questão foi resolvida fora dos tribunais.

O júri absolveu Lizzie porque as provas contra ela eram em geral circunstanciais, porém mais provavelmente também porque a mentalidade vitoriana não podia compreender que uma solteirona de classe alta pudesse cometer um ato tão brutal.

A IMPRESSÃO DIGITAL SE REVELOU AO MESMO TEMPO INFALÍVEL E VIÁVEL

OS IRMÃOS STRATTON, 1905

OS IRMÃOS STRATTON

EM CONTEXTO

LOCAL
Londres, Reino Unido

TEMA
Datiloscopia

ANTES
1902 O arrombador Harry Jackson é o primeiro homem a ser condenado por um crime no Reino Unido com o uso da impressão digital como prova. A polícia encontrou suas impressões no parapeito de uma casa roubada em Londres.

DEPOIS
1911 O assassino Thomas Jennings é a primeira pessoa nos EUA a ser condenada com uma impressão digital como prova.

2014 A polícia de Utah resolve o assassinato em 1991 de Lucille Johnson, de 78 anos, ao comparar impressões digitais em peças de Lego com as do homem que brincou com elas quando criança, enquanto seu pai, John Sansing, matou Lucille num quarto ao lado.

Quando os irmãos Alfred e Albert Stratton roubaram e mataram um casal que tinha uma loja de tintas no sul de Londres, em 1905, deixaram algo para trás: uma impressão digital oleosa numa caixa de dinheiro esvaziada. Essa prova se tornou a pedra angular do caso contra eles e abriu caminho para outros avanços na datiloscopia – a análise de impressões digitais.

Um roubo brutal

O casal de idosos Thomas e Ann Farrow vivia num apartamento em cima de sua loja, a Chapman's Oil and Colour, na Deptford High Street. Ao chegar, na manhã de 27 de março de 1905, seu ajudante encontrou Thomas morto no corredor, com terríveis ferimentos na cabeça. Ann estava inconsciente no quarto; tinha sido espancada na cabeça e morreu poucos dias depois. Havia uma caixa de dinheiro de latão ao lado dela e, após uma busca, a polícia encontrou duas máscaras feitas com meias femininas.

Os detetives embrulharam a caixa e a levaram para o Escritório de Datiloscopia da Scotland Yard, fundado quatro anos antes. Ao examiná-la, viram que a digital tinha sido deixada por um dedão. Ela foi comparada às das vítimas, às dos policiais na cena do crime e a mais de 80 mil outras no arquivo do escritório, mas nenhuma coincidiu.

O ponto de virada

A polícia procurou por testemunhas. Um leiteiro viu dois homens saindo da loja no horário das mortes, mas foi incapaz de identificar os Stratton. Um grande avanço se deu em 31 de março, quando a testemunha Ellen Stanton disse à polícia que, ao ir para o trabalho na manhã de 27 de março, viu os dois irmãos atravessarem correndo a Deptford High. Os irmãos foram presos e, em 31 de março, Ellen os identificou entre dezesseis homens.

A polícia também interrogou a namorada de Alfred, que disse ter emprestado meias a ele, e a de Albert, que afirmou que eles tinham chegado em casa naquele dia com dinheiro inexplicado. As provas contra os irmãos eram muito circunstanciais, mas quando suas impressões digitais foram tomadas, a do dedão de Alfred coincidiu com a da caixa de dinheiro.

Até a detenção de Alfred Stratton, eu não tinha conseguido achar nenhuma impressão digital que combinasse com a que havia na caixa de dinheiro.
Detetive Inspetor Charles Collins

Um golpe de mestre

Durante o julgamento, o promotor explicou a nova ciência da datiloscopia ao júri. Em seu testemunho, o detetive inspetor Collins, da Scotland Yard, mostrou uma foto ampliada da impressão do polegar de Alfred Stratton, ao lado

Sir Melville Leslie Macnaghten foi um dos líderes da investigação policial. Ele participara da Comissão Belper (1900), sugerindo que as digitais de criminosos fossem colhidas e classificadas.

CASOS DE ASSASSINATO 215

Ver também: John Leonard Orr 48-53 ▪ O Sequestro do Bebê Lindbergh 178-185 ▪ Colin Pitchfork 294-297

da marca na caixa de dinheiro e apontou onze características que eram coincidentes nas duas.

O advogado de defesa tentou lançar dúvidas sobre a datiloscopia como técnica científica e a confiabilidade do trabalho feito pelo departamento de Collins. Rooth alegou que a impressão obtida na cena do crime não coincidia com uma tirada quando Alfred Stratton estava sob custódia.

Num golpe de gênio, Collins se ofereceu para tomar as impressões de um membro do júri e mostrar à corte que diferenças na pressão para baixo poderiam responder por essa variação. O júri foi convencido pela demonstração científica e levou menos de duas horas para dar o veredicto de culpado. Os irmãos foram depois condenados à morte. Foi a primeira condenação por assassinato no Reino Unido baseada em impressões digitais como prova.

A grande divulgação pela mídia causou um problema: os criminosos ficaram cientes das precauções que deviam tomar para evitar serem identificados por esse novo instrumento forense. ▪

Hoje, os profissionais do crime atualizados buscam evitar deixar tais impressões, cobrindo a ponta dos dedos com borracha natural, uma membrana de origem animal ou dedeiras de seda.
The Mirror

Impressões digitais

Embora se saiba desde 200 a.C. que cada pessoa tem impressões digitais únicas, credita-se a sir William James Herschel, um magistrado britânico na Índia nos anos 1850, o primeiro uso sistemático de impressões digitais para identificação. Em 1891, o cientista inglês sir Francis Galton desenvolveu as descobertas de Herschel. Galton imaginou um sistema eficiente que permitia comparar uma impressão digital com outras. Ele descobriu que todas as pessoas têm um padrão diferente de cristas e vales nos dedos das mãos (e dos pés), que não mudam com o tempo e até voltam à forma original se o dedo é machucado. Em seu livro clássico, *Impressões digitais* (1892), Galton se refere às linhas, cristas e formas das impressões digitais como "pequenos mundos em si mesmos". Três tipos de impressões podem ser obtidos numa cena de crime. As impressões patentes podem ser feitas com sangue, gordura, tinta ou sujeira e são fáceis de ver a olho nu. As impressões latentes não são visíveis – são transmitidas a uma superfície ou um objeto pelo suor e oleosidade da pele. As impressões plásticas, visíveis a olho nu, são endentações em 3D que ocorrem quando um dedo toca uma superfície macia, maleável. Embora a impressão digital tenha resistido ao teste do tempo, desde os anos 1990 vários casos judiciais contestaram sua interpretação. Testes encontraram uma margem de erro, e tem havido "falsos positivos" – duas impressões podem ser similares o bastante para enganar os especialistas. Em 2002, um juiz federal dos EUA decidiu que testemunhas de impressões digitais não podem mais dizer aos júris que duas impressões "coincidem de modo definitivo". A impressão digital pode em breve ser substituída pelos testes de DNA.

O sistema de Henry, usado na maioria dos países hoje, classifica as impressões digitais por quatro padrões básicos – o arco, a presilha, o verticilo e a compósita. Ele recebeu o nome de sir Edward Richard Henry, que fundou o Escritório de Datiloscopia da Scotland Yard em 1901.

OS ARCOS produzem um padrão semelhante a ondas. Arcos angulares sobem formando uma ponta.

AS PRESILHAS se curvam sobre si mesmas, fazendo uma volta.

OS VERTICILOS formam padrões circulares e espiralados.

AS COMPÓSITAS são combinações de arcos, presilhas e verticilos.

GRAÇAS A DEUS ACABOU. FOI SUSPENSE DEMAIS
DOUTOR CRIPPEN, 1910

EM CONTEXTO

LOCAL
Londres, Reino Unido

TEMA
Uxoricídio (assassinato de esposa)

ANTES
29 a.C. Num ataque de ciúme instigado pela irmã, Herodes, o Grande, rei da Judeia, mata sua segunda mulher e membros da família dela.

1871 O reverendo John Selby Watson, erudito e tradutor, mata a esposa batendo com uma coronhada na cabeça dela.

DEPOIS
1935 O médico londrino Buck Ruxton estrangula seu sócio e mata a empregada que o vê fazer isso. Ele esquarteja os corpos e os leva no carro até uma ravina na Escócia, onde se desfaz dos restos.

2002 O americano Scott Peterson assassina a esposa grávida. Ele é depois condenado pela morte dela e do filho não nascido.

Em fevereiro de 1910, a cantora de cabaré Cora Crippen desapareceu. Esposa do doutor H. H. Crippen, ela foi vista pela última vez numa festinha em sua casa, em 31 de janeiro. Perguntado sobre o paradeiro de Cora, o doutor Crippen disse que ela tinha voltado aos EUA, seu país natal, e morrido inesperadamente. Os amigos de Cora ficaram desconfiados e convenceram a Scotland Yard a investigar. Ao ser interrogado, Crippen admitiu que mentiu por vergonha e que a mulher na verdade partira para os EUA com o amante, Bruce Miller.

Em fuga
Alguns dias depois, Crippen fugiu com sua jovem amante, Ethel Le Neve, disfarçada como seu filho. Eles embarcaram no *SS Montrose*, rumo ao Canadá. A polícia fez uma busca e descobriu um torso humano – sem a cabeça e os membros – sob o piso do porão. Um patologista foi incapaz de identificar o sexo do corpo, mas concluiu que era de Cora, com base numa cicatriz que ela tinha. O corpo também apresentava traços de um veneno que Crippen havia comprado pouco antes do sumiço de sua mulher.

Enquanto isso, o capitão do navio, que vinha acompanhando o caso, notou o casal a bordo e alertou por telegrafia sem fio as autoridades na Inglaterra. A polícia britânica pegou um navio mais rápido para Quebec e prendeu o casal em sua chegada. Crippen foi condenado pelo assassinato de sua mulher e enforcado em novembro de 1910. ∎

Crippen e Le Neve foram julgados juntos. Ela foi absolvida e ele alegou ser inocente até o fim. Em 2007, testes de DNA nos restos de "Cora" sugeriram que a vítima era um homem.

Ver também: Lizzie Borden 208-211 ▪ O. J. Simpson 246-251

CASOS DE ASSASSINATO 217

FUI LEVADA POR UMA VONTADE QUE TOMOU O LUGAR DA MINHA
MADAME CAILLAUX, 1914

EM CONTEXTO

LOCAL
Paris, França

TEMA
Crime passional

ANTES
1859 O político americano Daniel Sickles mata o amante de sua mulher a bala. Ele é julgado, mas absolvido por motivo de "insanidade temporária".

1906 Albert Lemaître, um piloto de corridas francês, mata a mulher depois que ela pede o divórcio. Após tentar sem sucesso suicidar-se, ele é julgado e absolvido pelo que é considerado um crime passional.

DEPOIS
1955 Ruth Ellis, *hostess* de um clube noturno londrino, mata seu amante infiel com um tiro. Sua família tenta sem sucesso mudar a condenação por assassinato para homicídio culposo, com base em provocação. Ela é a última mulher a ser executada na Inglaterra.

O *Figaro*, de Gaston Calmette, não era o único jornal de Paris a duvidar da integridade de Joseph Caillaux. O político de esquerda (e ex-primeiro-ministro francês) sofreu muitas acusações de corrupção. Mas nenhum outro jornal igualava o zelo com que o editor de direita do *Figaro* movia uma campanha difamatória contra ele.

Em dezembro de 1913, Calmette ameaçou publicar cartas de amor trocadas entre Caillaux e sua segunda mulher, Henriette, enquanto ainda estava casado com a primeira. Em 16 de março de 1914, Henriette foi à redação do jornal e deu seis tiros em Calmette, que acabou morrendo depois. Em seu depoimento ao ser julgada, Henriette Caillaux evocou de modo hábil a imagem dominante da mulher como uma criatura de emoções. O júri só se convenceu de que ela atirara em Calmette sem premeditação ou intenção criminosa – que, ao apertar o gatilho da pistola Browning, fora vítima temporária de "paixões femininas irrefreáveis". Talvez seu

Henriette atirou em Calmette à queima-roupa. Depois, disse à polícia: "Como não há mais justiça na França [...] concluí que só eu poderia acabar com aquela campanha".

crime tenha sido, na verdade, um ato de "agressão passiva" contra um marido potencialmente inquieto; certamente isso estagnou a carreira pública de Caillaux e anulou qualquer chance realista de uma vida além do casamento com a mulher que afirmou ter arriscado tudo para restaurar a reputação dele. ∎

Ver também: Phoolan Devi 46-47 ▪ O. J. Simpson 246-251

ELA ERA MUITO BONITA, COM LINDOS CABELOS PRETOS

O ASSASSINATO DE DÁLIA NEGRA, 15 DE JANEIRO DE 1947

O ASSASSINATO DE DÁLIA NEGRA

EM CONTEXTO

LOCAL
Los Angeles, Califórnia, EUA

TEMA
Assassinato não solucionado

ANTES
27 de julho de 1943 Ora Murray é espancada até a morte e deixada perto da sede do Campo de Golfe de Fox Hills, em Los Angeles.

4 de maio de 1932 Lilly Lindeström é encontrada morta em seu apartamento na Suécia. O assassino drena seu sangue, e o caso foi chamado de "Assassinato do Vampiro".

DEPOIS
17 de janeiro de 1996 Amber Hagerman, de 9 anos, é sequestrada ao andar de bicicleta. Seu corpo é achado quatro dias depois.

26 de abril de 1999 A jornalista britânica Jill Dando é baleada ao lado de casa. Barry George é injustamente condenado e depois inocentado.

Numa manhã de inverno, pouco após as 10 horas, Betty Bersinger foi caminhar num terreno abandonado, num subúrbio do sudoeste de Los Angeles. Ela topou com uma cena perturbadora. Perto da esquina da West 39th Street com a South Norton Avenue – uma área em Leimert Park conhecida como Travessa do Amante – estava o corpo mutilado de uma mulher nua. A descoberta, em 15 de janeiro de 1947, levou o Departamento de Polícia de Los Angeles (LAPD) a lançar a maior perseguição da história da cidade.

O corpo tinha sido dividido pela cintura com um corte limpo, drenado de sangue e lavado, e sua parte de baixo estava a trinta centímetros da de cima. Os olhos azul-esverdeados da vítima estavam abertos, e as mãos dos lados da cabeça, com os cotovelos dobrados. As pernas estavam bem separadas. Esfoladuras de cordas marcavam seus pulsos, tornozelos e pescoço, e os braços, a coxa esquerda e o seio direito mostravam lacerações profundas. Os cantos de sua boca tinham sido cortados, dando a assustadora impressão de que ela

> Ela sabia que eu era tímido e gostava de me ver ficar vermelho. Ela dizia: "A gente devia sair pra dançar juntos". Mas era uma boa garota.
> **Bob Pacios**

sorria. Segundo um relato arquivado pela Faculdade de Educação da Universidade do Sul da Califórnia, as letras BD tinham sido entalhadas em sua coxa – mas a autenticidade dessa informação ainda é discutida.

Os detetives de homicídios do LAPD Finis Brown e Harry Hansen esquadrinharam a cena do crime, mas a imprensa chegara antes e tirara fotografias. De qualquer modo, havia pouca evidência física a encontrar, já que, apesar da extensão e gravidade dos ferimentos, o corpo da mulher tinha sido esfregado e limpo. A vítima foi identificada pelas impressões digitais como a aspirante a atriz

Elizabeth Short

Elizabeth Short, chamada de Beth pela família e de Betty pelos amigos, cresceu em Medford, em Massachusetts. Seu pai, que construía campos de minigolfe, abandonou a família logo depois da Grande Depressão. Elizabeth tinha asma, então aos 16 anos sua mãe a mandou para a Flórida, esperando que o clima lhe fizesse bem. Lá, ela conheceu o oficial da Força Aérea Matthew Gordon Jr. Em 1943, aos 19 anos, ela foi para Vallejo, na Califórnia, morar com o pai, mas deixou-o no mesmo ano, indo para Santa Bárbara. Lá ela foi presa em setembro de 1943 por beber sem a idade permitida, e um juiz ordenou que voltasse a Medford. Em vez disso, ela retornou à Flórida.

Elizabeth disse aos amigos que ela e Gordon estavam noivos e iam se casar. Gordon, porém, foi morto em agosto de 1945, menos de uma semana antes do fim da Segunda Guerra Mundial. Naquele ano, Elizabeth voltou a Medford, mas logo ficou inquieta. Em 1946, foi para Los Angeles. Após sua morte, o anúncio do casamento de Gordon – com outra mulher – foi achado entre seus pertences.

CASOS DE ASSASSINATO 221

Ver também: A Assassina da Banha 206-207 ▪ A Família Manson 230-237 ▪ Jack, o Estripador 266-273 ▪ Harvey Glatman 274-275

Um conjunto de provas do caso de Dália Negra, entre elas a certidão de nascimento e uma das cartas ameaçadoras escritas pela pessoa que se autonomeava "Vingador de Dália Negra".

Elizabeth Short, de 22 anos. Os detetives deduziram que ela fora morta em outro lugar e levada ao terreno baldio. O doutor Frederick Newbarr, chefe de medicina legal do condado de Los Angeles, determinou que a causa da morte fora uma hemorragia cerebral devida à concussão, combinada à perda de sangue pelas lacerações na face.

Últimos movimentos

Desde maio de 1946, Elizabeth alugava havia meses um quarto numa casa em Hollywood atrás do clube noturno Florentine Gardens e trabalhava como garçonete. Ela fizera contatos com algumas pessoas no mundo do cinema, entre elas Mark Hansen, seu senhorio, que era sócio não só do clube noturno como de cinemas. Uma amiga de Elizabeth, a atriz e modelo Ann Toth, disse à polícia que Elizabeth recebera a promessa de um papel na revista burlesca do Florentine Gardens. Ela contou isso à mãe numa carta de 2 de janeiro de 1947 – a última que Phoebe Short recebeu da filha.

Na quinta, 9 de janeiro, Elizabeth voltou de uma viagem a San Diego com Robert "Ruivo" Manley, um vendedor casado de 25 anos com quem estava tendo um caso. Ele a deixou no Biltmore Hotel, onde ela ia se encontrar com a irmã, que viera visitá-la. Com um terninho preto sob medida e sapatos altos de camurça combinando, foi vista usando um telefone no lobby e depois deixando o hotel a pé. Ela foi para o sul, pela Olive Street, e andou cinco minutos até o Crown Grill Cocktail Lounge, onde clientes se lembravam de vê-la parar, como se procurasse alguém.

Seis dias depois, no amanhecer de sexta-feira, 15 de janeiro, um sedã preto de luxo com um motorista não identificado parou perto do terreno abandonado em Leimert Park. No fim da manhã, o corpo de Elizabeth foi descoberto.

Cartas misteriosas

Em 21 de janeiro, um editor do *Los Angeles Herald Examiner*, Jimmy Richardson, recebeu uma ligação de alguém que afirmava ser o assassino de Elizabeth. O homem parabenizou o jornal pela cobertura do caso, mas observou que talvez já estivesse sem material. Oferecendo ajuda, disse que se entregaria, mas queria que a polícia continuasse a procurá-lo, e que Richardson esperasse "alguns suvenires de Beth Short pelo correio".

Em 24 de janeiro, um entregador do Serviço Postal dos EUA se deparou com um envelope pardo com palavras e letras individuais recortadas de páginas de jornal. Elas diziam: "*Los Angeles Examiner* e outros jornais de Los Angeles. Aqui estão os pertences de Dália. Uma carta a seguir". Dentro havia a certidão de nascimento de Elizabeth, seu cartão de seguro social, fotografias

Ela vinha bastante à nossa drogaria. Em geral, usava uma roupa de praia de duas peças, com a barriga à mostra. Ou coisas de renda preta.
Arnold Landers Sr.

222 O ASSASSINATO DE DÁLIA NEGRA

- **Elizabeth Short** é **assassinada** com um **forte golpe** na cabeça.
- O rosto é **retalhado** de orelha a orelha e seus braços, coxas e o peito direito são **lacerados**.
- Seu corpo é **dividido** na cintura, seu sangue é **drenado** e ele **é** cuidadosamente **lavado**.
- O corpo de Elizabeth é **transportado** para um **terreno abandonado** entre a Coliseum Street e a West 39th Street.
- **As duas metades** de seu corpo são dispostas com uma pequena distância entre elas e com os intestinos sob as nádegas.
- Seu cadáver é **posicionado** de modo **sexualmente degradante**, com os **braços levantados** acima da cabeça e as **pernas abertas**.
- **O corpo é encontrado por Betty Bersinger.**

e um caderno de endereços com o nome de Mark Hansen gravado.

Outras três mensagens foram recebidas de alguém identificado como o "Vingador de Dália Negra". A primeira era um cartão-postal manuscrito: "Aqui está. Entregando em sexta, 29 jan., 10 da manhã. Me diverti com a polícia. Justiçador de Dália Negra". A segunda, de novo em letras recortadas, dizia: "Matador de Dália se entregando – quer um acordo". Porém, em 29 de janeiro uma terceira carta indicou que o assassino mudara de opinião. Letras recortadas e coladas de jornal afirmavam: "Mudei de ideia. Vocês não me dariam um acordo justo. A morte de Dália foi justificada".

Manchetes

No início da investigação, a LAPD interrogou mais de 150 homens como potenciais suspeitos. Ann Toth disse aos detetives que Mark Hansen tentara seduzir Elizabeth, mas tinha sido rejeitado. Com um motivo plausível, Hansen se tornou o suspeito número 1.

A seguir, a polícia recuperou a bolsa e um sapato de Elizabeth em cima de uma lata de lixo a três quilômetros de onde seu corpo fora achado. Eles tinham sido limpos com gasolina, apagando qualquer impressão digital. Mark Hansen identificou a bolsa e o sapato como pertencentes a Elizabeth, mas

> " Não tentem encontrar o assassino de Elizabeth Short porque não vão conseguir.
> **Chamada não identificada** "

CASOS DE ASSASSINATO 223

O principal suspeito, Robert "Ruivo" Manley, abraça a mulher, Harriet, na delegacia, pouco após sua liberação. Ele teve um caso com Elizabeth pouco depois de sua mulher dar à luz o primeiro filho.

negou ter usado o caderno de endereços com seu nome. Nenhuma acusação foi feita contra ele, e ele foi liberado. As atenções se voltaram para Robert Manley. Ele foi oficialmente declarado suspeito e nos interrogatórios de início negou conhecer Elizabeth, mudando depois a história. Mas, após passar duas vezes por testes do detector de mentiras, foi liberado.

Por vários meses, o assassinato dominou os jornais, que exploravam com sensacionalismo a vida e a morte de Elizabeth Short. Seguindo a prática estabelecida de dar às vítimas femininas de assassinato um apelido floral, os jornais chamaram seu caso de "Assassinato de Dália Negra", devido à preferência dela por roupas pretas e à dália que usava nos cabelos tingidos de preto.

Enigma não resolvido

A investigação do assassinato se arrastou até o verão de 1949, quando Louise Springer, uma funcionária de 36 anos de um salão de beleza, foi achada estrangulada no assento de trás do carro de seu marido na West 38th Street, a uma quadra de onde os restos de Elizabeth tinham sido descobertos. Muitos pensaram que o assassino de Dália Negra tinha atacado de novo. O LAPD lançou uma nova busca, desta vez envolvendo os dois assassinatos, mas concluiu que os casos não se relacionavam.

Apesar da longa investigação, o Assassinato de Dália Negra continua sem solução. Muitas tentativas foram feitas desde então para criar um perfil do assassino. Os especialistas em geral acreditam que era um homem com conhecimentos médicos e que ansiava pela fama.

Um traço notável no caso de Dália Negra foi o número de pessoas – cerca de quinhentas – que voluntariamente confessaram o crime. A conclusão foi que a maioria delas buscava notoriedade, e foram todas desconsideradas. Especialistas também expressaram dúvidas sobre a autenticidade das cartas mandadas pelo assim chamado "Justiçador", aventando que eram um estratagema para vender mais jornais. Hoje, o Assassinato de Dália Negra continua a ser o caso não resolvido mais desconcertante na história do LAPD. ∎

Cenas de crime montadas

Alguns criminosos alteram cenas de crime para confundir os investigadores forenses. Essa prática é chamada de "encenação". Ela difere da "pose" – quando um assassino põe o cadáver numa posição específica, marca algo num corpo ou leva uma lembrança, como uma joia ou roupa. O criminoso pode cobrir o rosto, lavar o cabelo ou o corpo da vítima, ou amarrá-lo com um nó especial. Isso pode ser uma mensagem para a polícia ou o público e ao mesmo tempo servir às próprias fantasias do assassino. O assassino de Dália Negra colocou o corpo de Elizabeth numa pose sexualmente degradante, muito similar às poses típicas de Jack, o Estripador, que expressavam um controle e humilhação totais até após a morte. Porém, essas práticas ajudam a elaborar perfis criminais, pois muitas vezes dão uma ideia das características, mentalidade e padrões de comportamento do criminoso.

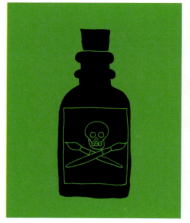

SÓ CERTAS PESSOAS EM CERTOS TIPOS DE NEGÓCIO TÊM ACESSO A CIANURETO
SADAMICHI HIRASAWA, 1948

EM CONTEXTO

LOCAL
Tóquio, Japão

TEMA
Envenenamento em massa

ANTES
1871 Em Brighton, na Inglaterra, Christiana Edmunds compra chocolates de um confeiteiro, adiciona estricnina proveniente de um químico local e os devolve à loja. Muitas pessoas ficam doentes após comer o chocolate, entre elas um menino de 4 anos, que morre.

DEPOIS
1982 Em Chicago, seis adultos e uma menina de 12 anos morrem depois de tomar Tylenol. Frascos do analgésico tinham sido tirados de lojas e farmácias, misturados com cianureto e depois devolvidos às prateleiras por uma mão desconhecida.

Em 26 de janeiro de 1948, um homem de uns 45 anos com uma braçadeira de agente municipal entrou numa filial suburbana do Banco Teigin (Imperial), em Tóquio. Ele disse aos funcionários que era epidemiologista da administração metropolitana de Tóquio e que fora enviado pelas autoridades de ocupação dos EUA para inoculá-los contra um surto de disenteria. Todos os dezesseis empregados do banco e clientes presentes tomaram a pílula e várias gotas de um líquido que o homem ofereceu. Logo estavam se contraindo de dor no chão. Desviando-se dos corpos agonizantes, o homem saqueou o banco, levando todo o dinheiro que encontrou: meros 160 mil ienes (cerca de 33 mil reais hoje).

Em busca do envenenador
Se todas as vítimas tivessem morrido com o composto de cianureto, esse seria o crime perfeito, apesar de não muito lucrativo. Milagrosamente, porém, quatro sobreviveram e deram uma descrição do criminoso.

Essa era a terceira vez em meses recentes que um homem solitário usava veneno para roubar um banco. No primeiro caso, ele tinha oferecido às pessoas um cartão de visita falso

Um homem que afirma ser um **agente de saúde** visita um banco em Tóquio.

Ele oferece **cianureto líquido** a dezesseis pessoas e doze delas morrem. O envenenador escapa com dinheiro e cheques.

A polícia chega a Sadamichi Hirasawa por meio de um **cartão de visita** e o prende.

Hirasawa alega ser inocente no julgamento, mas é condenado à pena de morte.

CASOS DE ASSASSINATO 225

Ver também: O Caso Dreyfus 310-311

Após a morte de Hirasawa, seu filho adotivo, Takehiko (dir.), lutou por um novo julgamento póstumo. Takehiko morreu em 2013, mas os advogados exortaram outros parentes a continuar a batalha.

com o nome "Jiro Yamaguchi", e no segundo apresentou um cartão verdadeiro – o de Shigeru Matsui, do Ministério de Saúde e Bem-Estar, Departamento de Prevenção de Doenças. Inocentado por um álibi, Matsui disse à polícia que tinha trocado 92 cartões seus. Felizmente, ele anotara o momento e lugar da troca atrás do cartão que recebia. Usando esses dados, a polícia rastreou e descartou como suspeitos 62 dos que receberam o cartão. Outros 22 foram investigados e também dispensados.

Um aclamado artista chamado Sadamichi Hirasawa se destacou entre os suspeitos. Ele não conseguiu fornecer aos investigadores o cartão que Matsui lhe dera, explicando que teve a carteira furtada, e não pôde confirmar seu álibi. Além disso, duas testemunhas sobreviventes identificaram Hirasawa como o envenenador, e mais de 100 mil ienes – cuja origem ele não revelou – foram descobertos consigo.

Detido em 21 de agosto de 1948, Hirasawa afirmou ser inocente. Logo depois, porém, fez uma confissão, em que admitiu ter cometido outras quatro fraudes bancárias antes. Mais tarde ele retirou essa declaração.

Ao ser julgado, em 1950, Hirasawa atribuiu toda a sua confissão a coerção e doença mental. Ele recebeu a pena capital, mas em vez disso passou 32 anos no corredor da morte, até morrer de pneumonia, aos 95 anos. Acredita-se que nenhum político japonês quis ordenar sua execução por haver dúvidas generalizadas sobre sua culpa. ∎

Sadamichi Hirasawa

Sadamichi Hirasawa foi um pintor japonês que se distinguiu pelo uso de têmpera – uma mistura à base de ovo que seca rápido e era a tinta mais comum até o surgimento da tinta a óleo no Renascimento. Ele nasceu em Tóquio, em 1892, mas quando tinha 5 anos a família foi para Otaru, em Hokkaido. Decidido a ser pintor, o adolescente Hirasawa se juntou ao clube de arte de sua escola em Otaru. Mesmo tão jovem, muitos diziam que já era melhor que seu professor. Aos 22 anos, seu quadro *Mulher Ainyu secando algas* ganhou um prêmio numa mostra nacional de prestígio, dando um início sólido a sua carreira como artista profissional. Suas obras foram selecionadas para a Exposição de Arte Imperial dezesseis vezes seguidas. Porém, depois da Segunda Guerra Mundial, sua obra se tornou menos popular. Após sua condenação por assassinato, ela foi muito desprezada no Japão, por ser de um criminoso degenerado. Em suas décadas na prisão, Hirasawa passou o tempo em busca de meios legais para ser absolvido, fazendo centenas de desenhos e escrevendo sua autobiografia.

VENHO SENDO VÍTIMA DE MUITOS PENSAMENTOS INCOMUNS E IRRACIONAIS

O MASSACRE DA TORRE DO TEXAS, 1966

EM CONTEXTO

LOCAL
Austin, Texas, EUA

TEMA
Ataque a tiros em massa

ANTES
1897 Em Bornéu, na Malásia, um homem chamado Antakin enlouquece ao descobrir que sua mulher tem um caso. Ele esfaqueia pessoas ao acaso e quinze vítimas morrem.

DEPOIS
1999 Dois estudantes fazem disparos em massa na Columbine High School, no Colorado. Em menos de vinte minutos, matam treze pessoas e mutilam outras 21.

2011 Na Noruega, Anders Breivik baleia 69 jovens num acampamento promovido pelo Partido Trabalhista do país.

2012 Adam Lanza atira em vinte crianças e seis funcionários da escola fundamental Sandy Hook, em Newtown, em Connecticut.

Aproximadamente às 11h30 da manhã de 1º de agosto de 1966, o estudante de engenharia Charles Whitman entrou na torre do relógio da Universidade do Texas, em Austin, vestido como funcionário de manutenção. Ele apertou o botão "27" do elevador e esperou calmamente a subida até o andar mais alto. Saiu, puxando um carrinho de mão. Nele havia um baú com um arsenal de armas e munições.

Ele arrastou o carrinho por quatro lances de escadas até a entrada do deque de observação, onde foi cumprimentado pela recepcionista Edna Townsley. Dois golpes com a coronha de um rifle a deixaram inconsciente. Whitman

CASOS DE ASSASSINATO 227

Ver também: O Assassinato de John Lennon 240 ▪ O Assassinato de John F. Kennedy 316-321

Uma carabina M-1, uma espingarda de cano serrado, facas e um facão estavam entre o arsenal que Whitman levou à torre do relógio (dir.). Seu ataque foi o primeiro em massa numa faculdade nos EUA.

arrastou seu corpo para trás de um sofá, onde a deixou agonizando. Brandindo dois rifles, ele murmurou um "Olá" polido a Cheryl Botts e Don Walden quando saíam do deque de observação. O casal pensou que ele estivesse ali para matar pombos. Depois que eles saíram, Whitman montou uma barricada na entrada da área de recepção. Quando uma família se aproximou, subindo do 27º andar, ele atirou, matando duas pessoas e ferindo outras duas. Tudo estava agora no lugar. Whitman saiu para o deque e posicionou as armas.

Um assassino no céu

Às 11h48, tiros começaram a soar numa área que se estendia por cinco quarteirões, acompanhados de nuvens de fumaça subindo da torre do relógio. A primeira vítima foi uma estudante no oitavo mês de gravidez: ela caiu no chão e, quando seu namorado tentou ajudá-la, seu corpo também foi atravessado por uma bala.

Whitman atirou então em outros estudantes e funcionários que caminhavam pelo campus. Vários foram mortos na hora, enquanto os feridos caíam, incapacitados, ou buscavam um abrigo. Ele se voltou então para uma rua que corre ao longo da margem oeste do campus, matando e ferindo mais pessoas. Centenas de turistas, pedestres e lojistas testemunharam o massacre enquanto se escondiam atrás de árvores, se encolhiam sob mesas de escritório ou, se tivessem sido atingidos, se fingiam de mortos.

A polícia foi chamada exatos quatro minutos após Whitman começar sua espiral de assassinatos e logo chegou ao local. Um agente se escondeu atrás de uma parede de colunas de pedra, mas Whitman o viu no espaço entre as colunas e o matou com precisão. Os agentes policiais ativos em Austin foram chamados para o campus. A eles se juntaram policiais de folga, guardas-florestais do Texas, delegados do Condado de Travis e cidadãos armados com rifles de caça. Vinte minutos após Whitman ter matado a primeira vítima, as pessoas setenta metros abaixo dele estavam começando a atirar de volta, e ele foi obrigado a se refugiar atrás das paredes grossas do deque de observação. Whitman conseguiu continuar atirando pelas saídas de água da torre, mas seu alcance se reduziu muito. »

Charles Whitman

Charles Joseph Whitman nasceu na Flórida, em 1941. Apesar de ser um bom provedor da casa, seu pai era um disciplinador que batia nas crianças e as repreendia com severidade. Charles era uma criança educada e inteligente, e aos 12 anos se tornou um dos mais jovens a atingir o grau máximo na história do escotismo. Na escola foi um aluno popular, mas teve problemas médicos. Após o ensino médio, Whitman tornou-se fuzileiro naval, ganhando várias medalhas e uma insígnia de atirador de elite. Em 1961, começou a estudar engenharia mecânica na Universidade do Texas, e se casou um ano depois. Em 1963, foi reconvocado para o Camp Lejeune para terminar seu alistamento de cinco anos. Lá, foi julgado pelo tribunal militar por manter uma arma de fogo pessoal na base e outras infrações. Apesar disso, foi dispensado com honras em 1964. De volta à Universidade do Texas, começou a estudar engenharia arquitetônica e fez serviços temporários. Em 1966, fazia uso abusivo de anfetaminas e sofria de graves dores de cabeça.

228 O MASSACRE DA TORRE DO TEXAS

Quando um atirador da polícia num pequeno avião perto da torre tentou atingir Whitman, ele se virou e atirou de volta, fazendo o avião se afastar em círculos.

Enquanto isso, três policiais – Ramiro Martinez, Houston McCoy e Jerry Day – decidiram invadir a torre. Enquanto corriam até ela, juntou-se a eles o civil armado Allen Crum, um gerente de livraria e ex-soldado, que eles incorporaram de imediato. Os quatro entraram no prédio e tomaram o elevador para o último andar. Trabalhando sem um plano coordenado, eles decidiram cercar o

No topo da torre, Whitman dispunha de amplo campo de visão sobre o campus e, dada a falta de uma reação rápida das equipes policiais, teve muito tempo para matar e mutilar pessoas.

atirador no deque. Quando o rifle de Crum disparou acidentalmente, chamando a atenção de Whitman para o canto noroeste, Martinez começou a descarregar seu revólver nele. McCoy levantou sua espingarda calibre 12 e disparou duas vezes em Whitman, acertando sua cabeça e pescoço com chumbo grosso. Os agentes revistaram o corpo e identificaram o homem que tinha aterrorizado a cidade por mais de noventa minutos.

Logo a seguir ao ataque, os investigadores retraçaram os movimentos de Whitman naquele dia. Eles encontraram mais duas vítimas fatais de seu comportamento insano: sua mulher, esfaqueada nas primeiras horas da manhã, enquanto dormia na cama do casal, e sua mãe, morta em seu

> Charlie conseguia acertar o olho de um esquilo, quando tinha 16 anos.
> **Charles Whitman Sr.**

apartamento. Whitman tinha coberto os dois corpos com lençóis e deixado mensagens manuscritas ao lado deles. Mas foi a própria nota de suicídio de Whitman, datilografada e manuscrita às 6h45 da manhã de 31 de julho, que ofereceria mais pistas do estado de sua mente. Entre outras coisas ele

CASOS DE ASSASSINATO

Numa coletiva de imprensa após o ataque, Ramiro Martinez (esq.) e os outros três policiais que confrontaram Whitman mostraram um diagrama de sua estratégia desordenada.

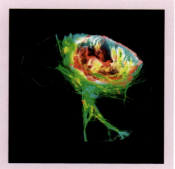

Danos cerebrais e violência criminal

O caso de Whitman talvez seja mais notável por ser um dos primeiros em que evidências de anormalidades cerebrais puderam ser definitivamente ligadas a comportamento violento. No necrotério, o crânio de Whitman foi serrado. Quando o cérebro foi removido, o médico notou um tumor, com diâmetro mais ou menos de dois centímetros, brotando sob o tálamo, estrutura crucialmente envolvida na consciência e estado de alerta. Mais importante ainda, o tumor comprimia as amígdalas – um grupo de neurônios situados no fundo do lobo temporal médio do cérebro, que têm um papel central no processamento das emoções. Três décadas antes do ataque de Whitman, o neuropatologista americano Paul Bucy e o psicólogo alemão Heinrich Klüver tinham descoberto em macacos que a imprudência, emoções amortecidas e uma propensão à reação exagerada eram todas associadas a danos nas amígdalas. Seus achados forneceram uma explicação viável para a violência aparentemente irracional de Whitman.

dizia: "Eu não me entendo estes dias. Sou supostamente um homem jovem de inteligência e raciocínio médios. Porém, ultimamente (não consigo lembrar quando começou) venho sendo vítima de muitos pensamentos incomuns e irracionais. Conversei com um médico uma vez [...] e tentei transmitir meus receios de sentir impulsos avassaladores. Desde então estou combatendo meu tumulto mental sozinho [...] inutilmente".

Depois de dizer que pretendia matar a esposa, Whitman continuava: "Não quero que ela tenha de enfrentar a vergonha que meus atos certamente lhe causariam [...] Não considero realmente que valha a pena viver neste mundo, e estou preparado para morrer, e não quero deixar que ela sofra sozinha nele [...] Motivos similares me levaram a tirar a vida de minha mãe [...]".

Além de sua mulher e sua mãe, Whitman matou catorze pessoas a sangue-frio e feriu 31 outras naquele dia; a maioria delas nos primeiros vinte minutos. Antes desse massacre, a polícia dos EUA não tinha agentes a postos para reagir a um ataque do que é conhecido hoje como um "atirador ativo", e o evento levou a uma reformulação dos procedimentos policiais. Equipes de Armas e Táticas Especiais (SWAT, na sigla em inglês) foram criadas no país todo e acionadas em muitas atrocidades similares que ocorreram nas décadas desde 1966. ∎

Após minha morte, gostaria que fosse feita uma autópsia em mim para ver se há alguma doença física visível.
Charles Whitman

CHEGOU A HORA DO HELTER SKELTER

A FAMÍLIA MANSON, 1969

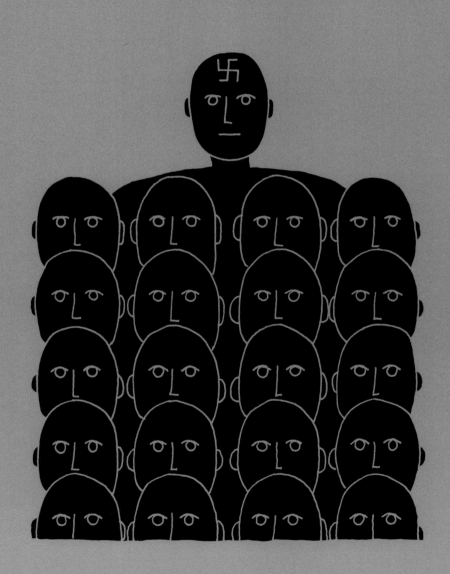

A FAMÍLIA MANSON

EM CONTEXTO

LOCAL
Califórnia, EUA

TEMA
Planos mortais de seitas

ANTES
1955 Jim Jones funda a seita do Templo dos Povos, que termina com um suicídio em massa de 918 pessoas na Guiana, em 1978.

DEPOIS
1986-1989 Acreditando ter poderes mágicos, o traficante de drogas Adolfo Constanzo e seus seguidores matam mais de 25 pessoas no México como sacrifícios humanos.

1989 Jeffrey Lundgren ordena que seus seguidores matem a família Avery – por mostrar "deslealdade" à seita – em sua fazenda em Ohio.

1997 Os 39 membros da seita Portal do Paraíso cometem suicídio em massa por acreditar que isso lhes permitiria entrar num OVNI de passagem.

Foi divertido detonar a casa de Sharon [...] as pessoas corriam em círculos como galinhas sem cabeça.
Tex Watson

O corpo nu e ensanguentado da atriz Sharon Tate estava estendido no chão de sua sala, com uma cruz retalhada em sua barriga de oito meses de gravidez. A atriz de cinema de 26 anos tinha sido esfaqueada dezesseis vezes. Uma corda ao redor de seu pescoço ligava seu corpo ao do *hair stylist* e celebridade Jay Sebring, de 35 anos. Na porta da frente da casa, em Cielo Drive, no norte de Beverly Hills, a palavra "PORCO" estava escrita com o sangue de Sharon.

Os corpos de Tate, Jay e quatro outras pessoas foram descobertos pela empregada na casa alugada pelo famoso diretor Roman Polanski em 9 de agosto de 1969. No gramado da frente estavam os corpos da rica herdeira do café Abigail Folger e de Wojciech Frykowski, um financista e ator. Na entrada de carros, Steven Parent, um adolescente, foi achado morto a tiros em seu carro.

O crime parecia sem sentido. A polícia estava desorientada quanto ao motivo e alguns especulavam que as mortes fossem parte de um ritual satânico. Na noite seguinte, porém, um casal rico, os LaBianca, foi massacrado de modo similar no bairro vizinho de Los Feliz.

Pensou-se de início que essas novas mortes fossem obra de um imitador. No fim do verão de 1969, porém, descobriu-se que os assassinos eram os seguidores do líder de seita de Charles Manson.

Profeta do amor livre

Dois anos antes dos assassinatos, Manson era um músico aspirante de 32 anos que passara metade da vida na prisão por roubo e outros crimes. Após sua soltura, em 21 de março de 1967, ele foi para San Francisco, onde se estabeleceu como guru espiritual. Manson era carismático, com uma habilidade quase hipnótica de manipular. Pregando uma filosofia de amor livre que incluía algumas das ideias religiosas que estudara na prisão, Manson logo formou um grupo de seguidores, na maioria mulheres.

Primeiros adeptos

Enquanto vivia em Berkeley, na Califórnia, Manson conheceu uma universitária de 23 anos chamada Mary Brunner, que depois teve um filho com ele, Valentine Michael. Manson se mudou para a casa de Mary e logo mais dezoito outras mulheres viviam na propriedade. Entre elas estava a hippie Leslie van Houten, de 19 anos, que depois teria um papel importante na espiral de crimes da "Família" em Los Angeles.

Perto do fim do verão de 1967, Manson e alguns de seus seguidores se empilharam num ônibus escolar adaptado e viajaram pelo país, festejando e usando drogas. Entre as mulheres que se juntaram a Manson estava Susan Atkins, de 19 anos, uma nativa da Califórnia. No fim da primavera de 1968, Manson fez uma

Charles Manson tinha uma influência espiritual e sexual sobre a Família, na maior parte formada por jovens mulheres. Ele dormia com elas, depois as oferecia a outros homens em troca de favores.

CASOS DE ASSASSINATO 233

Ver também: O Bando Selvagem 150-151 ▪ Ted Bundy 276-283 ▪ O Assassinato de Rasputin 312-315

---

breve amizade com o cantor Dennis Wilson, dos Beach Boys. Enquanto dirigia para o sul da Califórnia, Dennis deu carona a duas seguidoras de Manson e as levou para sua casa. Uma delas era Patricia Krenwinkel, de 20 anos.

No dia seguinte, ao voltar para casa, após uma sessão de gravação, Dennis encontrou Manson na entrada de carros. Dentro, uma dezena de seguidores de Manson ocupava a casa. Dennis ficou fascinado por Manson e permitiu que o grupo ficasse. Ele gastou até 100 mil dólares (cerca de 2,4 milhões de reais hoje) em dinheiro, comida e roupas para eles. Ficou impressionado com o talento musical de Manson e os dois escreveram algumas músicas juntos. Dennis também apresentou Manson a alguns contatos em sua área, entre eles o filho de Doris Day, o produtor musical Terry Melcher, dono da casa alugada por Sharon e Polanski. Terry, porém, não impulsionou a carreira de Manson como ele esperava. Logo as tendências violentas e a personalidade volátil de Manson »

Eu me dei a ele e, em troca, ele me deu de volta a mim. Ele me deu [...] fé em mim mesma.
Susan Atkins

A Família Manson não tinha uma estrutura organizacional real. A personalidade magnética de Manson era central a todas as relações que atraíam pessoas para o grupo.

Steve "Clem" Grogan era um empregado de rancho, usuário de drogas e amigo da Família. Foi condenado pelas mortes dos LaBianca e de Donald Shea.

Mary Brunner foi cúmplice na morte de Gary Hinman. Ela foi a primeira mulher da Família a ter um filho de Manson.

Linda Kasabian foi cúmplice nas mortes nas casas de Sharon e dos LaBianca. Seu remorso a levou a depor contra Manson. Ela descreveu os assassinatos em detalhes.

Lynette "Estridente" Fromme manteve vigília fora do tribunal, embora não estivesse envolvida nos assassinatos.

Tex Watson era o braço-direito louco de Manson. Ex-estudante modelo, chefiou os assassinatos em Cielo e Waverly.

Leslie van Houten, de 19 anos, foi a mais jovem da Família envolvida nos assassinatos.

Bobby Beausoleil assassinou Gary Hinman. Bobby não era da Família, mas andava regularmente com Manson.

Charles Manson

Patricia Krenwinkel era devotada a Manson. Participou das mortes nas casas de Sharon e dos LaBianca. Esfaqueou Abigail Folger dezenas de vezes.

Sandra "Blue" Good queria estar nos assassinatos da casa de Sharon. Ela entalhou uma cruz na testa em apoio a Manson durante o julgamento dele.

Susan "Sexy Sadie" Atkins conheceu Manson numa festa em 1967. Ela se envolveu em oito dos assassinatos.

Ruth Ann Moorehouse tinha 16 anos quando fugiu com Manson. Foi acusada de tentativa de assassinato de Barbara Hoyt.

A FAMÍLIA MANSON

começaram a incomodar Dennis. O músico abandonou o grupo e a casa, e em agosto de 1968 Manson e seus seguidores foram expulsos pelas autoridades.

O grupo se mudou para os restos deteriorados de um cenário de faroeste no vale de San Fernando chamado Rancho Spahn. O dono permitiu que ficassem em troca de trabalho. Enquanto estavam lá, eles se aproximaram mais e começaram a se chamar de "Família Manson". Levavam uma vida comunal e se envolviam regularmente em orgias e consumo de LSD.

Instalada no rancho a maior parte de 1968 e 1969, a Família continuou a crescer. Charles "Tex" Watson, que abandonara a faculdade no Texas, se juntou ao grupo, assim como Linda Kasabian, de 20 anos, com uma filha de 16 meses.

Em dezembro de 1968, Manson ouviu na casa de um amigo o *Álbum branco*, recém-lançado pelos Beatles. Ele ficou obcecado pelo grupo e acreditava que suas músicas continham mensagens ocultas que avisavam a Família de um desastre iminente. Manson pensava saber o que seria esse desastre.

Helter Skelter

Na véspera do Ano-Novo de 1969, enquanto a Família se reunia ao redor de uma fogueira no Rancho Spahn, Manson avisou aos membros que as tensões raciais entre negros e brancos americanos estavam crescendo e que os afro-americanos logo se rebelariam por todo o país. Ele afirmou que os brancos estavam condenados a uma divisão entre racistas e não racistas.

Manson disse também ao grupo que os Beatles estavam enviando mensagens sobre a guerra racial à Família, que seria poupada escondida no vale da Morte. A Família Manson começou a se preparar para o apocalipse

O Rancho Spahn era a locação perfeita para filmes de faroeste – como *Duelo ao sol* (1946) –, com terreno montanhoso e muito espaço aberto. A Família Manson viveu ali até 1969.

iminente, que o líder chamou de "Helter Skelter", a partir da música dos Beatles de mesmo nome – que designa um tobogã em espiral e, por extensão de sentido, "confusão".

De início, a ideia de Manson era lançar um álbum como o dos Beatles, com letras sutis que deflagrassem o caos. No início de 1969, a Família se mudou para uma casa em Canoga Park, para acompanhar as tensões raciais em Los Angeles e compor músicas para seu supostamente transformador álbum.

Em junho, quando o apocalipse não se materializou, Manson começou a dizer à Família que tinha de abrir o caminho. Ele precisava mostrar à nação como começar o "Helter Skelter" matando ricos brancos e inculpando afro-americanos pelos crimes.

Em 25 de julho, Manson mandou o membro da Família Bobby Beausoleil, um jovem roqueiro, com Mary Brunner e Susan Atkins, à casa de um conhecido de Manson, Gary Hinman. Manson acreditava que Hinman tinha dinheiro que poderiam roubar para financiar um abrigo subterrâneo.

Após ser feito refém por dois dias, porém, Hinman ainda se recusava a dar dinheiro. Nervoso, Manson cortou a orelha de Hinman com uma espada. Sob suas ordens, Bobby esfaqueou Hinman até matá-lo. Um membro do grupo escreveu "porco político" com sangue de Hinman na parede da casa. Eles também desenharam um símbolo dos Panteras Negras na parede, para que a polícia pensasse que o assassinato fora obra de um membro da organização nacionalista negra.

A trama não deu certo. Em 6 de agosto, Bobby foi preso pelo assassinato quando dirigia o carro de Hinman. Dois dias depois, Manson declarou que era hora de iniciar o "Helter Skelter" e que começariam pela casa ocupada por Roman Polanski.

Na noite de 8 de agosto de 1969, a mulher de Polanski jantou no seu restaurante favorito, El Coyote, com Abigail, Wojciech e Jay. Sharon estava a duas semanas de ter um bebê e tinha se queixado por Polanski estar demorando a voltar de Londres, Inglaterra. Por volta das 22h30, os quatro retornaram à sinuosa casa de Sharon, com vista para Benedict Canyon.

Noite fatal

Pouco antes da meia-noite, Charles Watson, Susan Atkins, Patricia Krenwinkel e Linda Kasabian foram de carro até a casa. Na entrada, Charles baleou e matou o estudante Steven Parent, de 18 anos, que visitara o zelador na edícula. Enquanto Linda esperava no carro, os outros invadiram a casa e chacinaram os quatro ocupantes.

Os corpos foram descobertos às 9h15 do dia seguinte pela empregada de Sharon, Winifred Chapman, que correu para a rua gritando por socorro. Um vizinho chamou a polícia. Ao chegar, os policiais relataram ter visto olhares aterrorizados no rosto das vítimas. Eles não conseguiram salvar o filho não nascido de Sharon.

> Não fiz nada de que me envergonhe. Nada com que não possa olhar Deus de frente. Eu não mataria um mosquito.
> **Charles Manson**

O assassinato provocou ondas de choque em toda a comunidade, mas Manson ficou descontente. O pânico não conseguiu deflagrar a guerra racial que ele previra.

Na noite seguinte, os quatro assassinos, Leslie van Houten e Steve "Clem" Grogan, de 18 anos, foram com Manson à casa de Leno LaBianca, um rico executivo de supermercados de 44 anos. A Família entrou na propriedade na Waverly Drive, em Los Feliz, em Los Angeles. Manson acordou LaBianca, que dormia no sofá da sala, com a ponta da arma. A mulher de LaBianca, Rosemary, foi levada para a sala, e sua cabeça e a do marido foram cobertas com fronhas. Eles foram informados de que estavam sendo roubados, mas que não seriam machucados se cooperassem.

Manson saiu então, dizendo a Leslie e Patricia que seguissem as ordens de Charles, o qual tinha sido instruído a matar os LaBianca. Ele esfaqueou Leno mais de doze vezes com uma baioneta cromada e entalhou a palavra "Guerra" em seu abdome. Leslie e Patricia deveriam matar Rosemary LaBianca, que foi esfaqueada 41 vezes nas costas e nas nádegas. Patricia também escreveu "Revoltem-se" e "Morte aos porcos" nas paredes com o sangue dos LaBianca. Na porta »

Charles Manson

Kathleen Maddox tinha 16 anos quando seu filho, Charles Manson, nasceu, em Cincinnati, em Ohio. Pouco depois ela foi presa por roubo e o menino foi levado para a casa de parentes na Virgínia Ocidental. Sua criação foi horrível. Adolescente, cometeu uma série de crimes menores, furtando bicicletas e em lojas de bebidas. Depois de roubar duas mercearias aos 13 anos, foi enviado a um internato de meninos. Apesar de ter QI alto, Manson era analfabeto e um assistente social o descreveu como agressivamente antissocial. Ele foi mandado a um reformatório em outubro de 1951 e obteve liberdade condicional em maio de 1954.

Em 1955, ele se casou com a atendente de hospital Rosalie Jean Willis e tiveram um filho, Charles Jr. Depois que Manson foi preso, o casal se divorciou. Ele recebeu a condicional em 1958, mas logo voltou à prisão, após tentar passar um cheque falso. Foi libertado em março de 1967 e se mudou para San Francisco, onde fundou sua seita.

236 A FAMÍLIA MANSON

Sharon Tate estrelou o filme *A dança dos vampiros* (1967), de Roman Polanski, e se casou com ele em janeiro de 1968. Exatos dezessete meses depois a atriz e modelo foi assassinada.

da geladeira, ela escreveu (errado) "Healter Skelter". Os assassinos saíram então da cena coberta de sangue.

Por volta de 22h30 de 10 de agosto, o filho de Rosemary, Frank Struthers, voltou de um acampamento e viu o barco de Leno na entrada. Desconfiado, ele chamou a irmã e o namorado dela. Os homens entraram na casa e encontraram os corpos dos LaBianca.

Apesar da semelhança dos crimes, o LAPD de início não ligou os casos de Hinman, Sharon e dos LaBianca.

O departamento do xerife cuidava do caso de Hinman, e o LAPD acreditava que o assassinato de Sharon tinha a ver com drogas. Os investigadores dos três casos chegaram a um impasse, em parte pela falta de comunicação entre as autoridades envolvidas. Porém, a espiral de crimes da Família Manson continuou, dando à polícia pistas melhores.

Kitty Lutesinger, namorada de Bobby Beausoleil, foi presa por queimar máquinas no vale da Morte, na Califórnia, perto do novo esconderijo da Família, no Rancho Barker. Kitty delatou aos detetives que Susan Atkins também estivera envolvida no assassinato de Hinman, pelo qual seu namorado já cumpria pena.

Enquanto isso, em 16 de agosto, num caso não relacionado, a equipe do xerife deu uma batida no Rancho Spahn, que suspeitavam ser a base de uma rede de roubo de carros. Susan Atkins foi presa, e Manson, Charles Watson e um seguidor chamado Bruce Davis mataram Donald Shea, empregado do Rancho Spahn, por acreditar que os denunciara à polícia.

Na prisão, acusada de roubo de carro, Susan Atkins contou a outra presa sua participação nas mortes de Sharon e dos LaBianca. A mulher reportou as informações, e Susan não só confessou os crimes como concordou em depor contra os outros se a pena de morte fosse suspensa.

Julgamentos da Família

Manson, Patricia e Susan responderam por sete acusações de assassinato e uma de conspiração. Como Leslie só participara das mortes dos LaBianca, recebeu duas acusações de assassinato e uma de conspiração. Linda, que esperou fora durante os crimes e fugiu em seguida do rancho, recebeu

Eles não demonstraram arrependimento a nenhuma pessoa de minha família.
Debra Tate

CASOS DE ASSASSINATO 237

Entrando na sala do tribunal em agosto de 1970, Susan Atkins, Patricia Krenwinkel e Leslie van Houten exibiam cruzes que entalharam na própria testa.

imunidade em troca de seu testemunho.

O julgamento começou em 15 de junho de 1970. No primeiro dia dos depoimentos, Manson entrou no tribunal com uma cruz entalhada na testa. Nos dias seguintes, os outros membros da Família – entre eles as rés – o imitaram, exibindo a marca.

Ao longo do julgamento, Susan e outras rés tentaram tumultuar as sessões. Elas cantavam músicas que Manson tinha composto ao entrar e sair do tribunal. Susan dava risadinhas irônicas e gritava insultos. Os membros da Família rondavam o tribunal e faziam vigílias na calçada. Depois, Manson e os réus rasparam a cabeça.

Suas táticas tiveram pouco efeito sobre o resultado do julgamento. A promotoria alegou, com base em grande parte no testemunho de Linda, que o motivo das mortes era iniciar a guerra racial de Manson. A defesa, enquanto isso, não chamou uma só testemunha em três dias, o que irritou Manson e seus seguidores. Quando o julgamento estava no fim, faltando as últimas alegações, o advogado de defesa de Leslie, Ronald Hughes, desapareceu durante uma viagem de fim de semana. Seu corpo foi achado meses depois.

O julgamento terminou em janeiro de 1971. Manson, Susan, Leslie e Patricia foram declarados culpados das 27 acusações e condenados à morte. Num julgamento separado em 1971, Charles Watson também foi declarado culpado e recebeu a pena capital. As sentenças foram comutadas para prisão perpétua em 1972, ao ser abolida a pena de morte na Califórnia. Bruce Davis e Steve Grogan, seguidores de Manson, foram condenados em 1972 pelas mortes de Hinman e Shea.

Em 1971, Catherine Share, Lynette Fromme, Dennis Rice, Steve Grogan e Ruth Ann Moorehouse, seguidores de Manson, foram condenados por planejar a morte de Barbara Hoyt – ex-integrante da Família – para impedir que depusesse no julgamento. Barbara Hoyt, Linda Kasabian e outro ex-membro da Família, Paul Walker, testemunharam contra Manson. Catherine alegou mais tarde que Manson ameaçara feri-la se não depusesse em seu favor.

Manson continuou no noticiário por décadas após os assassinatos, dando entrevistas da prisão. Seu caso é único porque ele próprio, na verdade, nunca matou ninguém, mas usou seus poderes de persuasão para convencer seus seguidores a fazer isso. ∎

A psicologia das seitas

Contrariando estereótipos, 95% daqueles que entram em seitas são psicologicamente saudáveis. A personalidade também não é um fator importante nisso. As pessoas aderem a esses grupos para satisfazer necessidades individuais e circunstanciais: um desejo de pertencer, a busca de respostas a grandes questões da vida ou uma atração pelo aspecto insular e estruturado da vida numa seita. Os líderes de seitas têm um grande papel no recrutamento e manutenção de membros. Eles em geral são incrivelmente carismáticos e manipuladores e exercem, assim, influência significativa sobre seus seguidores. Os líderes os estimulam a assumir uma identidade coletiva, em geral ordenando atividades em grupo, como oração, trabalho manual e orgias. Os membros seguem as regras do líder, que muitas vezes proíbe interações com o exterior, tornando difícil sair, já que ficam isolados dos sistemas de apoio de fora da seita.

UM DINGO PEGOU MEU BEBÊ!
A MORTE DE AZARIA CHAMBERLAIN, 17 DE AGOSTO DE 1980

EM CONTEXTO

LOCAL
Camping do Uluru, Território do Norte, Austrália

TEMA
Pais acusados

ANTES
1665 Anne Greene, uma criada inglesa, é enforcada pelo assassinato de seu bebê, concebido num estupro. Ela insistia que o bebê nasceu morto.

DEPOIS
1999 Sally Clark é injustamente condenada pelo assassinato de seus dois filhos após o depoimento de um "especialista" sobre a improbabilidade de duas "mortes súbitas" sucessivas.

2015 Purvi Patel é condenada a vinte anos pelo tribunal de Indiana após seu feto de 24 semanas "abortado espontaneamente" ser achado numa caçamba de lixo.

O relato de Michael Chamberlain sobre a angústia de sua mulher ao perceber que a bebê deles, Azaria, tinha sido levada por um dingo não condizia com sua atitude calma ao ser interrogada pela polícia. Enquanto examinavam o acampamento do casal à sombra do Uluru (Ayers Rock), eles sentiram que algo não se encaixava.

Pedaços de evidências
A polícia elaborou sua própria teoria. Eles presumiram que Lindy, sentada no banco da frente do carro da família, tinha segurado a filha Azaria no colo e golpeado a menina com uma tesoura até ela morrer. Isso explicava o sangue achado no painel e os pedacinhos de pano no chão ao lado. A ausência de um corpo não os fez duvidar de sua versão. O campo aberto era o lugar perfeito para esconder um corpo pequeno.

A polícia ignorou as evidências que não sustentavam sua teoria. Outros campistas tinham ouvido rosnados de cachorro e havia pegadas de patas, pelos de cão e marcas de algo arrastado dentro e ao redor da barraca. Além disso, Michael era pastor e eles não tinham motivos para matar o bebê.

Testes feitos por Joy Kuhl,

> Estou aqui para lhes dizer que vocês podem obter justiça mesmo quando pensam que tudo está perdido.
> **Michael Chamberlain**

Um dingo na Austrália. Embora ataques a humanos e gado tenham levado a abates, sua condição "vulnerável" e a capacidade de conter raposas predatórias levou a pedidos de sua reintrodução.

Ver também: O Sequestro do Bebê Lindbergh 178-185

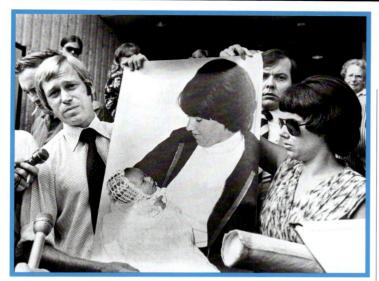

Os Chamberlain seguram uma foto de Azaria após o primeiro inquérito do médico-legista declarar sua inocência, em 1981. A polícia rejeitou o veredicto e pressionou pela condenação de Lindy.

cientista forense do tribunal, endossaram a visão da polícia e, em 29 de outubro de 1982, Lindy foi condenada pelo assassinato da filha e presa. Michael, o tribunal considerou, tinha sido cúmplice após o crime, ajudando sua mulher a escondê-lo. Ele foi libertado sob fiança.

Mais tarde surgiram dúvidas sobre a condenação, com a descoberta casual, em 1986, de um casaco de bebê fora de uma cova de dingo próxima. Com isso, Lindy foi libertada por motivo de "compaixão". Em 1988, as condenações dela e do marido foram anuladas, mas mesmo assim uma dúvida incômoda se manteve. Um novo inquérito, em 1995, não a resolveu, resultando num veredicto "aberto" inconclusivo sobre a morte de Azaria.

Só em 2012 um médico-legista se convenceu de que a criança tinha sido morta por um dingo – a prova crucial, que Joy Kuhl identificara como "hemoglobina fetal", o sangue de um bebezinho, no carro da família se revelou, em testes científicos aperfeiçoados, mostrou ser uma mistura de leite, óxido de cobre e outras substâncias derramadas no veículo durante sua fabricação. Além disso, verificou-se que uma impressão digital "ensanguentada" num pedaço de roupa de bebê, que condenara Lindy em 1982, não era na verdade de sangue.

O dingo no banco dos réus

O dingo – o cão silvestre nativo da Austrália – nunca foi considerado inofensivo. Seus ataques ao gado fazem os fazendeiros tratá-los como uma peste. Na época do desaparecimento de Azaria, porém, não havia casos registrados de dingos machucando crianças. Talvez o público australiano preferisse acreditar que uma mãe matara seu bebê a pensar que parte da identidade nacional da Austrália – o dingo – fosse algo a temer.

Nos anos seguintes ao desaparecimento de Azaria, vários ataques graves de dingos ocorreram, alguns deles fatais. Em 1998, na ilha Fraser, ao largo da costa de Queensland, um pai agarrou a filhinha de volta quando estava sendo arrastada por dingos; três anos depois, Clinton Gage, de 9 anos, não sobreviveu a um ataque na mesma ilha.

Uma vez estabelecida a ideia de que Lindy matara a filha, todos os fatos relativos ao caso pareceram sustentar o veredicto de culpada. A aparente imparcialidade da análise forense foi, na verdade, distorcida para se ajustar às ideias preconcebidas dos investigadores. Tanto a polícia quanto o público julgaram Lindy pelo jeito "não natural" com que reagiu. Esse modo de ver era injusto, mas se enraizou profundamente. Foi preciso outros ataques de dingos e novas evidências forenses para que os tribunais inocentassem totalmente o casal. ■

A Austrália não poderá mais dizer que os dingos não são perigosos.
**Lindy Chamberlain-
-Creighton**

EU ERA UM ZÉ NINGUÉM ATÉ MATAR O MAIOR ALGUÉM DA TERRA
O ASSASSINATO DE JOHN LENNON, 8 DE DEZEMBRO DE 1980

EM CONTEXTO

LOCAL
Cidade de Nova York, EUA

TEMA
Stalker de celebridade

DEPOIS

1981 John Hinkley Jr. se inscreve em Yale para perseguir a atriz Jodie Foster no campus. Em 30 de março, ele tenta assassinar Ronald Reagan, presidente dos EUA, como "prova de amor" a Jodie.

1989 Robert John Bardo mata a tiros a atriz Rebecca Schaeffer após persegui-la por três anos.

1995 Yolanda Saldívar persegue a cantora texana Selena, buscando assumir o controle de seu fã-clube. Selena a demite, e Yolanda mata a cantora em 31 de março.

2004 Nathan Gale, fã da banda Pantera, mata várias pessoas num show de heavy metal. Ele estava contrariado com a notícia de que a banda estava se separando.

Quando Mark David Chapman atirou em John Lennon em 8 de dezembro de 1980, não só destruiu um ícone de sua geração como anunciou a chegada de um novo tipo de assassino: o matador de celebridade. Quando criança, no sudeste dos EUA, ele era fascinado pelos Beatles, mas acabaria se voltando depois contra eles.

Fixação pela fama
Chapman tinha identidade instável e era afligido por um sentimento crônico de inutilidade. Numa crise em 1977, no Havaí, ele tentou sem sucesso suicidar-se. Chapman ficou obcecado por John Lennon, um dos líderes dos Beatles, após ler sua biografia. Na época, ele também foi muito influenciado por *O apanhador no campo de centeio*, de J. D. Salinger, e começou a enxergar Lennon como "falso". Durante meses ele, perseguiu o astro em Nova York. Em dezembro de 1980, ele emboscou Lennon quando ele voltava ao Edifício Dakota de uma sessão de gravação. Chapman atirou cinco vezes em Lennon com um 38. Quando o porteiro lhe tirou a arma, ele não tentou fugir. Em vez disso, sentou-se e esperou que a polícia chegasse. Lennon foi levado às pressas para o hospital, mas foi declarado morto quinze minutos após chegar. Chapman disse que matou Lennon para ganhar fama, e foi diagnosticado como psicótico. Em junho de 1981, declarou-se culpado de assassinato e foi condenado a cumprir sentença de vinte anos a prisão perpétua. Ele continua encarcerado. ∎

Fãs homenageiam Lennon no Edifício Dakota. Notícias do assassinato levaram a demonstrações de tristeza no mundo todo. Pelo menos três fãs cometeram suicídio em reação a sua morte.

Ver também: Madame Caillaux 217 ▪ Os Assassinatos de Tupac Shakur e Biggie Smalls 254-257 ▪ O Assassinato de John F. Kennedy 316-321

CASOS DE ASSASSINATO **241**

QUEM MANDOU VOCÊ CONTRA MIM? QUEM LHE DISSE PARA FAZER ISSO?
O ASSASSINATO DE ROBERTO CALVI, 17 DE JUNHO DE 1982

EM CONTEXTO

LOCAL
Londres, Inglaterra

TEMA
Ataque da Máfia

ANTES
1957 Em Nova York, Albert "Chapeleiro Maluco" Anastasia é morto no barbeiro a mando do mafioso "Don Vito" Genovese.

1980 O chefão do crime na Filadélfia, Angelo Bruno, é morto e "recheado" com notas de dólar por ordem de seu próprio *consigliere*, Antonio Caponigro, após uma discussão sobre tráfico de metanfetamina.

DEPOIS
1986 O chefe da Máfia de Chicago, Rocco Infelice, ordena o assassinato de Anthony Spilotro, que dirige os negócios da Máfia em Las Vegas, e de seu irmão.

1990 Anthony DiLapi, da família Lucchese, foge da Máfia para a Califórnia, mas é achado e morto a tiros a mando de Anthony Caso.

Em 1975, Roberto Calvi se tornou presidente do Banco Ambrosiano, um banco católico fundado 75 anos antes para servir organizações religiosas ou definidas por valores morais. Seu principal acionista era o Banco do Vaticano. Isso levou Calvi a ser chamado de "banqueiro de Deus", mas seus atos como presidente do banco não eram nada sagrados. Calvi tomou várias decisões suspeitas: desviou recursos para financiar partidos políticos, obteve o controle acionário do Banco Cattolica del Veneto e criou empresas em paraísos fiscais. Ele transferiu bilhões para fora da Itália, inflou o preço das ações e colocou uma fortuna em empréstimos inseguros. Em 1978, suas atividades chamaram a atenção do Banco da Itália, que passou a investigá-lo.

Calvi foi condenado a uma pena de quatro anos e solto sob fiança. Com o equivalente hoje a cerca de R$10 bilhões em dívidas, o Banco Ambrosiano devia uma soma enorme à Máfia siciliana e faliu em junho de 1982. Naquele mês, Calvi sumiu de seu apartamento em Roma.

Seu corpo foi achado oito dias depois, enforcado num andaime sob a ponte Blackfriars, em Londres. O banqueiro tinha pertencido aos Maçons P2, *frati neri* ("frades negros"), e o nome da ponte (também "frades negros") chamou a atenção. Pensou-se de início em suicídio, mas os promotores concluíram que a Máfia matara Calvi para impedi-lo de revelar detalhes de seus negócios — ou de maçons, políticos e outros grupos poderosos. Cinco suspeitos foram acusados em 2005, mas liberados por falta de provas. ■

Havia o Vaticano, a Máfia, os maçons e os políticos. O julgamento é [...] só uma parte de todas essas histórias.
Luca Tescaroli

Ver também: Bernie Madoff 116-117 ■ A Máfia Siciliana 138-145 ■ As Guerras da Cerveja 152-153 ■ O Assassinato de Rasputin 312-315

EU ESTAVA NO CORREDOR DA MORTE E ERA INOCENTE
KIRK BLOODSWORTH, 1984

EM CONTEXTO

LOCAL
Rosedale, Maryland, EUA

TEMA
Condenação injusta

ANTES
1950 Condenado pelo assassinato da mulher e da filha, o britânico Timothy John Evans é enforcado. Uma investigação quinze anos depois determina que o real assassino era o vizinho de baixo de Evans, John Reginald Halliday.

DEPOIS
1987 Tim Masters, um estudante do segundo ano do ensino médio, é condenado pelo assassinato de Peggy Hettrick, de Fort Collins, no Colorado. Um juiz ordena que Masters seja libertado imediatamente quando provas de DNA incriminam o namorado da vítima.

Em 1984, o ex-fuzileiro naval dos EUA Kirk Bloodsworth, de 23 anos, foi preso sob a acusação de ataque sexual, estupro e assassinato de Dawn Hamilton, de 9 anos. O corpo da menina foi achado numa área arborizada de um parque em Rosedale, em Maryland, perto da casa dela.

Bloodsworth foi preso com base no telefonema anônimo de uma mulher que informou à polícia tê-lo visto com a vítima. Duas outras testemunhas o reconheceram num teste com suspeitos enfileirados. Porém, elas tinham

Kirk Bloodsworth segura uma foto de Dawn Hamilton. Ele foi injustamente condenado pelo ataque sexual, estupro e morte da menina em agosto de 1984.

O Projeto Inocência

Fundado em Nova York em 1992 por dois advogados de direitos civis, o Projeto Inocência é uma organização legal sem fins lucrativos que, usando testes de DNA, busca inocentar presos injustamente condenados. O Projeto Inocência também trabalha na defesa de importantes reformas no sistema de justiça penal.

Apesar do nome do grupo, a inocência alegada pela própria pessoa não serve como base legal para anular uma condenação. Normalmente, é preciso uma nova prova – como um teste de DNA – para sustentar a afirmação de que houve um erro judicial.

O teste de DNA foi introduzido como técnica de combate ao crime em 1989. No início de 2016, 340 pessoas condenadas por crimes graves nos EUA já tinham sido inocentadas graças a testes de DNA e cerca de metade delas receberam indenização pelo tempo passado na prisão. Vinte dos presos cujas condenações acabaram sendo anuladas tinham sido condenados à morte.

Ver também: Colin Pitchfork 294-297

Se pôde acontecer comigo, pode acontecer com qualquer pessoa.
Kirk Bloodsworth

sido instruídas a não ver televisão – havia muitas notícias sobre ele na época – porque isso poderia afetar sua capacidade de lembrar exatamente o que tinham visto. Mas elas não obedeceram e ambas o viram na TV antes do teste. Não havia prova direta que o ligasse ao crime, mas Bloodsworth foi condenado por estupro e assassinato em primeiro grau, e recebeu a pena de morte.

Em 1986, o Tribunal de Apelação de Maryland anulou a condenação de Bloodsworth ao descobrir que a promotoria retivera ilegalmente provas que poderiam tê-lo inocentado. Foi ordenado um novo julgamento, mas Bloodsworth foi condenado mais uma vez e sentenciado a duas penas perpétuas.

Trabalhando na biblioteca da prisão, Bloodsworth passou os sete anos seguintes buscando provar sua inocência. Em 1992, ele leu sobre uma nova técnica – a impressão digital genética. Com a esperança de que o DNA achado na cena do crime pudesse mostrar que não era o assassino, Bloodsworth fez uma moção ao tribunal. Funcionou. Em 1993, os resultados do teste confirmaram que as provas de DNA não coincidiam com o perfil genético de Bloodsworth e ele foi libertado. ∎

Julho de 1984 – O corpo de Dawn Hamilton, de 9 anos, é encontrado num parque em Rosedale, em Maryland.

Agosto de 1984 – A polícia prende e indicia Kirk Bloodsworth, um ex-fuzileiro naval dos EUA.

Março de 1985 – Um júri condena Kirk Bloodsworth pelo assassinato de Dawn Hamilton. Ele recebe a pena de morte.

Julho de 1986 – O Tribunal de Apelação de Maryland anula a condenação, declarando que os promotores retiveram provas. É ordenado um novo julgamento.

Abril de 1987 – Um segundo júri condena Bloodsworth por assassinato. Ele é sentenciado a duas penas perpétuas na prisão.

Abril de 1992 – Os promotores do condado de Baltimore liberam provas do julgamento de Bloodsworth para novos e sofisticados testes de DNA.

Maio de 1993 – Um laboratório da Califórnia informa que uma mancha de sêmen na roupa íntima da vítima não poderia ter vindo de Bloodsworth.

25 de junho de 1993 – O FBI aceita que o sêmen encontrado na calça não poderia ter sido produzido por Bloodsworth.

28 de junho de 1993 – Kirk Bloodsworth sai da Casa de Correção de Jessup como um homem livre.

UM ATO DE MALDADE SEM IGUAL
O ASSASSINATO DE JAMES BULGER, 12 DE FEVEREIRO DE 1993

EM CONTEXTO

LOCAL
Merseyside, Inglaterra

TEMA
Crianças assassinas

ANTES
1954 Em Christchurch, na Nova Zelândia, Pauline Parker, de 16 anos, e Juliet Hulme, de 15, matam a mãe de Pauline, Honorah.

1968 Em dois eventos separados, Mary Bell, de 11 anos, mata dois meninos, de 3 e 4 anos, estrangulando-os.

DEPOIS
1999 Na Flórida, Lionel Tate, de 12 anos, espanca Tiffany Eunick, de 6 anos, até matá-la.

2001 Os irmãos Derek e Alex King, de 12 e 13 anos, batem em seu pai com um taco de beisebol até matá-lo e depois põem fogo em sua casa, na Flórida.

Na sexta-feira, 12 de fevereiro de 1993, James Bulger, de 2 anos, estava com a mãe, Denise, no centro comercial de Bootle Strand, em Merseyside, na Inglaterra. Às 15h42, ela fazia compras num açougue e James esperava na porta. O menino foi levado a uma morte terrível por dois estudantes de 10 anos que o torturaram e mataram nos trilhos de trem locais.

Depois de pagar as compras, Denise se virou e não viu o filho. Apavorada, acionou a segurança do centro comercial, que chamou o menino pelo sistema de autofalantes. Embora tenham descrito James e as roupas que usava, James não foi achado em nenhum lugar. Às 16h15, Denise chamou a polícia local. Às 17h30, quando o centro comercial fechou, o menino ainda não tinha aparecido e a polícia de Merseyside lançou uma grande operação de busca. A maior pista foi fornecida

O vídeo do circuito interno mostrou, às 15h42, James Bulger segurando com confiança a mão de um dos assassinos. Robert e Jon levaram o menino de 2 anos por três quilômetros até onde o mataram.

CASOS DE ASSASSINATO 245

Ver também: O Sequestro do Bebê Lindbergh 178-185 ▪ Lizzie Borden 208-211 ▪ Os irmãos Stratton 212-215 ▪ A Morte de Azaria Chamberlain 238-239

pelas câmeras do circuito interno, que mostravam James deixando o açougue. Rastreando seus movimentos no vídeo, a polícia o viu no andar de cima, ao que parecia seguindo dois meninos. Na parte final do vídeo – a última imagem de James vivo – via-se que um dos meninos segurava sua mão e o trio seguia na direção do Canal Leeds-Liverpool. Mesmo com essa informação, porém, a polícia não conseguiu encontrar James.

O rapto se torna assassinato

Dois dias depois, um garotinho chegou à delegacia de polícia de Walton Lane em pânico. Ele tinha achado um corpo, muito mutilado, nos trilhos de trem a alguns minutos dali. James Bulger, ao que parecia, não era mais uma criança desaparecida: agora, era uma vítima de assassinato. Após identificar o corpo como o de James, os policiais voltaram a atenção para encontrar os dois principais suspeitos – os meninos do vídeo. Num golpe de sorte, uma mulher da região reconheceu-os como dois arruaceiros que iam muito a sua loja, nomeando-os como Jon Venables e Robert Thompson.

Jon e Robert foram colocados sob custódia, mas a polícia achou difícil acreditar que fossem capazes de assassinar alguém. Eles só tinham 10 anos e as lesões de James eram muitas e terríveis. Apesar disso, a polícia interrogou os dois suspeitos. Ao longo desses interrogatórios, o crime dos meninos aos poucos foi revelado.

Robert se manteve sinistramente calmo ao ser questionado, mas se confundiu com uma descrição detalhada demais do que James vestia. Jon, por outro lado, ficou histérico durante o interrogatório. Em 19 de fevereiro ele confessou o assassinato de James Bulger, e em 20 de fevereiro os dois suspeitos foram detidos por sequestro e assassinato. Nenhum dos dois conseguia explicar seus motivos.

Crianças no banco dos réus

O julgamento dos dois jovens assassinos alvoroçou o país. Uma pequena plataforma foi levada ao tribunal para que os meninos pudessem ver por cima do banco dos réus. Enquanto o país acompanhava o processo segurando o fôlego, a história incriminadora contra Robert e Jon era narrada.

O sangue de James foi encontrado nos sapatos de um dos meninos, e as pegadas do outro coincidiam com lesões em seu rosto. Uma testemunha se apresentou para dizer que os meninos tinham tentado levar seu filho no mesmo dia, e o tribunal ouviu como, no interrogatório policial, Jon admitiu ter pensado em empurrar uma criança no meio

Essas são as medonhas manifestações de uma sociedade que está se tornando indigna desse nome.
Tony Blair

do tráfego para que sua morte parecesse acidental.

As provas se acumularam contra eles. O advogado deles disse que os meninos eram jovens demais para serem considerados legalmente responsáveis por suas ações, mas um psiquiatra infantil depôs dizendo que eles sabiam a diferença entre certo e errado. Então com 11 anos, Robert e Jon tinham idade suficiente para serem acusados e, em 24 de novembro, os dois foram declarados culpados e presos por oito anos.

A sentença foi aumentada duas vezes, mas Robert e Jon saíram em liberdade condicional em 2001. ∎

A idade da responsabilidade

Em meados do século XX, os tribunais decidiram que a idade da responsabilidade se basearia na maturidade emocional, mental e intelectual da criança. Cada país definiu sua própria idade da responsabilidade. No Reino Unido, é de 10 anos; em outros países europeus, é de 15 anos. Nos EUA, varia entre os estados e vai de 6 a 11. No Brasil, 18 anos.

Os infratores abaixo da idade da responsabilidade são tratados de modo diferente. Não podem ser acusados de cometer crimes, mas em alguns países seus pais podem ser responsabilizados por seus crimes e perder a guarda das crianças.

O Reino Unido considerou elevar a idade da responsabilidade em 2014 – ao que a mãe de James Bulger se opôs. Se ele tivesse sido morto alguns meses antes, quando Robert e Jon tinham menos de 10 anos, a Justiça não poderia tê-los julgado e punido.

EU TEMO QUE ESSE HOMEM UM DIA ME MATE

O. J. SIMPSON, 12 DE JUNHO DE 1994

O. J. SIMPSON

EM CONTEXTO

LOCAL
Brentwood, Los Angeles, Califórnia, EUA

TEMA
Réus celebridades

ANTES
2 de dezembro de 1954 O empresário de boxe Don King baleia um suposto ladrão em sua casa ilegal de jogos em Cleveland.

12 de outubro de 1978 O roqueiro punk Sid Vicious esfaqueia e mata a namorada, Nancy Spungen. Ele é acusado de assassinato, mas morre de overdose antes de ser julgado.

DEPOIS
22 de janeiro de 2001 O ex-jogador da NFL Rae Carruth é condenado por mandar matar a namorada grávida.

14 de fevereiro de 2013 Oscar Pistorius, corredor paralímpico, mata a tiros a namorada, Reeva Steenkamp.

Nicole Brown Simpson na estreia do filme *Corra que a polícia vem aí! 33 1/3 – O insulto final*, em que O. J. Simpson atua, em 16 de março de 1994. Ela e o ex-marido tinham se reconciliado após o divórcio em 1992.

Nos degraus da frente de uma casa em Brentwood, em Los Angeles, uma mulher descalça de vestido preto jazia de rosto para baixo numa poça de sangue. Ao lado, o corpo de um homem de 25 anos estava enredado nos arbustos. Por volta de 00h10 de 13 de junho de 1994, um vizinho viu a cena horrível, encontrando os corpos de Nicole Brown Simpson e Ron Goldman, ambos mortos havia algum tempo.

A estocada funda no pescoço de Nicole quase a tinha decapitado. A camisa de Goldman estava puxada sobre sua cabeça, expondo o torso perfurado por facadas. O vizinho acenou para um carro de patrulha que passava, e logo a casa na South Bundy Drive enxameava de detetives.

O horroroso crime não era típico da vizinhança de Brentwood. Mas a investigação assumiu um ritmo frenético quando a polícia soube que a mulher morta era Nicole Brown Simpson, a ex-mulher do astro do futebol americano e ator O. J. Simpson.

O contexto da tragédia

Na noite do assassinato, Nicole jantou no restaurante Mezzaluna com a mãe e os filhos. A mãe dela ligou para o restaurante às 21h35 e disse que havia esquecido seus óculos ali. A própria Nicole telefonou então, pedindo a seu amigo garçom, Ron Goldman, que levasse os óculos a sua casa naquela noite. Ele terminou seu turno por volta de 21h50 e foi para a casa dela. Cerca de duas horas depois, os dois foram encontrados mortos.

Assim que as duas vítimas foram identificadas, os detetives foram à propriedade em Rockingham de Simpson, onde descobriram um Ford Bronco branco manchado com sangue. Sem um mandato, mas alegando temer pela segurança de Simpson, o detetive Mark Fuhrman escalou os muros da propriedade e conduziu sua equipe para dentro. Em sua busca pela casa, Fuhrman descobriu uma luva ensanguentada, que depois se determinou que fazia par com outra descoberta na cena do crime. O teste de DNA revelou que o sangue na luva era de Nicole e Goldman.

Depois, três gotas do sangue de Simpson foram achadas perto do portão de sua casa, de uma ferida aberta em sua mão. A descoberta da luva, além das provas de sangue nas duas cenas, foi suficiente para um mandado de prisão ser emitido contra Simpson por duplo assassinato.

Rendição dramática

Enquanto os advogados negociavam como Simpson se entregaria, ele fugiu em 17 de junho de 1994. O velho amigo e também jogador de futebol americano Al Cowlings o apanhou no Ford Bronco branco dele e o levou pela estrada. De tempos em tempos, O. J. apontava uma arma contra a cabeça e ameaçava suicidar-se.

Às 14 horas, o Departamento de Polícia de Los Angeles (LAPD) tinha emitido um alerta para que Simpson fosse preso. No começo da noite, o

Eu sou totalmente, 100%, inocente.
O. J. Simpson

CASOS DE ASSASSINATO 249

Ver também: O doutor Crippen 216 ▪ A Família Manson 230-237 ▪ Os Assassinatos de Tupac Shakur e Biggie Smalls 254-257

O Ford Bronco branco é perseguido ao longo de uma estrada de Los Angeles, no lusco-fusco do fim do dia. A caçada televisionada foi um fenômeno cultural e despertou interesse pelo caso Simpson.

Bronco foi localizado. Um policial se aproximou do carro, mas, como Simpson apontava uma arma para a própria cabeça, decidiu se afastar. Isso provocou uma perseguição em baixa velocidade, com até vinte viaturas de polícia e nove helicópteros seguindo o carro. Milhares de espectadores se amontoavam nas passarelas para saudar o carro branco, alguns segurando placas improvisadas estimulando Simpson a continuar correndo. As emissoras de TV interrompiam regularmente a programação e a perseguição foi vista por cerca de 95 milhões de pessoas.

Após oitenta quilômetros na estrada, a caçada terminou às 20 horas, na propriedade de Simpson em Brentwood. Em troca de uma rendição pacífica, foi permitido a Simpson passar uma hora na casa para falar com a mãe. Enquanto isso, policiais revistaram o Bronco e acharam 8 mil dólares em dinheiro, roupas e um disfarce – cavanhaque e bigode falsos e um kit de maquiagem –, além de fotos de família e uma arma carregada.

Equipes no tribunal

Simpson foi acusado em 20 de junho e se declarou inocente de ambos os assassinatos. Ele foi detido sem direito a fiança. Numa decisão controversa, os promotores decidiram apresentar as acusações no centro de Los Angeles, o que resultou num júri com maioria de negros.

O detetive Tom Lange, um veterano do LAPD, liderou a investigação. Marcia Clark, procuradora distrital adjunta, foi nomeada promotora-chefe, e o procurador distrital adjunto Christopher Darden atuou como »

O. J. Simpson

Orenthal James Simpson cresceu na pobreza, nos conjuntos habitacionais dos subúrbios de San Francisco, na Califórnia. Ele descobriu a paixão pelo futebol americano e obteve uma bolsa de estudos graças ao esporte na Universidade do Sul da Califórnia. Em 1968, ganhou o prestigioso Troféu Heisman. Após a faculdade, Simpson entrou na NFL e jogou onze temporadas com o Buffalo Bills e o San Francisco 49ers. Em 1973, tornou-se o primeiro jogador a atingir 1,8 mil metros numa temporada e foi depois empossado no Hall da Fama do Futebol Americano. Após se aposentar da NFL, iniciou uma carreira como comentarista esportivo e ator, figurando em vários filmes, como *Inferno na torre*, *Capricórnio Um* e a trilogia *Corra que a polícia vem aí!* Simpson conheceu a garçonete Nicole Brown, de 18 anos, em 1977, e os dois se casaram em 1985. Eles tiveram dois filhos: Sydney e Justin. Após um casamento tumultuado, com alegações de violência doméstica, Nicole pediu o divórcio em 25 de fevereiro de 1992. Dois anos depois, Simpson foi acusado de assassiná-la.

250 O. J. SIMPSON

O. J. Simpson no tribunal, ao lado de Johnnie Cochran Jr., um de seus advogados. Cochran foi criticado pelo promotor Christopher Darden por enfatizar a influência de possível discriminação racial.

copromotor. Simpson, por sua vez, contratou uma equipe de advogados de alto nível, entre eles F. Lee Bailey, Robert Kardashian, Robert Shapiro, Alan Dershowitz, Johnnie Cochran Jr. e Barry Scheck. Apelidado de "Time dos Sonhos", custou a Simpson entre 3 milhões e 6 milhões de dólares (cerca de 16,7 a 34 milhões de reais).

Julgamento polêmico

O julgamento começou em 24 de janeiro de 1995 e durou 134 dias. As pessoas podiam assistir ao vivo por um circuito de câmeras fechado no tribunal. O assim chamado "Julgamento do Século" tornou celebridades os detetives, advogados e até o juiz Lance Ito.

Parte do fascínio derivou de uma cisão social profunda quanto à culpabilidade ou não de Simpson. Entre os brancos entrevistados, 77% acreditavam que ele praticara os crimes. Já 72% da comunidade afro-americana achava que ele devia ser absolvido. A defesa alegou que Simpson fora investigado por policiais racialmente tendenciosos e que a LAPD contaminou as provas por manuseio descuidado.

Um policial admitiu que tinha levado para casa sapatos de Simpson e os deixara largados no porta-malas por pelo menos seis horas, quebrando a cadeia de custódia. Além disso, descobriu-se que a equipe forense tinha manuseado de modo incorreto as amostras de sangue – um frasco foi carregado num casaco por horas antes de ser levado ao laboratório e um pouco do sangue de Simpson foi supostamente derramado pelos técnicos no próprio laboratório onde testavam as amostras das evidências.

O detetive Fuhrman, que achou a a segunda lluva, também foi escrutinado, e F. Lee Bailey o pressionou a falar sobre seu histórico de retórica racista. Fuhrman negou, mas foram descobertas fitas gravadas em que ele repetidamente usava insultos racistas. As fitas se tornaram uma peça fundamental para a alegação da defesa de que faltava credibilidade no depoimento do detetive. Acusado de perjúrio, Fuhrman invocou o direito de ficar em silêncio quando lhe perguntaram se tinha plantado provas.

Em 15 de junho de 1995, o advogado de defesa Cochran instigou Darden a pedir a Simpson que vestisse a luva de couro. A luva pareceu apertada demais para a mão de Simpson. Em seus argumentos finais, Cochran usou a demonstração para dizer: "Se a luva

Manutenção da cadeia de custódia

Quando uma prova é coletada na cena de um crime, deve ser manuseada de modo escrupulosamente cuidadoso, para evitar contaminação e assegurar que não seja adulterada. Para preservar a integridade da prova e garantir que possa ser usada no tribunal, a polícia estabelece uma cadeia de custódia – uma documentação cronológica sobre sua obtenção, controle, transferência e análise. O registro de uma cadeia de custódia garante que uma prova está conectada ao crime, e não a outra fonte, e que não foi plantada para tentar inculpar uma parte inocente. Para manter a cadeia de custódia, os itens da prova devem ser rotulados com as iniciais de cada um que os manuseie. Os promotores usam a documentação da cadeia de custódia para assegurar que a prova não foi adulterada e que foi achada na cena do crime. Se houver qualquer discrepância, ou se a cadeia de custódia for quebrada, a prova pode ser declarada inválida.

CASOS DE ASSASSINATO 251

> Nós não só usamos a carta da raça; nós a colocamos em destaque.
> **Robert Shapiro**

não serve, é preciso inocentar".

O júri decidiu com rapidez. Após só quatro horas de deliberação, O. J. Simpson foi absolvido, chocando o país. Os críticos atribuíram a decisão do júri a sua formação racial. Os próprios membros do júri citaram a incompetência do LAPD e as alegações não convincentes da promotoria.

Punição civil

Em 1997, os pais de Ron Goldman processaram Simpson num tribunal civil por homicídio culposo. O pai de Nicole também abriu um processo. Uma ação civil não poderia colocar Simpson na prisão, mas poderia fazê-lo pagar um preço. Ele perdeu nos processos civis e teve de pagar 33,5 milhões de dólares (mais de 136 milhões de reais) às famílias das vítimas.

Em 2007, Simpson se viu de novo com problemas legais. Em 13 de setembro, ele e seus amigos ameaçaram com uma arma um vendedor de relíquias esportiva, num quarto de hotel em Las Vegas, exigindo a devolução de itens que Simpson acreditava que tinham sido roubados dele. Em 3 de outubro de 2008 – treze anos após sua absolvição por assassinato – O. J. Simpson foi condenado a 33 anos na prisão por dez acusações de crimes graves. Muitos acreditam que essa sentença foi um modo de, por fim, fazer justiça. ■

Os eventos de 12 de junho de 1994 foram apresentados ao júri pelos depoimentos de várias testemunhas essenciais, entre elas um hóspede da casa de Simpson e seu motorista.

18h30 Nicole Brown Simpson janta no Mezzaluna com a mãe e os filhos.

21h35 A mãe de Nicole telefona ao Mezzaluna para dizer que esqueceu os óculos lá. Ronald Goldman concorda em deixá-los com Nicole.

21h50 Goldman sai do restaurante e leva os óculos à casa de Nicole.

22h15 O vizinho de Simpson, Pablo Fenjves, ouve alguém gritando e um cachorro latindo.

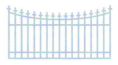

22h25 O motorista de limusine Allan Park chega à casa de Simpson para levá-lo ao aeroporto.

22h40 Um hóspede da casa de Simpson, Kato Kaelin, ouve três pancadas altas contra a parede de seu quarto.

22h40-22h50 Park toca várias vezes o interfone, mas não há resposta. Por volta das 22h58, Park vê um homem negro grande andando pela entrada em direção à casa.

Cerca de 23h00 Park toca o interfone, e O. J. Simpson responde. Ele diz que perdeu a hora dormindo.

23h00-23h15 Simpson põe as malas na limusine e parte para o Aeroporto de Los Angeles.

23h45 Simpson parte num voo para Chicago.

13 de junho, 00h10 Os corpos de Nicole Brown Simpson e Ronald Goldman são encontrados do lado de fora da casa dela.

CRIME NA LOJA DE ESPIONAGEM
CRAIG JACOBSEN, AGOSTO DE 1997

EM CONTEXTO

LOCAL
Las Vegas, Nevada

TEMA
Assassinato múltiplo

ANTES
1978 Os corpos dos irmãos Jacqueline e Malcolm Bradshaw são achados por um pastor de ovelhas perto da cidade deserta de Barstow, na Califórnia.

1984 William Richard Bradford estrangula Tracey Campbell, de 15 anos, num acampamento isolado no deserto de Mojave e deixa lá seu corpo.

DEPOIS
2009 Os restos de onze mulheres são achados sob as areias da Mesa Ocidental de Albuquerque. Alguns deles podem ter estado lá desde 2001.

2013 Joseph e Summer McStay, desaparecidos com os filhos pequenos desde fevereiro de 2010, são achados assassinados no deserto perto de Victorville, na Califórnia.

Em agosto de 1997, o corpo da backing vocal e dançarina Ginger Rios, de 20 anos, foi desenterrado de um túmulo raso na parte do deserto de Mojave, no Arizona. Ela tinha sido vista pela última vez quatro meses antes, em 4 de abril, numa loja de material de espionagem perto da Universidade de Nevada, em Las Vegas.

Ginger tinha ido comprar um livro sobre como limpar o nome. Enquanto seu marido, Mark Hollinger, esperava no carro, ela entrou na loja. Segundo Hollinger, ela planejava ficar só uns minutos, mas nunca mais saiu por aquela porta. O dono, Craig Jacobsen, que usava o pseudônimo John Flowers, levou-a para a sala dos fundos e lhe aplicou um rápido golpe no queixo e no nariz que se mostraram fatais. Ele pôs então o corpo dela num saco de lixo e carregou-o para sua van, limpou a sala dos fundos com água sanitária e seguiu para o Arizona.

A mulher de Jacobsen, Cheryl Ciccone, estava com o marido quando Ginger entrou na loja. Ela viu o corpo e acompanhou Jacobsen até o Arizona. Temendo por sua vida, porém, ela acabou procurando as autoridades e quatro meses depois guiou a polícia até o corpo de Ginger.

Uma segunda vítima
Um mês após a morte de Ginger, outra mulher de Las Vegas desapareceu: Mary Stoddard, a filha de um quiroprático. Em 10 de maio, caçadores acharam por acaso o corpo de uma jovem num túmulo no deserto, no condado de Pinal, no Arizona. Uma reconstrução facial forense foi feita, mas ninguém reclamou a vítima, que se tornou

Craig Jacobsen está despenteado em sua foto de fichamento, de 1997. Ele confessou o assassinato de Ginger Rios, alegando tê-la matado porque perdeu o controle quando ela o confrontou.

CASOS DE ASSASSINATO

Ver também: O doutor Crippen 216 ▪ A Morte de Azaria Chamberlain 238-239 ▪ Ian Brady e Myra Hindley 284-285

Jane Doe 2278DFAZ. As sepulturas de Jane Doe e Ginger estavam muito próximas e ambas tinham uma cobertura de concreto, indicando um mesmo assassino.

A detenção

Em agosto de 1997, Jacobsen foi detido em Los Angeles, na Califórnia, por uma força-tarefa da polícia para busca de foragidos – ele era procurado na Flórida por agressão e falsificação. No interrogatório, além de admitir que matara Ginger, Jacobsen confessou ter assassinado uma segunda mulher em Las Vegas e tê-la enterrado no Arizona.

Jacobsen a identificou como Mary Stoddard, o que pareceu resolver o mistério da identidade de Jane Doe. Porém, as autoridades do Arizona tinham enterrado de novo

O condado de Pinal, no Arizona, é uma região de vales desertos remotos – em um dos quais foram enterradas as vítimas de Jacobsen. Os túmulos ficavam perto de Florence, uma cidade a sudeste de Phoenix.

Jane Doe num cemitério do condado, mas a localização da tumba não estava nos papéis. Sem o corpo, os promotores tiveram de concentrar o caso em Ginger Rios. Jacobsen foi condenado em 2000 a pelo menos 25 anos atrás das grades.

Terceira vítima

Numa estranha reviravolta, em 2010 os restos de Jane Doe foram reencontrados e identificados pela Rede Doe. Não se tratava de Mary Stoddard. Jane Doe era, na verdade, Christina Martinez, de 15 anos, que sumira em maio de 1997 a caminho de uma lavanderia local, em Phoenix, no Arizona – a duas quadras de outra loja de Jacobsen.

Em 2014, um grande júri acusou Jacobsen do assassinato de Martinez. O corpo de Mary não foi encontrado, apesar das buscas perto dos outros túmulos. ■

Reconstrução facial forense

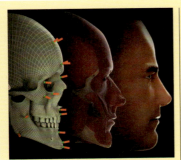

Um programa de reconstrução facial cria uma imagem fotorrealista com base no crânio e outros dados conhecidos, como idade, etnia ou peso.

Avanços na tecnologia computadorizada 3D melhoraram muito o campo da reconstrução facial forense. Hoje é possível escanear um crânio de múltiplos ângulos para criar uma reconstrução digital precisa, em vez de construir um modelo de argila à mão. A técnica é útil em especial para crimes que envolvem restos não identificados. As imagens reconstruídas podem ser mostradas a membros da família da possível vítima, comparadas em bancos de dados da polícia ou enviadas à Rede Doe, uma organização americana sem fins lucrativos dedicada a conectar pessoas desaparecidas e não identificadas a casos de Fulano(a). Os EUA têm uma taxa de sucesso de 50% em identificações a partir de reconstrução facial forense. A técnica também tem sido usada para criar imagens realistas de figuras históricas como o rei Ricardo III, Copérnico e Tutancâmon, com base em seus restos mortais.

AS PESSOAS TÊM MEDO E NÃO QUEREM FALAR CONOSCO

OS ASSASSINATOS DE TUPAC SHAKUR E BIGGIE SMALLS, 1996 E 1997

EM CONTEXTO

LOCAL
Las Vegas, Nevada e Los Angeles, Califórnia, EUA

TEMA
Ataques a tiros de carro

ANTES
Julho de 1931 A gangue de Coll baleia por acidente uma criança que brincava, num ataque motorizado no Harlem.

31 de julho de 1996 O rapper Seagram Miller, de 26 anos, é morto a tiros vindos de um carro em Oakland, na Califórnia.

DEPOIS
7 de maio de 2004 O correspondente polonês Waldemar Milewicz é morto num ataque motorizado a seu veículo de imprensa no sul de Bagdá.

3 de setembro de 2012 A chefona das drogas colombiana Griselda Blanco é morta por tiros de um motociclista em Medellín.

No fim dos anos 1990, dois dos maiores astros do hip-hop, Tupac Shakur e Biggie Smalls, foram mortos por tiros disparados de carros, de modo estranhamente similar.

Shakur, que atuava na costa oeste, e Smalls, que se apresentava como The Notorious B.I.G. na costa leste, eram contadores de histórias modernos que desenvolviam carreiras musicais semelhantes. Quando Shakur ia a Nova York, costumava convidar Smalls ao palco, ajudando sua carreira. Nos anos anteriores a suas mortes, porém, eles se envolveram numa disputa hostil que trouxe à luz a disputa entre rappers da Costa Oeste e da Costa

CASOS DE ASSASSINATO

Ver também: O Assassinato de John F. Kennedy 316-321 ▪ O Sequestro de Aldo Moro 322-323

Biggie e Tupac no Royalty Hotel, em maio de 1994. Eles fizeram freestylee e foram filmados por Dream Hampton, em um dos poucos vídeos dos dois rappers juntos.

Leste. A animosidade entre os dois começou em Manhattan, em 1994, quando três homens, atirando, emboscaram Shakur no Quad Studios. Eles levaram o equivalente a cerca de 172 mil reais em joias dele e de sua equipe e fugiram. Smalls estava gravando no prédio na época, e Shakur se convenceu de que ele e seu produtor, Sean "Diddy" Combs, tinham tramado o ataque. Os dois rappers nunca mais se reconciliaram.

Em 7 de setembro de 1996, Tupac, com apenas 25 anos, foi atingido por tiros de outro carro quando ia a uma festa em Las Vegas, em Nevada. Ele morreu após seis dias.

Seis meses depois, em 9 de março de 1997, Smalls, de 24 anos, foi baleado quatro vezes num ataque também de carro quando deixava uma festa no Petersen Automotive Museum, em Los Angeles, na Califórnia. Ele morreu em trinta minutos.

Cenas chocantes
No dia de seu atentado, Shakur foi a uma luta de boxe entre Mike Tyson e Bruce Seldon no MGM Grand Hotel, em Las Vegas. Ao sair com sua comitiva – que incluía amigos, backing vocals e o produtor da Death Row Records, Marion "Suge" Knight Jr. –, o grupo viu Orlando Tive "Baby Lane" Anderson, um

Não acho que as autoridades estão ligando se um mano do gueto é morto na rua. Não é importante pra eles resolver o caso.
DJ Shay

7 de setembro, 20h30
Tupac e amigos saem da luta de boxe Tyson-Seldon no MGM Grand Hotel, em Las Vegas.

20h30-21h00
Tupac e seus guarda-costas se envolvem numa briga com Orlando Anderson fora do hotel.

23h15
Tupac é baleado à queima-roupa num cruzamento de Las Vegas, em seu sedã BMW 750.

8-9 de setembro
Tupac passa por três cirurgias no Centro Médico da Universidade do Sul de Nevada.

13 de setembro, 16h03:
Tupac é declarado morto por insuficiência respiratória.

Identidade de gangue e disputas territoriais

As guerras entre gangues – que podem ter efeitos violentos até sobre passantes inocentes – ocorrem, em geral, em comunidades de baixa renda. O Departamento de Polícia de Los Angeles atribui a cinco razões principais a adesão das pessoas às gangues. Algumas são atraídas pelo status social mais alto ou pelo senso de irmandade. Outras querem se proteger de gangues rivais ou se engajar mais facilmente em atividades criminosas. E há aquelas que são simplesmente coagidas a aderir. As gangues usam indicadores de identidade para criar uma noção de exclusividade, como tatuagens, roupas e sinais de mão. As rixas usualmente ocorrem entre duas gangues que buscam controlar um território específico. Uma das rixas mais mortais é a dos Bloods com os Crips, em Los Angeles. Ela começou nos anos 1970 pelo controle da região de Compton e causou grande parte das mortes ligadas a gangues no sul de Los Angeles.

---

membro da gangue Crips, do sul da Califórnia.

Knight pertencia à gangue rival, Pirus Bloods. Ao ver Anderson, um amigo de Knight, Trevor "Tray" Lane, disse a Tupac que Anderson fazia parte do bando que tirara um cordão de ouro da Death Row de seu próprio pescoço um mês antes. Shakur se lançou sobre Anderson, e todo o seu grupo se juntou pisando-o e chutando-o, sem se importar por seus atos estarem sendo filmados pela câmera de segurança do cassino. Anderson, porém, desistiu de fazer queixa, e cada um seguiu seu caminho.

O assassinato de Tupac

Após o espancamento de Anderson, o grupo de Shakur seguiu num comboio de carros para uma festa. Às 23h15, no cruzamento da Flamingo Road com a Koval Lane, um Cadillac branco com placas da Califórnia se aproximou do sedã preto de Knigth, em que estavam ele e Shakur. Quando os dois carros se emparelharam, um homem no banco de trás baixou a janela, colocou a arma para fora e disparou. Shakur foi atingido três vezes, sendo uma delas no peito, e Knight, por estilhaços na base do crânio.

Dois policiais de bicicleta do Departamento de Polícia Metropolitana de Las Vegas ouviram os tiros de um edifício de estacionamento perto dali e desceram para o nível da rua. Eles seguiram o sedã de Knight enquanto fazia meia-volta para fugir do atirador. O motorista do Cadillac virou em outra rua e sumiu na noite.

Nos sete dias seguintes, Shakur ficou em coma, em estado crítico. Ele também passou por várias cirurgias e procedimentos médicos para deter a hemorragia no peito. Na tarde de 13 de setembro, porém, morreu devido aos ferimentos.

O assassinato de Shakur provocou uma guerra de gangues entre os Bloods e os Crips por cinco dias nas ruas de Compton, na Califórnia. No final, três homens morreram e dez ficaram feridos. O Departamento de Polícia de Compton atribuiu a guerra a uma retaliação dos Bloods contra os Crips pela morte de Tupac.

Biggie alvejado

Cinco meses depois, em fevereiro de 1997, Biggie Smalls – cujo nome real era Christopher Wallace – foi a Los Angeles promover seu segundo álbum de estúdio e filmar um clipe

Carros funerários passam por St. James Place, no Brooklyn, em direção à casa da mãe de Biggie, Voletta Wallace, em 18 de março de 1997. A imprensa e multidões se juntaram para prestar um tributo ao rapper.

CASOS DE ASSASSINATO

Eu não acho que a morte do meu filho teve ligação com Tupac. E não acho que Christopher teve nada a ver com a morte de Tupac.
Voletta Wallace

para a principal faixa, "Hypnotize". Em 7 de março, Smalls apareceu no Soul Train Music Awards para entregar um prêmio à cantora Toni Braxton, mas foi vaiado por alguns espectadores devido a sua rixa com o falecido Tupac Shakur.

Em 8 de março, Smalls, com o produtor de gravação Sean Combs e um grupo de pessoas, foi a uma festa promovida pela revista *Vibe* e pela Qwest Records no Petersen Automotive Museum, no Wilshire Boulevard, em Los Angeles. Smalls disse a sua mãe que tinha cancelado um voo para Londres para ir à festa.

Um chefe de bombeiros fechou a festa cedo devido à superlotação, e às 00h30 Smalls e sua comitiva deixaram o museu em dois GMC Suburbans. Smalls ficou no assento da frente. Quando seu carro parou num sinal vermelho atrás do de Combs, na esquina do Wilshire Boulevard com a Fairfax Avenue, um Chevrolet Impala chegou ao seu lado.

Os eventos a seguir espelharam o destino que recaíra sobre Tupac. Um homem de camisa e gravata-borboleta desceu a janela do motorista do Impala e atirou em Smalls com uma pistola de aço azul de 9 mm, atingindo-o quatro vezes.

O motorista do Impala acelerou, enquanto o grupo de Smalls corria para levá-lo ao hospital. Apesar dos esforços dos médicos, Smalls foi declarado morto trinta minutos depois.

Crime não resolvido

As investigações da polícia sobre a morte de Shakur não levaram a nenhum indiciamento formal. Em seu relatório sobre a investigação, o detetive Timothy Brennan, da unidade encarregada de gangues do Departamento de Polícia de Compton, indicou Anderson como possível matador de Shakur. Porém, Anderson foi morto num tiroteio não relacionado em 1998, em Compton, e não pôde ser acusado. Brennan também participou da força-tarefa incumbida de buscar o assassino de Smalls. Novamente, a polícia foi incapaz de levar o assassino à Justiça.

Muitas teorias da conspiração cercam os assassinatos dos dois rappers, mas nenhuma foi corroborada. Persistem os rumores de que Biggie mandou matar Tupac, mas não há provas que sustentem a teoria. Os investigadores também não acharam provas de que o assassinato de Biggie Smalls se ligasse à guerra do rap costa leste-oeste. Mesmo assim, alguns afirmaram que Sean Combs contratou Anderson para matar Tupac, e outros que Suge Knight ordenou o ataque a Smalls.

A teoria mais plausível, diz a polícia de Los Angeles, é que Smalls foi morto por causa de disputas financeiras com membros da gangue Crips, que foram seus guarda-costas – e que isso não tem relação com a morte de Tupac. Ainda assim, novos livros, filmes biográficos e teorias continuam a surgir, e até policiais nomeados para os casos escrevem hoje sobre as mortes misteriosas de Tupac Shakur e Biggie Smalls. ∎

9 de março, 00h30
Biggie Smalls e sua comitiva deixam o Petersen Automotive Museum, em Los Angeles.

A Suburban de Smalls para no sinal vermelho perto do museu; um Chevrolet Impala emparelha com ela.

O motorista do Impala dispara quatro tiros no peito de Smalls à queima-roupa.

Smalls é levado às pressas para o Centro Médico Cedars-Sinai, em Los Angeles.

1h15: Biggie Smalls é declarado morto devido aos ferimentos a bala.

SERIAL K

ILLERS

260 INTRODUÇÃO

Na China antiga, Liu Pengli, **príncipe de Jidong**, inicia uma espiral de assassinatos que durou 29 anos.

141-121 a.C.

A nobre húngara Elizabeth Báthory **sequestra, tortura e mata** centenas de menininhas.

1585-1610

No Colorado, **Harvey Glatman** assassina e fotografa jovens mulheres que ele atrai a quartos de hotel com promessas de carreira como modelos.

1957-1958

1324

Na Irlanda, a aristocrata dama Alice Kyteler é **acusada de assassinar com feitiçaria** seus quatro maridos.

1888

Jack, o Estripador, assombra as ruas do East End londrino, **matando e desventrando** prostitutas locais.

1963-1965

Ian Brady e Myra Hindley **sequestram, torturam e matam** crianças e as enterram na charneca de Saddleworth, na Inglaterra.

A expressão "assassinato em sérial" foi cunhada em 1930 por Ernst Gennat, diretor da polícia de Berlim, em referência a Peter Kurten, que matou nove pessoas em Düsseldorf e arredores. Nos EUA, 44 anos depois, o cientista comportamental do FBI Robert Ressler adotou o termo para descrever especificamente uma pessoa que comete três ou mais assassinatos em ocasiões separadas, com "períodos de reflexão".

A definição de Ressler distinguia o assassinato em série do assassinato em massa, em que pelo menos quatro vítimas são mortas num só lugar, como no evento no Banco Teigin, em Tóquio, e nos assassinatos de Charles Whitman. Credita-se a Ressler a popularização da expressão *serial killer*.

Desde então, indivíduos e agências policiais tentaram revisar a definição desse termo. Alguns especificam um mínimo de quatro vítimas, outros aplicam a designação a casos com apenas duas. A expressão "períodos de reflexão" também foi considerada ambígua. O FBI reformulou sua própria definição de assassinato em série deste modo: "A morte ilegal de duas ou mais vítimas causada pelo(s) mesmo(s) criminoso(s), em eventos separados". Esse novo critério permite aos departamentos de polícia que identificarem os primeiros estágios de um padrão homicida que eles o abordem do modo específico necessário para investigar uma série de assassinatos.

Assassinos nobres

Embora muitos aleguem que o assassinato em série é um produto da era moderna, a verdade é que ele existe há muitos séculos. Os casos de Liu Pengli, príncipe da China antiga, da dama Alice Kyteler, na Inglaterra do século XIV, e da condessa húngara Elizabeth Báthory, na virada para o século XVII, parecem indicar que ele só era digno de nota quando as mortes eram cometidas por pessoas de posição social alta.

Talvez por isso um membro da família real britânica tornou-se suspeito dos Assassinatos de Whitechapel, em Londres, em 1888. Jack, o Estripador, mais provavelmente um homem da classe trabalhadora, atuou no lugar e tempo certos na história para instigar a imaginação do público. O advento do policiamento moderno em Londres, após a criação da Polícia Metropolitana em 1829, e a proliferação da mídia impressa

SERIAL KILLERS 261

No norte da Califórnia, sete pessoas são mortas nas mãos do Zodíaco, um *serial killer* desconhecido que **manda mensagens codificadas**.

Usando vários disfarces, Ted Bundy **ataca universitárias** em sete estados dos EUA.

Provas de DNA ligam um padeiro local, Colin Pitchfork, a dois assassinatos separados, numa pequena cidade inglesa.

O médico inglês Harold Shipman é detido por assassinar pacientes idosos injetando neles **doses letais de drogas**.

1968-1969

1971-1978

1983-1986

1998

1971

Fred e Rosemary West **torturam sexualmente e matam** sua primeira vítima compartilhada em sua casa em Gloucester, na Inglaterra.

1978–1981

Jeffrey Dahmer **mata e desmembra** dezessete homens jovens em Ohio e Wisconsin.

1990

Na Rússia, Andrei Chikatilo é detido após ter sido **de início descartado** como culpado de dúzias de assassinatos.

1999

O sádico John Edward Robinson comete o último de oito assassinatos, atraindo mulheres por meio de **salas de bate-papo online**.

---

levaram ao início da documentação, divulgação e exploração comercial dos crimes mais sangrentos e horríveis da cidade. *The Penny Dreadful*, uma tabloide do século XIX, com matérias sensacionalistas sobre os crimes mais pavorosos, era editada semanalmente e devorada pelo público britânico.

Diários e gravações

Nos anos 1950, as câmeras e gravadores ficaram amplamente disponíveis, e os *serial killers* puderam registrar os próprios crimes. Instigado pelas imagens de mulheres amarradas e seminuas nas capas das revistas de detetives, o *serial killer* americano Harvey Glatman sequestrou, amarrou, fotografou e depois matou pelo menos três mulheres na Califórnia. Depois de apreendidas, as fotos de Glatman foram reimpressas nas próprias revistas que tinham alimentado suas fantasias anormais. Na Inglaterra dos anos 1960, os "Assassinos das Charnecas" Ian Brady e Myra Hindley se tornaram os primeiros matadores compulsivos conhecidos a fazer gravações em áudio de uma vítima. No julgamento deles, o tribunal ouviu em silêncio a terrível prova da tortura e abuso de Lesley Ann Downey, de 10 anos, pelos dois.

Casos de assassinato em série seguem cobertos pela mídia. Pouco depois desse, na costa oeste dos EUA, um assassino que se autointitulou "Zodíaco" mandou provas de seus crimes aos jornais de San Francisco, além de estranhos códigos e cartas, ameaçando cometer mais carnificinas se não recebesse cobertura de primeira página.

Cinco anos após a última carta do Zodíaco, em 1974, o julgamento televisionado de Ted Bundy – o encantador assassino de universitárias americanas – destruiu a noção popular de *serial killers* como monstros feios. Bundy parecia o tipo de jovem honesto que muitos pais gostariam que a filha conhecesse. Seu julgamento coincidiu com a pesquisa pioneira da era de Ressler, na Unidade de Ciência Comportamental da Virgínia, que passou a fornecer perfis de *serial killers* às polícias de todo o mundo ocidental.

Nos anos 1980, as taxas de assassinatos em série bateram recordes. Os casos mais notórios do fim dos anos 1980 e anos 1990 incluem os de Andrei Chikatilo, na Rússia, e Jeffrey Dahmer, nos EUA, além de Fred e Rosemary West e Harold Shipman no Reino Unido. ∎

MATAR PESSOAS... POR MERA DIVERSÃO
LIU PENGLI, 144-121 a.C.

EM CONTEXTO

LOCAL
Jidong, China

TEMA
Serial killers que buscam emoção

ANTES
313 a.C. Na Roma Antiga, após a morte de vários homens, circulam rumores de envenenamento em massa por matronas romanas. Cerca de 170 mulheres são presas. Elas dizem que suas poções são medicinais, mas duas delas morrem depois de obrigadas a tomá-las.

DEPOIS
2007 Na Rússia, Alexander Pichushkin é julgado pelo assassinato de pelo menos 48 pessoas entre 1992 e 2006. Conhecido como Assassino do Tabuleiro de Xadrez, Pichushkin diz que queria matar 64 pessoas – o número de casas do jogo. O Parque Bitsa, em Moscou, onde ele jogava xadrez, é o cenário de muitos de seus crimes.

Os *serial killers* não são um fenômeno moderno. Séculos antes de Jack, o Estripador, Rosemary e Fred West e Ted Bundy matarem suas vítimas, o príncipe Liu Pengli chacinou dúzias de homens, mulheres e crianças na China antiga.

Liu Pengli tinha quatro irmãos e governou o principado de Jidong no século II a.C. Era uma época tempestuosa de rebeliões e tramoias políticas que levaram ao banimento do pai de Liu Pengli, o amado irmão caçula do imperador Jing.

Pouco depois de assumir o poder em Jidong, Liu reuniu uma gangue de escravizados e jovens foragidos. Juntos, saíam à noite aterrorizando quem encontravam. As pessoas viviam com medo de seu regente. Kiu matava os súditos e roubava seus bens, sem outro motivo além do prazer.

No 29º ano de seu governo, os assassinatos em série terminaram quando o filho de uma das vítimas procurou a única pessoa que poderia deter essa onda de terror – o tio de Liu, o imperador Jing.

Ele era arrogante e cruel, e não respeitava as regras de comportamento entre regente e súdito.
Sima Qian

Investigações afinal trouxeram à tona os crimes de Liu Pengli e ele foi responsabilizado por pelo menos cem mortes.

Sob pressão dos cortesãos, que pediam a execução de Pengli, o imperador reconheceu a gravidade dos crimes, mas relutou em matar o próprio sobrinho. Em vez disso, despojou-o de sua condição real e o baniu para outra província. A sentença foi considerada a melhor, excetuada a execução. ■

Ver também: Ted Bundy 276-283 ▪ Fred e Rosemary West 286-287 ▪ Harold Shipman 290-291 ▪ Jeffrey Dahmer 293

SERIAL KILLERS 263

A ASSIM CHAMADA DAMA ALICE TINHA CERTO DEMÔNIO
ALICE KYTELER, 1324

EM CONTEXTO

LOCAL
Kilkenny, Irlanda

TEMA
Bruxaria

ANTES
1317 Hugues Géraud, bispo de Cahors, na França, é flagelado e queimado após um tribunal eclesiástico declará-lo culpado de usar feitiçaria numa tentativa de assassinar o papa João XXII.

DEPOIS
1597 A Grande Caça às Bruxas Escocesa, iniciada nos anos 1550, termina com o julgamento e condenação por feitiçaria de duzentas pessoas. Confissões são extraídas mediante tortura ou a culpa é decidida por "picadores de bruxos", que furam o acusado com um instrumento afiado. Se não sangram, eles são considerados culpados.

Perder um marido é uma infelicidade; perder quatro em rápida sucessão levanta suspeitas, em especial se todos são ricos. Quando a morte do marido de dama Alice Kyteler, John le Poer, deixou-a viúva pela quarta vez, o povo local a acusou de bruxaria.

Acusações de satanismo
No século XIV, a ortodoxia católica em geral não levava a sério a ideia de feitiçaria – as grandes caças às bruxas europeias ocorreram nos séculos XVI e XVII. Porém, a Igreja Católica via com maus olhos a heresia, e alguns membros do clero estavam dispostos a definir isso de modo amplo.

A dama Alice tinha várias vezes se indisposto com o bispo de Ossory, de Kilkenny, que invejava sua fortuna e suas conexões com a elite da Irlanda.

O Kyteler's Inn, em Kilkenny, alegadamente fundado pela própria dama Kyteler, continua a funcionar, impulsionado pela ligação com a primeira pessoa condenada por bruxaria na Irlanda.

Quando os filhos de Le Poer o procuraram dizendo terem achado pós satânicos, partes do corpo de bebês não batizados e unhas de cadáveres fervidos no crânio de um ladrão, o bispo não fez grandes investigações. A dama Alice foi levada a julgamento e condenada. Atrasos nos trabalhos permitiram que ela fugisse para a Inglaterra, mas sua criada, Petronilla de Meath, foi condenada como cúmplice e queimada na fogueira em 3 de novembro de 1324. ■

Ver também: Lizzie Borden 208-211 ▪ O doutor Crippen 216

O SANGUE DE VIRGENS A MANTERÁ JOVEM
ELIZABETH BÁTHORY, 1585-1610

EM CONTEXTO

LOCAL
Reino da Hungria

TEMA
Assassinas

ANTES
47-42 a.C. Antes de seus cinco anos como primeira rainha do Sri Lanka, Anula de Anuradhapura envenena o filho e quatro dos maridos.

DEPOIS
1876-1896 A enfermeira Amelia Elizabeth Dyer mata cerca de quatrocentas crianças pequenas em Caversham, na Inglaterra.

1988 Investigando o sumiço de um locatário, a polícia acha sete corpos enterrados no quintal de uma pensão na Califórnia gerida pela assassina serial Dorothea Puente.

1989-1990 A ex-prostituta Aileen Wuornos mata a tiros sete homens, à queima-roupa, na Flórida. Ela é condenada à morte por uma injeção letal.

Tijolo a tijolo, pedreiros prenderam uma mulher de 50 anos numa suíte sem janelas no Castelo Cachtice, na Eslováquia, só com pequenas frestas para ar e comida. A "Condessa Sanguinária" ficou presa lá por quase cinco anos em confinamento solitário – um fim sombrio para a vida da assassina em massa mais prolífica de todos os tempos.

A condessa Elizabeth Báthory de Ecsed vinha de uma das famílias mais distintas da Hungria. Aos 15 anos, casou-se com o conde Ferenc Nadasdy numa cerimônia com a presença da realeza europeia. O casal foi viver no Castelo Cachtice.

Nadasdy, o "Herói Negro da Hungria" era o comandante das forças húngaras contra o Império Otomano e era conhecido em especial por torturar os soldados que capturava. Sua mulher se parecia com qualquer outra nobre: ia a festas, abriu uma escola de etiqueta para jovens aristocráticas e abrigava as viúvas de guerra necessitadas.

Obsessões sombrias

Elizabeth era atraída pelo ocultismo. Começou a se ligar a mulheres que se diziam feiticeiras e a torturar suas servas. Quando Nadasdy morreu, em

As sombras vão envolvê-la, e você terá tempo para se arrepender de sua vida de selvageria.
Conde Gyorgy Thurzo

1604, ela ficou ainda mais sádica. Aconselhando-se sobre tortura com a governanta de seus filhos, uma das muitas conquistas sexuais de Elizabeth, a condessa começou a raptar meninas para torturá-las e matá-las. De início tomou as filhas de camponeses locais, algumas delas atraídas pela promessa de trabalho. Depois, voltou-se para as meninas ricas que tinham entrado em sua escola para aprender etiqueta.

Na época, circularam rumores sobre a condessa. Um importante ministro luterano denunciou-a como pessoa indigna. Em 1610, uma das vítimas de Elizabeth escapou do Castelo Cachtice. O testemunho da menina levou o rei da Hungria, Matias II, a ordenar que

SERIAL KILLERS 265

Ver também: A Assassina da Banha 206-207 ▪ Lizzie Borden 208-211 ▪ Ted Bundy 276-283 ▪ Ian Brady e Myra Hindley 284-285

o conde Gyorgy Thurzo iniciasse uma investigação.

Em 30 de dezembro de 1610, o conde Thurzo ordenou uma busca no castelo. Os investigadores acharam pelo menos uma menina morta, com o sangue drenado, e outra agonizante. Outras buscas descobriram várias meninas nos calabouços – ainda vivas – e cerca de cinquenta enterradas sob o castelo.

Num julgamento dirigido por Thurzo, Elizabeth e suas criadas foram acusadas de torturar e matar centenas de mulheres entre 1585 e 1609, espancando, queimando, congelando e, em especial, drenando o sangue das vítimas.

Uma criada disse ter visto os registros de Elizabeth, que detalhavam mais de 650 vítimas.

Quatro cúmplices de Elizabeth foram decapitadas e cremadas. Ela, porém, se salvou da execução devido à condição nobre e morreu confinada em 1614. Alguns aventam que a poderosa viúva foi vítima de uma conspiração do imperador regente Habsburgo – ou talvez até mesmo de seus próprios filhos. ▪

A fama sinistra de Elizabeth Bárthory, a "Condessa Sanguinária" ou "Drácula Feminina", continuou após sua morte, com relatos de que se banhava no sangue de virgens para manter a juventude.

Tortura medieval

A partir do século XII, a tortura se difundiu na Europa, tanto como método para fazer os suspeitos confessarem seus crimes quanto como punição para delitos. Em 1252, o papa Inocêncio IV autorizou seus inquisidores a usar a tortura para obter confissões de supostos heréticos. Essas confissões feitas sob coação eram úteis em especial para levar a julgamento pessoas por crimes de fé – categoria que se expandiu no tumulto religioso que assolou a Europa medieval.

A tortura pública visava dissuadir os criminosos e preservar a ordem social. A era medieval foi afligida por guerras, fome e doenças, e os crimes eram uma ameaça que as sociedades preferiam dispensar.

As técnicas mais comuns incluíam queimar, mutilar e decapitar, com frequência num espetáculo público. As pessoas das cidades assistiam regularmente a açoitamentos de criminosos presos por anéis de ferro. Como punição, a tortura muitas vezes era só um prelúdio da execução pública, após a qual o cadáver ou a cabeça e partes do corpo eram espetados em estacas nas muralhas da cidade.

VOU LHE MANDAR OUTRO PEDACINHO DE ENTRANHAS

JACK, O ESTRIPADOR, 1888

268 JACK, O ESTRIPADOR

EM CONTEXTO

LOCAL
Whitechapel, Londres, Reino Unido

TEMA
Assassinato em série de prostitutas

ANTES
1866 O porteiro Joseph Philippe mata seis prostitutas em Paris. Ele alega ter tido "catalepsia erótica", um tipo de transe ou apagão sexual.

DEPOIS
1975-1980 O "Estripador de Yorkshire", Peter Sutcliffe, mata treze mulheres, algumas delas profissionais do sexo.

1982-1998 Gary Ridgway, o "Assassino do Rio Green", mata pelo menos 48 profissionais do sexo em Washington.

1983-2002 O milionário Robert Pickton assassina de seis a 49 prostitutas e enterra algumas delas na fazenda de porcos da família em Vancouver, na Colúmbia Britânica.

Ataca uma **prostituta** à noite nas ruas laterais perto de um pub onde ela busca clientes.

↓

Corta a garganta da vítima e **a esfaqueia** várias vezes no estômago.

↓

Eviscera o corpo dela e **tira pedaços** de seus órgãos como suvenires.

↓

Dispõe o corpo da vítima numa **posição humilhante**.

↓

Desaparece nas vias secundárias de Whitechapel em busca de outra vítima.

Por volta de 3h30 da madrugada de terça-feira, 7 de agosto de 1888, o taxista Albert Crow voltava para casa, nos George Yard Buildings, na Whitechapel Road, em Londres, entre as áreas de Whitechapel e Spitalfields. Crow viu o que pensou ser uma mulher desqualificada num patamar do prédio, desmaiada e com as saias levantadas. Às 5h00, o inquilino John Saunders Reeves percebeu a verdade: a mulher desconhecida tinha sido assassinada. O doutor Timothy Killeen, que fez a autópsia, concluiu que a vítima fora esfaqueada quase quarenta vezes na garganta e no abdome. Ela foi identificada pelo marido como Martha Tabram, de 39 anos, e era prostituta. Os investigadores foram informados de que o corpo não estava no patamar quando os moradores Joseph e Elizabeth Mahoney voltaram para casa, às 2h00. O assassino devia ter cometido o crime em algum momento entre 2h00 e 3h30.

Um padrão estabelecido

O horroroso assassinato de uma segunda mulher, 24 dias depois, tinha notáveis semelhanças com o de Martha. A vítima foi achada por dois trabalhadores fora de um estábulo na Buck's Row, às 3h40 de 31 de agosto. Seus genitais estavam expostos. O cirurgião Henry Llewellyn chegou às 4h00 e descobriu dois cortes fatais da esquerda para a direita em sua garganta. Havia várias incisões *post-mortem* no abdome. A temperatura do corpo e pernas levaram Llewellyn a concluir que ela não estava morta havia mais de meia hora. Uma marca de lavanderia em sua anágua, de uma

SERIAL KILLERS 269

Ver também: O Assassinato de Dália Negra 218-223 ▪ Elizabeth Báthory 264-265 ▪ Ted Bundy 276-283

casa de trabalho em Lambeth, identificou-a como Mary Ann "Polly" Nichols.

Às 6h00 de 8 de setembro, o trabalhador de mercado John Davis descobriu o corpo de uma terceira mulher em seu quintal, na Hanbury Street, 29, em Spitalfields. O autor desse terrível crime tinha eviscerado a vítima, pendurando seus intestinos sobre os ombros. Como as duas primeiras vítimas, Annie Chapman era prostituta. Seu corpo tinha sido disposto de modo a aludir a isso, com as pernas abertas para degradá-la até na morte.

Ao chegar, meia hora depois, o doutor George Bagster Phillips notou que o lenço dela tinha sido enrolado em seu pescoço, asfixiando-a. De novo, o assassino tinha cortado a garganta da vítima da esquerda para a direita. Um exame mais detalhado revelou que uma parte de seu útero tinha sido extraída. Phillips estimou o horário da morte como 4h30 ou antes.

Primeiras pistas

Havia poucas pistas sobre os três assassinatos, mas a testemunha Elizabeth Long disse ter visto Annie conversando com um homem às 5h30 perto da cena do crime. Ela descreveu-o como alguém com cerca de 40 anos, cabelos escuros e aparência de estrangeiro "andrajoso, mas refinado", que usava boné de caçador e sobretudo. A polícia também achou um avental de couro na cena da morte de Annie.

Boatos locais transformaram esses detalhes na história do "Avental de Couro", um hebreu homicida que atacava prostitutas inglesas. John »

Policiais encontram uma vítima de Jack, o Estripador, nesta ilustração do *Le Petit Parisien* de 1891. O assassino misterioso tornou-se notório não só no Reino Unido, mas no mundo todo.

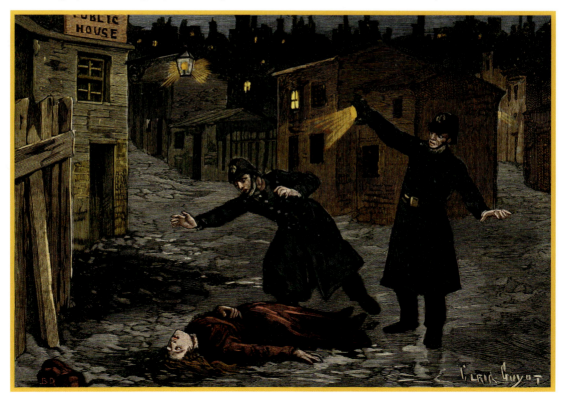

270 JACK, O ESTRIPADOR

Pizer – um judeu polonês que fazia botas e por infelicidade tinha o apelido "Avental de Couro" – foi indicado pela mídia como suspeito dos crimes. Em 10 de setembro, ele foi detido apesar da falta de provas. Quando Pizer conseguiu fornecer um álibi para duas das mortes foi libertado. Ele depois processou um jornal local por calúnia.

Com tão poucas pistas, as pessoas de Whitechapel tomaram o caso nas próprias mãos. Preocupados com os efeitos das mortes sobre os negócios, empresários locais organizaram a Comissão de Vigilância de Whitechapel para patrulhar as ruas após o escurecer. Eles nomearam um construtor local, George Lusk, presidente da comissão. Toda noite o grupo se reunia às 21 horas no pub Crown para inspecionar os patrulheiros – subempregados que recebiam uma ninharia para fazer a ronda das ruas com apenas um cassetete.

O evento duplo

Por algum tempo, tudo ficou calmo, e as pessoas em Whitechapel começaram a relaxar. A vigilância da polícia e dos seguranças provavelmente tinha impedido o assassino de atacar de novo. Então, em 30 de setembro de 1888, houve o "evento duplo". Duas novas vítimas foram descobertas com intervalo de uma hora.

À 1 hora, no leste de Whitechapel, Louis Diemschutz, administrador de

> Eu sou contra prostitutas e não vou parar de estripá-las enquanto não me algemarem.
> **Jack, o Estripador**

um clube de trabalhadores, dirigiu sua carruagem puxada a pôneis para o Dutfield's Yard. Como o animal começou a agir de modo estranho, Diemschutz acendeu um fósforo e andou devagar no escuro. À luz incerta, ele viu o corpo de uma

8 de setembro, 6h00: Annie Chapman é descoberta na Hanbury Street, 29.

31 de agosto, 3h40: Mary Nichols é encontrada na Buck's Row (hoje Durward Street).

Spitalfields

Whitechapel

9 de novembro, 10h45: Mary Kelly é encontrada na Miller's Court, travessa da Dorset Street (hoje estacionamento na White's Row).

7 de agosto, 3h30: Martha Tabram é descoberta nos George Yard Buildings (hoje Gunthorpe Street).

A Cidade

30 de setembro, 2h00: Catherine Eddowes é descoberta na Mitre Square.

30 de setembro, 1h00: Elizabeth Stride é achada no Dutfield's Yard (hoje Henriques Street).

Whitechapel e a vizinha Spitalfields são regiões do leste de Londres. No século XIX, Whitechapel era ocupada por trabalhadores, migrantes e judeus, todos amontoados em acomodações baratas.

SERIAL KILLERS 271

A carta ao "Caro diretor", enviada à Agência Central de Notícias de Londres em 27 de setembro de 1888, indicava que o assassino queria notoriedade. Ele até se deu um nome: Jack, o Estripador.

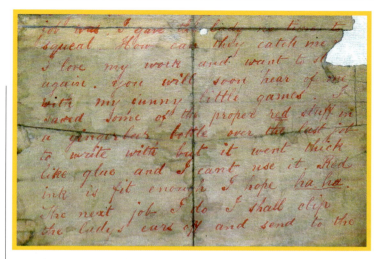

mulher numa poça de sangue. Sua mão morta segurava um pacote de bétele – balas usadas para refrescar o hálito. Obviamente, o ataque tinha sido rápido e inesperado. Depois, Diemschutz testemunhou que achava que o assassino ainda estava escondido no lugar quando ele encontrou o corpo. A vítima era Elizabeth Stride, uma prostituta de 44 anos. Porém, a noite sangrenta tinha só começado. Em uma hora, o corpo de uma segunda mulher foi achado no canto sul da Mitre Square, a quinze minutos a pé do Dutfield's Yard. O doutor Frederick Brown chegou à cena às 2 horas.

Assim como com Annie Chapman, seus intestinos estavam sobre o ombro direito e as pernas, abertas. Desta vez, o Estripador tinha usado a lâmina no rosto da vítima, fatiando a ponta do nariz e as pálpebras e entalhando incisões triangulares em suas bochechas. Ao autopsiá-la, o doutor Brown descobriu que seu rim esquerdo e parte do útero estavam faltando. John Kelly identificou a segunda vítima como sua companheira de 46 anos, Catherine Eddowes, após ler no jornal sobre dois recibos de penhora achados com ela.

Bilhetes e inscrições
Fazendo buscas na Goulston Street às 3 horas, na madrugada do duplo evento, o policial Albert Long topou com um pedaço ensanguentado de avental descartado numa escadaria. Uma mensagem codificada estava rabiscada em giz branco na parede: "Os judeus serão culpados por nada". O superintendente da polícia Thomas Arnold foi um dos primeiros a chegar à cena. Temendo que a inscrição despertasse um tumulto antissemita, ele ordenou que o "Grafite da Goulston Street" fosse apagado.

A grande atenção que a mídia dedicou às mortes levou ao envio de muitas cartas com boatos aos investigadores. Vista a princípio como mais um trote, uma carta enviada em 27 de setembro, escrita em tinta vermelha, acabou tomando importância especial. Ela afirmava ser do assassino, que prometia "cortar as orelhas" da próxima vítima. Quando a autópsia de Catherine Eddowes revelou mutilação num lóbulo de orelha, a polícia levou a sério as implicações da carta em vermelho. Cópias dela foram distribuídas, na esperança de obter uma pista. A carta finalizava com o primeiro uso do apelido "Jack, o Estripador", o que logo cativou a imaginação do público.

Outras pistas viriam. Em 16 de outubro, um pacote chegou aos »

Vítimas prostitutas

O estigma social em torno do trabalho sexual levava as prostitutas a terem laços familiares muito tênues e relações ruins com a polícia. Seu desaparecimento não era visto com a mesma indignação que o de outras mulheres. O estilo de vida inconstante as fazia viajar de cidade a cidade sem dizer a ninguém e, assim, só eram declaradas desaparecidas quando já era tarde demais. Sua profissão talvez fornecesse uma justificativa moral tortuosa para os assassinos – falando com a polícia sobre as mulheres que matou, Gary Ridgway, o Assassino do Rio Green, disse: "Achei que estava fazendo um favor a vocês ao matar prostitutas". As profissionais do sexo ficam muitas vezes em situações vulneráveis com estranhos. O ego ferido de seus clientes, que são com frequência numerosos, pode pô-las em risco. A correlação entre trabalho com sexo e vício em substâncias também faz com que algumas sejam levadas pelo desespero a baixar a guarda e assumir riscos que normalmente não aceitariam.

degraus da casa de George Lusk, o presidente da Comissão de Vigilância de Whitechapel. Ele continha uma carta assinada "Do inferno" e um órgão humano. Examinando-o, o doutor Thomas Horrocks Openshaw, um cirurgião do Hospital de Londres, concluiu que era um rim humano preservado em álcool. Em 19 de outubro, o *Daily Telegraph* informou que o rim era de uma mulher alcoólica de cerca de 45 anos, mas o próprio doutor Openshaw afirmou que determinar isso era impossível. Por fim, a maior parte da polícia e dos cirurgiões atribuiu o rim a uma brincadeira de estudantes de medicina.

A última vítima

O ato final do Estripador ocorreu em 9 de novembro de 1888, em Miller's Court, 13, a casa de uma prostituta irlandesa de 25 anos chamada Mary Kelly. Thomas Bowyer, um cobrador de aluguéis do senhorio de Kelly, John McCarthy, passou pelo endereço às 10h45 da manhã com ordens de coletar 29 xelins de aluguel atrasado. Após bater à porta, sem resposta, ele espiou pelas cortinas improvisadas e recuou rápido. O corpo nu de Kelly estava atravessado na cama, tão retalhado que não se podia reconhecê-la. Às 13h30, o superintendente Arnold instruiu seus homens a entrar à força no local.

Após examinar o estado de degradação do corpo, os doutores Thomas Bond e George Bagster Phillips concluíram ambos que a morte ocorrera entre 2 e 8 horas. O nível de mutilação não tinha paralelo: a pele da vítima fora arrancada a partir das pernas, seus seios e órgãos internos removidos e dispostos ao redor do corpo e o rosto estava desfigurado por cortes incontáveis. Só um órgão – o coração – não foi encontrado.

As mutilações de Kelly eram muito piores que as das outras vítimas e ela era muito mais jovem. A polícia investigou na época sua morte como um caso do Estripador, mas desde então se aventou que Kelly tenha sido morta por alguém que tentou atribuir o crime a ele – talvez até seu namorado, Joseph Barnett. Porém, Barnett foi interrogado por horas após a morte de Kelly e liberado sem acusações. A polícia mais uma vez foi incapaz de achar alguma pista útil sobre a real identidade de Jack, o Estripador.

Tô mandando metade do Rim que tirei de uma mulher [...] o outro pedaço fritei e comi *tava* muito bom.
Jack, o Estripador

Então, tão de repente como começaram, os assassinatos pararam. Apesar das suspeitas de que alguns crimes similares posteriores fossem obra de Jack – como o assassinato de Frances Cole em fevereiro de 1891 –, Kelly em geral é considerada a última vítima dele.

Investigação difícil

Hoje, parece inconcebível que o Estripador pudesse enganar as autoridades por mais que umas poucas semanas, quanto mais uma eternidade. As investigações foram prejudicadas, porém, pela falta de provas e de testemunhas – com crimes cometidos muito tarde, numa área perigosa – e também devido à interferência da imprensa.

De início, a polícia creditou os "assassinatos de Whitechapel" a gangues locais – em grande parte devido à morte de Emma Smith, atacada por uma gangue em 3 de abril de 1888 e incluída erroneamente nos arquivos da Scotland Yard sobre o Estripador.

A investigação policial fracassou a cada passo. Em setembro de 1888, a Scotland Yard destacou para o caso Frederick George Abberline, um policial que atuara por catorze anos em Whitechapel, antes de ser promovido para fora da área. A ideia era que ele usasse seu conhecimento sobre bandidos locais

Policiamento pioneiro

Se com Jack, o Estripador, surge o serial killer moderno, a polícia tem o crédito de haver criado seu arqui-inimigo: o perfil criminal. Após a morte de Mary Kelly, o doutor Thomas Bond, cirurgião da Divisão A da Polícia Metropolitana, apresentou à Scotland Yard um relatório sobre as "Cinco Mortes Canônicas" – de Mary Nichols, Annie Chapman, Elizabeth Stride, Catherine Eddowes e Mary Kelly. Era um documento à frente de seu tempo.

Bond usou o que hoje se chama "análise interligada", identificando técnicas de assinatura para determinar a possibilidade de uma série de crimes serem do mesmo indivíduo.

Pela posição da mulher ao ser assassinada, todas com um corte na garganta, Bond avaliou os assassinatos como mutilações de motivação erótica feitas por uma pessoa. Seu foco na psicologia do matador foi um grande avanço em relação às abordagens do perfil criminoso pela frenologia, populares na época.

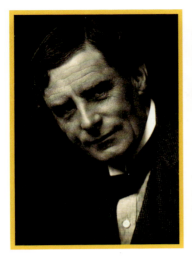  

O pintor Walter Sickert (esq.), o príncipe Albert Victor, o duque de Clarence (centro) e sir William Gull (dir.) foram todos indicados como suspeitos por "especialistas em Jack" modernos, devido a álibis ruins.

para obter informações sobre o assassino. Não foi assim – era improvável que o Estripador fosse um criminoso conhecido de Whitechapel, e ele atuava sozinho. Nenhum dos transgressores da área conseguiu fornecer qualquer pista útil a Abberline.

O Estripador também foi uma sensação na imprensa. Além de os artigos sobre o assassino criarem mais trabalho para a polícia – que tinha de lidar com falsas pistas, imitadores e o terror na comunidade –, os jornalistas iam a extremos investigando o caso. Alguns seguiam os policiais e outros chegavam até a se vestir de prostituta para esperar o Estripador aparecer.

Nos mais de 125 anos desde então, incontáveis detetives, escritores e analistas de poltrona propuseram suspeitos, do duque de Clarence e seu médico, sir William Gull, a infelizes com transtornos psicológicos, como o cabeleireiro polonês Aaron Kosminski. Hoje não estamos mais perto de descobrir a identidade do Estripador que em 1888.

No inquérito sobre a morte de Annie Chapman, o doutor Phillips disse que o Estripador poderia ser um profissional médico, devido ao conhecimento anatômico na remoção dos órgãos das vítimas. Porém, o doutor Bond discordou, afirmando que, com base no assassinato de Kelly, o criminoso não tinha a precisão nem de um açougueiro quando se tratava de cortar as vítimas. A imagem dele como um médico ou cirurgião persiste, porém, graças aos relatos de que o Estripador carregava uma valise do tipo usado por profissionais de medicina.

O perfil do Estripador

Os cientistas sociais modernos em geral concordam que o Estripador era um morador do East End de Londres. Embora talvez nunca saibamos seu nome, avanços no conhecimento sobre *serial killers* podem fornecer fortes indicações sobre o tipo de pessoa que ele era.

Há grande probabilidade de que sofresse de impotência crônica ou episódica, o que pode ter causado seus impulsos sexuais anormais, violentos. Como seus colegas "estripadores" Andrei Chikatilo e Robert Napper, é provável que se excitasse esfaqueando, cortando e mutilando as vítimas. Como indivíduo alienado, possivelmente tinha dificuldade em criar relações íntimas – em especial com mulheres. Essas razões talvez expliquem por que o assassino visava prostitutas. ∎

É provável que o assassino seja um homem calado, de aparência inofensiva.
Doutor Thomas Bond

ESTARIAM MELHOR MORTAS QUE COMIGO
HARVEY GLATMAN, 1957-1958

EM CONTEXTO

LOCAL
Los Angeles, Califórnia, EUA

TEMA
Assassinos colecionadores

ANTES
Anos 1950 O fazendeiro Ed Gein, de Wisconsin, inspirador do romance de Robert Bloch e do subsequente filme *Psicose*, de Hitchcock, fazia itens de uso diário, como tigelas, com partes do corpo das vítimas.

DEPOIS
1969 No Oregon, a polícia captura Jerome Brudos, serial killer com fetiche por pés. Ele é condenado à prisão perpétua por matar três mulheres.

1996 Na Ucrânia, a polícia prende Anatoly Onoprienko, responsável por matar 52 pessoas. Onoprienko, que visava casas isoladas e depois matava todos no interior, mantinha as roupas íntimas das vítimas – homens e mulheres – como suvenires.

Trancada numa caixa de ferramentas no apartamento de Harvey Glatman havia uma coleção de fotos. Algumas mostravam mulheres de mãos amarradas atrás das costas, os olhos esbugalhados de terror. Em outras, as mesmas mulheres estavam mortas, o corpo arrumado em poses específicas.

As fotos eram a assinatura pessoal de um dos mais aterrorizantes serial killers dos anos 1950. No final, elas levaram à sua condenação.

Estuprador adolescente

Criado no Colorado, Harvey Glatman era um solitário magrelo e dentuço. Criança, ele começou a mostrar um comportamento antissocial e estranhas tendências sexuais. Na adolescência, passou a invadir apartamentos de mulheres, onde as amarrava e estuprava, e então tirava fotos como lembranças.

Em 1945, Glatman foi apanhado entrando numa casa e acusado de arrombamento. Solto por fiança, estuprou uma mulher e foi condenado a oito meses na prisão.

Após ser solto, Glatman foi para Albany, em Nova York, onde logo foi condenado por uma série de roubos.

Fotografa modelos posando amarradas.

Fotografa **as mesmas modelos** enquanto as amarra e as **ataca**.

Fotografa as modelos em posições escolhidas por ele após matá-las por **estrangulamento**.

Guarda todas as fotos, para reviver cada etapa dos crimes.

SERIAL KILLERS

Ver também: Jack, o Estripador 266-273 ▪ Ian Brady e Myra Hindley 284-285 ▪ Jeffrey Dahmer 293

Policiais de Los Angeles interrogam Glatman após sua detenção por atacar Lorraine Vigil perto de Santa Ana, no condado de Orange. Glatman logo confessou todos os seus crimes.

Condenação e sentença

Sabendo que os investigadores logo achariam fotos incriminadoras das vítimas em seu apartamento, Glatman confessou os três assassinatos e acabou indicando à polícia a caixa de ferramentas com as imagens. Ele foi declarado culpado de dois assassinatos em primeiro grau e condenado à morte. Em 18 de setembro de 1959, foi executado na câmara de gás da Prisão Estadual de San Quentin. O estudo psiquiátrico do desejo de Glatman de colecionar suvenires das vítimas mudou a investigação de assassinatos em série nos EUA – o Programa de Combate ao Crime Violento do FBI foi fundado para buscar padrões em série em crimes violentos. As obsessões de Glatman explicavam em grande parte a natureza serial dos crimes, e com efeito ele foi depois classificado como um "serial killer". ∎

Preso, foi diagnosticado como psicopata. Porém, ele era também um prisioneiro modelo e obteve a condicional em 1951. Nos sete anos seguintes, trabalhou como técnico de televisão em Denver, no Colorado.

Isca fotográfica

Em 1957, Glatman foi para Los Angeles. Usando pseudônimos, fingiu-se de fotógrafo para atrair jovens bonitas com a promessa de uma carreira como modelo.

Ele vasculhava as agências de modelos em busca de vítimas e as atraía para quartos de hotel, onde lhes pagava para que posassem amarradas para fotos que afirmava serem para publicação em revistas de detetives. Duas das modelos, Judith Dull e Ruth Mercado, foram amarradas e atacadas sexualmente por Glatman enquanto ele as fotografava. Ele então as estrangulou, fotografou seus corpos e os descartou no deserto. Uma terceira vítima, Shirley Ann Bridgeford, o conheceu por um anúncio classificado.

Em 27 de outubro de 1958, um policial de motocicleta surpreendeu Glatman tentando sequestrar uma mulher chamada Lorraine Vigil. O policial tinha visto um carro parado ao lado da estrada. Dentro, um homem apontava uma pistola para a cabeça de uma mulher e tentava amarrá-la. Ele logo interferiu e prendeu Glatman.

Assassinos e seus suvenires

Muitos serial killers guardam lembranças de seus crimes. Muitas vezes são como troféus, usados para reviver o prazer derivado de um assassinato. Os psiquiatras dizem que o ato é um desvio pervertido do impulso que motiva os colecionadores de itens comuns, como figurinhas, moedas ou selos. Alguns dos mais notórios assassinos colecionaram suvenires. Consta que Jack, o Estripador, na era vitoriana, mantinha restos humanos das vítimas. Vários *serial killers*, como Glatman, fotografaram os momentos finais de suas vítimas. Numa vertente bizarra dessa estranha ânsia por registrar crimes tão medonhos, há também um mercado de itens relacionados a assassinos. Estes podem ser roupas ou armas usadas por eles ao cometer os crimes ou cartões-postais ou cartas mandadas da prisão. A empresa online eBay baniu a venda desses artigos em 2001, mas compradores e vendedores continuam ativos em outros sites de comércio eletrônico.

EU APENAS GOSTO DE MATAR

TED BUNDY, 1961-1978

278 TED BUNDY

EM CONTEXTO

LOCAL
Sete estados dos EUA, de Washington à Flórida

TEMA
Assassino de universitárias

ANTES
1966 Richard Speck é condenado à prisão perpétua por estrangular e esfaquear oito estudantes de enfermagem em Chicago.

1973 Conhecido como Assassino da Classe Mista, Edmund Kemper é condenado a múltiplas sentenças perpétuas por matar pelo menos seis estudantes mulheres na Califórnia, além da própria mãe e da melhor amiga dela.

DEPOIS
2004 Derrick Todd Lee é condenado após provas de DNA o ligarem a uma série de assassinatos cometidos nos arredores da Universidade do Estado da Louisiana.

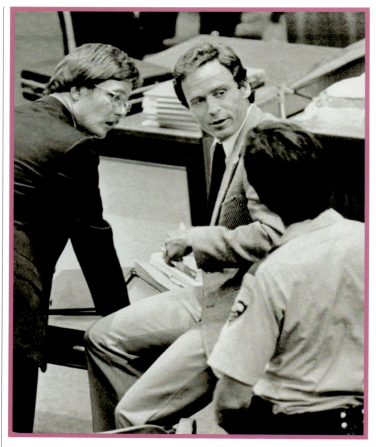

Réu refinado e ardiloso, Ted Bundy (centro) troca ideias com o defensor público Ed Harvey (esq.) e um policial do condado de Leon, em seu julgamento em 1979.

Ted Bundy era um estudante de direito atraente. Parecia encantador e brilhante. Ninguém o tomaria por um serial killer, como Charles Manson ou Dennis Nilsen. As muitas vítimas de Ted eram diferentes também. Eram, em geral, bonitas, brancas, universitárias de classe média e não as mulheres vulneráveis que os serial killers em geral atacavam.

As trinta vítimas conhecidas de Ted Bundy não se imaginavam vulneráveis. Elas, em geral, se tornaram vítimas porque pararam para ajudá-lo de algum modo. Usando uma tipoia ou um gesso falso no braço, ou ainda muletas, Bundy se fingia de um jovem ansioso por ajuda com um veleiro ou seus livros escolares. Depois de atraí-las para perto de seu Fusca Volkswagen, Bundy pegava a chave de roda sob o carro e as atingia na cabeça. Depois as empurrava para dentro do carro e as algemava.

Psicopata teatral

Bundy adorava atuar, preparar um cenário. Ele também invadia apartamentos – e até um alojamento estudantil – à noite para sequestrar e matar. Era atraído em especial por universitárias de cabelos castanhos longos, divididos no meio. Era o estilo da época, mas alguns imaginaram que estivesse se vingando inconscientemente de uma namorada que usava o cabelo desse jeito. Talvez, especularam, ela o tenha descartado e desprezado.

SERIAL KILLERS 279

Ver também: Jack, o Estripador 266-273 ■ Harvey Glatman 274-275 ■ Colin Pitchfork 294-297

Não me sinto culpado de nada. Tenho pena das pessoas que sentem culpa.
Ted Bundy

Uma criança perturbada

A família de Bundy era complicada. Ele cresceu na Filadélfia pensando que seus avós eram seus pais e que sua mãe real, Eleanor, era sua irmã.

Desde pequeno, Teddy – Theodore Robert Cowell – gostava de assustar as pessoas. Sua família revelou depois que, com 3 anos, ele tinha se divertido pondo facas grandes e afiadas ao redor da tia adolescente adormecida. Ao acordar, ela ficou aterrorizada, e sua reação fez o menino rir, entusiasmado.

A doutora Dorothy Otnow Lewis, uma psiquiatra que pesquisava a formação e os motivos dos serial killers e que conheceu Bundy quando ele estava no corredor da morte, descreveu esse comportamento como "extraordinariamente bizarro" para uma criança tão pequena. Isso sugere que Bundy deve ter sofrido um trauma quando era muito novo; talvez tivesse sofrido abuso ou testemunhado violência extrema entre membros da família.

Fosse por causa do incidente com as facas ou por outras razões, Teddy e Eleanor foram mandados embora quando ele tinha 4 ou 5 anos. Eles foram o mais a oeste possível, até Tacoma, em Washington, para viver com um tio.

Eleanor passou a usar seu nome do meio, Louise, e a se apresentar como viúva ou divorciada.

Em 1951, Eleanor conheceu um cozinheiro de hospital chamado Johnnie Bundy e se casou com ele. Juntos tiveram quatro filhos. Ted agora tinha de dividir a escassa conexão emocional que tinha com a mãe com dois irmãos e duas irmãs. Numa tentativa de estreitar os laços familiares e tornar Johnnie Bundy uma figura paterna para o pequeno Teddy, ele foi renomeado Theodore Robert Bundy.

Mas Teddy sentia falta de algo – e era mais que um pai ou uma mãe que o quisesse, ou uma vida familiar sem violência. Teddy precisava de empatia. Ele não tinha a habilidade de formar vínculos emocionais com outros seres humanos. Ele não tinha consciência. »

Bundy **atrai simpatia** usando uma tipoia, um gesso falso ou muletas.

↓

Pede ajuda a uma jovem para juntar os livros ou atravessar a rua.

↓

Atrai a mulher para seu carro Volkswagen.

↓

Golpeia a mulher com uma chave de roda, a algema e a leva embora.

↓

Assassina a mulher e enterra seu corpo na reserva natural de um parque nacional.

O assassinato não tem a ver com luxúria nem com violência. Tem a ver com posse.
Ted Bundy

O gosto por assassinar

A primeira vítima de Bundy pode ter sido Ann Marie Burr, de 8 anos, que desapareceu de sua casa em Tacoma, em Washington, no início da manhã de 31 de agosto de 1961. Ela nunca foi achada. Bundy tinha só 14 anos na época e sempre negou ter algo a ver com o desaparecimento. Porém, a alegação do detetive Robert Keppel de que Bundy nunca revelou o nome de sua primeira vítima alimenta as especulações de que ele tenha mesmo matado a menina.

Há boas razões para acreditar nisso. Ted e sua mãe viviam com membros da família, antes do casamento dela, na vizinhança de Ann. Bundy continuou a visitar esses parentes depois que se mudaram. A polícia de Tacoma descartou especulações sobre o desaparecimento da menina, mas seus pais não. Além disso, o doutor Ronald Holmes, um professor do Departamento de Administração de Justiça da Universidade de Louisville, que entrevistou Bundy na prisão, afirmou que ele admitiu ter cometido seu primeiro assassinato aos 15 anos.

O assassinato mais antigo reconhecido por Bundy ocorreu em janeiro de 1974. Ele tinha 27 anos e se graduara em psicologia na Universidade de Washington em Seattle dois anos antes. Bundy

O VW de Bundy, cena de seus crimes, foi comprado depois por Lonnie Anderson, um ex-assistente do xerife do condado de Salt Lake. Hoje ele está no Museu Nacional do Crime e da Punição dos EUA.

raptou Linda Ann Healy, de 21 anos, que estudava na mesma universidade, de seu quarto no subsolo da casa que ela dividia com amigos. Em março do ano seguinte, seu crânio foi achado na montanha Taylor, a leste de Seattle.

Após a morte de Linda, Bundy não parou mais. Entre fevereiro de 1974 e agosto de 1975, com breves intervalos de semanas, ele matou mais de uma dúzia de jovens. Nesse período, ele se mudou para Utah e se inscreveu na escola de direito da universidade local.

Primeira detenção

Bundy foi detido pela primeira vez em agosto de 1975. Eram 3 horas da

Duas das vítimas de Bundy na Flórida foram a estudante Margaret Bowman (dir.), de 21 anos, morta em sua cama, e Kimberly Leach, de 12 anos (extrema dir.), sequestrada em frente à escola.

madrugada e ele dirigia seu VW pelos subúrbios de Salt Lake City quando um policial rodoviário, o sargento Bob Hayward, notou que Bundy não tinha acendido os faróis dianteiros. Hayward tentou fazê-lo parar e seguiu-se uma perseguição por ruas residenciais que terminou com Bundy encurralado num posto de gasolina abandonado. Questionado sobre seus movimentos naquela noite, Bundy explicou que era um estudante de direito de Utah e que tinha se perdido depois de sair do cinema drive-in local. De gola rolê preta e calças sociais, Bundy era convincente em seu papel, mas Hayward percebeu que ele mentira ao dizer que tinha visto *Inferno na torre*, porque o filme não estava em cartaz ali. Ao fazer uma busca no veículo, Hayward achou meias-calças rasgadas, um pé de cabra, cordas e uma máscara de esqui. Apesar de Bundy estar calmo e apresentar uma explicação para cada um desses itens, Hayward, muito desconfiado, fichou-o por tentar fugir.

Foi um incidente do ano anterior, porém, que decidiu a condenação de Bundy. Em novembro de 1974, Carol DaRonch, de 18 anos, foi abordada por Bundy em Murray, em Utah. Fingindo ser um policial, Bundy disse que o carro dela era roubado e que ela teria de acompanhá-lo à delegacia para preencher um relatório. Carol entrou no VW dele, mas quando comentou que ele estava indo para longe da delegacia, Bundy ficou agressivo e tentou algemá-la. Enquanto Carol se debatia, sem querer ele prendeu as duas algemas no mesmo punho. Carol escapou e foi à polícia. Ela descreveu seu agressor como um homem bastante bonito, dirigindo um VW e usando sapatos elegantes e brilhantes.

Por sorte, o detetive Jerry Thompson, que investigava o desaparecimento de várias meninas na região, identificou a »

Ted Bundy

Quando a mãe de Bundy, Eleanor Louise Cowell, de 22 anos e solteira, se viu grávida em 1946, viajou para a Casa de Mães Solteiras de Elizabeth Lund, em Burlington, em Vermont, para dar à luz. Seu pai, Samuel, era um homem violento e abusivo, que dominava a mulher e os filhos. Eleanor não confirmou a identidade do pai do filho que ia nascer e circularam rumores de que seria Samuel Cowell.

Em 24 de novembro de 1946, Theodore Robert Cowell nasceu. Eleanor foi para casa, deixando o bebê para trás. Foi seu primeiro abandono. Em 1947, Eleanor voltou para buscá-lo, por insistência de seu pai. Eles o chamavam de Teddy.

Durante anos, Bundy pensou que Eleanor fosse sua irmã e que os avós fossem seus pais. Um de seus professores sugeriu que Bundy "surtou" aos 15 anos, ao descobrir que era ilegítimo. Depois que sua mãe se casou, em 1951, o marido dela, Johnnie Bundy, adotou-o legalmente. Ted, porém, mal impressionado pela pouca inteligência do padrasto, nunca criou laços com ele.

descrição do homem fichado por Hayward em Salt Lake City com a que Carol tinha dado de seu sequestrador em Murray no ano anterior.

Uma busca posterior da polícia no apartamento de Bundy encontrou provas de que ele fora a várias das cidades onde meninas tinham desaparecido. Quando seu carro foi examinado, fios de cabelo das meninas implicaram ainda mais Bundy. Carol reconheceu-o no teste com suspeitos enfileirados, e ele foi preso por sequestro e agressão. Os detetives desconfiavam que fosse um assassino, mas precisavam de provas.

Estas vieram quando cabelos de Caryn Campbell, vítima de assassinato, foram achados em seu carro. Em 30 de junho de 1976, Bundy foi levado à prisão estadual de Utah. Em outubro, foi acusado da morte de Caryn e levado a julgamento no Tribunal do Condado de Pitkin, em Aspen, no Colorado.

Fuga da Justiça

Aproveitando seus estudos de direito, Bundy foi seu próprio advogado. Num intervalo dos procedimentos, ele obteve permissão para usar a biblioteca de direito do tribunal. Deixado sozinho, Bundy pulou uma janela da biblioteca e correu para a montanha Aspen. Por seis dias, percorreu trilhas e acampamentos, até a polícia achar o fugitivo num carro roubado. Bundy foi colocado na prisão do condado de Garfield, no Colorado.

Sua segunda fuga envolveu meses de preparação: Bundy conseguiu uma planta da prisão e uma serra com outros presos. Após perder peso o suficiente, serrou o teto de sua cela e se esgueirou pelo buraco. Ele testou a rota de fuga várias vezes e escapou da prisão em 30 de dezembro de 1977. Bundy roubou carros, pegou carona, embarcou em aviões e viajou de trem até Tallahassee, na Flórida, onde alugou um quarto perto da Universidade do Estado da Flórida. Uma semana após chegar à cidade, invadiu a casa da fraternidade feminina Chi Omega tarde da noite e atacou quatro jovens, matando duas delas. A seguir, atacou uma quinta mulher num apartamento próximo.

Duas semanas depois,

Policial

Bombeiro de folga

Estudante "Chris Hagen"

Estudante "Kenneth Misner"

Bundy gostava de se disfarçar, assumindo outras identidades, e folheava listas telefônicas locais para se inspirar. Usando vários estilos de cabelo, bigodes e pintas falsos, óculos e roupas diferentes, ele criou uma gama de alter egos.

SERIAL KILLERS 283

No julgamento de Bundy, Nita Jane Neary disse ter visto Bundy deixando a casa da fraternidade Chi Omega na Universidade do Estado da Flórida na manhã em que duas estudantes foram mortas.

sequestrou Kimberly Diane Leach, de 12 anos, em frente a sua escola. O corpo dela foi achado num chiqueiro. Uma semana após o desaparecimento dela, Bundy foi detido por dirigir um carro roubado. Testemunhas o tinham visto na casa da fraternidade e na escola de Kimberly. Havia também evidências físicas que o ligavam aos crimes. Condenado pelos três assassinatos, Bundy recebeu a pena capital.

Corredor da morte

Por nove anos e seis meses Bundy se correspondeu do corredor da morte na Flórida com dezenas de pessoas, entre elas Beverly Burr, a mãe de Ann. Ele se casou com uma amiga fiel, Carole Boone, e se tornou pai – consta que subornaram um guarda para desviar o olhar. "Deu consultoria" à polícia sobre outros serial killers e cooperou com autores que escreveram sobre ele.

Várias apelações por novos julgamentos e pela suspensão da execução foram negadas. Em seus últimos dias no corredor da morte,

Bundy confessou 36 dos assassinatos de que era suspeito e deu detalhes de outros não associados antes a ele, o que o ligou a cerca de cinquenta mortes no total. Um psiquiatra indicado pelo tribunal, porém, elevou esse número a cerca de cem, e o próprio Bundy disse ao doutor Ronald Holmes que tinha cometido trezentos assassinatos em dez estados. Bundy se ofereceu para dar mais detalhes sobre outras mulheres desaparecidas se sua execução fosse adiada alguns meses, mas o governador da Flórida, Bob Martinez, se recusou a "negociar com um assassino".

Na noite de 24 de janeiro de 1989, aos 42 anos, Ted Bundy morreu na cadeira elétrica. A razão por que matara tantas mulheres pode ser deduzida de uma das últimas explicações que deu: "É só que eu gostava de matar. Eu queria matar". ∎

Entrevistas com assassinos

Cientistas que pesquisam patologias criminais, investigadores em busca de pistas e jornalistas à procura de um furo sensacionalista têm recebido permissão para entrevistar serial killers na prisão. Como resultado, há centenas de horas de conversas filmadas, muitas delas disponíveis na internet. O estudo dessas entrevistas, porém, não oferece necessariamente muitos *insights* sobre a mente de um *serial killer*. Quando têm a chance de apresentar a si mesmos e a seu comportamento ao público fora das paredes da prisão, os serial killers são teatrais e muitas vezes jogam com o desejo dos entrevistadores de compreendê-los e de serem chocados por eles. Do frio remorso fingido de Bundy às diatribes selvagemente insanas de Charles Manson e às respostas de impressionante candura de Jeffrey Dahmer, essas performances fazem parecer cada vez mais fugidia a obtenção de um retrato psicológico convincente de um *serial killer*.

ASSASSINOS CALCULISTAS, CRUÉIS E DE SANGUE-FRIO
IAN BRADY E MYRA HINDLEY, 1963-1965

EM CONTEXTO

LOCAL
Charneca de Saddleworth, perto de Manchester, Reino Unido

TEMA
Relacionamentos tóxicos

ANTES
29 de janeiro de 1958 Os adolescentes Charles Starkweather e Caril Ann Fugate são detidos após uma viagem de sessenta dias pelo meio-oeste americano, em que mataram onze pessoas. Caril, de 14 anos na época, afirma depois ter sido refém de Charles.

DEPOIS
17 de fevereiro de 1993 O estuprador e assassino canadense Paul Bernardo é condenado à prisão perpétua. Sua mulher, Karla Homolka, participa dos assassinatos, mas faz um acordo com a polícia em troca de redução de sentença.

Em 12 de julho de 1963, Pauline Reade, de 16 anos, estava indo dançar perto de Manchester, no noroeste da Inglaterra, quando a assassina Myra Hindley parou seu carro e convenceu a adolescente a entrar.

Myra, de 21 anos, levou a garota para uma área rural próxima, com seu namorado, Ian Brady, seguindo-as de perto em sua moto. Ian então estuprou, torturou e abusou sexualmente de Pauline, antes de cortar sua garganta e enterrar seu corpo nos brejos da charneca de Saddleworth.

Obsessão monstruosa

Pauline foi a primeira vítima da dupla – mas não seria a última. Entre 1963 e 1965, Ian e Myra raptaram, torturaram e mataram mais quatro crianças, num caso conhecido como os Assassinatos das Charnecas. Quatro das vítimas foram achadas enterradas na charneca de Saddleworth. A outra nunca foi encontrada.

Myra Hindley tinha 18 anos em 1961, quando começou a namorar Ian Brady. Ele tinha 22. Apesar de ser o tempo todo dominada e abusada pelo namorado, Myra era obcecada por ele. Numa tentativa

Eu estava sempre coberta de hematomas e marcas de mordidas. Ele ameaçava matar minha família. Ele me dominava completamente.
Myra Hindley

de agradar a Ian, ela começou a procurar crianças vulneráveis para que ele as atacasse sexualmente, torturasse e estrangulasse.

Meses depois da morte de Pauline Reade, numa tarde de sábado, em novembro de 1963, o casal raptou John Kilbride, de 12 anos. Ian o estuprou e depois o estrangulou com um cordão.

Deleitando-se agora juntos com a depravação de Ian, os dois sequestraram a vítima seguinte, Keith Bennett, de 12 anos, quando ele estava a caminho de visitar a avó em Manchester. Em 16 de junho de 1964, Ian e Myra levaram Keith para a charneca de Saddleworth e o enterraram.

SERIAL KILLERS 285

Ver também: Ted Bundy 276-283 ▪ Fred e Rosemary West 286-287 ▪ Colin Pitchfork 294-297

Estas fotos icônicas de Ian Brady e Myra Hindley foram tiradas durante seu julgamento por múltiplos assassinatos, em abril de 1966. A relação volátil deles estava por trás das mortes de cinco crianças.

Apesar das buscas intensivas e sistemáticas na charneca, seu corpo ainda não foi encontrado.

Em 26 de dezembro, Ian e Myra foram a uma feira, onde abordaram Lesley Ann Downey, de 10 anos, e lhe pediram que carregasse alguns pacotes. Eles sequestraram Lesley, amarraram-na com cordas e a forçaram a posar para fotos pornográficas. O casal também fez um áudio de treze minutos com a menina gritando e suplicando por sua vida. Ela foi então estrangulada e enterrada.

Confissão e queda

Foi então que Ian se tornou arrogante e confidenciou seus segredos assassinos a David Smith, o cunhado de 17 anos de Myra. Em outubro de 1965, após atrair o estudante de engenharia Edward Evans, também de 17 anos, até sua casa, Ian mandou Myra buscar David, esperando envolvê-lo nos assassinatos. Ian golpeou Edward então com um machado, enquanto David olhava, horrorizado. Ele ajudou Ian e Myra a limpar tudo e depois correu para encontrar-se com a mulher em casa. O casal telefonou para a polícia de uma cabine e conduziu os agentes até o corpo de Edward.

Ian e Myra foram detidos. Durante a busca na casa do casal, a polícia descobriu fotos pornográficas e o áudio gravado de Lesley, além de uma grande coleção de fotos tiradas na charneca de Saddleworth. Cerca de 150 policiais foram incumbidos de fazer uma grande busca na charneca. Lá, eles acharam os corpos de Lesley Ann Downey e John Kilbride.

Em 1966, Ian Brady e Myra Hindley foram ambos condenados por três assassinatos. Após a sentença, eles também confessaram as mortes de Pauline Reade e Keith Bennett.

Saldo dos eventos

Em 1987, após uma busca de cem dias, o corpo decomposto de Pauline Reade foi achado numa cova rasa nas charnecas. Um de seus assassinos, Myra Hindley, morreu na prisão em 15 de novembro de 2002, aos 60 anos. Em 1985, Ian Brady foi declarado criminalmente insano e confinado num hospital de alta segurança. Ele afirma que não tem desejo de ser libertado e pede repetidamente que lhe permitam morrer. ▪

Serial killers em relações abusivas

Ao longo da história, mulheres sem passado criminoso participaram de crimes horrendos com seus namorados e maridos. Em alguns dos casos, elas afirmaram depois que eram dominadas e manipuladas pelos parceiros.

Numa relação abusiva, um parceiro manipulador pode tentar isolar o outro e destruir sua autoestima. Em algumas situações, isso pode levar a abuso físico, emocional, verbal, mental e sexual. O parceiro dominador tentará controlar a vítima, negando-lhe o direito de tomar suas próprias decisões.

É muito polêmico se esse seria o caso de Myra Hindley. As famílias das vítimas sustentam que ela era uma participante ativa dos assassinatos. Porém, em vários interrogatórios, Myra alegou não ter a compulsão de matar e que era emocionalmente manipulada e fisicamente abusada por Ian Brady.

MAIS TERRÍVEL QUE PALAVRAS PODEM EXPRESSAR

FRED E ROSEMARY WEST, 1971-1987

EM CONTEXTO

LOCAL
Gloucester, Reino Unido

TEMA
Casais assassinos

ANTES
1890-1893 O casal australiano John e Sarah Jane Makin mantêm um orfanato em sua casa. Eles recebem pagamentos de mães solteiras, mas matam os bebês a seus cuidados e os enterram na propriedade.

DEPOIS
1986-1989 Um casal idoso, Faye e Ray Copeland, mata andarilhos que contratam para trabalhar em seu rancho no Missouri.

Janeiro-fevereiro de 1987 O casal Gwendolyn Graham e Cathy Wood, de Michigan, mata cinco idosas na casa de repouso em que ambos trabalham. Eles realizam atos de necrofilia em suas vítimas.

Dão carona a mulheres em seu carro.

Convidam amigos e prostitutas a festas em sua casa.

Voltam-se contra os próprios **filhos**.

Prendem as vítimas em sua casa para longas sessões de torturas e abusos sexuais.

Matam as vítimas se elas ameaçam deixar a casa ou denunciar os crimes dos Wests.

Esquartejam os corpos das vítimas e os enterram em seu jardim e nos campos locais.

Em outubro de 1972, Caroline Owens, de 17 anos, conheceu Fred e Rosemary West quando pedia carona perto de Gloucester. Os West a pegaram em seu Ford Poplar cinza, começaram a conversar, e logo ofereceram a ela um trabalho como babá de seus filhos. Caroline se mudou no dia seguinte. Porém, muito incomodada com os convites para entrar no "círculo sexual" do casal, deixou o emprego e saiu da casa após semanas.

Em dezembro, os West viram Caroline andando sozinha de novo. Eles a convidaram para um chá em casa, para se desculpar pela falta de

Ver também: Ted Bundy 276-283 ▪ Ian Brady e Myra Hindley 284-285 ▪ Colin Pitchfork 294-297

consideração anterior. Caroline aceitou. O casal sujeitou-a então por doze horas a um suplício terrível, em que a amarraram e a estupraram. Caroline rompeu em lágrimas. Isso teve algum efeito sobre Fred West, que disse que ela podia ir, desde que prometesse voltar e continuar trabalhando como sua babá.

Traumatizada, Caroline fugiu para a casa de sua mãe e chamou a polícia. Porém, estava envergonhada demais para denunciar o estupro e, assim, em 1973 os West foram acusados no Tribunal de Magistrados de Gloucester pelo crime menor de atentado ao pudor, multados em cem libras e liberados.

O pesadelo continua

Esse caso deu só uma ideia da depravação criminosa que por quase vinte anos teve lugar sem ser notada na casa dos West, na Cromwell Street, em Gloucester. O casal "colhia" suas vítimas contratando adolescentes como babás, alugando quartos para moças e abusando de seus próprios filhos.

No verão de 1992, assistentes sociais e policiais visitaram de novo a casa dos West, alertados por relatos de abusos de crianças e sobre uma menina desaparecida. Eles fizeram buscas na casa e

Eu conheci Rose quando ela tinha 16 anos e a treinei para o que eu queria.
Fred West

Esta imagem artística representa Fred e Rosemary West no Tribunal de Magistrados de Gloucester, em 30 de junho de 1994. Fred foi acusado de onze assassinatos, e Rosemary de nove.

tiraram cinco crianças de lá, colocando-as em lares temporários.

Porém, outro ano se passou antes que assistentes sociais chamassem a polícia para relatar comentários das crianças resgatadas sobre Heather West – filha de 16 anos de Fred e Rosemary. Durante a busca na casa, as crianças indicaram que Heather estava "debaixo do pátio". Isso deflagrou o que se tornaria a investigação dos assassinos mais notórios do Reino Unido.

A polícia escavou o jardim da Cromwell Street, 25, e descobriu não só os restos de Heather e da filha de 8 anos de Fred West, Charmaine, como o esqueleto da mãe de Charmaine, Catherine Costello. Acredita-se que Charmaine tenha sido a primeira vítima dos West, morta por Rosemary em 1971 para cortar os vínculos com Catherine, a primeira mulher de Fred. Catherine foi morta pelo casal em seguida, por receio de que suspeitasse do que tinham feito com Charmaine. A filha de Fred e Rosemary, Heather, foi a vida toda molestada e espancada e acabou sendo morta em junho de 1987 por Rosemary, na ausência do marido, após uma "briga inflamada".

No total, foram achados nove corpos enterrados no endereço. Um outro foi descoberto na casa anterior dos West em Gloucester e mais dois enterrados nas proximidades, num campo isolado. O casal foi acusado de matar em conjunto doze pessoas em vinte anos.

Fred West confessou sua culpa, mas usou um cobertor na cela para se asfixiar, dez meses antes do julgamento. Rosemary alegou inocência, mas depois acabou sendo condenada à prisão perpétua por dez assassinatos. ■

AQUI É O ZODÍACO FALANDO
O ASSASSINO ZODÍACO, 1968-1969

EM CONTEXTO

LOCAL
San Francisco, Califórnia, EUA

TEMA
Homicídio em série expressivo/transformativo

ANTES
1945-1946 William Heirens, o assim chamado "Assassino do Batom", deixa mensagens com batom nas cenas de seus crimes em Chicago.

DEPOIS
1976-1977 O assassino em série David Berkowitz deixa cartas manuscritas assinadas como "Filho de Sam" perto dos corpos de suas vítimas no Bronx, em Nova York.

1990-1993 Heriberto Seda, um imitador do Assassino Zodíaco, mata três pessoas em Nova York.

A noite de 4 de julho de 1969 deveria ter sido maravilhosa para Michael Mageau. Fogos de artifício explodiam sobre a baía de San Francisco e ele estava com a bela Darlene Ferrin, de 22 anos. Os dois estavam sentados no carro de Darlene, em Blue Rock Springs, em Vallejo, quando outro veículo apareceu. O motorista saiu, apontou a luz de uma lanterna para dentro do carro deles e começou a atirar com uma pistola. Darlene morreu, mas Michael sobreviveu. Logo depois, um homem ligou para o departamento de polícia de Vallejo dizendo: "Quero informar um assassinato. Se seguirem um quilômetro e meio para leste, na Columbus Parkway, vão achar uns jovens num carro marrom. Eles foram mortos com uma Luger 9 mm. Eu também matei aqueles jovens no ano passado. Adeus".

Mensagens codificadas
Em 31 de julho, cartas e mensagens codificadas chegaram ao *San Francisco Chronicle*, ao *San Francisco Examiner* e ao *Vallejo Times-Herald* com uma ameaça sinistra: se os códigos não

Violência expressiva/transformativa

Baseada na psicologia social, a teoria da violência expressiva/transformativa do criminologista Lee Mellor propõe que o criminoso que se comunica com a polícia – por cartas, mensagens deixadas na cena do crime ou simbolicamente dispondo o corpo da vítima numa pose – está num processo de negociação identitária. Devido a inadequações sociais, ele não consegue estabelecer um senso aceitável do eu e sofre, assim, de uma crise perpétua de identidade. Ele busca unir sua personalidade fragmentada sob a forma de um assassino, chegando a usar trajes de fantasia e um apelido como "Zodíaco". Em sua amostragem de dez criminosos expressivos/transformativos, Mellor descobriu que 90% eram solteiros na época dos crimes e que a maioria sentia que nunca havia crescido de verdade, tinha masculinidade e vocação instáveis e uma obsessão pela cultura policial e/ou militar.

SERIAL KILLERS 289

Ver também: O Sequestro do Bebê Lindbergh 178-185 ▪ O Assassinato de Dália Negra 218-223 ▪ Ted Bundy 276-283

A polícia de San Francisco circulou este retrato falado de "Zodíaco", com base nos relatos de três testemunhas que depuseram pouco após o assassinato de Paul Stine, em outubro de 1969.

aparecessem na primeira página dos jornais na tarde seguinte, o autor sairia matando de modo desenfreado. As cartas assumiam a responsabilidade pela morte de Darlene e por outro duplo homicídio cometido em Vallejo, em dezembro de 1968, com *modus operandi* idêntico.

Após alguma hesitação, os jornais imprimiram os trechos em código. Uma segunda carta chegou ao *Herald* em 4 de agosto, em que o autor se autonomeava "Zodíaco".

Final fatal

Em 8 de agosto de 1969, um casal que vivia em Salinas decodificou os 408 símbolos do criptograma, em que o Zodíaco dizia que caçava pessoas, descrevia o ato de matar como uma experiência emocionante e dizia que as vítimas dele seriam suas escravas na outra vida.

Na tarde de 27 de agosto, Bryan Hartnell e Cecelia Shepard estavam relaxando no lago Berryessa, em Napa, quando um homem armado se aproximou, com uma máscara preta e trajes de fantasia estranhos. Ele os amarrou com cordas e os esfaqueou repetidas vezes. Bryan sobreviveu para contar os detalhes, mas Cecelia morreu. Antes de ir embora, o assassino desenhou o símbolo do Zodíaco na porta do carro deles.

O último assassinato com certeza ligado ao Zodíaco ocorreu em San Francisco em 11 de outubro de 1969. Naquela noite, o taxista Paul Stine foi baleado na cabeça por um passageiro com uma pistola. O assassino rasgou um pedaço ensanguentado da camisa de Paul, roubou sua carteira e chaves e limpou o carro. Três testemunhas o viram, mas os relatos diferentes sobre sua aparência e cor fizeram com que nunca fosse detido. Embora a polícia tenha colhido uma impressão digital no sangue e luvas pretas no táxi, o assassino não foi identificado. Ele mandou uma carta ao *Chronicle* dois dias depois, com um pedaço ensanguentado da camisa de Paul. As cartas continuaram até 1978, mas o Zodíaco nunca foi apanhado.

Principal suspeito

Dentre todos os nomes que surgiram durante a busca, o de Arthur Leigh Allen foi o mais mencionado. Quando interrogado em 1969, ele admitiu que sua mãe recentemente lhe havia dado um relógio da marca Zodiac, com o símbolo do círculo com uma cruz. Um amigo dele afirmou que depois de ganhar o relógio Allen mencionou o desejo de assassinar casais ao acaso e provocar a polícia com cartas assinadas com o símbolo da Zodiac. Allen vivia a poucos minutos dos locais dos crimes de 1968 a 1969 e tinha munição igual à usada no ataque de 1968.

Em 2002, dez anos após sua morte, o DNA de Allen foi comparado ao de uma amostra de saliva de um envelope do Zodíaco. Eles não coincidiram e Allen foi excluído pela polícia. Porém, mais tarde, se soube que Allen pedia a outros que lambessem envelopes para ele, porque dizia que o gosto lhe dava enjoo. ▪

O caso contra Arthur Leigh Allen

- Ganhou da mãe um **relógio de pulso da marca Zodiac**, com o símbolo do círculo com uma cruz.
- Disse aos amigos que gostaria de **matar** casais aleatoriamente e provocar a polícia com cartas codificadas.
- Vivia a poucos minutos das **cenas dos crimes**.
- Tinha a mesma marca de **munição** daquela usada pelo **Zodíaco**.

A SEUS PRÓPRIOS OLHOS, ERA UMA ESPÉCIE DE DEUS MÉDICO
HAROLD SHIPMAN, 1975-1998

EM CONTEXTO

LOCAL
Hyde, perto de Manchester, Reino Unido

TEMA
Homicidas médicos

ANTES
1881-1892 O médico Thomas Neill Cream envenena várias mulheres americanas e britânicas com clorofórmio.

1895-1901 Jane Toppan, uma enfermeira de Massachusetts, envenena ao menos trinta vítimas, entre pacientes e familiares deles.

1970-1982 O "Anjo da Morte" Donald Harvey assassina entre 37 e 57 pacientes em vários hospitais, usando uma grande gama de métodos.

DEPOIS
1988-2003 Charles Cullen mata quarenta pacientes quando era enfermeira em Nova Jersey.

2001-2002 O enfermeiro Colin Norris mata vários pacientes idosos em Glasgow, na Escócia.

Casado desde os vinte anos e pai de quatro filhos, o doutor Harold Shipman era visto como um médico bondoso. Houve um acidente em 1975, quando foi pego forjando prescrições para satisfazer seu vício em meperidina, mas depois que pagou as seiscentas libras de multa e passou por reabilitação isso logo foi esquecido.

Apesar disso, a frequência com que seus pacientes morriam súbita e inesperadamente não deixou de chamar a atenção. Notando que um número invulgarmente alto de idosas aos cuidados de Shipman escolhiam ser cremadas quando morressem, um empregado de funerária comunicou suas suspeitas à doutora Linda Reynolds, do Brooke Surgery, em Hyde, que por sua vez as passou ao investigador de mortes suspeitas do Distrito Sul de Manchester. Porém, após uma checagem superficial, a polícia não achou nenhuma evidência de delito.

Reputação manchada
John Shaw era um taxista que costumava levar pacientes de Shipman a seu consultório em Hyde e ficou amigo de muitos deles. Em março de 1995, a morte súbita de Netta Ashcroft o fez sentir que algo estava errado. Ciente da boa reputação do médico na comunidade e convencido de que a polícia não lhe daria ouvidos, Shaw manteve um atormentado silêncio enquanto mais e mais pacientes do médico morriam. Só em agosto de 1998 Shaw se convenceu de que

A aparência inofensiva do doutor Shipman na foto de fichamento, tirada ao ser preso, contradiz a realidade de seus terríveis crimes. Suas atividades passaram despercebidas por anos.

Shipman tinha matado 21 de seus pacientes – e finalmente informou a polícia de suas preocupações.

Na época, Shipman já tinha cometido um deslize. Em 24 de junho de 1998, a rica ex-prefeita de Hyde, Kathleen Grundy, de 81 anos, foi achada morta em sua casa. Quando a filha dela, a advogada Angela Woodruff, leu o testamento – em que Kathleen deixava toda a sua fortuna para seu médico, Harold Shipman, e não para a família –, alertou as autoridades sobre a falsificação. O corpo de Kathleen foi exumado e traços de diamorfina, um opioide usado como analgésico, foram encontrados. Shipman, que declarara como causa da morte "idade avançada", foi preso em 7 de setembro. No consultório do médico havia uma máquina de escrever da mesma marca usada para falsificar o testamento de Kathleen e suas impressões digitais apareciam em todo o documento.

Arrogância e negação

Após essas revelações, a polícia indiciou Shipman pelo assassinato de outras quinze pacientes. Em 31 de janeiro de 2000, ele foi condenado por todas as acusações. Em vez dos quase 2,5 milhões de reais do testamento de Kathleen Grundy, Shipman recebeu quinze penas perpétuas conjuntas. Num inquérito posterior, foi declarado responsável por um mínimo de 218 mortes. O número real pode ter ido além dos 250.

Apesar das provas esmagadoras de sua culpa, Shipman se recusou a confessar. Ele dava às costas aos agentes policiais durante horas de extensos interrogatórios.

Um dia antes de seu 58º aniversário, porém, Shipman se enforcou, pendurado na janela de sua cela. Um outro preso explicou que havia pouco ele recebera uma carta de sua mulher, Primrose, que sempre o apoiava, pedindo que lhe dissesse "tudo, não importa o quê".

A ideia de que Shipman estava viciado no poder sobre vida e morte tem sido muito aceita como sua motivação, porque sua tentativa desastrada de obter benefício financeiro na verdade precipitou sua queda. Porém, das cem joias tomadas de Primrose pela polícia, ela só conseguiu provar que 66 lhe pertenciam. ∎

> Ele simplesmente [...] gostava da sensação de controlar a vida e a morte.
> **John Pollard, médico-legista**

Shipman **visita** seus pacientes **em suas casas**

⬇

Injeta uma **dose letal** de heroína nos pacientes

⬇

Fornece causas de morte **falsas** e defende **cremações**

⬇

Mata pelo menos 218 pacientes antes de ser pego pela polícia

Os idosos como alvo de crimes

Em 2006, o criminologista britânico David Wilson assinalou que os idosos representam uma grande parte das vítimas de crimes no Reino Unido. Os números, porém, foram muito inflados pelos muitos assassinatos de Harold Shipman.

Wilson notou que os idosos – em especial os sem família ou afastados dela – em geral levam uma vida invisível, e semanas ou meses podem se passar sem que ninguém perceba sua falta. Devido a serviços sociais inadequados, os aposentados empobrecidos com frequência ocupam moradias fáceis de invadir, em locais onde há pouca vida comunitária. É mais comum também que suas mortes sejam atribuídas a causas naturais, e assim é menos provável que sejam investigadas. É notável que a vasta maioria das vítimas de Shipman eram homens e mulheres de classe trabalhadora ou média-baixa. Só a morte de uma cidadã rica e de destaque afinal despertou suspeitas.

UM ERRO DA NATUREZA
ANDREI CHIKATILO, 1978-1990

EM CONTEXTO

LOCAL
União das Repúblicas Socialistas Soviéticas (URSS)

TEMA
Mutiladores em série

ANTES
1944 Em Los Angeles, o médico residente Otto Wilson mata e eviscera prostitutas para satisfazer um desejo erótico perverso.

DEPOIS
1985-1999 Peter Dupas assassina pelo menos três mulheres em Melbourne, na Austrália. Ele retira os seios de suas vítimas como suvenires.

1992-1993 Robert Napper ataca sexualmente dezenas de mulheres no sul de Londres e mata três delas. Ele guarda partes do corpo de suas vítimas como troféus.

Segundo a versão oficial do Partido, não havia serial killers na URSS – mas desde o início de 1983, quando os corpos mutilados de várias jovens e crianças surgiram nas áreas ao redor de Rostov-on-Don, as autoridades foram forçadas a reconsiderar. O padrão nos ferimentos era tão evidente que a polícia teve de admitir que um só predador era responsável por pelo menos seis mortes.

Após intensa vigilância, um detetive prendeu Andrei Chikatilo. Ele carregava uma faca e uma corda e parecia um homem suspeito de assassinato. Foi tirada uma amostra de seu sangue, mas era do tipo A. Como o sêmen do assassino indicava que ele era do tipo AB, Chikatilo foi liberado.

Em 1990, um surto de assassinatos estimulou a polícia a intensificar os esforços. Em 6 de novembro, Chikatilo foi visto deixando um bosque perto da estação de Donleskhoz. Seus joelhos, cotovelos e bochechas estavam manchados de vermelho. Um policial à paisana examinou seus documentos e preencheu um relatório. Quando o corpo de uma jovem foi achado no mesmo bosque, o nome de Chikatilo ressurgiu. Ele foi preso, e uma amostra de seu sêmen foi obtida. Descobriu-se que era do tipo AB – Chikatilo era um indivíduo raro, em que o tipo sanguíneo diferia do tipo do sêmen. Ele confessou e foi executado em fevereiro de 1994. ■

O serial killer soviético Andrei Chikatilo em 1993, durante as audiências judiciais que revelaram todo o horror de seus 52 assassinatos brutais.

Ver também: Jack, o Estripador 266-273 ▪ Ted Bundy 276-283 ▪ Colin Pitchfork 294-297

SERIAL KILLERS 293

EU ERA DOENTE OU MAU, OU AMBOS
JEFFREY DAHMER, 1978-1991

EM CONTEXTO

LOCAL
Ohio e Wisconsin

TEMA
Assassinatos necrofílicos

ANTES
1947-1952 Ed Gein rouba corpos de cemitérios em Wisconsin e faz lembranças de seus restos.

1964-1973 Edmund Kemper embarca numa espiral louca de necrofilia, assassinatos em série e canibalismo em sua Califórnia natal.

1978-1983 Dennis Nilsen estrangula e mata cerca de doze homens em sua casa em Londres, na Inglaterra. Ele armazena alguns dos corpos sob o piso de madeira.

DEPOIS
1994-2004 Sean Gillis estupra e mata oito mulheres na Louisiana. Ele é incapaz de explicar a brutalidade das mutilações que comete.

Pouco antes da meia-noite de 22 de julho de 1991, um jovem aflito com uma algema pendurada no pulso se aproximou de dois policiais de Milwaukee. Ele disse que um "sujeito esquisito" tentara prendê-lo. Os três homens se dirigiram à casa do agressor. Eles foram recebidos na porta pelo inquilino, Jeffrey Dahmer.

Dahmer tentou se safar da situação, mas o chocante cheiro de coisas mortas o traiu. No quarto dele, um policial achou fotos Polaroid de corpos de homens nus em vários estágios de desmembramento. O fundo das fotos indicava que tinham sido tiradas naquele mesmo quarto. Dahmer foi imediatamente preso. A polícia revistou a casa e descobriu caixas, um barril de 215 litros, um freezer e uma geladeira cheios de partes de corpos humanos. Vários crânios pintados e um esqueleto humano estavam pendurados do chuveiro.

Na delegacia, Dahmer confessou ter matado dezessete homens jovens e praticado atos de necrofilia com seus cadáveres. Ele admitiu também ter cometido canibalismo, comendo partes do corpo de suas vítimas.

Julgamento e morte
O julgamento de Dahmer começou em 30 de janeiro de 1992. O objetivo era determinar se ele era ou não criminalmente responsável por seus atos. Apesar dos argumentos convincentes dos dois lados, ele foi declarado saudável e condenado a quinze penas de prisão perpétua. Um companheiro de prisão, Christopher Scarver, matou-o com uma barra de metal em 28 de novembro de 1994. ■

Eu segui minhas fantasias, e [...] tudo deu errado.
Jeffrey Dahmer

Ver também: Jack, o Estripador 266-273 ▪ Ted Bundy 276-283

UM PERIGO PARA MULHERES JOVENS

COLIN PITCHFORK, 1983-1986

EM CONTEXTO

LOCAL
Leicestershire, Reino Unido

TEMA
Condenações por DNA

ANTES
1968-1972 Samuel P. Evans, de Seattle, é condenado por dois assassinatos 39 anos após os crimes, nos casos mais antigos já resolvidos com uso de provas de DNA.

DEPOIS
1987 O estuprador em série Tommie Lee Andrews é o primeiro criminoso dos EUA condenado por provas de DNA.

1988 Timothy Wilson Spencer, da Virgínia, se torna o primeiro assassino dos EUA condenado graças a testes de DNA.

2003 Steven Avery, de Wisconsin, é inocentado por provas de DNA, e libertado após dezoito anos na prisão.

Em 2 de agosto de 1986, o pequeno povoado inglês de Narborough foi sacudido pela descoberta do corpo de uma menina de 15 anos. Dawn Ashworth desaparecera dois dias antes, ao voltar da casa de um amigo. Ela tinha sido atacada, estuprada e estrangulada. Seu corpo foi achado num campo perto do caminho que percorria. A análise forense identificou uma amostra de sêmen, que provou que o agressor era um homem de sangue tipo A e com um raro perfil enzimático.

Três anos antes da morte de Dawn, em 21 de novembro de 1983, o corpo de Lynda Mann também tinha sido achado numa trilha de

SERIAL KILLERS 295

Ver também: Os irmãos Stratton 212-215 ▪ Kirk Bloodsworth 242-243 ▪ Harvey Glatman 274-275

DNA e provas forenses

O ácido desoxirribonucleico (DNA) é uma molécula que armazena e carrega toda a nossa informação biológica. Cada indivíduo tem um padrão diferente. Em 1981, o professor Alec Jeffreys, um geneticista britânico da Universidade de Leicester, estava estudando doenças hereditárias em famílias quando descobriu a técnica da impressão digital genética – um método crucial para os criminologistas modernos identificarem indivíduos a partir de provas forenses. O criminoso de guerra nazista Josef Mengele (abaixo) fugiu para a América do Sul no fim da Segunda Guerra Mundial. Ele morreu no Brasil em 1979, aos 67 anos, quando teve um acidente ao nadar. Porém, várias pessoas, por todo o mundo, relataram tê-lo visto, levando a dúvidas sobre sua morte e a apelos para que fosse julgado por seus crimes. Só quando Jeffreys comparou o DNA de um osso da coxa do esqueleto exumado de Mengele com o DNA de seu filho, Rolf, o assim chamado "Anjo da Morte" pôde ter sua morte confirmada de modo conclusivo.

Narborough. Como Dawn Ashworth, ela tinha 15 anos e foi agredida, estuprada e estrangulada. A polícia nunca solucionou o crime, mas uma amostra de sêmen obtida na época conferia com o tipo de sangue e perfil enzimático do assassino de Dawn.

As semelhanças entre as circunstâncias das mortes, além da relação genética, levaram os investigadores da morte de Dawn a acreditar que ambos os crimes tinham sido cometidos pelo mesmo homem. As manchetes dos jornais locais refletiam o medo dos moradores de que em breve o assassino atacaria sua terceira vítima: "Se não o apanharmos, sua filha poderá ser a próxima".

Colin Pitchfork, representado por um artista do tribunal, apresentou um recurso no Tribunal de Apelação de Londres, em maio de 2009, e sua sentença de trinta anos foi reduzida em dois anos.

Impressão digital genética

A polícia local conversou com o geneticista doutor Alec Jeffreys sobre os dois crimes. A ideia era usar sua técnica recém-descoberta da "impressão digital genética" para aprofundar as investigações. Eles tinham um suspeito sob custódia, Richard Buckland, de 17 anos, que tinha dificuldades de » aprendizado. A confissão de Richard deixou os policiais confusos. Ele admitiu ter cometido »

o primeiro assassinato, mas não o segundo. Porém, na época da morte de Lynda Mann, Richard tinha só 14 anos. Apesar de saber que crianças às vezes matam outras, a polícia adiou o indiciamento de Richard até descobrir mais sobre o segundo assassinato. Poderia ser a obra de um imitador?

O doutor Jeffreys comparou os perfis genéticos das amostras de sêmen de ambos os crimes com a de sangue de Richard, provando de modo conclusivo que as meninas foram mortas pelo mesmo homem – e que este não era Richard, que foi liberado. A polícia lançou uma caçada humana, e 5 mil homens de três cidades vizinhas foram obrigados a dar uma amostra de sangue ou saliva. Jeffreys se espantou com a confiança da polícia em Jeffreys e na nova ciência da impressão digital genética. Foram necessários seis meses para processar as 5 mil amostras. Nenhuma coincidiu.

O curso da justiça

Um padeiro local, Colin Pitchfork, já tinha sido interrogado antes pela polícia sobre onde estava na noite da morte de Lynda Mann. Sem mentir, ele informou que estava com seu filho, e foi liberado de mais questionamentos. Pitchfork foi um dos 5 mil homens que teve o DNA testado pela polícia, e sua amostra não coincidiu com a do assassino. Porém, meses após todo o DNA ter sido analisado, um colega de Pitchfork chamado Ian Kelly foi ouvido se vangloriando, bêbado, num pub local, de ter feito o teste de DNA no lugar de Colin Pitchfork.

Ele fizera isso como um favor a Pitchfork, que afirmara falsamente já ter feito o teste em nome de um amigo que tinha uma condenação por atentado ao pudor. Kelly aceitou a proposta ilegal. Pitchfork adulterou seu passaporte para que Kelly pudesse entrar num dos postos de testagem usando a sua identidade.

Após seis semanas, uma mulher que ouvira a conversa no pub foi à polícia. Assim que ela deu seu depoimento, Pitchfork foi detido. O doutor Jeffreys comparou o DNA de Pitchfork com o do sêmen achado nas duas vítimas. Coincidia totalmente. Em vez de ser julgado, Pitchfork se declarou culpado dos dois estupros e mortes. Sua alegação de que estava com o filho na noite do assassinato de Lynda era verdadeira – mas ele deixou o filho no carro enquanto cometia o crime.

Evolução de um assassino

Após interrogar Kelly, a polícia e o juiz concluíram que sua imensa ingenuidade tornava "praticamente" possível acreditar que ele fora enganado pela mentira de Pitchfork. Quando este afinal foi condenado, recebeu uma acusação adicional por alterar o curso normal da Justiça ao manipular Kelly.

No interrogatório, Pitchfork revelou sua evolução de exibicionista a assassino. Ele saboreava o fato de ter se exibido a centenas de mulheres e meninas, uma compulsão que começou no início da adolescência. Pitchfork não teve dificuldade em descrever algumas das meninas a quem se exibiu para que a polícia checasse suas afirmações. Outras duas acusações de ataque sexual foram apresentadas contra Pitchfork graças a sua disposição de fornecer detalhes de seus crimes.

> Não tenho nenhuma dúvida de que Buckland teria sido condenado, se não fosse pela prova do DNA.
> **Professor sir Alec Jeffreys**

O geneticista britânico professor sir Alec Jeffreys estuda códigos de DNA em seu laboratório na Universidade de Leicester. Sua técnica revolucionária transformou as investigações criminais.

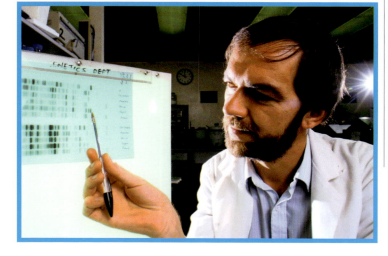

SERIAL KILLERS 297

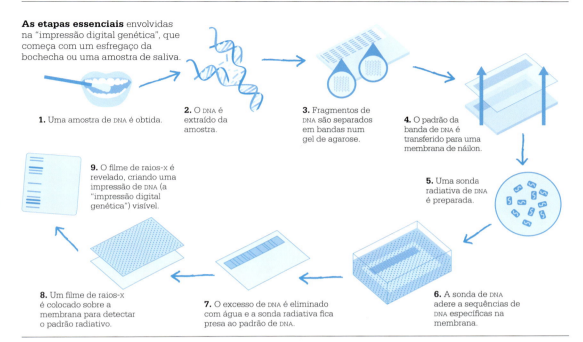

As etapas essenciais envolvidas na "impressão digital genética", que começa com um esfregaço da bochecha ou uma amostra de saliva.

1. Uma amostra de DNA é obtida.
2. O DNA é extraído da amostra.
3. Fragmentos de DNA são separados em bandas num gel de agarose.
4. O padrão da banda de DNA é transferido para uma membrana de náilon.
5. Uma sonda radiativa de DNA é preparada.
6. A sonda de DNA adere a sequências de DNA específicas na membrana.
7. O excesso de DNA é eliminado com água e a sonda radiativa fica presa ao padrão de DNA.
8. Um filme de raios-x é colocado sobre a membrana para detectar o padrão radiativo.
9. O filme de raios-x é revelado, criando uma impressão de DNA (a "impressão digital genética") visível.

Pitchfork revelou que logo depois de começar a se exibir para meninas também passou a segui-las. Os estupros de Lynda Mann e Dawn Ashworth evoluíram insidiosamente a partir dessa tendência – resultando apenas de oportunidade, quando ele as viu num lugar isolado. O estado dos corpos das adolescentes indicava que Pitchfork as tinha espancado antes de estrangulá-las.

Pitchfork relutou totalmente durante o interrogatório em aceitar a violenta brutalidade de seu comportamento e mostrou uma falta psicopática de angústia. Ele alegou ter estrangulado as vítimas apenas para proteger a própria identidade.

Colin Pitchfork foi o primeiro assassino do mundo a ser condenado graças à impressão digital genética. Ele recebeu a pena de prisão perpétua, com o mínimo de trinta anos. Ficou evidente no julgamento que Pitchfork era compulsivamente violento com as mulheres. Segundo todas as probabilidades, ele mataria de novo, se tivesse oportunidade.

Apelo à clemência
Em 2009, Pitchfork apelou de sua sentença. O tribunal ouviu como ele se adaptara à vida na prisão. Ele tinha passado o tempo aprendendo a transcrever música impressa em Braille e prometeu ajudar os cegos ao ser libertado. Tinha estudado e se tornado bem educado, nunca se envolvera em problemas e ajudava outros condenados a se adaptar à vida na prisão. As famílias de suas vítimas, porém, não se impressionaram com esse comportamento. "Perpétua deveria significar a vida toda", disse a mãe de uma das meninas.

A sentença de Pitchfork foi reduzida a 28 anos, com a ressalva de que "a segurança do público seja garantida". Enquanto na prisão, ele também se tornou um artista. Uma das esculturas que criou foi exposta no Royal Festival Hall, em Londres, em abril de 2009. Chamada *Trazendo a música à vida*, ela representava uma orquestra e coro em miniatura, feitos em detalhes meticulosos dobrando e rasgando a partitura da *Nona sinfonia* de Beethoven. A obra foi vendida por cerca de 3.800 reais. Porém, quando os jornais britânicos divulgaram isso, o público ficou indignado, e a escultura foi removida da exposição.

Em 2016, trinta anos após o assassinato de Dawn Ashworth, a condicional foi negada a Pitchfork, mas ele foi transferido para uma prisão aberta. ∎

LI SEU ANÚNCIO. VAMOS FALAR SOBRE POSSIBILIDADES

JOHN EDWARD ROBINSON, 1984-1999

EM CONTEXTO

LOCAL
Kansas e Missouri, EUA

TEMA
Assassinos de classificados

ANTES
1900-1908 Belle Gunness mata dezenas de admiradores que conhece por anúncios classificados.

1947-1949 Martha Beck e Raymond Fernandez, os "Assassinos dos Corações Solitários", conhecem suas vítimas por anúncios classificados de encontros.

DEPOIS
2005 Em Osaka, no Japão, Hiroshi Maeue busca satisfação sexual estrangulando três pessoas que conhece num clube online de suicidas. Ele é condenado à morte.

2011 O pastor Richard Beasley e Brogan Rafferty, de 16 anos, matam três homens de meia-idade atraídos por um anúncio de emprego em Ohio.

Em 1984, Paula Godfrey, de 19 anos, aceitou uma oferta de emprego como representante de vendas da Equi-II. O fundador da empresa, o calvo John Edward Robinson, chegou à casa dos Godfreys em 1º de setembro para pegar Paula para o treinamento em San Antonio, no Texas. Dois dias depois, uma carta manuscrita, supostamente de Paula, foi entregue a seus pais. Ela dizia que estava bem, mas seu pai, desconfiado, foi à polícia. Paula foi listada como desaparecida, até que uma segunda carta, também de "Paula", chegou ao departamento de polícia. A carta dizia que ela não queria ver sua família e, acreditando que fosse genuína, a polícia abandonou o caso.

Mais três vítimas

No mesmo ano, Robinson aceitou quase 10 mil reais para conseguir uma criança em adoção para seu irmão e sua cunhada sem filhos. Disfarçado como "John Osborne", ele atraiu Lisa Stasi, de 19 anos, com sua bebê, Tiffany, para um hotel de estrada em 10 de janeiro de 1985. No dia seguinte, ele se encontrou com o irmão e a cunhada no aeroporto e lhes entregou a bebê, com um conjunto de papéis de adoção falsos. Lisa Stasi simplesmente desaparecera.

Em 1987, Robinson atacou de novo. Após responder a um anúncio de emprego no jornal, Catherine Clampitt, de 27 anos, se mudou para Kansas City, deixando o filho no Texas. A família nunca mais a viu.

De 1987 a 1993, Robinson esteve preso devido a várias fraudes. Na

John Edward Robinson usava fóruns online de BDSM – *bondage* (amarra) e disciplina, dominação e submissão, e sadismo e masoquismo – para escolher as vítimas dos crimes.

SERIAL KILLERS

Ver também: Harvey Glatman 274-275 ▪ Ted Bundy 276-283 ▪ Andrei Chikatilo 292 ▪ Jeffrey Dahmer 293

Penitenciária de Missouri do Oeste, fez amizade com a bibliotecária da prisão, Beverly Bonner. Quando ele obteve a condicional, em 1993, Beverly, de 49 anos, se separou do marido e mudou-se para o Kansas para trabalhar numa das empresas de Robinson. Assim que a mãe de Beverly começou a encaminhar os cheques da pensão dela para a caixa postal de Robinson, ela também desapareceu.

Mudança para online
No início dos anos 1990, Robinson também participou de um grupo secreto sadomasoquista chamado Conselho Internacional de Mestres e se voltou para esse tipo de comunidade quando sua caça a vítimas passou a ser online. Com o nome de usuário "Slavemaster", buscou nas mensagens de internet mulheres que se classificavam como sexualmente submissas. Em 1994, conheceu Sheila Faith, de 45 anos, num fórum. Afirmando ser rico, ele ofereceu um emprego a Sheila e prometeu pagar o tratamento médico da filha dela, Debbie, que usava cadeira de rodas.

Sheila pensou ter achado seu homem dos sonhos. Naquele verão, ela e Debbie foram a Kansas City conhecer Robinson. Seus cheques do seguro social logo foram redirecionados para uma caixa postal no Kansas. No Natal, as irmãs de Sheila receberam cartas datilografadas com sua assinatura, mas ela já estava morta.

Robinson continuou a atrair mulheres a Kansas City com ofertas de emprego e relacionamento sexual escrava/mestre. Algumas mulheres se recusaram a assinar papéis em branco ou escaparam quando o comportamento de Robinson na cama se tornou puro sadismo.

Outras tiveram menos sorte: primeiro, a imigrante polonesa Izabela Lewicka, depois Suzette Trouten, de 27 anos, foram ambas presas dele. Suzette, porém, representaria a queda de Robinson. Ela tinha combinado manter contato regular com a mãe, mas em 1º de março as ligações foram substituídas por e-mails. Eles não pareciam ser de Suzette, e sua irmã, Dawn, chamou a polícia em 25 de março de 2000.

Os golpes de Robinson logo foram descobertos. Buscas no trailer e no depósito dele revelaram tudo: documentos financeiros de Lisa Stasi, Beverly Bonner e das Faith, papéis em branco assinados por Suzette, fotos de Izabela amarrada, vídeos de Robinson e suas vítimas em atos de BDSM, contratos de escravidão etc.

Na manhã seguinte, um cão farejador da polícia localizou na fazenda de Robinson, no condado de Linn, os corpos de Suzette e Izabela, em grandes barris de plástico. Os restos de Beverly Bonner e das Faith logo foram achados num depósito em Raymore, em Missouri. Embora Lisa, Paula e Catherine nunca tenham sido encontradas, Robinson foi condenado à morte por oito assassinatos. ∎

Qualquer pessoa pode criar uma conta de e-mail e assinar como se fosse você. Se você telefonasse, eu me sentiria muito, muito melhor.
Andrew Lewicki

ATENTAD
E COMPL
POLITÍCO

OS
ÔS
S

302 INTRODUÇÃO

A guarda pretoriana, na Roma Imperial, apunhala e mata o imperador Pertinax, entregando o papel de imperador a quem faz a melhor oferta.

193 D.C.

O ator e apoiador dos confederados John Wilkes Booth **assassina Abraham Lincoln** num teatro em Washington, DC.

1865

Na Rússia, Grigori Rasputin, um conselheiro místico da família imperial, é **envenenado, baleado e lançado às águas** do rio Neva.

1916

ANOS 1100-1200

Uma ordem militar de muçulmanos xiitas conhecida como **Assassinos** mata seljúcidas e outros oponentes sunitas.

1894

O capitão do exército francês **Alfred Dreyfus** é acusado de passar segredos aos alemães e é condenado.

Embora os métodos dos conspiradores e assassinos políticos tenham mudado com o tempo, seus motivos continuam os mesmos. Os complôs políticos, em geral, buscam a conquista do poder. Podem ser protestos contra uma liderança ruim ou políticas controversas, ou tentativas de reprimir uma voz poderosa. Quando a guarda pretoriana depôs Pertinax em 193 d.C., ela pôde escolher o governante seguinte do Império Romano.

Todos os complôs políticos deste capítulo tiveram efeitos de longo alcance. O afastamento de uma figura importante pode bastar para melhorar um lugar ou uma organização ou para causar caos generalizado. Isso em geral acontece por meio do assassinato – visando uma figura influente.

Os assassinatos são tipicamente planejados em segredo. Para atingir seu objetivo, os conspiradores precisam ser discretos, e o elemento surpresa com frequência é a chave do sucesso. Historicamente, quando um conspirador é apanhado antes da execução do plano, as consequências são graves. Guy Fawkes, que fracassou ao tentar explodir o Parlamento Britânico na Conspiração da Pólvora de 1605, foi arrastado por cavalos, enforcado e esquartejado por participar do plano de traição.

Algumas das maiores reviravoltas da história se devem a assassinatos: a morte do arquiduque Francisco Ferdinando pelo grupo clandestino Mão Negra, por exemplo, é muitas vezes citada como catalisadora do início da Primeira Guerra Mundial. Outros assassinatos tiveram efeito oposto ao pretendido, ao tornar mártires suas vítimas.

Consequências globais
É raro atentados políticos serem planejados por uma figura solitária como vingança pessoal. Mesmo quando um só assassino é envolvido, forças maiores em geral estão em ação atrás das cortinas. Elas podem ser organizações clandestinas – grupos radicais, de guerrilheiros ou de terroristas –, mas às vezes são agências do governo ou bases de poder de outros políticos.

Assim como é raro só haver um planejador, poucas vezes há só uma vítima. Um assassinato pode ter efeitos de longo alcance. Na Itália, a morte do ex-primeiro-ministro Aldo Moro, 55 dias após seu sequestro por um grupo de terroristas das Brigadas Vermelhas, deu fim a uma proposta

ATENTADOS E COMPLÔS POLÍTICOS 303

1978 — Em Roma, o ex-primeiro-ministro italiano **Aldo Moro** é emboscado e morto a bala pelas Brigadas Vermelhas, uma organização paramilitar de esquerda.

2006 — O **ex-espião russo Alexander Litvinenko** é envenenado com polônio num hotel em Londres.

1963 — Lee Harvey Oswald **mata a tiros o presidente dos EUA, John F. Kennedy**, quando ele seguia em carro aberto por Dallas.

2002 — A **candidata a presidente** da Colômbia **Ingrid Betancourt** é sequestrada por guerrilheiros.

de acordo entre o Partido Comunista Italiano e o Partido Democrático Cristão, e o envenenamento em 2006 do ex-espião russo Alexander Litvinenko num hotel de Londres, creditado a colegas russos, levou à expulsão mútua de diplomatas das embaixadas russa e britânica.

Medidas de proteção

Levar conspiradores políticos ao tribunal com frequência é difícil. Embora as autoridades possam deter um criminoso individual assim que um assassinato é cometido, a natureza obscura de seus planos pode tornar difícil identificar seus cúmplices. Lee Harvey Oswald aparentemente atuou sozinho ao balear o presidente John F. Kennedy, mas várias teorias da conspiração aventam que ele pode ter sido um fantoche de outros, como a CIA ou a União Soviética. Do mesmo modo, a verdade sobre a morte de Alexander Litvinenko não é totalmente conhecida, embora sejam fortes as evidências que levam a Andrei Lugovoi – cuja extradição foi pedida pelo governo britânico em maio de 2007, mas recusada pela Rússia.

Hoje os avanços tecnológicos ajudam agências governamentais como, nos EUA, o FBI, a CIA e a Agência de Segurança Nacional, a descobrir e evitar conspirações políticas. Antigamente os serviços secretos mundiais confiavam em espiões para interceptar documentos e fornecer evidências físicas de complôs de assassinato, mas hoje podem também recorrer a técnicas e equipamentos, como drones de monitoramento e grampos telefônicos.

A maioria das nações não têm leis específicas para evitar complôs políticos. Em vez disso, elas se concentram em proibir os meios de concretizá-los: assassinato, suborno e sequestro, por exemplo, são todos ilegais, assim como as conspirações para cometê-los. O ato de matar sempre foi ilegal, mas em geral há penas mais duras para o assassinato de pessoas em posições de poder.

Existem, porém, leis sobre traição, que punem os que agem contra a nação ou a Coroa, na maioria dos países. No Reino Unido, por exemplo, o monarca tinha liberdade para determinar o que era traição até 1351, quando a Lei de Traição definiu os crimes assim considerados. Nos EUA, o artigo III da Constituição – ratificado em 1788 – limitou a traição a mover guerra contra o Estado ou dar a inimigos do Estado ajuda e conforto. ∎

DESEJO INSACIÁVEL E DESGRAÇADO POR DINHEIRO
O ASSASSINATO DE PERTINAX, 193 D.C.

EM CONTEXTO

LOCAL
Roma, Itália

TEMA
Assassinato de chefe de Estado

ANTES
44 d.C. O ditador romano Júlio César é assassinado por membros do Senado, o conselho consultor da República Romana, descontentes com suas reformas sociais e políticas.

DEPOIS
1610 Henrique IV da França é morto por François Ravaillac, um fanático católico que não confia na conversão do rei protestante ao catolicismo.

31 de outubro de 1984 A primeira-ministra da Índia, Indira Gandhi, é alvejada por dois de seus guarda-costas sikhs, em retaliação por um ataque que ela ordenou ao santuário sagrado sikh de Amritsar, em 6 de junho daquele ano.

Hélvio Pertinax tornou-se regente do Império Romano em janeiro de 193, após o assassinato do imperador Cômodo. O desastroso reinado de seu antecessor tinha depauperado tanto o império que Pertinax promoveu cortes nos gastos estatais. A medida foi impopular, em especial entre a guarda pretoriana – soldados da casa do imperador –, que planejaram depor Pertinax.

Venda do império
A guarda pretoriana achava muito pequena a soma que Pertinax dava em troca de seus serviços. Eles se recusavam a acreditar que os recursos do Tesouro eram insuficientes para oferecer mais, e em 28 de março se amotinaram. Cerca de trezentos soldados invadiram o palácio imperial e, apesar de ter sido avisado para sair, Pertinax decidiu enfrentá-los. Ele esperava sufocar a rebelião, mas em vez disso foi apunhalado até morrer.

No vácuo de poder que se seguiu, a guarda pretoriana decretou que nenhum imperador novo seria escolhido sem sua aprovação. O sogro de Pertinax, Flávio Sulpiciano, ofereceu 5 mil dracmas a cada soldado se o nomeassem imperador. Em vez disso, eles resolveram vender o trono pela oferta mais alta. O cônsul Dídio Juliano viu aí sua oportunidade. Foi ao acampamento dos guardas e, quando lhe disseram que esperasse fora, gritou dos pés da muralha sua oferta em dinheiro. Ele venceu o leilão, e o império foi vendido por 6.250 dracmas por soldado. Juliano se tornou imperador – mas apenas 66 dias depois ele também seria assassinado. ∎

Vejo que vocês precisam de um soberano, e eu próprio sou o mais indicado de todos a governá-los.
Dídio Juliano

Ver também: O Assassinato de Abraham Lincoln 306-309 ▪ O Assassinato de John F. Kennedy 316-321

ATENTADOS E COMPLÔS POLÍTICOS **305**

MATAR ALGUÉM POR OFÍCIO
OS ASSASSINOS, SÉCULOS XI-XIII

EM CONTEXTO

LOCAL
Pérsia e Síria, sudoeste da Ásia

TEMA
Assassinato por motivos políticos e religiosos

DEPOIS
1336-1600 No Japão, agentes disfarçados chamados ninjas, ou *shinobi*, são contratados como espiões e surpreendem agressores e assassinos.

1948 Mahatma Gandhi, líder do movimento nacionalista contra o domínio britânico na Índia, é morto por um jovem hindu ligado a extremistas.

1965 O ativista de direitos civis Malcolm X é assassinado por três membros da Nação do Islã ao fazer um discurso em Nova York. Ele havia se desentendido com os líderes do movimento Afro-Americano – que uniam elementos do islamismo ao nacionalismo negro – alguns anos antes.

Os Hashashin, ou Assassinos, eram uma ordem religiosa militar fundada por Hasan-i-Sabbah na Pérsia (hoje Irã). Sabbah era o líder dos ismaelitas nizaris, uma seita islâmica xiita. Em 1090, ele decidiu expandir o poder dos nizaris opondo-se aos seljúcidas – muçulmanos sunitas que tinham conquistado a Pérsia. Sabbah viajou para o antigo castelo de Alamut, no reino montanhoso de Daylam, uma província do Império Seljúcida. Dentro dele, converteu secretamente moradores importantes à sua causa e tomou a fortaleza num golpe sem sangue a partir de dentro.

De Alamut, Sabbah mandou missionários aos territórios inimigos para encontrar outros convertidos ao xiismo. Incapazes de convencer um muezim, eles o mataram para silenciá-lo. Porém, logo o vizir descobriu e executou o líder dos missionários. Em reação, Sabbah despachou um matador para abater o oficial, usando a arma favorita dos Assassinos – a silenciosa e discreta adaga. Ele foi o primeiro de muitos seljúcidas, persas e, depois, cruzados importantes a serem mortos por se opor a essa ordem.

O homicídio foi usado como arma política pelos Assassinos por toda a sua história. Depois que os mongóis varreram a Pérsia, em 1228, o poder da ordem começou a refluir. ∎

Hasan-i-Sabbah dá ordens a dois de seus matadores no castelo de Alamut. Os Assassinos eliminaram pelo menos catorze figuras de destaque no total, algumas da realeza.

Ver também: O Assassinato de Abraham Lincoln 306-309 ∎ O Assassinato de John F. Kennedy 316-321 ∎ O sequestro de Aldo Moro 322-323

SIC SEMPER TYRANNIS!
O ASSASSINATO DE ABRAHAM LINCOLN, 14 DE ABRIL DE 1865

EM CONTEXTO

LOCAL
Washington, DC, EUA

TEMA
Assassinato político

ANTES
336 a.C. Filipe II, rei da Macedônia, é assassinado por um de seus guarda-costas, Pausânias, por razões desconhecidas. Ele é sucedido por seu filho, Alexandre, o Grande.

DEPOIS
1995 O primeiro-ministro de Israel, Yitzhak Rabin, é assassinado por um extremista judeu ao participar de uma manifestação pela paz.

2007 Benazir Bhutto, a ex--primeira-ministra do Paquistão, e muitos outros são mortos num atentado suicida a bomba, em um evento de campanha eleitoral.

Nascido em Maryland e ator conhecido, John Wilkes Booth se tornou um defensor da escravidão após trabalhar na Virgínia. Quando eclodiu a Guerra Civil Americana, em 1861, Booth apoiou a causa sulista e se tornou simpatizante dos confederados. Em suas turnês pelos teatros do país, ele se disfarçava para contrabandear suprimentos para as tropas confederadas. Conforme o conflito se aprofundou, aumentou seu ódio aos abolicionistas dos estados nortistas da União, em especial ao presidente Abraham Lincoln.

Em março de 1865, quando a Guerra Civil estava no fim, Booth e vários companheiros em Washington, DC, armaram o plano

ATENTADOS E COMPLÔS POLÍTICOS

Ver também: O Assassinato de John F. Kennedy 316-321 ▪ O sequestro de Aldo Moro 322-323

Armado com uma derringer e uma faca de caça, Booth chegou ao Ford's Theatre por volta de 21h30. Ele tomou uma bebida num bar próximo e depois baleou fatalmente o presidente.

de sequestrar o presidente e levá-lo para a capital confederada, Richmond, na Virgínia. Seu intento foi frustrado em 9 de abril de 1865, quando o general confederado Robert E. Lee rendeu o que restava de seu exército às forças da União, lideradas por Ulysses S. Grant, encerrando de fato a Guerra Civil. Booth ouviu as notícias do colapso dos confederados três dias depois e foi tomado por um desejo ardente de destruir o presidente.

Morte no teatro
Na manhã de 14 de abril, Booth descobriu que Lincoln veria a comédia *Nosso primo americano* naquela noite, no Ford's Theatre. Reunindo os colegas conspiradores, contou-lhes seu plano audacioso de criar o caos no âmago do governo, com o assassinato simultâneo de Lincoln, do vice-presidente Andrew Johnson e do secretário de Estado William Seward. O próprio Booth se encarregaria do presidente e dois de seus cúmplices matariam os outros políticos.

Naquela noite, no Ford's Theatre, Booth abriu caminho para o camarote acima do palco onde Lincoln e sua mulher, Mary Todd, assistiam à peça com dois convidados. Ele o encontrou sem proteção – John F. Parker, da polícia de Washington, escoltara Lincoln até lá, mas não estava fazendo guarda quando Booth chegou. Segundo relatos, Parker talvez tivesse saído para beber algo. Por volta de 22h15, Booth entrou no camarote e trancou a porta. No exato momento em que uma cena engraçada da peça provocou uma risada alta do »

Motivos de atentados

O termo "atentado" designa a tentativa ou execução de crime contra pessoas (muitas vezes uma figura pública) num ataque surpresa. Quando líderes políticos o sofrem, o objetivo é tirá-los do poder. Assim, em geral atentados se dão em reposta a um governo tirânico, em sociedades com profundas divisões sociais e ideológicas, onde assassinos solitários se levantam para expressar com violência a insatisfação com o *status quo*. Embora muitos assassinos atuem sozinhos, outros fazem parte de grupos rebeldes cuja intenção é causar desordem. Alguns deles visam figuras de destaque, de cujas crenças discordam. James Earl Ray teve motivos racistas para balear o ativista de direitos civis doutor Martin Luther King Jr., em 1968. Outros, porém, não têm razões pessoais ou ideológicas: são simples matadores de aluguel, pagos por indivíduos ou grupos poderosos para eliminar seus inimigos.

O voto é mais forte que a bala.
Abraham Lincoln

O ASSASSINATO DE ABRAHAM LINCOLN

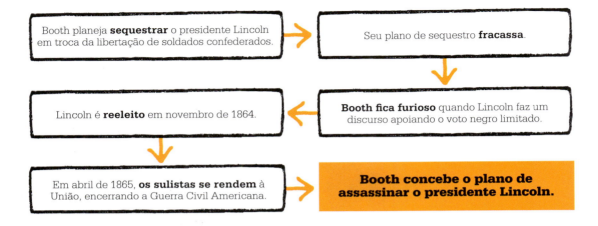

- Booth planeja **sequestrar** o presidente Lincoln em troca da libertação de soldados confederados.
- Seu plano de sequestro **fracassa**.
- **Booth fica furioso** quando Lincoln faz um discurso apoiando o voto negro limitado.
- Lincoln é **reeleito** em novembro de 1864.
- Em abril de 1865, **os sulistas se rendem** à União, encerrando a Guerra Civil Americana.
- **Booth concebe o plano de assassinar o presidente Lincoln.**

público, Booth deu um único tiro com sua pistola .44 na traseira da cabeça de Lincoln. A bala entrou por trás da orelha direita do presidente e se alojou atrás do olho direito. Booth, como ator que era, largou a pistola e gritou em triunfo: "*Sic semper tyrannis!*" (em latim, "Assim sempre aos tiranos!", uma abreviação de "Assim trago sempre a morte aos tiranos!". A frase era o lema de seu estado adotivo da Virgínia. Membros do público disseram que ele também gritou: "O sul está vingado!"

O dramatismo deu tempo de reação aos outros no camarote, e um dos convidados investiu contra o assassino. Booth o atingiu no braço com uma faca e depois pulou do camarote para o palco. A espora de uma de suas botas se enroscou numa bandeira, e ele caiu de mau jeito, quebrando a tíbia esquerda. Booth conseguiu chegar à aleia do lado de fora e fugiu em seu cavalo, deixado ali pelo cúmplice Edman Spangler, que trabalhava no teatro.

O corpo de Lincoln, enquanto isso, foi levado para o outro lado da rua, onde a família e seis médicos mantiveram vigília ao lado de sua cama. Ele nunca retomou a consciência e morreu às 7h22 da manhã seguinte, nove horas após Booth tê-lo baleado.

Enquanto o país lamentava, uma enorme perseguição a Booth foi lançada, apoiada por uma recompensa de mais de 80 milhões de reais hoje. O assassino já tinha

John Wilkes Booth, membro de uma famosa dinastia do teatro, foi um dos atores mais aclamados dos EUA, conhecido por seu desempenho cheio de energia e pelo hábito de roubar a cena.

Todos os presentes se levantaram, correndo para o palco [...]
Associated Press

fugido. Primeiro, visitou o doutor Samuel Mudd, que cuidou de seu osso quebrado. Enquanto soldados vasculhavam a área ao redor de Washington, DC, Booth e David Herold, outro conspirador, se esconderam por dias perto de um pântano em Maryland, antes de ir para a Virgínia.

Fugitivo famoso
Enquanto se escondia, Booth lia os jornais, que lhe eram levados todos os dias. Ele esperava alguma simpatia do público por seus atos, e ficou decepcionado ao ler descrições de si próprio como alguém selvagem, em vez de um herói. Ele logo soube que alguns dos outros

ATENTADOS E COMPLÔS POLÍTICOS 309

conspiradores tinham sido presos. George Atzerodt, encarregado de matar o vice-presidente, se acovardara e se embebedara, e Michael O'Laughlen, que mataria o secretário de Guerra Edwin Stanton, falhara pela mesma razão. Lewis Powell, escolhido para assassinar William Seward, feriu com gravidade o rosto e pescoço do secretário de Estado, mas não conseguiu matá-lo. Booth foi o único deles a ter sucesso.

As autoridades decidiram rastrear Booth por meio de seus cúmplices. Uma pensão mantida por Mary Surrat foi identificada como local usado por eles e, por acaso, Lewis Powell chegou à porta da pensão quando Mary estava sendo interrogada. Ambos foram detidos.

Em 26 de abril, Booth e Herold foram rastreados por tropas federais no celeiro de tabaco de uma fazenda nos subúrbios de Port Royal, na Virgínia. Herold se rendeu, mas Booth resolveu ficar no celeiro. Os policiais incendiaram a construção, esperando que ele corresse para fora.

Quando o fogo aumentou, um dos soldados baleou Booth no pescoço, segundo consta porque o assassino levantara a arma como se fosse atirar. Independentemente de quem tenha dado o tiro final, o que se sabe é que Booth foi arrastado para fora do celeiro e morreu horas depois.

Tenho uma alma grande demais para morrer como um criminoso. Oh, que [Deus] me poupe disso e me permita morrer bravamente.
John Wilkes Booth

Julgamento e execução

Em maio e junho de 1865, os oito acusados da morte de Lincoln foram julgados por uma comissão militar. Várias delas tinham se envolvido no complô fracassado para sequestrar o presidente, mas seu papel no assassinato era menos evidente. Em sete semanas, 317 testemunhas depuseram e sete dos réus foram condenados por pelo menos uma acusação. Mary Surratt, Lewis Powell, George Atzerodt e David Herold receberam a pena capital por sua parte na conspiração. O doutor Samuel Mudd foi condenado à prisão perpétua, assim como Michael O'Laughlen, que morreu de febre amarela após dois anos preso. Edman Spangler recebeu uma sentença de seis anos. ∎

Quatro dos conspiradores cúmplices de Booth foram enforcados em 7 de julho de 1865. Entre eles estava Mary Surratt, a primeira mulher condenada à morte pelo governo federal.

DREYFUS É INOCENTE. EU JURO! POR MINHA VIDA – MINHA HONRA!
O CASO DREYFUS, 1894

EM CONTEXTO

LOCAL
Paris, França

TEMA
Acusações falsas

ANTES
1431 Joana d'Arc é condenada à fogueira por bruxaria e heresia pelos ingleses. As acusações foram depois anuladas e ela foi canonizada pelos franceses.

DEPOIS
1974 Gerry Conlon e três outros homens são injustamente condenados por tribunais britânicos pelos bombardeios de pubs em Guildford pelo IRA. Eles são libertados em 1989.

1984 Darryl Hunt é condenado indevidamente duas vezes pelo assassinato de Deborah Sykes, na Carolina do Norte. Ele é libertado após quase vinte anos.

1999 A ex-freira Nora Wall é injustamente condenada por estupro na Irlanda e cumpre quatro dias de uma pena perpétua antes de a sentença ser anulada.

Em 1894, Alfred Dreyfus era capitão do Exército Francês. Nascido na Alsácia, uma área de língua alemã na França, ele tinha ascendência judaica. O que ficou conhecido como "Caso Dreyfus" começou quando um espião francês na embaixada alemã em Paris descobriu uma mensagem, em papel-toalha rasgado. Nele havia um *bordereau* – uma declaração detalhada em que um oficial francês anônimo se oferecia para vender segredos militares.

As suspeitas caíram de imediato sobre o capitão Dreyfus, que com frequência visitava a família em Mulhouse, controlada pelos alemães. O serviço de inteligência do Exército Francês, a Seção de Estatística, chamou um grafologista para examinar a caligrafia da mensagem. Ele declarou que a letra era tão diferente da de Dreyfus que poderia ser considerada uma "autofalsificação" – ou seja, uma tentativa deliberada de Dreyfus de disfarçar a própria escrita. Apesar dessa afirmação claramente dúbia, Dreyfus foi preso. O caso gerou uma onda de agudo antissemitismo, tanto entre o público quanto na imprensa.

Dreyfus foi submetido à corte marcial e condenado por passar

Mostrem-me ao menos as provas do ato infame que afirmam que cometi.
Alfred Dreyfus

segredos aos alemães, mas nunca lhe permitiram ver as provas contra ele. O governo se assegurou de que o povo francês visse sua humilhação. Dreyfus foi levado em cortejo diante de uma multidão que gritava: "Morte ao Judas, morte ao judeu", e ele foi condenado à prisão perpétua na mal-afamada ilha do Diabo, ao largo da Guiana Francesa.

Provas inconclusivas
Desde o início do caso, o povo se dividiu entre os convencidos de que Dreyfus era um espião e os que pensavam que seu julgamento tinha sido acelerado porque era judeu. Dois anos após a condenação de Dreyfus, o novo chefe da unidade de inteligência do Exército, Georges Picquart, revelou evidências que

ATENTADOS E COMPLÔS POLÍTICOS 311

Ver também: Jean Calas 203 ▪ Lizzie Borden 208-211

O capitão Alfred Dreyfus é escoltado para a prisão após sua injusta condenação por traição, em Paris, em 1895. Sua humilhação incluiu rasgarem as condecorações militares de seu uniforme.

implicavam outro oficial militar francês, o major Ferdinand Walsin Esterhazy, como o verdadeiro traidor. Picquart foi silenciado, transferido para ultramar e preso sob acusações forjadas. Porém, os rumores sobre a possível culpa de Esterhazy ganharam volume e, em 1898, ele foi levado à corte marcial em segredo, declarado inocente e pôde fugir do país.

Foi então que o escritor Émile Zola encampou a causa de Alfred Dreyfus. Ele escreveu uma carta aberta ao presidente da França, detalhando a inocência de Dreyfus e acusando corajosamente o Exército de acobertamento e antissemitismo.

Segunda corte marcial

O jornal parisiense *L'Aurore* publicou o texto de Zola na primeira página, com uma manchete que dizia: *"J'accuse!"* [Eu acuso!]. Zola queria que o governo o detivesse e processasse, para que os fatos do caso Dreyfus pudessem emergir. Ele obteve seu desejo: foi detido e condenado por difamação, mas antes de ir para a prisão fugiu para a Inglaterra – onde continuou a defender Dreyfus. Em 1899, sob pressão de Zola e outros intelectuais, Dreyfus foi de novo levado à corte marcial. Mais uma vez foi declarado culpado pelo tribunal, mas desta vez com "circunstâncias atenuantes".

Para manter as aparências, o novo presidente francês, Émile Loubet, deu o perdão a Dreyfus: ele seria libertado, desde que não falasse sobre sua inocência, mas não seria reintegrado ao Exército. Como não queria voltar à ilha do Diabo, Dreyfus foi para a casa de sua família.

Ele ainda era oficialmente culpado, mas a injustiça começou a ser desvendada. Por fim, em julho de 1906, uma corte civil anulou o veredicto de Dreyfus e inocentou totalmente o oficial. Ele nunca foi absolvido por seus colegas oficiais da corte militar. Porém, no exato local onde tinha sido privado de seu uniforme e sua espada, Dreyfus foi reintegrado ao Exército e em 1918 foi promovido como oficial da Legião de Honra. ∎

As cortes marciais

Cortes marciais são tribunais militares que administram justiça e disciplinamento. Elas remontam à Roma Antiga, onde alguns dos mais antigos tribunais militares foram instalados para aplicar a disciplina no Exército Romano. Nos EUA, a corte marcial é o mais antigo tribunal de justiça, anterior à Revolução Americana. O Congresso adotou os Artigos de Guerra, baseados no código militar britânico, em 1775. No Reino Unido, a conduta militar foi regulada durante séculos por casos individuais decididos no Tribunal do Alto Condestável e do Conde Marechal: a "Corte Marcial" só se tornou um tribunal permanente em 2009. Cortes marciais são mais comuns em tempos de guerra, quando julgam soldados por ações no campo de batalha. O general Charles Lee foi levado à corte marcial por covardia na Batalha de Monmouth, em 1778. Na Guerra do Vietnã, uma corte marcial julgou o tenente William Calley por dirigir um massacre de inocentes civis vietnamitas em My Lai.

SE DERRAMAREM MEU SANGUE, SUAS MÃOS FICARÃO SUJAS

O ASSASSINATO DE RASPUTIN, 1916

EM CONTEXTO

LOCAL
São Petersburgo, Rússia

TEMA
Assassinatos anárquicos

ANTES
1909 O anarquista Simón Radowitzky mata o chefe da polícia nacional argentina, Ramón Lorenzo Falcón, com uma bomba feita em casa.

1911 O revolucionário de esquerda Dmitri Bogrov assassina o primeiro-ministro russo, o monarquista Piotr Stolypin, na Casa de Ópera de Kiev. A morte prenuncia a Revolução Russa.

DEPOIS
1919 O nacionalista alemão Anton Arco-Valley mata Kurt Eisner, líder dos socialistas bávaros. Contrariando as expectativas de Arco-Valley, isso leva à formação da República Socialista da Baviera.

Em 19 de dezembro de 1916, o corpo de Grigori Iefimovitch Rasputin foi descoberto 140 metros a oeste da Ponte Bolshoi Petrovski, em São Petersburgo, a capital russa. À morte do curandeiro místico logo se seguiu o horrendo fim do czar Nicolau II e de sua família.

Quando jovem, Rasputin era considerado retraído e estranho; ele foi acusado de beber em excesso, envolver-se em brigas e apalpar as meninas do povoado. Porém, também tinha a habilidade de acalmar animais histéricos e certa vez identificou um ladrão de cavalos usando o que parecia ser clarividência. Aos 23 anos, foi para

ATENTADOS E COMPLÔS POLÍTICOS 313

Ver também: O Assassinato de Pertinax 304 ▪ O Caso Dreyfus 310-311 ▪ O Envenenamento de Alexander Litvinenko 326-331

Grigori Iefimovitch Rasputin era de origem camponesa siberiana, mas usou sua sexualidade, carisma e habilidades como curandeiro místico para alcançar grande influência na sociedade russa.

um mosteiro em Verkhoturye, onde aprendeu sozinho a ler e escrever e passou por uma conversão religiosa. Dali em diante, tornou-se um *strannik*, um religioso andarilho.

Enquanto isso, o reinado do czar Nicolau II, o último da dinastia Romanov, se mostrava especialmente turbulento. Os problemas começaram em 1896, com a Tragédia de Khodinka, em que 1.389 pessoas morreram pisoteadas num banquete de coroação ao ar livre. Nicolau queria faltar a um baile na embaixada francesa por respeito aos mortos, mas seus tios o pressionaram a ir. Como era de prever, o público viu isso como uma evidência de que o czar era frio e indelicado. Sua popularidade despencou de novo quando se recusou a negociar com os defensores da monarquia constitucional na Rússia.

Ascensão irresistível

Rasputin chegou a São Petersburgo em 1903. Gurus e místicos estavam na moda na época, e ele conseguiu convites para festas da sociedade, onde impressionou as aristocratas com sua espiritualidade.

A má sorte de Nicolau, porém, continuava a se aprofundar. A Rússia foi derrotada na Guerra Russo-Japonesa de 1904-1905, perdeu toda a sua Marinha e teve de entregar a Manchúria. Então, no domingo, 22 de janeiro de 1905, soldados da guarda imperial atiraram em manifestantes desarmados que marchavam rumo ao Palácio de Inverno, matando cerca de mil pessoas. O evento, chamado de "Domingo Sangrento" resultou numa série de levantes armados, greves em massa e ataques por homens-bomba. A decisão de Nicolau de usar a supressão violenta para lidar com os problemas prejudicou ainda mais sua frágil reputação.

Nicolau e Rasputin se conheceram afinal em 1905, quando o curandeiro místico foi apresentado à czarina Alexandra. Ela se voltara à fé e ao espiritualismo na esperança de achar uma cura para o filho, Alexei, que nascera com hemofilia. Usando seu poderoso carisma, Rasputin logo ganhou as graças dos Romanov. Quando afirmou que podia curar o czarévich, porém, tornou-se indispensável. A czarina, em especial, foi cativada, e mandava cartas efusivas a Rasputin e que mais tarde foram interpretadas »

O surgimento de Grigori Rasputin e a influência que exerceu marcam o início da decadência da sociedade russa.
Mikhail Rodzianko

O ASSASSINATO DE RASPUTIN

A família de Nicolau II foi a última da dinastia Romanov. O czar e a czarina foram executados com seu filho, Alexei, e suas filhas (esq. para a dir.), Marie, Olga, Tatiana e Anastasia.

como de natureza sexual. Rasputin habitualmente se vangloriava de sua relação especial com os Romanov e exibia as cartas de Alexandra em público.

Com isso, ele logo se tornou o bode expiatório de todos os problemas da Rússia e era visto como detentor de uma influência sinistra e corruptora sobre a família real. No verão de 1914, acreditando que ele era o Anticristo, uma mulher chamada Khionia Guseva perfurou o estômago de Rasputin com uma faca, abrindo uma ferida de 35 centímetros que expôs seus intestinos.

Enquanto Rasputin se recuperava no hospital, as tensões cresciam na Europa – a guerra entre a Tríplice Entente e os Poderes Centrais parecia iminente. Rasputin mandou um telegrama agourento ao czar alertando para um oceano inteiro de lágrimas. Ele profetizou que iriam todos se afogar em sangue. Ignorando as palavras do místico, porém, o czar entrou em guerra contra a Alemanha e a Áustria-Hungria em 1º de agosto. Milhões de soldados russos foram mortos, enquanto seus inimigos avançavam no leste. De novo, o público russo culpou Rasputin.

As previsões místicas de Rasputin continuaram. Em 1916, ele já tinha se convencido de sua morte iminente. Escreveu uma mensagem veemente aos Romanov em 7 de dezembro, profetizando que, se morresse nas mãos de algum membro dessa família, nenhuma de suas crianças ou familiares sobreviveria por mais de dois anos.

Misteriosa presciência

Nove dias após o envio da carta, o príncipe Félix Iusupov, casado com a única sobrinha do czar, chegou à casa da família de Rasputin, pedindo-lhe ajuda. Sua mulher, a princesa Irina, estava com terríveis dores de cabeça e precisava de tratamento imediato. Rasputin concordou em acompanhar Iusupov, apesar de o ministro do Interior, Alexander Protopopov, tê-lo aconselhado antes a não sair de casa. O ministro tinha ouvido falar sobre vários complôs contra o místico.

Ao chegar à casa de Iusupov, o Palácio Moika, o príncipe levou Rasputin à "sala de jogos". Era, na verdade, parte da adega subterrânea, mas tinha sido decorada para parecer que era de uso normal. Iusupov disse a Rasputin que a mulher estava dando

Toxicologia

Introduzida por Paracelso no século XVI, a toxicologia é o estudo dos venenos e drogas. Relatórios toxicológicos podem dar pistas para determinar a causa da morte de uma vítima e corroborar ou desautorizar as alegações de um suspeito. A toxicologia forense, estudada *post-mortem*, difere da toxicologia clínica, que testa pacientes vivos com sintomas relacionados a drogas ou toxinas. Os exames da toxicologia forense testam amostras de urina, além do sangue de diversas partes do corpo. O sangue da veia femoral pode mostrar uma concentração diferente de uma toxina que a do sangue no coração, permitindo aos toxicologistas formar um quadro completo. Amostras de tecido podem ser retiradas do fígado, cérebro, rim e do humor vítreo (no globo ocular). Conteúdos do estômago e bile também são examinados. Diferentes técnicas, entre elas o imunoensaio, em que anticorpos descobrem toxinas, são usadas então para analisar todas as amostras e determinar a concentração de cada substância.

ATENTADOS E COMPLÔS POLÍTICOS

uma festa e ofereceu um bolo Madeira e vinho enquanto esperava. Porém, a comida e a bebida tinham sido misturadas a cianureto – e os únicos convidados na casa eram o grão-duque Dmitri Pavlovich, o político V. M. Purichkevich e o doutor Stanislas de Lazovert. Todos queriam o fim da influência de Rasputin sobre os Romanov.

Iusupov deixou Rasputin no local, mas o místico ainda estava vivo quando voltou. O envenenamento falhara. Iusupov pediu licença de novo e foi para cima, onde o grão-duque lhe deu um revólver. Iusupov voltou à adega e atirou no peito do místico. Rasputin caiu no solo. Exuberante, Félix correu para cima e anunciou que Rasputin estava morto.

Felizes, os homens desceram à adega, mas Rasputin tinha sumido. Eles o acharam no pátio, onde rastejava em direção ao portão. Purichkevich mirou a arma e disparou quatro vezes, atingindo Rasputin nos rins. Quando ele caiu na neve, um dos conspiradores o baleou na cabeça. Os quatro homens bateram no corpo de Rasputin, depois o amarraram e atiraram por um buraco no rio semicongelado.

A profecia se cumpre

No dia seguinte, a filha de Rasputin, Maria, procurou a czarina para lhe dizer que seu pai havia sumido após ir ao Palácio Moika tratar a dor de cabeça de Irina. Alexandra, porém, sabia que Irina não estava nem na cidade. Uma investigação foi logo iniciada para achar o místico desaparecido.

Durante a busca no Palácio Moika, a polícia achou traços de sangue perto da porta dos fundos, que Iusupov alegou serem de um cão. Mais sangue foi descoberto num parapeito da Ponte Bolshoi Petrovski, ao lado de uma das galochas de Rasputin. Em 18 de dezembro, um teste de Uhlenhuth – usado para determinar a espécie de uma amostra sanguínea – revelou que o sangue nos degraus dos fundos era humano. Iusupov e o grão-duque Pavlovich foram colocados em prisão domiciliar.

O corpo de Rasputin foi achado em 19 de dezembro. A autópsia mostrou que tinha morrido instantaneamente quando a terceira bala penetrara o lobo frontal de seu cérebro. Porém, seu corpo não mostrava evidências do suposto envenenamento por cianureto.

Uma semana depois, Nicolau II mandou Iusupov e Pavlovich para o exílio, sem julgamento. Apesar de terem conseguido matar Rasputin, eles falharam em salvar os Romanov. Em 1917, Nicolau foi forçado a abdicar e os bolcheviques tomaram o poder em outubro. Os Romanov foram mantidos numa casa em São Petersburgo até 17 de julho de 1918, quando foram fuzilados. A sombria profecia de Rasputin se realizara. ∎

Sem Rasputin, poderia não ter havido Lênin.
Alexander Kerenski

TEM DE HAVER ALGO MAIS NISSO

O ASSASSINATO DE JOHN F. KENNEDY, 22 DE NOVEMBRO DE 1963

O ASSASSINATO DE JOHN F. KENNEDY

EM CONTEXTO

LOCAL
Dallas, Texas, EUA

TEMA
Assassinato de presidentes dos EUA

ANTES
1881 Quatro meses após assumir o cargo, o presidente James A. Garfield é morto a tiros por Charles J. Guiteau, um escritor e advogado de Illinois.

1901 Leon Czolgosz, um ex-metalúrgico, baleia e mata o presidente William McKinley. No mesmo ano, ele é executado.

1912 Ao fazer campanha para um segundo mandato, Theodore Roosevelt é alvejado pelo atendente de bar John F. Schrank. As notas do discurso de campanha em seu bolso salvam sua vida.

DEPOIS
1975 Sara Jane Moore atira no presidente Gerald Ford, mas erra devido a um defeito na mira de sua nova arma.

Às 12h30 de 22 de novembro de 1963, o presidente John Fitzgerald Kennedy percorria a Dealey Plaza, em Dallas, numa limusine aberta, com a primeira-dama, o governador do Texas, John Connally, e a mulher deste, Nellie. Rumores de hostilidade contra o presidente no Texas tornavam sua visita de dois dias importante, e Kennedy ansiava por dissipar qualquer apreensão. Quando sua caravana passava pela Elm Street, ouviram-se tiros. Uma bala atingiu Kennedy no pescoço e outra explodiu em seu crânio. Kennedy foi declarado morto às 13h, no Parkland Memorial Hospital. Embora milhões tenham visto depois os eventos chocantes – graças à filmagem amadora de Abraham Zapruder –, rumores e especulações ainda cercam a morte de Kennedy.

Relato autorizado

Segundo a narrativa oficial, Howard Brennan, uma testemunha sentada de frente para o Texas Schoolbook Depository, viu um homem com um rifle atirando da janela de esquina do sexto andar do prédio. Minutos após os tiros, Brennan procurou os policiais para informá-los do que tinha visto. A ele se juntou um funcionário do quinto andar do Depository, Harold Norman, que tinha ouvido os tiros e cartuchos serem lançados do andar de cima. O sexto andar estava vazio, com um novo piso sendo instalado.

Essas informações levaram o Departamento de Polícia de Dallas a lacrar o prédio em algum momento entre 12h30 e 12h50. Por volta de 13h03, foi feita uma chamada dos funcionários do Depository. Ela revelou que o empregado temporário Lee Harvey Oswald – um ex-desertor da União Soviética, que tinha sido visto pela última vez no prédio às 12h33 – estava ausente. Nove minutos após

> Meu Deus, estão tentando matar todos nós!
> **Governador Connally**

Lee Harvey Oswald

Dependendo de a quem se pergunte, Lee Harvey Oswald era um simplório crédulo, alguém psicologicamente perturbado que buscava atenção ou o operador secreto do complô de uma agência governamental. Oswald nasceu em 18 de outubro de 1939 em Nova Orleans. Até os 17 anos, viveu em 22 locais diferentes e mudou de escola onze vezes.

Aos 17 anos, alistou-se no corpo de fuzileiros navais, onde trabalhou como operador de radar. Sua infância tinha sido infeliz, mas a vida ali não foi melhor – foi levado à corte marcial duas vezes e rebaixado por acidentalmente se ferir com uma pistola .22 não autorizada.

Em outubro de 1959, Oswald chegou à União Soviética. Ele esperava ser bem acolhido, em troca de segredos que aprendera como fuzileiro naval. Porém, logo se cansou da vida marginalizada em Moscou e voltou aos EUA em 1962. Em 1963, consta que decidiu expressar suas visões políticas marxistas baleando o general de direita Edwin Walker. Essa tentativa de assassinato falhou, mas não a do presidente.

ATENTADOS E COMPLÔS POLÍTICOS

Ver também: Daniel M'Naghten 204-205 ▪ O Assassinato de Abraham Lincoln 306-309 ▪ O Assassinato de Rasputin 312-315 ▪ O sequestro de Aldo Moro 322-323

a chamada, os investigadores descobriram três caixas de cartuchos vazias perto da janela sudeste do sexto andar. Às 13h22, Carl Day notou um rifle de ferrolho Mannlicher-Carcano escondido entre caixas.

Enquanto isso, às 13h15, o policial J. D. Tippit, de Dallas, foi morto a tiros na East 10th Street, no bairro de Oak Cliff. Testemunhas viram o atirador fugir da cena do crime e se esgueirar para dentro do Texas Theater sem parar para comprar uma entrada.

Com base na informação, a polícia entrou no teatro, onde achou um homem que correspondia à descrição do suspeito, sentado numa das últimas fileiras. Quando o agente McDonald se aproximou, o suspeito saltou e o golpeou, e então tentou sacar uma pistola. Ele não conseguiu: o policial Bentley o agarrou por trás e outros agentes conseguiram dominar e algemar o suspeito. Sua carteira o identificou como Lee Harvey Oswald – o empregado que tinha se ausentado do Schoolbook Depository um pouco antes, naquele dia.

A gravação clássica do assassinato, no filme amador de Zapruder, mostra Jackie Kennedy, de rosa, se inclinando para o marido mortalmente ferido, na traseira da limusine presidencial.

Emboscada fatal

Oswald foi imediatamente detido e formalmente acusado às 19h10 do assassinato do agente Tippit. Às 13h00 do dia seguinte, foi também acusado da morte do presidente John F. Kennedy. Na manhã de 24 de novembro, Oswald foi emboscado no estacionamento subterrâneo da sede do Departamento de Polícia de Dallas, quando estava sendo transferido para a prisão do condado. O empregado de clube noturno Jack Ruby baleou-o à queima-roupa no abdome, e Oswald morreu só »

Eles mataram Jack! Eles mataram meu marido!
Jackie Kennedy

O ASSASSINATO DE JOHN F. KENNEDY

Jack Ruby se destaca da multidão de repórteres e fotógrafos da imprensa à espera de Oswald no estacionamento em Dallas. Um deles captou este instantâneo de Ruby pouco antes de matar Oswald.

poucos dias após sua vítima de fama mundial, pelo mesmo método.

Ruby alegou alternadamente ter matado Oswald para poupar a ex-primeira-dama Jacqueline Kennedy de ter que acompanhar um julgamento angustiante, porque estava furioso com Oswald e para redimir a cidade de Dallas, e foi condenado pelo assassinato. A sentença foi depois anulada, mas Ruby morreu de embolia pulmonar, atrás das grades, antes de seu novo julgamento começar.

As consequências

Lyndon B. Johnson foi nomeado presidente a bordo do Air Force One imediatamente após a morte de Kennedy. Em seus primeiros dias como mandatário do país, as especulações se multiplicaram sobre os eventos em Dallas. Johnson logo designou a Comissão Warren para investigar o assassinato e satisfazer o público. Após dez meses de investigação, a comissão concluiu que Oswald agiu sozinho, usando seu rifle de ferrolho Mannlicher-Carcano para dar três tiros em menos de oito segundos a partir da janela do Depository. Os três tiros foram disparados de trás: o primeiro se perdeu, o segundo entrou pela parte de cima das costas do presidente e saiu por sua garganta e o terceiro o acertou na cabeça, matando-o. O público, porém, continuou insatisfeito.

Teorias da conspiração

É possível que o assassinato de Kennedy seja o caso mais ampla e apaixonadamente contestado do século XX – e talvez de todos os tempos. Um levantamento de 2013 realizado pela Associated Press descobriu que 59% dos americanos acreditam que houve uma conspiração para matar o presidente que envolvia várias pessoas, enquanto 24% são de opinião que Lee Harvey Oswald foi o único responsável. Dez anos antes, uma pesquisa da Gallup indicava que 75% da nação preferia a explicação conspiratória. Mesmo o governo dos EUA continua dividido sobre o tema.

Em 1979, o Comitê Restrito sobre Assassinatos da Câmara dos Representantes dos EUA (HSCA, na sigla em inglês) – criado especificamente para investigar os assassinatos de Kennedy e Martin Luther King Jr. – chegou a uma conclusão diferente da Comissão Warren. Embora tenha concordado com grande parte do relatório da comissão, o HSCA determinou que um quarto tiro tinha sido disparado por alguém além de Oswald – indicando um complô.

Teorias da conspiração indicam várias supostas falhas nos relatos oficiais do assassinato. Uma importante teoria lança dúvida sobre as alegações do governo de que todos os tiros foram disparados por trás, por um só atirador. Segundo muitos, o filme de Zapruder mostra a cabeça do presidente se movendo para trás e para a esquerda, indicando que o tiro fatal veio do lado

Faltava a parte direita posterior da cabeça. Estava no assento de trás do carro. Seu cérebro estava exposto.
Clint Hill

ATENTADOS E COMPLÔS POLÍTICOS

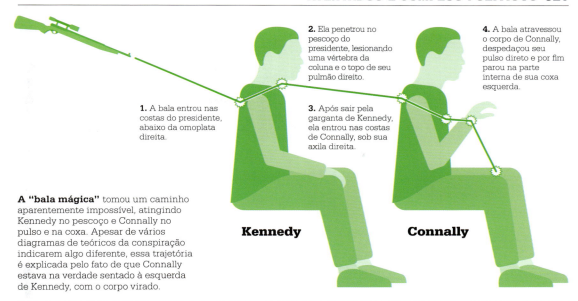

1. A bala entrou nas costas do presidente, abaixo da omoplata direita.

2. Ela penetrou no pescoço do presidente, lesionando uma vértebra da coluna e o topo de seu pulmão direito.

3. Após sair pela garganta de Kennedy, ela entrou nas costas de Connally, sob sua axila direita.

4. A bala atravessou o corpo de Connally, despedaçou seu pulso direito e por fim parou na parte interna de sua coxa esquerda.

A **"bala mágica"** tomou um caminho aparentemente impossível, atingindo Kennedy no pescoço e Connally no pulso e na coxa. Apesar de vários diagramas de teóricos da conspiração indicarem algo diferente, essa trajetória é explicada pelo fato de que Connally estava na verdade sentado à esquerda de Kennedy, com o corpo virado.

---

dianteiro direito. Alguns teorizam que havia um segundo atirador, no aclive gramado da Dealey Plaza. Eles também afirmam que a segunda bala – que atingiu Kennedy e o governador Connally – seria uma "bala mágica" porque parecia desafiar as leis da física.

Essas teorias são apoiadas por citações de oito médicos que opinaram dizendo ter visto um ferimento de entrada na parte frontal inferior da garganta de Kennedy e um ferimento de saída na traseira do crânio. A ideia foi sustentada por uma enfermeira da sala de emergências, um radiologista e dois técnicos de autópsia, que trabalhavam num centro traumatológico no Texas onde vítimas de tiros eram com frequência tratadas e que estariam acostumados a analisar ferimentos a bala.

O agente do Serviço Secreto Clint Hill, que estava na caravana quando Kennedy foi atingido, relatou de início à Comissão Warren: "Havia tanto sangue que não se poderia dizer se havia algum outro ferimento ou não, à exceção da grande ferida aberta na parte de trás da cabeça". Hill depois mudou de opinião sobre a possibilidade de um segundo ferimento.

Alguns teóricos acreditam que Oswald era um atirador solitário, mas mesmo assim creem numa conspiração. A CIA, o Serviço Secreto e governos estrangeiros são todos acusados de orquestrar o assassinato. ■

O público deve ficar ciente de que Oswald foi o assassino.
Nicholas Katzenbach

Foto do fichamento de Jack Ruby, que alvejou Lee Harvey Oswald. Teoristas da conspiração acreditam que ele matou Oswald para impedir que revelasse informações sobre uma conspiração maior.

BEIJO VOCÊ PELA ÚLTIMA VEZ
O SEQUESTRO DE ALDO MORO, 16 DE MARÇO DE 1978

EM CONTEXTO

LOCAL
Roma, Itália

TEMA
Assassinato por grupos radicais

ANTES
Março de 1881 O czar russo Alexandre II é morto por uma bomba lançada pelo grupo Narodnaia Volia [Vontade do Povo].

28 de junho de 1914 O assassinato do arquiduque Francisco Ferdinando da Áustria pelo anarquista da "Mão Negra" Gavrilo Princip, em Sarajevo, é o estopim da Primeira Guerra Mundial.

DEPOIS
Outubro de 1986 O diplomata da Alemanha Ocidental Gerold von Braunmühl é assassinado pelo Exército Vermelho.

Agosto de 1989 Huey Newton, fundador do Partido dos Panteras Negras, é morto por um membro da Família da Guerrilha Negra, na Califórnia.

Em 16 de março de 1978, quatro membros das Brigadas Vermelhas emboscaram o carro de Aldo Moro em Roma. Os terroristas dispararam 91 balas de uma submetralhadora no veículo que escoltava Moro; mais de quarenta das balas atingiram os guarda-costas e policiais, matando a todos. Sequestrado, Moro foi levado vivo.

Moro foi o primeiro-ministro mais duradouro do pós-guerra. Ele teve cinco mandatos entre 1963 e 1976. Em 1978, se empenhava em acabar com uma crise no governo e havia proposto uma coalizão entre o Partido Democrático Cristão e o rival Partido Comunista Italiano. Esse assim chamado "Compromisso Histórico" irritou ambos os lados do espectro político italiano, mas Moro continuou como favorito nas eleições daquele ano para tornar-se de novo primeiro-ministro.

As Brigadas Vermelhas eram um grupo terrorista de extrema esquerda que esperava iniciar uma revolução comunista na Itália por meio de uma

Quanto valia a vida do primeiro-ministro?

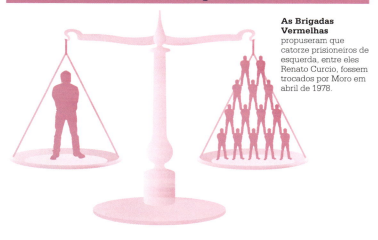

As Brigadas Vermelhas propuseram que catorze prisioneiros de esquerda, entre eles Renato Curcio, fossem trocados por Moro em abril de 1978.

ATENTADOS E COMPLÔS POLÍTICOS

Ver também: O Sequestro do Bebê Lindbergh 178-185 ▪ O Assassinato de Abraham Lincoln 306-309 ▪ O Sequestro de Ingrid Betancourt 324-325

Aldo Moro na frente da bandeira das Brigadas Vermelhas, em 17 de março de 1978. Naquele dia, o grupo realizou um "julgamento popular" de Moro, de modo a coincidir com o julgamento de brigadistas prisioneiros em Turim.

campanha de bombardeios, assassinatos e sequestros. Após a detenção de membros fundadores das Brigadas Vermelhas, como Renato Curcio, o popular Moro se tornou seu alvo seguinte. Os brigadistas emboscaram Moro a caminho da Câmara dos Deputados e o sequestraram.

Exigências infrutíferas

Uma semana depois, o grupo se declarou responsável pelo sequestro de Moro e ameaçou matá-lo se suas exigências não fossem cumpridas. Numa decisão polêmica, o governo italiano se recusou a negociar. O Partido Comunista Italiano notavelmente repudiou os terroristas e declarou que não entrariam numa coalizão se as exigências fossem satisfeitas. O próprio Moro escreveu muitas cartas pedindo ao governo que salvasse sua vida – assim como sua família, apoiadores e até o papa Paulo VI. Centenas de suspeitos foram detidos enquanto a polícia esquadrinhava o país em busca de Moro, mas não foram encontradas pistas sólidas sobre seu paradeiro.

Em 15 de abril, as Brigadas Vermelhas anunciaram ter condenado Moro à morte. Sabendo que ia morrer, Moro mandou uma última carta para a mulher. Abandonado nesse momento de necessidade, ele também pediu que ninguém de seu partido político fosse a seu funeral. Dois dias depois, em 9 de maio de 1978, Moro foi morto pelo líder das Brigadas Vermelhas, Mario Moretti. Graças a uma informação anônima, a polícia encontrou seu cadáver, perfurado de balas, num caminhão perto do centro histórico de Roma. Ele tinha sido baleado no coração onze vezes.

Busca pelos assassinos

Após a morte de Moro, muitos

Ele sabia que tinha acabado. Não o enganei. Tudo o que lhe disse foi que estivesse pronto porque tínhamos de sair.
Mario Moretti

outros suspeitos foram detidos. Embaraçado com o caso, o governo italiano introduziu novas medidas em 1980 para capturar os terroristas. Eles introduziram penas mais leves para os *pentiti* – os "arrependidos" que davam informações sobre os ex-colegas.

Apesar dessas medidas, o aparente cérebro por trás da execução de Moro só foi capturado em abril de 1981. Mario Moretti foi afinal detido numa fazenda entre Milão e Pavia, numa megaoperação de varredura no norte da Itália e foi condenado a seis penas perpétuas. ∎

Proteção a políticos

Guarda-costas que protegem políticos de alto escalão, agentes públicos ou soldados fazem o juramento de salvaguardar um indivíduo arriscando a própria vida. Todos os principais políticos são protegidos por seguranças – alocados em geral por seus departamentos, embora alguns também contratem guarda-costas privados, em especial depois que seu mandado acaba. Alguns países têm órgãos de segurança dedicados a proteger seus cidadãos mais poderosos – por exemplo, o Serviço Secreto dos EUA, que guarda o presidente, ou a Guarda Suíça, que protege o papa. Os guarda-costas planejam rotas de fuga, analisam locais para estabelecê-las e para descobrir ameaças potenciais e escoltam os clientes em suas atividades diárias. Em plena forma física, os guarda-costas com frequência são membros da polícia ou ex-militares. São, em geral, treinados em armamentos, combate e primeiros socorros, e alguns são especializados em campos como detecção de bombas.

HAVIA BARBÁRIE EM TODA A NOSSA VOLTA

O SEQUESTRO DE INGRID BETANCOURT, 2002-2008

EM CONTEXTO

LOCAL
Colômbia, América do Sul

TEMA
Sequestros políticos

ANTES
Outubro de 1970 James Cross, um diplomata britânico, e o político Pierre Laporte, de Quebec, são sequestrados por militantes do Front de Libération du Québec. Laporte é morto, mas Cross é libertado em dezembro de 1970.

Agosto de 1973 O político sul-coreano Kim Dae-jung, futuro presidente de seu país, é sequestrado e mantido como refém por 42 dias.

Dezembro de 1981 Membros do Brigadas Vermelhas (ver pp. 322-323) sequestram o general americano James Dozier em Verona.

DEPOIS
Maio de 2010 Diego Fernández de Cevallos Ramos, um político mexicano, é mantido refém sete meses por rebeldes de esquerda.

Nas profundezas da selva colombiana, durante uma brutal guerra de guerrilhas, o grupo das Forças Armadas Revolucionárias da Colômbia (FARC), escondido do mundo, planejava o próximo ataque.

Por seis anos, a selva também foi um campo de prisioneiros para a ex-candidata presidencial colombiana Ingrid Betancourt. Ela foi mantida ali com sua chefe de campanha, Clara Rojas, e um pequeno grupo de outros reféns. Os cativos ficavam em jaulas, dormiam em lonas sobre o barro e se banhavam nos rios, cercados por cobras gigantes, insetos e predadores mortais. Eles sobreviveram com refeições magras de arroz e sopa aguada, que os deixaram desnutridos. Apesar das condições horríveis, porém, Betancourt nunca perdeu a esperança de um dia ser resgatada e voltar a sua família.

História distinta

Betancourt cresceu na França e se fixou na Colômbia em 1989. Ela era filha do diplomata Gabriel Betancourt – um ex-ministro da Educação e

Sobrevivência no cativeiro

Seja o sequestro praticado por grupo terrorista, criminoso solitário ou exército inimigo, os especialistas dizem que alguns poucos princípios fundamentais podem ajudar os reféns a sobreviver. A prioridade é obedecer ao sequestrador. Mas fazer isso rápido pode soar forçado. Violar as regras do captor, mesmo que arbitrárias, pode levar a punições duras. Embora o corpo possa, em geral, lidar com desafios físicos extremos, a força mental é igualmente essencial. Para sobreviver ao estresse mental do cativeiro, os reféns devem buscar pequenas vitórias secretas contra seus captores, ou enviar mensagens codificadas quando lhes permitem falar ou escrever à família. Enquanto confinados, os reféns em geral sofrem traumas graves, que podem ter efeitos duradouros. Alguns ainda experimentam a síndrome de Estocolmo, em que desenvolvem uma dependência avassaladora dos captores e até resistem às autoridades que tentam resgatá-los.

ATENTADOS E COMPLÔS POLÍTICOS

Ver também: O Sequestro de Pocahontas 176 ▪ O Sequestro de Patty Hearst 188-189 ▪ O sequestro de Aldo Moro 322-323

Ingrid Betancourt estava magra e doente durante o tempo na floresta. Esta imagem, tirada de um vídeo no acampamento, foi confiscada de um guerrilheiro capturado em 2007.

diretor-adjunto da Unesco. Ingrid era pacifista e se dedicava a combater a corrupção na Colômbia. Ela foi eleita para a Câmara dos Deputados em 1994 e criou seu próprio partido político, o Partido Verde Oxigênio, em 1997. Numa vitória esmagadora, foi eleita senadora em 1998 e lançou sua campanha para a presidência colombiana em 2001.

Militantes presos

Apesar dos alertas, Betancourt levou sua campanha a territórios rebeldes em fevereiro de 2002. Lá, ela e Clara Rojas foram sequestradas por guerrilheiros das FARC. Forçadas a abandonar seu veículo, foram acorrentadas pelo pescoço aos outros prisioneiros e levadas da estrada principal para povoados distantes, onde seguiram a pé para dentro da floresta tropical.

Durante os seis anos de cativeiro, Betancourt tentou fugir três vezes, descendo rios a nado e andando na floresta por dias antes de ser recapturada. Enquanto presa, ela foi espancada, subalimentada, forçada a fazer caminhadas épicas sob a mira de armas e muitas vezes ameaçada de morte.

Betancourt quase morreu de hepatite e malária. Sua saúde ficou tão ruim que em julho de 2003 as FARC disseram à família dela que a soltariam, devido a seu estado. Porém, a libertação prometida nunca ocorreu.

Falsa solução e libertação

Uma tentativa frustrada de resgate francesa não conseguiu levar Betancourt de volta a casa e irritou as autoridades colombianas, que não tinham sido consultadas sobre a operação. Enquanto a saúde dela declinava, só vídeos e cartas irregulares dos rebeldes diziam a família dela que ela ainda estava viva. Seu marido, Juan Carlos le Compte, temia que uma tentativa de resgate armado do governo colombiano encontrasse os reféns mortos. Os seis anos se passaram lentamente.

Enquanto isso, na floresta, Clara Rojas iniciou um relacionamento com um dos captores e quase morreu ao dar à luz por cesariana na mata, com bisturis esterilizados sobre velas. Acusada pelos outros reféns de dormir com um inimigo, ela acabou sendo libertada em janeiro de 2008.

A liberdade da própria Betancourt logo se seguiu. Em 2 de julho de 2008, uma equipe militar colombiana entrou em território rebelde. Disfarçados como guerrilheiros – usando até a icônica camiseta de Che Guevara –, eles voaram para o acampamento na selva num helicóptero civil. Alegando estar levando os reféns para um encontro com um líder rebelde, conseguiram fugir com Betancourt e três americanos para a segurança, sem derramar sangue.

Enquanto o governo colombiano prometia garantir a libertação dos outros reféns, Betancourt voltou para casa e se tornou um símbolo da guerra brutal de guerrilhas no país. ▪

Era uma batalha, não só com os guerrilheiros, mas com nós mesmos.
Ingrid Betancourt

BÁRBARO E CRUEL

O ENVENENAMENTO DE ALEXANDER LITVINENKO, NOVEMBRO DE 2006

O ENVENENAMENTO DE ALEXANDER LITVINENKO

EM CONTEXTO

LOCAL
Londres, Inglaterra

TEMA
Espionagem

ANTES
Setembro de 1978 Após desertar da Bulgária em 1969, Georgi Ivanov Markov é assassinado em Londres – ferido na perna com a ponta de um guarda-chuva com ricina.

Abril de 1983 Robert Ames, espião americano e agente da CIA, é morto no bombardeio da embaixada dos EUA em Beirute, no Líbano.

Abril de 2006 Denis Donaldson, um voluntário do Exército Republicano Irlandês Provisório, é morto pelo IRA após ser denunciado como informante da polícia e do MI5.

DEPOIS
Agosto de 2010 O agente do MI6 Gareth Williams é encontrado morto em circunstâncias suspeitas num esconderijo em Londres.

Em 1º de novembro de 2006, o ex-espião russo Alexander Litvinenko, de 44 anos, se encontrou com dois homens de Moscou no Millennium Hotel, em Londres. Quando chegou ao local, por volta de 15h40, os russos já estavam sentados perto do fundo do Pine Bar, no saguão do hotel – um ponto cego no circuito interno de vídeo.

Um dos homens, Andrei Lugovoi, tinha pedido chá verde, e havia três canecas vazias ao redor da mesa. Lugovoi ofereceu o chá restante a Litvinenko, que se serviu de meia xícara. Estava sem açúcar e frio, e Litvinenko só tomou uns poucos goles antes de deixar o resto.

Ele continuou a conversar brevemente com Lugovoi e seu companheiro, Dmitri Kovtun, sobre um possível empreendimento comercial. Embora não tivesse como saber disso ao deixar o hotel, Litvinenko já era um homem morto. Ele tinha tomado o veneno radiativo polônio-210, misturado ao chá. Naquele momento, nem a melhor equipe médica do mundo poderia salvá-lo.

Naquela noite, Litvinenko sentiu enjoo e começou a vomitar. Ele foi internado no Barnet General Hospital em 3 de novembro. Seu estado logo piorou e ele foi transferido para o University College Hospital em 17 de novembro. De início, os médicos pensaram que ele tinha sido envenenado com tálio, e a Scotland Yard começou a investigar. Sob proteção de policiais armados, ele passou os dias finais respondendo a uma série de interrogatórios, usando as habilidades de detetive para resolver o próprio assassinato.

Desafiador, Andrei Lugovoi alega inocência numa coletiva de imprensa em Moscou. Procurado ainda pelas autoridades britânicas, ele hoje é deputado na Duma, a câmara baixa da Rússia.

Inimigo do Estado

Ex-agente do Serviço Federal de Segurança da Rússia, Litvinenko desertou e foi para Londres após denunciar a corrupção do regime do presidente Vladimir Putin. Em 2000, ele recebeu o asilo político no Reino Unido, onde foi recrutado para a agência britânica de inteligência para questões externas, o MI6.

Lá, Litvinenko também se tornou um dos principais críticos de Putin. Na época em que se

>
> Se quiser chá, ainda há algum aqui – pode tomar um pouco.
> **Andrei Lugovoi**
>

ATENTADOS E COMPLÔS POLÍTICOS

Ver também: Sadamichi Hirasawa 224-225 ▪ Harold Shipman 290-291 ▪ O Assassinato de Rasputin 312-315

reuniu com os dois homens de Moscou, ele já vivia em Londres havia seis anos. Ele foi ao encontro no hotel porque teve a impressão de que poderiam se tornar parceiros comerciais. Embora Litvinenko tivesse ficado um pouco desconfiado após a reunião, não percebeu que Lugovoi e Kovtun eram espiões russos.

Testamento no leito de morte

Em 18 de novembro, dois detetives da Unidade de Crimes Especiais da Polícia Metropolitana, o inspetor Brent Hyatt e o sargento Chris Hoar, interrogaram Litvinenko na UTI, no 16º andar do University College Hospital.

Nos três dias seguintes, Litvinenko participou de dezoito conversas, que duraram quase nove horas. Às vezes ele tinha de parar de falar, quando seu estado piorava e sentia mais dores.

Detetive experiente, Litvinenko se tornou uma testemunha importante no caso contra os assassinos. Ele apresentou uma lista de suspeitos, no topo da qual estavam os homens de Moscou que encontrara para o chá – Andrei Lugovoi e Dmitri Kovtun. Sua estranha reunião no hotel tinha deixado Litvinenko nervoso.

Após as primeiras quatro ou cinco horas de conversa, a investigação começou a ganhar impulso. Litvinenko indicou aos detetives documentos críticos que guardava sobre gangues russas e Putin; ele estava convencido de que, no final, tinha sido o presidente russo a dar a ordem de matá-lo. Litvinenko também ligou para sua mulher, que localizou fotos de Andrei Lugovoi que tinha em sua casa. Lugovoi se tornou o principal suspeito da Scotland Yard.

Litvinenko não revelou de início sua condição de informante do MI6 para a polícia. Quando Hoar e Hyatt perguntaram sobre alguns intervalos não justificados em sua agenda semanal, Litvinenko não quis explicar quem tinha encontrado nem por quê. Em vez disso, ele deu aos detetives o número de seu contato. "Martin", que foi ao University College

> Mais tarde, quando deixei o hotel, fiquei pensando que havia algo estranho. Eu senti, o tempo todo – eu sabia que eles queriam me matar.
> **Alexander Litvinenko**

Hospital e começou a investigar os dois russos misteriosos. As descobertas do MI6, quaisquer que sejam, continuam sob sigilo.

O serviço secreto da Rússia – a KGB e depois o FSB – tem um longo histórico de envenenamento de inimigos. Sob o regime de Boris Yeltsin, o laboratório secreto de venenos de Moscou quase fechou, mas quando Putin se tornou presidente seus críticos começaram a morrer de modos estranhos.

Litvinenko sabia que, mesmo se provasse a responsabilidade de Putin, era muito improvável que ele fosse processado, devido a sua posição como grande líder no mundo. Porém, ele esperava que pelo menos Lugovoi e Kovtun fossem pegos e punidos por seus atos. Buscando levar sua história ao mundo, em 19 de novembro Litvinenko deu uma entrevista ao jornalista David Leppard, do *Sunday Times*.

No dia seguinte, seu estado piorou rapidamente; seu ritmo cardíaco ficou irregular e seus órgãos estavam falhando. Enquanto estava ali gravemente doente, Litvinenko teve uma conversa final com a polícia. Sua »

Alexander Litvinenko

Nascido na Rússia, Alexander Litvinenko ingressou no Ministério de Negócios Internacionais aos 18 anos. Em 1986, foi recrutado pela unidade de contrainformação da agência de segurança da Rússia (KGB). Em 1997, Litvinenko foi promovido ao Serviço Federal de Segurança (FSB). Enquanto trabalhava lá, ele descobriu que o crime organizado e a corrupção permeavam o governo russo. Fez várias tentativas de discutir o problema com autoridades, entre elas o presidente Vladimir Putin. Vendo que as discussões eram inúteis, porém, Litvinenko deu uma coletiva de imprensa não autorizada em que acusou supervisores de ordenar o assassinato de magnatas dos negócios russos. Litvinenko foi demitido do FSB e detido por extrapolar a autoridade de sua posição. Após ser libertado, em novembro de 1999, fugiu da Rússia e obteve asilo no Reino Unido, onde trabalhou como jornalista, escritor e consultor do MI6 até morrer assassinado.

O ENVENENAMENTO DE ALEXANDER LITVINENKO

Você pode ter conseguido silenciar um homem, mas os gritos de protesto mundo afora vão reverberar, senhor Putin, em seus ouvidos pelo resto de sua vida.
Alexander Litvinenko

A imagem assustadora de Litvinenko em seu leito de morte mostra um homem careca e magro, mas desafiador, olhando diretamente para a câmera, nesta foto publicada em jornais do mundo todo.

morte agora parecia inevitável. Em 20 de novembro, ele deixou que a fotógrafa de imprensa Natasja Weitsz tirasse uma última foto dele, para mostrar o que os homens de Putin tinham feito.

A equipe médica já sabia então que o veneno não era tálio, mas algo pior. Embora muitos sintomas fossem condizentes, faltava um indicador crucial do envenenamento por tálio – dormência ou dor nas extremidades. Um novo teste de urina revelou a presença do isótopo radiativo polônio-210 – um veneno raro e caro, mortal ao ser ingerido. Os médicos, porém, pensaram que esse resultado era anômalo e propuseram cinco diferentes hipóteses sobre o que estava matando seu paciente. Mas, para ter certeza, enviaram uma amostra da urina de Litvinenko ao instituto de armas atômicas do Reino Unido, em Aldermaston, em Berkshire, para testagem.

Em 22 de novembro, na UTI, Litvinenko oscilou entre estados de consciência. À meia-noite, já tinha sofrido duas paradas cardíacas. Ficou inconsciente e com suporte à vida a maior parte do dia seguinte, mas teve uma terceira parada e foi declarado morto às 20h51, de 23 de novembro. No mesmo dia, os resultados do teste de Aldermaston oficialmente identificaram o veneno como polônio-210.

Rastreamento forense
Após a morte de Litvinenko, as suspeitas sobre Lugovoi e Kovtun se intensificaram. A polícia testou vários locais em busca de resquícios de polônio. No Pine Bar do Millenium Hotel, os agentes acharam a substância por toda parte. Traços foram descobertos no chão, nas cadeiras e mesas onde os russos se encontraram, e também na chaleira e na lava-louça. A chaleira tinha sido inocentemente reutilizada, mas por felicidade não causou mais nenhuma morte.

Homicídio extrajudicial
Esses assassinatos são realizados por agentes sob ordens de um governo, no interesse do Estado. Eles atuam fora da lei daquele Estado, pois a vítima é morta sem que lhe seja permitido um julgamento. Os homicídios extrajudiciais são geralmente conduzidos como missões secretas por assassinos altamente treinados do exército, dos serviços de inteligência ou da polícia secreta. Eles ocorrem quando um governo quer eliminar ou silenciar um oponente político – com frequência, isso se dá porque um julgamento exporia informações que o governo não quer tornar públicas. Em casos extremos, os homicídios extrajudiciais são usados para eliminar críticos a um regime; isso, em geral, ocorre sob regimes opressivos, como um meio de censura. Há muitos termos alternativos, subjetivos, que tentam fazer o homicídio extrajudicial parecer um mal necessário, em especial na medida em que assassinatos direcionados ganham cada vez mais legitimidade como tática de contrainsurreição.

ATENDADOS E COMPLÔS POLÍTICOS 331

Os objetos que entraram em contato direto com polônio-210

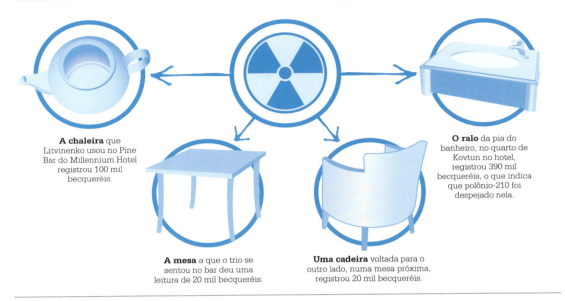

A chaleira que Litvinenko usou no Pine Bar do Millennium Hotel registrou 100 mil becqueréis.

O ralo da pia do banheiro, no quarto de Kovtun no hotel, registrou 390 mil becqueréis, o que indica que polônio-210 foi despejado nela.

A mesa a que o trio se sentou no bar deu uma leitura de 20 mil becqueréis.

Uma cadeira voltada para o outro lado, numa mesa próxima, registrou 20 mil becqueréis.

No quarto de Kovtun, vários andares acima do Pine Bar, equipes da polícia forense removeram a pia do banheiro e descobriram restos contendo 390 mil becqueréis de polônio. A ingestão de 10 mil becqueréis é suficiente para matar um homem. Após a reunião, ao que parecia, Kovtun voltara a seu quarto e despejara o resto de veneno na pia, para descartar a arma do crime.

Apesar desses achados, Lugovoi e Kovtun negaram responsabilidade pela morte de Litvinenko e, numa entrevista coletiva em Moscou, afirmaram serem inocentes. Kovtun nunca explicou o polônio descoberto em seu banheiro. Após dois meses de investigação, os detetives da Scotland Yard recomendaram que Andrei Lugovoi fosse acusado de assassinato. As autoridades de Moscou, porém, declararam que ele não seria enviado de volta a Londres porque a constituição impedia a extradição de cidadãos russos.

Consequências diplomáticas

As transcrições das conversas de Litvinenko com a polícia foram mantidas em sigilo pela Scotland Yard até 2015, quando foram afinal liberadas. Em janeiro de 2016, um inquérito público concluiu que Putin provavelmente aprovou – se não ordenou diretamente – o assassinato de Litvinenko.

A morte de Litvinenko, um consultor do MI6, em solo britânico turvou as relações entre Londres e Moscou. Em julho de 2007, as tensões se manifestaram com a expulsão de quatro funcionários da embaixada russa no Reino Unido. A Rússia retaliou expulsando diplomatas britânicos de suas embaixadas.

O Reino Unido rompeu em seguida seus vínculos com os serviços de segurança russos. Apesar de as evidências apontarem com clareza Kovtun e Lugovoi, ninguém nunca foi levado ao tribunal pela morte de Litvinenko. ∎

Marina Litvinenko segura uma cópia do relatório de 328 páginas sobre a morte de seu marido. Nele, o ex-juiz da Suprema Corte sir Robert Owen culpou Putin, o presidente russo, pelo assassinato.

OUTROS
NOTÓRIO

CRIMES
S

OUTROS CRIMES NOTÓRIOS

Nenhuma sociedade conseguiu erradicar totalmente o crime. Quanto mais sofisticada a sociedade – e mais elaborados seus códigos –, maior o alcance das infrações. Muitos dos crimes mais infames da história foram discutidos neste livro, mas nenhum banco de dados é grande o bastante para categorizar todos os tipos de crimes notórios. Todos os criminosos abaixo ocupam um lugar especial na história do crime e merecem ser mais estudados – seja por sua engenhosidade, depravação, audácia ou até por aspectos risíveis. As vítimas, métodos e motivos apresentados aqui fornecem um catálogo sinistro das muitas formas que a criminalidade tem assumido e demonstram que, às vezes, o crime real é mais estranho que a ficção.

O ASSASSINATO DE JÚLIO CÉSAR
15 de março de 44 a.C.

O prestígio do regente romano Júlio César disparou após suas vitórias militares na Gália, e muitos no Senado o consideraram uma ameaça à ordem existente. Clamores para que fosse coroado imperador levaram as coisas a um limite e, nos Idos de Março, ele foi assassinado pelos senadores, que o apunhalaram mais de vinte vezes nos degraus do Senado. Sua morte mergulhou o império na guerra civil.
Ver também: O Assassinato de Pertinax 304 ▪ O Sequestro de Aldo Moro 322-323

RICHARD DE PUDLICOTT
24 de abril de 1303

Levado ao desespero por suas grandes dívidas, o mercador de lã londrino Richard de Pudlicott roubou o "armário do Tesouro" de Eduardo I, em Westminster, onde ficavam os bens valiosos do rei. Com a ajuda de clérigos corruptos, Pudlicott invadiu uma cripta sob a Abadia de Westminster e se apoderou de ouro e joias no valor de mais de 625 mil reais.. Quando os tesouros começaram a inundar as casas de penhor de Londres, os investigadores chegaram a Pudlicott. No julgamento, ele afirmou falsamente ter agido sozinho, salvando os clérigos da punição. Pudlicott foi enforcado e esfolado por seu crime.
Ver também: Thomas Blood 18 ▪ O Roubo da Hatton Garden 58-59

O ASSASSINATO DE JULIANO DE MÉDICI
26 de abril de 1478

Importante membro da famosa família Médici da Florença renascentista, Juliano foi apunhalado na missa de Páscoa, na catedral da cidade, pelo nobre Francesco de Pazzi e outros membros do clã de banqueiros rival. Muitos outros de ambas as famílias foram mortos nos confrontos que se seguiram, mas a família Médici conseguiu manter o poder e a influência.
Ver também: A Máfia Siciliana 138-145 ▪ O assassinato de Roberto Calvi 241

AS GANGUES KABUKIMONO
Séculos XVI-XVII

O fim do período Sengoku no Japão, marcado por guerra civil e agitação, viu a marginalização dos grandes clãs de samurais e deixou muitos guerreiros armados sem ocupação. Alguns formaram gangues criminosas, como a dos Kabukimono ("excêntricos"), que adotavam estilos de roupa e cabelo exuberantes e com frequência portavam armas elaboradas, muito grandes e decoradas. As gangues se envolviam em crimes que iam de grandes roubos a vandalismos menores. Muitos acreditam que essas gangues foram precursoras da moderna Yakuza.
Ver também: As Tríades 146-149 ▪ A Yakuza 154-159

FRANÇOIS RAVAILLAC
4 de maio de 1610

Católico fanático, Ravaillac buscou mais de uma vez conhecer e converter o rei huguenote (protestante francês) de seu país, Henrique IV. Ele tentou se tornar jesuíta em 1606, mas foi

OUTROS CRIMES NOTÓRIOS 335

rejeitado quando falou sobre suas "visões" religiosas, que os jesuítas consideraram alucinações de um louco. Em uma delas, Ravaillac afirmava que Deus lhe dissera que era seu dever converter Henrique IV. As atitudes do rei contra os Países Baixos, uma nação católica, enraiveceram Ravaillac. Quando suas tentativas de converter o rei se provaram inúteis, Ravaillac emboscou a carruagem real numa rua de Paris, subiu nela e matou o rei a faca. Ele foi torturado, arrastado por cavalos e esquartejado pelo ato de regicídio, e seu corpo foi rasgado em pedaços por multidões iradas.

Ver também: Jean Calas 203 ▪ O Assassinato de Pertinax 304

CATHERINE MONVOISIN
1677-1682

A adivinha Catherine Deshayes, madame Monvoison – conhecida como "La Voison" –, era a chefe de uma rede de pretensos feiticeiros e alquimistas que vendiam serviços a famílias aristocráticas francesas no que foi chamado de Caso do Veneno. O grupo negociava venenos e amuletos e organizava "missas negras" para aristocratas, que resultaram na morte de mais de mil pessoas. Trinta e seis de seus seguidores foram reunidos e executados pelo "tribunal do fogo" e a própria La Voison foi queimada na fogueira por bruxaria em fevereiro de 1680. O caso tomou depois uma dimensão política, quando a filha de La Voison, Marie-Marguerite, mencionou madame de Montespan, amante do rei Luís XIV, como uma das clientes de sua mãe. Devido ao escândalo que se seguiu, o tribunal do fogo foi abolido em 1682.

Ver também: Alice Kyteler 263 ▪ Elizabeth Báthory 264-265

GREGOR MACGREGOR
1821-1837

O soldado escocês MacGregor combateu pelos britânicos na Guerra Peninsular e depois se juntou à luta pela independência da Venezuela contra a Espanha. Durante sua carreira, fingiu ter muitos títulos diferentes, mas o mais extravagante foi o que, após voltar ao Reino Unido em 1821, alegou ter recebido – "Cazique de Poyais", príncipe fictício de uma colônia imaginária na América Central. MacGregor fez fortuna vendendo terras na colônia e até criou uma moeda falsa – o "poyais" – para convencer os compradores de sua autenticidade. Centenas de escoceses viajaram para colonizar as terras, apenas para descobrir que não existiam. MacGregor repetiu várias vezes o golpe antes de voltar à Venezuela em 1838.

Ver também: A Herança de Crawford 66-67 ▪ O Escândalo do Ouro da Black Friday 101

AS ORGANIZAÇÕES TONG
Anos 1850

O nome "Tong" – "salão", em cantonês – veio dos locais de reunião criados pelos imigrantes chineses ao se fixar na América do Norte. As sociedades de apoio mútuo se espalharam e muitas vezes deram origem a organizações criminosas, associadas mais notoriamente ao tráfico de mulheres. Conflitos entre gangues, chamados "Guerras Tong", ocorreram em San Francisco entre 1880 e 1920 e em Nova York e Chicago nos anos 1920 e 1930. Ainda existem muitos Tongs hoje, como meros clubes sociais. Eles fornecem serviços de apoio aos imigrantes e funcionam como local de encontro para as comunidades chinesas nas principais cidades dos EUA.

Ver também: As Guerras da Cerveja 152-153 ▪ A Yakuza 154-159

JOHN E SARAH MAKIN
1892

Quando John Makin, cervejeiro de Nova Gales do Sul, se machucou e ficou incapacitado para o trabalho, ele e a mulher se tornaram "cridadores de bebês", recebendo crianças ilegítimas em troca de pagamento. Porém, para cortar custos, Makin e a mulher matavam alguns dos bebês e periodicamente mudavam de endereço para dificultar que as mães das crianças os rastreassem. Seus crimes foram descobertos em outubro de 1892, quando os novos donos da casa dos Makin em Macdonaldtown tentaram consertar um encanamento e descobriram os corpos em decomposição de duas crianças. Doze corpos acabaram sendo achados em três casas que os Makin tinham ocupado. John Makin foi enforcado por seus crimes em agosto de 1893. Sarah foi condenada à prisão perpétua, mas libertada sob condicional em 1911.

Ver também: O Sequestro do Bebê Lindbergh 178-185 ▪ Fred e Rosemary West 286-287

CASSIE L. CHADWICK
1897-1904

Esta vigarista nascida no Canadá cometeu algumas falsificações e fraudes menores antes de aplicar seu maior golpe: inventar uma identidade como filha ilegítima do magnata do aço escocês-americano Andrew Carnegie. Com base no pretenso parentesco, ela obteve empréstimos de até 20 milhões de dólares (cerca de 3 bilhões de reais hoje), que usou

336 OUTROS CRIMES NOTÓRIOS

para financiar uma vida de luxos. Foi assegurado aos bancos que ela receberia uma grande herança e poderia pagar os empréstimos. Seu estratagema foi descoberto, porém, e quando o golpe ruiu, em 1904, Carnegie negou conhecê-la.
Ver também: A Herança de Crawford 66-67 ▪ Harry Domela 70-73 ▪ O Pretenso Tichborne 177

VINCENZO PERUGGIA
21 de agosto de 1911

Tanto o poeta Guillaume Apollinaire quanto o pintor Pablo Picasso caíram sob suspeita quando a grande obra--prima de Da Vinci, *Mona Lisa*, desapareceu do Louvre, em Paris. Dois anos depois, um empregado do museu, Vincenzo Peruggia, tentou vender a pintura a galerias em Florença, em sua Itália natal. Ele foi denunciado à polícia pelo galerista Alfredo Geri e pelo diretor da Galeria degli Uffizi, Giovanni Poggi. Julgado em Florença, Peruggia recebeu uma pena leniente de prisão por ter alegado que o roubo fora motivado por patriotismo. A pintura foi exposta em Florença antes de voltar a Paris.
Ver também: O Roubo do Saleiro de Cellini 56

HENRI DÉSIRÉ LANDRU
1915-1919

Landru atraía viúvas ricas a sua casa por meio de anúncios de encontros na imprensa parisiense. Ele às vezes é chamado de Barba-Azul de Paris pela semelhança entre seus atos e os do personagem do folclore. Landru seduzia as mulheres e colocava os bens delas no seguro. Então, ele as matava, cortava seus corpos e os incinerava para destruir as provas. Os crimes foram descobertos quando a irmã de uma vítima o localizou. A polícia achou papéis em sua casa que listavam as vítimas desaparecidas. Condenado por onze assassinatos, ele foi executado na guilhotina em 1922.
Ver também: Harvey Glatman 274--275 ▪ John Edward Robinson 298-299

NATHAN LEOPOLD E RICHARD LOEB
21 de maio de 1924

Amigos desde a adolescência, Richard Loeb e Nathan Leopold vinham de famílias ricas de Chicago e se graduaram em faculdades famosas. Loeb sempre brincara com a ideia de um crime perfeito como um jogo intelectual, e sua obsessão contagiou Leopold. Em maio de 1924, a dupla raptou Bobby Franks, de 14 anos, a caminho da escola para casa. Loeb o espancou até matá-lo e os dois descartaram o corpo num brejo, aplicando ácido nele para ocultar sua identidade. Óculos de Leopold encontrados perto do corpo levaram a polícia aos assassinos. O julgamento se tornou um circo da mídia e culminou com um apaixonado protesto do advogado de defesa, Clarence Darrow, contra a pena capital. Em vez dela, os dois foram condenados à prisão perpétua.
Ver também: O assassinato de James Bulger 244-245 ▪ Ian Brady e Myra Hindley 284-285

GEORGE C. PARKER
1928

Consta que uma sucessão de golpistas vendeu a Ponte de Brooklyn, em Nova York (ou, mais exatamente, seus direitos de pedágio), desde que foi aberta, nos anos 1880. Em 1928, George C. Parker foi apanhado e condenado à pena perpétua em Sing Sing. Ele afirmava ter enganado imigrantes ingênuos duas vezes por semanas por trinta anos. Considerado por alguns o maior vigarista da história dos EUA, Parker também é conhecido por ter "vendido" famosos marcos de Nova York, como a Estátua da Liberdade e o Madison Square Garden.
Ver também: A Venda da Torre Eiffel 68-69 ▪ Konrad Kujau 90-93

A CORPORAÇÃO CHISSO
1932-1968

Milhares morreram e muitos mais ficaram gravemente doentes depois que toxinas com mercúrio se acumularam na carne de peixes na baía de Minamata, em Kyushu, no Japão. As toxinas vinham da fábrica química da Corporação Chisso, perto dali, que havia lançado o mercúrio na água. A doença de Minamata, como foi de início chamada, causava sintomas neurológicos e físicos – entre eles danos ao sistema nervoso, deficiência visual e perda de audição. A corporação foi obrigada a limpar a baía e a pagar milhões em indenização às vítimas e suas famílias.
Ver também: O desastre de Bhopal 110-113 ▪ O Escândalo das Emissões da Volkswagen 130-131

JOHN DILLINGER
22 de julho de 1934

Um dentre uma série de ladrões de banco célebres que se distinguiram durante a Grande Depressão, John Dillinger, nascido em Indianápolis, cometeu mais de vinte ataques bem--sucedidos a bancos e fugiu duas vezes da prisão, até ser morto a bala por agentes do FBI. O fim de uma figura de tamanho destaque foi um dos primeiros triunfos da agência

OUTROS CRIMES NOTÓRIOS 337

investigativa reformada por J. Edgar Hoover.

Ver também: Bonnie e Clyde 26-29 ▪ A Fuga de Alcatraz 80-85

HAN VAN MEEGEREN
1937

Artista fracassado que se tornou um falsário extremamente bem-sucedido, Van Meegeren se especializou na pintura da "Era de Ouro" dos Países Baixos, onde nasceu. Falsificações de obras de Franz Hals, Pieter de Hooch e outros grandes mestres foram bem recebidas, mas seu triunfo foi um "Vermeer" aclamado como a melhor obra do pintor do século XVII. A obra acabou sendo a ruína de Van Meegeren, quando foi descoberta entre os bens do nazista Hermann Goering. Para evitar a perseguição por vender propriedade holandesa ao inimigo, Van Meegeren confessou o crime menor de falsificação, mas morreu de ataque cardíaco cerca de um mês após o início de sua pena de um ano.

Ver também: O Roubo do Saleiro de Cellini 56 ▪ Elmyr de Hory 74-77

RUTH ELLIS
10 de abril de 1955

Ex-modelo e recepcionista de clube noturno, Ruth Ellis, de 28 anos, ganhou notoriedade ao matar a tiros o amante, David Blakely. Ela foi declarada culpada num julgamento que durou só catorze minutos. Ruth não apelou da sentença e foi condenada à morte. Logo surgiram relatos sobre o comportamento violento de David em relação a Ruth, e milhares de pessoas pressionaram pela suspensão de sua pena. Porém, em 13 de julho de 1955, enquanto multidões pediam por sua vida, Ruth

se tornou a última mulher a ser executada no Reino Unido. Seu caso foi um marco no movimento pela abolição da pena capital no país. Em 2003, sua família apelou para reduzir postumamente seu crime a homicídio culposo, devido aos abusos que sofrera. O pedido foi negado porque na época do crime essa distinção não existia.

Ver também: Madame Caillaux 217 ▪ O. J. Simpson 246-251

CHARLES STARKWEATHER E CARIL ANN FUGATE
Dezembro de 1957-janeiro de 1958

Depois que Charles Starkweather, de 18 anos, matou a mãe, o padrasto e a meia-irmã de Caril Ann Fugate, de 14 anos, os dois fugiram. Nos dois meses seguintes, eles cometeram outros oito assassinatos antes de ser pegos. Charles foi executado na cadeira elétrica em 1959, furioso por Caril não ter o mesmo destino. A pessoa mais jovem nos EUA a ser julgada por assassinato em primeiro grau, Caril cumpriu dezessete anos na prisão. Há dúvidas se Caril seria uma participante voluntária da espiral de crimes ou cativa de seu namorado abusivo.

Ver também: Ian Brady e Myra Hindley 284-285

DICK HICKOCK E PERRY SMITH
14 de novembro de 1959

Dick Hickock e Perry Smith se conheceram na prisão. Após serem soltos, os dois decidiram roubar a casa da família Clutter, na cidade rural de Holcomb, no Kansas. Um colega da prisão disse a eles que a casa tinha um cofre com 10 mil dólares (cerca de 50 mil reais).

Quando a dupla descobriu que não era verdade, matou Herbert e Bonnie Clutter, além de seus dois filhos mais novos. Dick e Perry foram capturados após seis semanas de perseguição e executados em 14 de abril de 1965. Inspirado por um artigo sobre os crimes no *New York Times*, o escritor de ficção Truman Capote visitou Holcomb com a também escritora Harper Lee. Ele juntou milhares de páginas de anotações sobre as vítimas, os suspeitos e a comunidade. Sua obra foi publicada em setembro de 1965 como *A sangue frio*, "romance de não ficção" – a primeira e mais celebrada obra do gênero de crime real.

Ver também: Os irmãos Stratton 212-215

FRANK LUCAS
Anos 1960-início dos anos 1970

Nascido na Carolina do Norte, Frank Lucas foi para Nova York nos anos 1960. Sua grande inovação foi importar drogas direto do Triângulo Dourado (Myanmar, Laos e Tailândia), em vez de comprá-las de gangues asiáticas. Frank usou contatos militares para contrabandear heroína do sudeste da Ásia por meio de aviões e bases militares. Diz a lenda que transportava drogas até no caixão de soldados mortos. Após uma longa investigação, foi condenado em 1976 a setenta anos na prisão. Sua sentença foi drasticamente reduzida depois que revelou os nomes dos cúmplices – pessoas da família, da Máfia e até membros corruptos da polícia de Nova York e da Agência de Combate às Drogas. Libertado em 1981, Frank voltou à prisão em 1984, com uma pena de sete anos por crimes relacionados a drogas. Desde sua soltura, em 1991, ele tem

338 OUTROS CRIMES NOTÓRIOS

trabalhado para reparar os danos que suas drogas provocaram na área do Harlem, em Nova York.

Ver também: O Cartel de Medellín 166-167 ▪ "Freeway" Rick Ross 168-171

O ASSASSINATO DE KITTY GENOVESE
13 de março de 1964

O ataque à gerente de bar Catherine "Kitty" Genovese, de 28 anos, ao lado do prédio onde morava no Queens, em Nova York, é muito citado como um caso clássico do chamado "efeito do espectador". Segundo um relato sobre sua morte, mais de trinta de seus vizinhos a viram ser esfaqueada, mas não interferiram. Estudiosos recentes lançam dúvidas sobre o número de "espectadores" que de fato viram ou ouviram e acusam o *New York Times* de descrever de modo errado a situação. Dias após o ataque, detido por arrombamento, Winston Moseley confessou ter perseguido, estuprado e matado Catherine, além de duas outras mulheres.

Ver também: Craig Jacobsen 252-253

JACQUES RENÉ MESRINE
1965-1979

Bom em disfarces, Mesrine ficou conhecido como "o homem de mil faces". Ele cometeu centenas de crimes, num repertório que ia de roubo a arrombamento e sequestro – não só em seu país, a França, como na Venezuela, nas ilhas Canárias e no Canadá. Ele ficou muito conhecido como uma espécie de Robin Wood. Famoso pelas fugas da prisão, foi baleado e morto em 1979 por uma força-tarefa especial dedicada a detê-lo.

Ver também: A Fuga de Alcatraz 80-85 ▪ Ted Bundy 276-283

BANDIDOS MOTORCYCLE CLUB
1966-

Criada no Texas pelo veterano da Guerra do Vietnã Donald Chambers, esta gangue de motociclistas tinha grupos afiliados nos EUA e na Europa – e até na Austrália e no sudeste asiático. Membros do clube ao redor do mundo têm sido presos por muitos crimes, em especial tráfico de drogas, ataques e assassinatos. Os motociclistas se identificam com orgulho como "Os 1%", uma referência à ideia de que 99% dos motociclistas são cidadãos que respeitam a lei, mas os demais são "fora da lei". Os Bandidos se envolvem com frequência em "guerras de motociclistas" com gangues rivais, como os Cossacks e os Hells Angels, por controle territorial.

Ver também: O Bando Selvagem 150-151 ▪ Os Hells Angels 160-163

O ASSASSINATO DE MARTIN LUTHER KING JR.
4 de abril de 1968

O famoso líder dos direitos civis foi morto a bala na sacada de um hotel em Memphis pelo supremacista branco James Earl Ray. O assassinato de King levou a uma das maiores perseguições do FBI da história e deflagrou uma onda de levantes raciais no país. Ray foi apanhado em Londres, na Inglaterra, em julho de 1968, e extraditado para os EUA. Quase uma década depois, em 10 de junho de 1977, ele estava entre a meia dúzia de presos que fugiram da Penitenciária Estadual de Brushy Mountain, no Tennessee. Os fugitivos logo foram recapturados.

Ver também: A Fuga de Alcatraz 80-85 ▪ O Assassinato de Abraham Lincoln 306-309

DONALD HARVEY
1970-1982

Este *serial killer* nascido em Ohio cometeu os crimes em seu próprio trabalho, primeiro como ajudante de medicina e depois como enfermeiro, num período em que se acredita que matou mais de cinquenta pacientes. Eclético em seus métodos, Harvey usava tudo, de venenos sofisticados ao sufocamento brutal, para matar as vítimas.

Ver também: O doutor Crippen 216 ▪ Harold Shipman 290-291

EDWIN JOHN EASTWOOD E ROBERT CLYDE BOLAND
6 de outubro de 1972

De armas em punho, estes dois gesseiros entraram na escola rural Faraday, em Victoria, na Austrália. Eles mandaram seis meninas e sua professora entrarem numa van. Os homens deixaram um bilhete de resgate ameaçando matar as cativas se não recebessem 1 milhão de dólares australianos (cerca de 38 milhões de reais hoje), mas o plano não funcionou: a professora Mary Gibbs, de 20 anos, escapou com as meninas e seus sequestradores foram capturados. Boland foi condenado a dezessete anos e Eastwood, a quinze. O último cometeu um segundo sequestro em massa em 1977.

Ver também: O Sequestro de John Paul Getty III 186-187 ▪ O Sequestro de Chowchilla 190-195

PETER SUTCLIFFE
1975-1980

O motorista de caminhão Peter Sutcliffe rondava por Bradford, Leeds

OUTROS CRIMES NOTÓRIOS **339**

e outras cidades do norte inglês atacando e matando mulheres. Suas vítimas com frequência eram prostitutas, e em muitos casos o chamado "Estripador de Yorkshire" também mutilava seus corpos. A polícia de West Yorkshire foi criticada por dar muita importância a uma fita de gravação atribuída ao "Estripador" e que depois se revelou uma farsa. Apesar disso, Sutcliffe foi detido em janeiro de 1981 e condenado por vinte assassinatos.

Ver também: Jack, o Estripador 266-273 ▪ Andrei Chikatilo 292

PATRICK HENRY
1976-1977

Philippe Bertrand, de 7 anos, foi capturado por Henry ao sair da escola em Troyes, na França, em janeiro de 1976. Henry ligou para a mãe de Philippe para pedir um resgate. Ele asfixiou o menino pouco depois, mas continuou a pedir o dinheiro a seus pais. O julgamento de Henry fez história, em janeiro de 1977, quando seu advogado, Robert Badinter, convenceu o tribunal a não exigir a execução na guilhotina, anunciando o fim da pena capital na França.

Ver também: O Sequestro do Bebê Lindbergh 178-185 ▪ O Sequestro de Aldo Moro 322-323

O ROUBO DE TREM DE SALLINS
31 de março de 1976

Membros do Partido Republicano Socialista Irlandês desviaram e roubaram o trem postal Cork-Dublin ao largo de Sallins, no condado de Kildare, e fugiram com cerca de 200 mil libras (mais de 8 milhões de reais hoje). Três homens – Osgur

Breatnach, Nicky Kelly e Brian McNally – foram condenados, mas as autoridades se basearam com muita força nas confissões deles. Alegações de coerção levaram à anulação das condenações.

Ver também: O Assalto ao Trem Pagador 30-35 ▪ O Bando Selvagem 150-151

ALAIN LAMARE
1978-1979

O caso do "Assassino do Oise" abalou a França – e não só por seus ataques a jovens mulheres. Ele atropelou várias vítimas e também levou em seu carro e matou diversas caronistas. O assassino, Alain Lamare, como se descobriu, era um dos próprios guardas envolvidos na investigação. Diagnosticado com esquizofrenia, ele foi declarado inapto para julgamento e hoje vive num hospital psiquiátrico francês.

Ver também: John Leonard Orr 48-53 ▪ Daniel M'Naghten 204-205

O MASSACRE DE JONESTOWN
18 de novembro de 1978

Mais de novecentos homens, mulheres e crianças morreram após tomar um refrigerante com cianureto. O massacre ocorreu num assentamento criado pelo líder de seita Jim Jones na Guiana, na América do Sul. O líder do "Templo dos Povos" morreu com seus seguidores, após convencer muitos a cometerem o "suicídio revolucionário". Outros foram forçados a engolir o veneno.

Ver também: Sadamichi Hirasawa 224-225 ▪ A Família Manson 230-237

DENNIS NILSEN
1978-1993

Nilsen levava homossexuais jovens e/ou sem-teto que conhecia em bares a seu apartamento em Muswell Hill, em Londres, para matá-los. Ele estrangulava as vítimas até ficarem inconscientes e depois as afogava na banheira. O "Assassino de Muswell Hill" praticava necrofilia nas vítimas depois de banhá-las e vesti-las ritualisticamente. Ele dissecava e descartava os corpos: alguns eram queimados, outros escondidos sob tábuas do assoalho ou lançados no esgoto. Os crimes de Nilsen foram descobertos quando os restos mortais entupiram as tubulações do prédio.

Ver também: Andrei Chikatilo 292 ▪ Jeffrey Dahmer 293

O ASSASSINATO DE GEORGI MARKOV
11 de setembro de 1978

Após desertar para o Reino Unido em 1969, o escritor búlgaro Georgi Markov se tornou um incômodo para o regime comunista de seu país. Markov estava num ponto de ônibus em Londres, na Inglaterra, quando sentiu uma pontada aguda na perna. Quatro dias depois ele morreu. Análises forenses determinaram que a causa da morte foi um grânulo de ricina injetado em sua coxa. Markov disse ter visto uma pessoa com um guarda-chuva no lugar, o que levou os investigadores a teorizar que uma "arma guarda-chuva" tinha sido usada para injetar o grânulo em Markov. Embora o assassino nunca tenha sido achado, muitos suspeitam que era um membro da KGB que trabalhava com os búlgaros.

Ver também: O Assassinato de Roberto Calvi 241 ▪ O Envenenamento de Alexander Litvinenko 326-331

340 OUTROS CRIMES NOTÓRIOS

FRANCIS HEAULME
1979-1997

O "Mochileiro Criminoso" Francis Heaulme estrangulou e esfaqueou pelo menos nove vítimas. Ele é suspeito da morte de muitos mais ao redor da França. Seu estilo de vida nômade e a escolha aleatória de vítimas tornou difícil para polícias regionais o apanharem. Seus interrogatórios policiais eram uma mistura de verdades e mentiras, e ele criou uma relação conflituosa com o investigador Jean-François Abgrall. Heaulme tinha a Síndrome de Klinefelter, o que significa que tinha um cromossomo x (feminino) a mais, e confundiu os investigadores ao confessar estupros – na verdade, cometidos por um cúmplice –, que ele mesmo era incapaz biologicamente de cometer. Ele foi condenado a várias penas perpétuas nos julgamentos em 1997 e 2004.

Ver também: O Assassino Zodíaco 288-289 ▪ Colin Pitchfork 294-297

CHEUNG TZE-KEUNG
Anos 1980-1998

Este líder de gangue nascido em Guangxi cometeu uma série de roubos de destaque em Hong Kong antes de passar a sequestrar pessoas. Os sequestros de Victor Li em 1996 e Walter Kwok em 1997 lhe valeram notoriedade mundial. Li era filho de Li Ka Shing, considerado o homem mais rico da Ásia, e Kwok, o filho de Kwok Tak-Seng, o fundador da maior construtora imobiliária de Hong Kong. Ambos foram libertados depois que suas famílias pagaram enormes resgates. Cheung foi preso em agosto de 1998 e condenado por vários crimes, entre eles roubo, sequestro e contrabando de armas e

explosivos. Ele foi executado por fuzilamento em dezembro de 1998.

Ver também: O Sequestro de John Paul Getty III 186-187 ▪ O Sequestro de Patty Hearst 188-189

COR VAN HOUT E WILLEM HOLLEEDER
9 de novembro de 1983

Freddy Heineken, o CEO de 60 anos de uma corporação cervejeira internacional, foi capturado, com seu motorista, ao lado da sede da empresa. Eles foram mantidos em Amsterdam numa cabana com uma parede dupla secreta. Como a polícia não conseguiu encontrá-los, a família de Heineken pagou o resgate. Uma denúncia anônima indicou então à polícia o local onde Heineken estava – e os nomes de três dos sequestradores. Os líderes da quadrilha, Cor van Hout e Willem Holleeder, fugiram para Paris, mas seus cúmplices, Martin Erkamps, Jan Boellaard e Frans Meijer, foram pegos. Van Hout e Holleeder acabaram sendo detidos na França e mandados de volta aos Países Baixos, onde cumpriram onze anos na prisão pelo sequestro.

Ver também: O Sequestro do Bebê Lindbergh 178-185 ▪ O Sequestro de John Paul Getty III 186-187

JOSEF FRITZL
1984-2004

Josef Fritzl, pai de Elisabeth, de 18 anos, abusava dela havia sete anos quando a prendeu no porão de sua casa na Áustria. Ela passou 24 anos presa no subsolo. Durante esse período, Josef a molestou e estuprou, e teve vários filhos dela. Alguns foram levados para cima, para viver com Josef e a mãe de Elisabeth, que havia antes reportado o

desaparecimento da filha. Josef disse depois à mulher que Elisabeth tinha se unido a uma seita. Elisabeth e seus filhos escaparam em 2008, quando uma das crianças teve de ser levada ao hospital. Depois que Fritzl apresentou à equipe médica um bilhete suspeito "de Elisabeth" sobre o histórico médico da menina, a polícia foi chamada e acabou reabrindo o caso de desaparecimento de Elisabeth. Quando Fritzl permitiu a Elisabeth visitar a criança, os funcionários alertaram a polícia, que a deteve e soube então de toda a história de abusos do pai. Em 2009, Josef Fritzl foi condenado à prisão perpétua.

Ver também: O Sequestro de Natascha Kampusch 196-197

THOMAS SWEATT
1985-2005

Sweatt, um jovem cozinheiro, ateava fogo em casas, carros e propriedades em Washington, DC, e Maryland – muitas vezes de homens atraentes que ele seguia até seus endereços. Quando foi afinal pego – graças à análise de DNA e vídeos que mostravam seu carro na cena de um incêndio – ele admitiu ter iniciado quase quatrocentos incêndios com vários mortos e feridos. Ele foi o incendiário ativo por mais tempo nos EUA.

Ver também: John Leonard Orr 48-53 ▪ Jeffrey Dahmer 293

ADOLFO CONSTANZO
1986-1989

O cubano-americano Constanzo se envolveu no tráfico de drogas na adolescência, mas tinha um interesse paralelo pela Santería – um culto que mistura feitiçaria a catolicismo –, tradicional em sua cultura.

OUTROS CRIMES NOTÓRIOS 341

Começando por ferver ossos de cemitérios, ele e seus seguidores "narco-satanistas" logo passaram a matar vítimas sacrificiais em seu complexo isolado no Rancho Santa Elena. Mais de vinte pessoas foram mortas na esperança de dotar Constanzo de poderes mágicos das trevas. Constanzo e seus adeptos fugiram para a Cidade do México depois que os corpos foram descobertos. Quando a polícia foi a seu apartamento numa investigação não relacionada, em 6 de maio de 1989, ele entrou em pânico e atirou nos policiais. Preferindo não ser apanhado vivo, Constanzo ordenou ao seguidor Alvaro de Leon que o baleasse. Com Constanzo morto, seus cúmplices foram detidos e julgados pelos crimes.
Ver também: A Família Manson 230-237 ▪ Elizabeth Báthory 264-265

AILEEN WUORNOS
1989-1990

Esta *serial killer* nascida em Michigan começa a trabalhar como prostituta nas estradas da Flórida na adolescência. Consta que ela conheceu suas sete vítimas no trabalho – a primeira, Richard Mallory, apanhou-a na Interstate 75. Todos foram baleados à queima-roupa e, quando detida, Aileen declarou que tinham tentado estuprá-la. Ela foi capturada quando os pertences de suas vítimas começaram a aparecer em lojas de penhores locais, e a polícia usou sua ex-amante, Tyria Moore, para extrair uma confissão dela. Condenada por sete assassinatos, Aileen recebeu a pena de morte e foi executada com uma injeção letal em outubro de 2002.
Ver também: Phoolan Devi 46-47 ▪ Elizabeth Báthory 264-265

O CARTEL DE SINALOA
1989-

Esta gangue, criada por Pedro Avilés Pérez, operou de início com o tráfico de maconha no estado de Sinaloa, no nordeste do México. A partir de 1989, sob a liderança de Joaquín Guzmán Loera, "El Chapo", ela se tornou uma das organizações criminosas mais poderosas e de maior alcance do mundo. Além de maconha, supõe-se que o cartel de Sinaloa seja responsável pela maior parte da heroína, da cocaína, das metanfetaminas e do ecstasy contrabandeados para os EUA. "El Chapo" fugiu da prisão três vezes – primeiro, em 2001, depois de ser encarcerado em 1993. Ele foi recapturado em 2014, mas escapou em julho de 2015. Apanhado uma terceira vez em janeiro de 2016, fugiu de novo em novembro, tornando-se mais uma vez um dos homens mais procurados nos EUA e no México.
Ver também: Os Hells Angels 160--163 ▪ O Cartel de Medellín 166-167

BEVERLEY ALLITT
fevereiro-abril de 1991

Esta assassina de crianças trabalhava numa enfermaria infantil no Grantham and Kesteven Hospital, em Lincolnshire, no Reino Unido. Ela usou seu posto de enfermeira para matar pelo menos quatro crianças e tentou assassinar pelo menos mais nove num período de 59 dias em 1991. Em 22 de abril, Beverly foi encarregada de observar Claire Peck, de 15 meses, internada por um ataque de asma. A menina sofreu uma parada cardíaca e morreu sob os cuidados de Beverly. Os médicos do hospital ficaram desconfiados; eles haviam notado a frequência com que

crianças sozinhas com a enfermeira sofriam paradas cardíacas. Os investigadores descobriram depois que estas eram causadas por injeções de insulina. Em maio de 1993, Beverly foi condenada a treze penas perpétuas concomitantes.
Ver também: Elizabeth Báthory 264-265 ▪ Harold Shipman 290-291

GUY GEORGES
1991-1998

Apelidado de "Fera Selvagem da Bastilha" pela imprensa de Paris, porque atuava na vizinhança da prisão histórica, Guy Georges estuprou, torturou e matou sete mulheres de 19 a 32 anos. Desde os anos 1970, Guy cedeu a tendências violentas, estrangulando, estuprando e esfaqueando jovens mulheres. Ele já estava cumprindo uma pena – em que lhe foi permitido sair da prisão de dia por bom comportamento – quando começou a cometer assassinatos em 1991. Detido após uma perseguição policial em 1998, Guy logo confessou os crimes e foi diagnosticado como "psicopata narcisista". Declarado, porém, saudável e apto a ser julgado, foi condenado à prisão perpétua em abril de 2001.
Ver também: Jack, o Estripador 266-273 ▪ Ted Bundy 276-283

NICK LEESON
1992-1995

Jovem brilhante, Leeson foi mandado para Singapura em 1992 para gerir as operações de derivativos do Barings Bank, um dos mais antigos bancos britânicos. Enaltecido como o operador mais notável da empresa, viu sua reputação ficar em farrapos em 1995, quando se revelou que havia perdido mais de 5 bilhões de reais da empresa.

342 OUTROS CRIMES NOTÓRIOS

Leeson escondia suas perdas numa conta secreta para erros que nunca era vista ou examinada por um funcionário sênior de *compliance*, e os números continuaram a subir. Leeson sofreu perdas desastrosas após o terremoto de Kobe, no Japão, e fugiu do país. Ele foi preso em Frankfurt ainda naquele ano e condenado a seis anos e meio na prisão por fraude e falsificação.

Ver também: Bernie Madoff 116-121 ▪ Jérôme Kerviel 124-125

JEAN-CLAUDE ROMAND
10 de janeiro de 1993

O impostor francês Romand abandonou o curso de medicina após falhar nos exames, mas passou dezoito anos fingindo ser médico e pesquisador qualificado, apesar de não ter nenhum cargo real. Ele convenceu sua mulher de que era um especialista em arteriosclerose e que investia seus ganhos em fundos de *hedge*, enquanto vivia às custas dela. Acreditando estar prestes a ser descoberto, ele teve um surto em 1993 e matou a mulher, filhos, pais e a amante para garantir seu segredo. Tentou então suicidar-se, tomando pílulas e incendiando a casa, mas as pílulas não funcionaram e o incêndio foi mal calculado. Romand foi resgatado e detido quando os corpos foram descobertos. Ele foi condenado à prisão perpétua.

Ver também: A Herança de Crawford 66-67 ▪ Harry Domela 70-73

PAUL BERNARDO E KARLA HOMOLKA
1990-1992

Este casal canadense estuprou e matou adolescentes em Scarborough, em Ontário – começando com a irmã mais nova de Karla, Tammy, em 1990. Karla aparentemente tinha prometido a Paul a virgindade da irmã como presente de Natal. Sedada, Tammy engasgou com o próprio vômito em meio ao ataque e morreu. Em 1991, o casal atacou de novo, matando Leslie Mahaffy, de 14 anos. Em 1992, eles estupraram e mataram Kristen French, de 15 anos. A espiral de assassinatos acabou em 1993, quando a polícia investigou uma série de estupros e descobriu que o DNA de Paul coincidia com o do criminoso. Karla, enquanto isso, tinha voltado para a casa da família, após ter sido gravemente espancada por Paul. Ela confessou os crimes de ambos e foi condenada a doze anos. Em 2005 foi libertada, mas Paul continua atrás das grades.

Ver também: Ian Brady e Myra Hindley 284-285

O ROUBO DA JOALHERIA DO HOTEL CARLTON
11 de agosto de 1994

O cenário do filme *Ladrão de casaca* (1955), com Cary Grant e Grace Kelly – o InterContinental Carlton, em Cannes, na França –, tornou-se local do que talvez seja o mais audacioso roubo de joias da vida real. Três homens armados invadiram atirando na joalheira do hotel e fugiram com joias no valor de cerca de 300 milhões de reais. A polícia descobriu depois que os ladrões haviam disparado tiros de festim e nunca foram achados. Em 2013, o hotel foi atacado de novo, quando um criminoso armado entrou numa exposição de joias num salão ao lado do saguão e levou itens no valor de quase 500 milhões de reais.

Ver também: O Roubo de Diamantes de Antuérpia 54-55 ▪ O Roubo da Hatton Garden 58-59

RAINER KÖRPPEN
1º de outubro de 1996

Com o filho Sven como cúmplice, o pintor de paredes Rainer Körppen levou o empresário alemão milionário Jakub Fiszman de seu escritório em Eschborn e pediu um resgate. Nove dias depois, a exigência foi atendida, mas quando a polícia entrou no cativeiro na montanha, após algumas semanas, encontrou o corpo de Fiszman. Ele já estava morto havia algum tempo. Os Körppen tinham sequestrado o sobrinho de seis anos de Fiszman seis anos antes. Ao contrário do tio, o menino foi libertado quando o resgate foi pago.

Ver também: O Sequestro do Bebê Lindbergh 178-185

OS ASSASSINATOS DA WEST MESA
2001-2005

Em 2009, os restos de onze mulheres e um feto foram achados no campo, a oeste de Albuquerque. Eles tinham sido enterrados em covas rasas alguns anos antes. Todas as vítimas eram prostitutas e tinham sido declaradas desaparecidas. Apesar de as análises forenses fornecerem pouca informação sobre como as vítimas foram mortas – ou por quem –, a idade, o estilo de vida e o enterro similares levaram os investigadores a pensar que um só *serial killer* matou a todas.

Ver também: Craig Jacobsen 252-253 ▪ Ted Bundy 276-283

O ASSASSINATO DE MEREDITH KERCHER
1º de novembro de 2007

O corpo desta estudante de intercâmbio inglesa – estuprada,

OUTROS CRIMES NOTÓRIOS 343

apunhalada e sufocada – foi achado em seu quarto trancado em Perúgia, na Itália. Amanda Knox, sua colega de quarto americana, chamou a polícia ao voltar para casa e a porta estar trancada. Amanda logo foi implicada na morte, assim como seu namorado italiano, Raffaele Sollecito, e o criminoso local Rudy Guede, cuja impressão digital ensanguentada foi encontrada no local. Os três foram condenados, mas poucas evidências ligavam Amanda e Raffaele ao assassinato. Amanda também alegou ter sido manipulada e fisicamente intimidada pela polícia italiana quando a interrogaram. Ela passou quase quatro anos numa prisão italiana. Após um circo midiático que durou vários anos, Amanda e Sollecito foram absolvidos. Rudy continua na prisão.

Ver também: Kirk Bloodsworth 242-243 ▪ O Caso Dreyfus 310-311

DIANA, CAÇADORA DE MOTORISTAS DE ÔNIBUS
Agosto de 2013

Vestida de preto e com uma peruca loira, uma mulher de meia-idade matou a tiros dois motoristas de ônibus em dois dias seguidos em Ciudad Juárez, no México. Num e-mail para uma agência de notícias local, assinado por "Diana, Caçadora de Motoristas de Ônibus", ela assumiu a autoria dos ataques. Mais de cem mulheres tinham sido estupradas, mortas e deixadas em estacionamentos ou no deserto depois de subir nos ônibus da cidade. "Diana", ela própria uma vítima, responsabilizava os motoristas, e viu nos assassinatos um modo de fazer justiça. Apesar das buscas, a polícia de Ciudad Juárez não conseguiu descobrir a verdadeira identidade da justiceira.

Ver também: Phoolan Devi 46-47 ▪ Lizzie Borden 208-211

OSCAR PISTORIUS
14 de fevereiro de 2013

O velocista paralímpico sul-africano disparou quatro tiros através da porta fechada do banheiro de sua casa em Pretoria, matando a namorada, Reeva Steenkamp. Ele afirmou que pensava haver um invasor e que agiu para defender a si e a Reeva. A promotoria pediu uma condenação por "homicídio culposo" e ele foi condenado por assassinato em 2015. A brevidade da sentença de seis anos de Pistorius chocou tanto os promotores quanto os ativistas dos direitos da mulher – o mínimo, em caso de assassinato, na África do Sul é de quinze anos. Em agosto de 2016, um pedido para ampliação da sentença foi rejeitado.

Ver também: O doutor Crippen 216 ▪ O. J. Simpson 246-251

DEREK WHITE
2014-2016

Piloto canadense da NASCAR, a Associação Nacional para Corridas de Carros de Série, Derek White participou de uma quadrilha que contrabandeou o equivalente a 2,5 bilhões de reais em tabaco. Descendente de mohawks, ele vivia em Kahnawake, em Montreal, e grande parte do tabaco trazido da Carolina do Norte era vendido nessa e em outras reservas indígenas, evitando os altos impostos canadenses sobre o produto. Ele também se envolveu no transporte de tabaco através da fronteira. Vários outros membros da quadrilha foram detidos, e White se entregou em março de 2016. Ele foi suspenso da NASCAR no mês seguinte.

Ver também: O Roubo da Copa do Mundo 37 ▪ "Freeway" Rick Ross 168-171

O BOKO HARAM
14 de abril de 2014

Este grupo militante islâmico sequestrou 276 alunas de uma escola de ensino médio na cidade de Chibok, na Nigéria. As meninas foram levadas para um território rebelde mais ao norte. Cerca de setenta fugiram ou foram libertadas, porém mais de duzentas permanecem cativas, e as negociações continuaram. Numa negociação promovida pela Cruz Vermelha e pelo governo suíço, 21 foram soltas, mas segundo relatos conflitantes – todos negados pelas autoridades – as meninas foram trocadas pela libertação de comandantes do Boko Haram em poder do governo ou por um grande resgate.

Ver também: O Sequestro de Patty Hearst 188-189 ▪ O Sequestro de Chowchilla 190-195

O ROUBO DO BANCO CENTRAL DE BANGLADESH
5 de janeiro de 2016

Fundada em 1973, a SWIFT – Sociedade para Serviço de Telecomunicações Financeiras Interbancárias Mundiais – gerencia uma rede fechada de computadores para a transferência de valores de muitos dos principais bancos do mundo. Em 2016, um grupo usou as identidades de funcionários do Banco Central de Bangladesh (membro da SWIFT) para enviar dezenas de pedidos ilegais de transferência – totalizando mais de 4 bilhões de reais – para bancos estrangeiros. Muitas dessas operações foram bloqueadas ou estornadas, mas cerca de 400 milhões de reais desapareceram. Ainda não se sabe se foi um golpe interno ou obra de hackers.

Ver também: O Roubo do Banco Société Générale 44 ▪ O Roubo da Hatton Garden 58-59

ÍNDICE

Números de página em **negrito** remetem à apresentação em detalhes de criminosos, incidentes criminais ou vítimas de crime específicos.

A

Abagnale, Frank 62-63, **86-87**
Abberline, Frederick George 272-273
acidentes industriais 110-113
acusações falsas 310-311
  ver também condenações injustas
Adams, Cherica 248
Adoboli, Kweku 124
Ahlgren, Gregory 185
Alberto, general Carlo 142
Alcatraz 13, 62-63, **80-85**
Aldington, gangue de 136
Alexandra, czarina 313-315
Alexandre II, czar 322
Alexandre, o Grande 306
Allen, Arthur Leigh 289
al-Megrahi, Abdelbaset 35
Alpern, Saul 118-119
Altamont Speedway Free Festival 162
Ames, Robert 328
análise interligada 272
anarquistas 322
Anastasia, Albert 241
Anderson, Orlando 256-257
Anderson, Warren 111-112
Anderson, William 24
Andrews, Tommie Lee 294
Anglin, Clarence 82-85
Anglin, John 82-85
antissemitismo 310-311
Antuérpia, Roubo de Diamantes de 17, **54-55**
Anula de Anuradhapura 264
anúncios classificados, assassinos de 298-299
Arco-Valley, Anton 312
Argall, sir Samuel 176
Ariely, doutor Dan 125
Arnold, Samuel 309
arrombamentos 36, 45, 214
arte
  autenticação 75
  falsificação 63, 74-77
  ladrões de 17, 36, 54, 56
Arthur Andersen 122-123
assalto 114
Assalto ao Trem Pagador 12, 16-17, **30-35**
Assassina da Banha ver Webster, Kate
assassinato 198-299
  alegação de insanidade 200, 204-205, 217
  assassinas 200-201, 206-211, 217, 240, 264-265
  assassinato-suicídio em massa 232
  ataques a tiros em massa 201, 226-229
  ataques da Máfia 142-144, 241

atentados ver atentados e complôs políticos
canibalismo 202, 293
cenas de assassinato montadas 223
condenações injustas 201, 203, 242-243, 294
crianças que matam 201, 244-245
crimes passionais 217
criminosos celebridades 29, 246-251
da esposa 216
danos cerebrais e 229
dos pais 208-211
em massa 201, 260
múltiplos 22-23, 252-253
não resolvidos 218-223
distinções legais 200
envenenamento 224-225, 262, 328-331
espirais de 201, 260, 284
infanticídio 264, 286
lesões de defesa 209
pais acusados de 238-239
planos de morte de seitas 232-237
primeira evidência de 13, 200, 202
prova por impressão digital 212-215
sacrifício de seres humanos 202
serial killers ver assassinos em série
stalkers de celebridades 240
tiroteios motorizados 201, 254-257
violência instrumental 200
assassinato de esposa 216
assassinato dos pais 208-211
assassinatos políticos ver atentados e complôs políticos
assassinato-suicídio em massa 232
Assassino do Batom ver Heirens, William
Assassinos das Charnecas **284-285**
Assassinos dos Corações Solitários ver Beck, Martha; Fernandez, Raymond
Serial killers 13, 99, 201, 258-299
  assassinas em série 264-265, 284-287, 290, 298
  casais de 284-287
  de anúncios classificados 298-299
  definição 260
  de prostitutas 266-273, 292
  de universitárias 278-283
  em busca de emoção 262
  entrevistas com 283
  e suvenires 274-275, 292
  feitiçaria 263
  médicos 290-291
  mutiladores 266-273, 292-293
  necrofílicos 293
  perfil de 261
  precedentes antigos 260
ataques a tiros em massa 201, 226-229
ataques-relâmpago 164
atentados e complôs políticos 47, 167, 300-331
  acusações falsas 310-311
  assassinato por grupos radicais 322-323
  atentados contra chefes de Estado 304,

306-309, 312, 316-323
consequências globais 302-303
culpados levados ao tribunal 303
era da Primeira Guerra Mundial 312-315
espionagem 328-331
homicídios extrajudiciais 330
motivos para 302, 305, 307
motivos religiosos 305
atentado suicida 306
Atkins, Susan 232-233, 235-237
Atzerodt, George 309
Avery, Steven 294

B

Bacon, Kevin 119
BAE Systems 126
Baker Street, Roubo da 58
Baker, Mary 70
banco, roubos de 24-25, 27, 44, 150, 189
  ver também caixa-forte, roubos de
Banco Ambrosiano 241
bandidos e ladrões **14-59**
  arrombamento 36, 45, 214
assalto à mão armada 24-25, 114-115
  bandidos 12, 24-25, 32, 136, 150-151
  contrabando 57, 136-137
  gângsteres 26-29
  hackers 13, 58, 128, 192
  idealização/romantização 16, 24- 25, 29, 35, 47
  ladrões de arte 17, 36, 54, 56
  ladrões de estrada 16, 21, 25, 47
  pirataria 18-19
  Robin Hood, imagem de 25, 47
  roubo a banco 24-25, 27, 44, 150, 189
  roubo de cadáveres 17, 22-23
  roubo de caixa-forte 44, 54-55, 58-59, 114
  roubo de joias 20, 36-37, 44-45, 54-55, 78-79, 164
  roubo de trem 16, 24, 30-35
  roubo de troféus 37
  sequestro de avião 16, 38-43
Bandidos MC 160, 163
Bando Selvagem 134, 135, **150-151**
Bangladesh Central Bank 58
Bank of Credit and Commerce International (BCCI) 122
Barba Negra ver Teach, Edward
Bardo, Robert John 240
Barger, Ralph 160-162
Barings Bank 124
Barnes, George, Jr. 152
"barões do crime" 101
Barrow, Clyde 12, 16, **26-29**
Barry, madame du 64
Baskin, Gershon 187
Bass, Sam 150
Bateman, Mary 206
Báthory, condessa Elizabeth 260, **264-265**

ÍNDICE 345

Bazzano, John 152
Beasley, Richard 298
Beatles 234, 240
Beausoleil, Bobby 233, 235-236
bebidas
    contrabando de 57
    tráfico de 134, 152-153
Beck, Martha 284, 286, 298
Behmai, Massacre de 46
Belbenoît, René 82
Belfort, Jordan 124
Bell, Mary 244
Bendelladj, Hamza 128-129
Berkowitz, David 288
Bernardo, Paul 284
Berry, Amanda 196
Betancourt, Ingrid 303, **324-325**
Betchley, Edward 37
Bhopal, Desastre de 98-99, **110-113**
Bhutto, Benazir 306
Biggs, Ronald 32-33, 35
Biovail 122
Black Friday,, Escândalo do Ouro da **101**
Blanco, Griselda 254
Blandón, Oscar Danilo 169-171
Blonger, Lou 64
Blood, Thomas 16, **20**
Bloods e Crips 256
Bloodsworth, Kirk 201, **242-243**
Blyuvshtein, Sofia Ivanovna 78
Boesky, Ivan 101
Bogrov, Dmitri 312
Boko Haram 192
bolhas financeiras 100
Bonifácio VIII, papa 176
Bonnet, Stede 18-19
Bonnie e Clyde ver Barrow, Clyde; Parker, Bonnie
Booth, John Wilkes 302, **306-309**
Borden, Lizzie 200-201, **208-211**
Borgia, Giovanni 208
Boucher, Maurice "Mamãe" 163
Bowie, David 88
Boyd, William 88
Bradford, William Richard 252
Bradshaw, Jacqueline e Malcolm 252
Brady, Ian 260-261, **284-285**
Braunmühl, Gerold von 322
Breivik, Anders 226
Brigadas Vermelhas 322-324
Brooklyn, Ponte de 68
Brown, Finis 220
Brudos, Jerome 274
Brunner, Mary 232-233, 235
Bruno, Angelo 241
bruxaria 203, 263
Bulger, James 201, **244-245**
Bullion, Laura 150
Bundy, Ted 13, 261, **276-283**
Burke, William 16-17, **22-23**

C

cadáveres, roubo de 17, 22-23
cadeia de custódia 250

Caillaux, Henriette 200-201, **217**
Caillaux, Joseph 217
caixa-forte, roubos de 44, 54-55, 58-59, 114
Calas, Jean 200, **203**
Cali, Cartel de 166
Calley, tenente William 311
Calmette, Gaston 217
Calvi, Roberto 200, **241**
Camorra 140
Campbell, lady Malcolm 74
canibalismo 202, 293
Capone, Al 68, 152-153
Caponigro, Antonio 241
Caponnetto, Antonino 142-144
Carlos II da Inglaterra 20-21
Carnegie, Andrew 66
Carruth, Rae 248
cartas de corso 19
Carter, Jimmy 189
Casey, Marvin 50-52
Cassidy, Butch 150-151
Casso, Anthony 241
Castro, Ariel 196
14K, Tríade 146-147, 149
Cecília, princesa herdeira 72-73
celebridades, criminosos 29, 246-251
celebridades, stalkers de 240
Cellini, Roubo do Saleiro de 17, **56**
Chace, Fletcher 186-187
Chadwick, Cassie L. 66
Chaloner, William 64
Chamberlain, Lindy 201, **238-239**
Chamberlin, Jacques 75
Chapman, Annie 269
Chapman, Mark David 201, **240**
Charpon Land Syndicate 107
Cheeseman, Keith 115
cheques, falsários de 86-87
Chernobyl, Desastre de 110
Chiang Kai-shek 176
Chikatilo, Andrei 261, 273, **292**
Chowchilla, Sequestro de 175, **190-195**
Christie, John 242
Church, John 206-207
CIA 171
cibernético, crime 13, 58, 128-129
cigarros, vício em 113
City de Londres, Roubo de Títulos na **114-115**
Clarence, príncipe Albert Victor, duque de 273
Clark, Sally 238
Classe Mista, Assassino da ver Kemper, Edmund
Clerkenwell, organização criminosa 164
Clinton, Bill 189
Colar de Diamantes, Caso do 62, **64-65**
"colarinho azul", crimes do 98, 127
colarinho branco e financeiros, crimes do **96-131**
    acidentes industriais 110-113
    bolhas financeiras 100
    crime individual 99
    corrupção corporativa 126-127
    corrupção política 108-109
    crime cibernético 13, 58, 128-129
    crime corporativo 99, 130-131

    definição de crime do colarinho branco 127
    denunciantes 119
    esquemas Ponzi 98, 102-107, 116-121
    fraude contábil 122-123
    impacto social 98-99
    informação privilegiada 101
    manipulação do mercado de ações 101
    negligência corporativa 110-113
    operadores desonestos 124-125
    perícia contábil 123
    punição corporativa 130
    roubo de títulos 114-115
    suborno 108-109, 126-127
Cole, Theodore 83
Coll, gangue de atiradores de 254
Collins, John 58-59
Columbine High School, Massacre da 226
Combs, Sean "Diddy" 255, 257
Comissão de Valores Mobiliários dos EUA (SEC) 118-120, 122, 126-127
complôs políticos ver atentados e complôs políticos
condenações injustas 201, 203, 242-243, 294
Condon, doutor John 181, 184-185
Conlon, Gerry 310
Connally, John 318, 321
Conselho Internacional de Mestres 299
Constanzo, Adolfo 232
contábil, fraude 122-123
    ver também colarinho branco e financeiros, crimes do
contabilidade a valor de mercado 122
contrabandistas de bebidas 57
contrabando 57, 136-137
Contras da Nicarágua 171
Coolidge, Calvin 109
Cooper, D. B. 16-17, **38-43**
Cooper, Lynn Doyle 42-43
Copeland, Faye e Ray 286
cópia de crime 43
Cornell, Rebecca 203
Cornerford, Thomas 168
corrupção 108-109, 126-127
corrupção corporativa 126-127
    ver também colarinho branco e financeiros, crimes do
corrupção política 108-109
corte marcial 311
Cosa Nostra ver Máfia
Courrières, explosão da mina de carvão de 110
Cowlings, Al 248
crack 134, 169-171
Crawford, a Herança de **66-67**
Crawford, Robert 66
Cream, doutor Thomas Neill 290
crianças que matam 201, 244-245
crianças, dispositivos de rastreio de 175
crianças, sequestro de 178-185, 186, 188, 190-197, 220
crime corporativo 130-131
    ver também colarinho branco e financeiros, crimes do
crime organizado 132-171
    contrabando 136-137

346 ÍNDICE

definição de 134
famílias criminosas 138-145
gangues de bandidos 150-151
gangues e gângsteres 26-29, 82, 152-156
organizações criminosas 146-149, 160-163, 166-167
tráfico de bebidas 134, 152-153
tráfico de narcóticos 140, 146-147, 149, 158, 161-163, 166-171
crimes passionais 217
criminologia antropológica 207
Crippen, doutor Hawley 200, **216**
Cross, James 324
Cullen, Charles 290
Cummins Inc. 130
Curcio, Renato 323
Czolgosz, Leon 318

D

Dahmer, Jeffrey 261, 283, **293**
Dália Negra, Assassinato de 200-201, **218-223**
Dando, Jill 220
danos cerebrais e violência criminal 229
dark web 128-129
Davis, Angela 40
Davis, Bruce 236-237
De Bruyker, Agim 55
de Hory, Elmyr 62-63, **74-77**
deep web 128
DeFreeze, Donald 188-189
DeJesus, Georgina 196
del Rio, Ignacio 36
Dell'Urti, Marcello 90
denunciantes 119
Derby de Epsom, golpe de apostas no 94
Deutsche Bank 130
Devi, Phoolan 12, 17, **46-47**
diamantes, roubo de 54-55
"Diana, Caçadora de Motoristas de Ônibus" 46, 343
DiLapi, Anthony 241
Dillinger, John 26, 82
dingo, ataques de 238-239
DNA, provas de 42, 216, 242-243, 294-297
documentos
autenticação 91
falsificações 90-93
Dcheney, Edward 109
Domela, Harry **70-73**
"Domingo Sangrento" 313
Donaldson, Denis 328
Dow Chemical Company 113
Downey, Lesley Ann 261
Dozier, general James 324
Drake, sir Francis 19
Dreyfus, Caso 302, **310-311**
drogas, tráfico de ver narcóticos, tráfico
Drummond, Edward 204
Du Yuesheng 148-149
Dupas, Peter 292
Durham, Monte 204
Dyer, Amelia 264

E

Eastcastle Street, Roubo da 164
Eddowes, Catherine 271
Edmunds, Christina 224
Edwards, Ronald ("Buster") 32, 34-35
Eiffel, Torre 68-69
Eisemann-Schier, Ruth 188
Eisner, Kurt 312
Ellis, Ruth 216
Enron, Escândalo da 99, **122-123**
envenenamento 262, 328-331
em massa 224-225
"Era do Inimigo Público" 27, 29
Escobar, Pablo 135, 166-167
espionagem 326-331
espirais de assassinatos 201, 227, 260
esquemas de proteção 164-165
Esterhazy, major Ferdinand Walsin 311
Estocolmo, síndrome de 174-175, 189, 324
estrada, roubos na 16, 21, 25, 47
Evans, Samuel P. 294
Evans, Timothy John 242
Exército Simbionês de Libertação (ESL) 188-189
expressiva/transformativa, teoria da violência 288

F

Facção do Exército Vermelho 322
Falcón, Ramón Lorenzo 322
Falcone, Giovanni 144-145
Fall, Albert Bacon 98-99, **108-109**
falsa herança, golpes de 66-67
falsificação/fraude
arte 74-77
cheques 86-87
documentos 90-93
literária 88-89
moedas 64
famílias criminosas 138-145
Farrow, Thomas e Ann 214
Farstow, Andrew 123
Faulkner, Joseph 76
Fawkes, Guy 302
FBI
e a Fuga de Alcatraz 85
e Bonnie e Clyde 27, 29
e crime cibernético 129
e D. B. Cooper 40-43
e Frank Abagnale 86-87
e o Roubo de Títulos na City de Londres 114-115
e o Sequestro do Bebê Lindbergh 181, 183
e Patty Hearst 189
feitiçaria 203, 263
Fernández de Cevallos Ramos, Diego 324
Fernandez, Raymond 284, 286, 298
Filho de Sam ver Berkowitz, David
Filipe II da Macedônia 306
financeiros, crimes ver colarinho branco e financeiros, crimes do
Findikoglu, Ercan 128
Fine Cotton, Escândalo de 62-63, **94-95**
fisiognomonia 12

Fisk, James 98, 101
Fiszman, Jakub 188
Floyd, Charles ("Bonitão") 29
Folger, Abigail 232, 235
Ford, Robert 25
Foreman, Freddie 165
Fórmula 1, troféus 37
Foster, Jodie 240
Foxton, William 119
Francisco Ferdinando, arquiduque 302, 312
Fraser, Frankie 165
fraudadores ver impostores; colarinho branco e financeiros, crimes do
fraude
literária 88-89
por meio eletrônico 123
ver também impostores
Fritzl, Elisabeth 196
Fritzl, Josef 196
Fromme, Lynette 233, 237
Front de Libération du Québec 324
Frykowski, Wojciech 232, 235
Forças Armadas Revolucionárias da Colômbia (FARC) 324-325
fuga da prisão 80-85
Fugate, Caril Ann 284
Fuhrman, Mark 248, 250

G

Gacha, José Gonzalo Rodríguez 166-167
Gale, Nathan 240
Gallwitz, Nina 180
Galton, sir Francis 215
Gandhi, Indira 304, 318
Gandhi, Mahatma 305
gangues e gângsteres 26-29, 82, 152-165, 256
gangues, guerras de 256
Garfield, James A. 318
Garthausen, Louis Dominique ("Cartouche") 21
Gein, Ed 274, 293
Genovese, "Don Vito" 241
George, Barry 220
Géraud, Hugues, bispo de Cahors 263
Getty, J. Paul 186-187
Getty, John Paul, III 175, **186-187**
Giamonna, Antonio 140
Gide, André 73
Gillespie, John 94-95
Gillis, Sean 293
Glatman, Harvey 260-261, **274-275**
Goddard, John 98, 114-115
Göldi, Anna 203
Goldman, Levi 94
Goldman, Ron 248, 251
golpe de apostas 94-95
golpistas 60-95, 100
denominações 62
"Dez Mandamentos para um golpista" 69
falsificação de arte 74-77
falsificação de cheques 86-87
falsificação de documentos 90-93
fraudes literárias 88-89
fugas da prisão 80-85, 177

ÍNDICE 347

golpes de apostas 94-95
golpes de herança falsa 66-67
golpes de joias 64-65
golpes de marcos urbanos 68-69
impostores 70-73, 86-87
poder de persuasão 63, 67
traços de personalidade 63, 67
Good, Sandra 233
Gould, Jay 98, 101
Grande Caça às Bruxas Escocesa 263
Grande Guerra Nórdica dos Motociclistas 163
Grande Roubo do Ouro 150
Grant, Ulysses S. 101
Greene, Anne 238
Greene, Graham 32
Grogan, Steve 233, 235, 237
guarda pretoriana 302, 304
guarda-costas 323
Guerra Civil Americana 24, 101, 306, 308
Guerra Civil Espanhola 73
Guerra Civil Inglesa 20
Guerra da Rainha Ana 18, 19
Guerras da Cerveja 134, **152-153**
Guiteau, Charles J. 318
Gull, sir William 273
Gunness, Belle 298
Guzmán, Joaquin 166

H

hackers 13, 58, 128-129
Hadfield, James 204
Hadleigh, Bando de 136
Hagermann, Amber 220
Haitana, Hayden 94-95
Hall, Archibald 206
Hamilton, Dawn 242
Hammer, doutor Armand 36
Hansen, Harry 220
Hansen, Mark 221-223
Harding, Warren G. 108-109
Hare, doutor Robert 23, 98-99
Hare, Lista de Avaliação de Psicopatia de 23, 98
Hare, William 16-17, **22-23**
Harner, Laura 88
Harvey, Donald 290
Hasan-i-Sabbah 305
Hashashin (Assassinos) 302, **305**
Hassan, Syed Sibtul 118
Hatton Garden, Roubo da 17, **58-59**
Hauptmann, Bruno 183-185
Hawkhurst, Quadrilha de 134, **136-137**
Hearst, Patty 174-175, **188-189**
Hebborn, Eric 74
Heidemann, Gerd 91-93
Heineken, Freddy 186
Heirens, William 288
Hells Angels 134-135, **160-163**
Henrique IV da França 304
Henry, sir Edward Richard 215
Herodes, o Grande 216
Herold, David 308-309
Herschel, sir William James 215
Heyman, Bertha 66

Hill, Billy 164
Hill, Clint 320-321
Hillside, Quadrilha de Arrombadores de 45
Hindley, Myra 260-261, **284-285**
Hinkley, John, Jr. 240, 318
Hinman, Gary 233, 235
hipotecas, venda indevida de 130
Hirasawa, Sadamichi 201, **224-225**
Hitler, Diários de 63, **90-93**
Hoffman, Harold G. 184
Hofmann, Mark 90
Holder, Willie Roger 40
homicídio 200
    ver também assassinato
homicídios extrajudiciais 330
Homolka, Karla 284
Hoover, Edgar 85
Hornigold, Benjamin 18-19
Hoyt, Barbara 233, 237
Hughes, Howard 63, 88-89
Hulme, Juliet 244
Humbert, Thérèse 62, **66-67**
Hunt, Darryl 310
Hunter, Meredith 162
Hurst, Fanny 184

I

idade da responsabilidade 245
idealização de criminosos 16, 25
    ver também romantização de criminosos
impostores 70-73, 86-87, 177
impressão digital 212-215
incendiários 17, 48-53
infanticídio 264, 286
Infelice, Rocco 241
infiltrados, agentes 114-115, 161, 170
informação privilegiada 101
Inocência, Projeto 242
Inquisição 265
insanidade, alegação de 12, 200, 204-205, 217
investigativos, métodos
    análise interligada 272
    cadeia de custódia 250
    identificação forense de documentos 175
    impressão digital 212-215
    perfil criminal 41, 261, 272
    prova de DNA 42, 216, 242-243, 294-297
    reconstrução facial forense 253
    toxicologia forense 314
IRA 82, 328
    bombardeios de pubs em Guildford 310
Ireland, William Henry 90
Irving, Clifford 63, 77, **88-89**
Irving, Edith 88-89
Iusupov, príncipe Félix 314-315

J

Jack, o Estripador 13, 260, **266-273**, 275
Jackson, Harry 214
Jackson Street Boys 146
Jacobsen, Craig **252-253**
James, Jesse 12, 24-25

Jamestown 176
James-Younger, Bando de 12, 16, **24-25**
Jansen, Geert Jan 74
japonesas, gangues 154-159
Jeffreys, doutor Alec 295-296
Jennings, Al 24
Jennings, Thomas 214
Joana d'Arc 310
Johnson, Andrew 307
Johnson, Lucille 214
Johnson, Lyndon B. 320
joias, golpes de 64-65
joias, roubo de 20, 36-37, 44-45, 54-55, 78-79, 164
joias da coroa francesa 20
joias da coroa inglesa 16, 20
Jones, Danny 58-59
Jones, Jim 232
Jorge III da Inglaterra 204
J. P. Morgan 120
Jules Rimet, Taça **37**
Júlio César 304

K

Kabukimono, gangues 156, 334
Kampusch, Natascha 175, **196-197**
Kasabian, Linda 233-237
Keller, Paul Kenneth 50
Kellogg Brown & Root 126
Kelly, Mary 272
Kemper, Edmund 278, 293
Kennedy, Jackie 319-320
Kennedy, John F. 303, **316-321**
Kennedy, Ludovic 185
Kerviel, Jérôme 99, **124-125**
KGB 329
Khodinka, Tragédia de 313
Kidd, William 18
Kim Dae-jung 324
King, Derek e Alex 244
King, Don 248
King, Martin Luther, Jr. 82, 307, 320
Knight, John 114
Knight, Marion 255-257
Knight, Michelle 196
Knight, Ronnie 114
Knightsbridge Safe Deposit Center, Roubo do 58
Knoll, John 185
Knox, doutor Robert 22-23
Kovtun, Dmitri 329, 330-331
Kray, Ronnie e Reggie 134-135, **164-165**
Krenwinkel, Patricia 233, 235-237
Krist, Gary 188
Kujau, Konrad 63, **90-93**
Kunsthal 56
Kunsthistorisches Museum, Viena 56
Kurten, Peter 260
Kynaston, Humphrey 21
Kyteler, Alice 260, **263**

L

la Motte, Jeanne de 62, **64-65**
LaBianca, Leno e Rosemary 232, 235-236

348 ÍNDICE

Lanza, Adam 226
Laporte, Pierre 324
Last, Jef 72-73
lavagem de dinheiro 55, 122
Law, John **100**
Lay, Kenneth 122-123
Le Neve, Ethel 216
Lee, Anthony 68
Lee, Bruce (Peter Dinsdale) 50
Lee, Derrick Todd 278
Lee, general Charles 311
Leeson, Nick 124
Legros, Fernand 76-77
Lehder, Carlos 166-167
Lei Seca 12, 135, 152-153
Lemaître, Albert 217
Lennon, John 240
Lennoxville, Massacre de 163
Liang, Robert James 131
Liebeck, Stella 113
Lincoln, Abraham 22, 306-309
Lincoln, Mary Todd 307
Lindbergh, Anne 180-181, 183
Lindbergh, Charles 180-181, 183-185
Lindbergh, Lei de 174, 182
Lindbergh, Sequestro do Bebê 174, **178-185**
Linderström, Lilly 220
Litvinenko, Alexander 303, **326-331**
Liu Pengli 260, **262**
lobistas 108
Lobo da Wall Street 124
Lockheed 108
Lombroso, Cesare 207
Longabaugh, Harry ("Sundance Kid") 150-151
Loren, Sophia 36
loucos, asilos de 205
Louvre, Museu do 56
Lucas, Frank 166, 168
Lugovoi, Andrei 303, 328-331
Luís xv da França 64
Lundgren, Jeffrey 232
Lustig, Victor 62-63, **68-69**
Lutesinger, Kitty 236

M

M'Naghten, Daniel 12, 200, **204-205**
M'Naghten, Regra de 205
MacGregor, general Gregor 66, 101
Mackle, Barbara Jane 188
MacLean, John **45**
Macnaghten, sir Melville Leslie 214
maçons 241
Madoff, Bernie 98-99, **116-121**
Madoff, Mark 119-121
Madoff, Peter 120
Maeue, Hiroshi 298
Máfia
　　americana 115, 135, 140-141, 152
　　controlada pelos corleoneses 142-143, 145
　　hierarquia 144
　　japonesa 154-159
　　omertà (código de silêncio) 144
　　Primeira Guerra da Máfia 142

Segunda Guerra da Máfia 142
　　sfregio 142
　　siciliana 134-135, **138-145**, 187, 241
Magon de la Villehuchet, René-Thierry 119
Makin, John e Sarah Jane 286
Malcolm x 305
Malkovich, John 119
malware 128-129
Mang, Robert 17, 56
Maniquis, David 115
Manley, Robert 221, 223
Manning, Chelsea 119
Manning, Maria 206
Manson, Charles **232-237**, 283
Manson, Família 201, **230-237**
mão armada, roubo à *ver* bandidos e ladrões
Mão Negra, gangue 152
Mão Negra, grupo extremista 302, 312
maquiavelismo 63, 67
máquinas impressoras de dinheiro 68
Marconi, empresa 108
marcos urbanos, golpes de 68-69
Maria Antonieta, rainha 64-65
Markopolos, Harry 120
Markov, Georgi Ivanov 328
Marshall, Mike 194
Martinez, Christina 253
Marwood, William 207
Mason, Bill **36**
Mason, Samuel 24
Mason, Thomas Monck 88
Masters, Tim 242
Matisse, Henri 76-77
Mattson, Charles 186
Maynard, Robert 19
McCloundy, William 68
McDonald's 113
McGraw, Becky 88
McKenna, Patrick 32
McKinley, William 39
McStay, Joseph e Summer 252
Meadows, Algur 77
Medellín, Cartel de 134-135, **166-167**
médicos, homicídios 290-291
Meegeren, Han van 74
Mehta, Harshad 101
Melcher, Terry 233
Mengele, Josef 295
mentira, psicologia da 125
mercado de ações, manipulação do 101
mercúrio, envenenamento por 110
Merton, Robert 134, 136
mi6 328-329
Milewicz, Waldemar 254
Miller, Seagram 254
Miller, William 104
Mills, Jack 33, 35
Minichiello, Raffaele 40
Mississípi, Esquema de 98, 100
Mitsubishi Motors 130
Modigliani, Amedeo 76
Mona Lisa 56
Mongols mc 160-161
Monier, Stephen 185

Moorehouse, Ruth Ann 237
Morehouse, Ruth Ann 233
Moretti, Mario 323
Morgan, sir Henry 18-19
Mori, Cesare 141
mórmons, falsificação de documentos 90
Moro, Aldo 187, 302-303, **322-323**
Morris, Frank 82, 83-85
motociclistas, gangues de 160-163
Mudd, doutor Samuel 308-309
mulheres criminosas
　　assassinas 200-201, 206-211, 217, 240
　　bandidas 46
　　crianças que matam 244
　　crimes passionais 217
　　gângsteres 26-29, 156
　　golpistas 64-67
　　impostoras 70
　　ladras 78-79
　　ladras de trens e bancos 150
　　serial killers 264-265, 284-287, 290, 298
Munce, Chris 94
Murphy, Jack Roland 37
Murray, Ora 220
Museu Isabella Stewart Gardner 54, 56
Mussolini, Benito 90, 141
My Lai, Massacre de 311

N

Nação do Islã 305
Napper, Robert 273, 292
narcisismo 63, 67
narcóticos, tráfico de 140, 146-147, 149, 158,
　　161-163, **166-171**
　　Guerra às Drogas 167
Naundorff, Karl Wilhelm 70
Neandertal, Assassinato do 13, 200, **202**
necrofílicos, assassinatos 293
negligência corporativa 110-113
Nelson, George ("Cara de Bebê") 26, 29
Nevison, John 16, **21**
Newton, Huey 322
Newton, Quadrilha de 32
Nichols, Mary Ann 268
Nicolau ii, czar 313-315
Nilsen, Dennis 293
ninjas 305
Nixon, Richard M. 108
Noonan, Dominic e Desmond 164
Noriega, general Manuel 167
Norris, Colin 290
North, Robert 94
Northern Bank em Belfast, Roubo de 44
Notarbartolo, Leonardo 54-55

O

O'Donnell, gangue 152-153
O'Laughlen, Michael 309
Ochoa, Jorge Luis 166
Olofsson, Clark 189
Olsson, Jan-Erik 189

ÍNDICE 349

operadores desonestos 124-125
Oprienko, Anatoly 274
organizações criminosas 146-149, 160-163, 166-167
   ver também crime organizado
Orr, John Leonard 17, **48-53**
Orton, Arthur 177
Osborne, Mark Lee 114-115
Oswald, Lee Harvey 303, **318-321**
Outlaws Motorcycle Club 160

P

Panin, Aleksandr 13, 99, 128-129
Panteras Cor de Rosa 78
Panteras Negras 235, 322
Parent, Steven 232, 235
Parker, Bonnie 12, 16, **26-29**
Parker, George C. 68
Parker, Pauline 244
Partido Socialista Republicano Irlandês 32, 150, 339
Passaro, Alan 162
Patel, Purvi 238
Paulo VI, papa 323
Pavlovich, grão-duque Dmitri 315
Payne, Doris 62, **78-79**
Peace, Charles 45
Pearlman, Lou 118
Peel, Robert 204
pena capital
   EUA 185
   execução injusta 203
perfil criminal 41, 261, 272
perícia contábil 123
Perkins, Terry 58-59
Pertinax, imperador 302, **304**
Peterson, Scott 216
petróleo, campos de 108-109
Petters, Tom 104
Phelan, James 89
Philippe, Joseph 268
Philpot, Gus 95
Picasso, Pablo 74, 76
Pichushkin, Alexander 262
Pickles, o cão 37
Pickton, Robert 268
Picquart, Georges 310-311
Pinkerton National Detective Agency 25
pirâmide, esquemas de *ver* Ponzi, esquemas
pirataria 18-19
Piro do Travesseiro *ver* Orr, John Leonard
pirofilia 50
piromaníacos 50
   ver também incendiários
Pistone, Joe D. 115
Pistorius, Oscar 248
Pitchfork, Colin 261, **294-297**
plágio 88
Platão 13
Pocahontas 174-175, **176**
Poe, Edgar Allan 88
Polanski, Roman 232, 236
político, criminosos em posto 47, 135, 166-167
polônio-210 328, 330-331
Ponzi, Charles **102-107**

Ponzi, esquemas 98, **102-107**, **116-121**
Portal do Paraíso, seita 232
Powell, Lewis 309
Powers, Francis Gary 176
Powhatan, chefe 176
Prabhakar, Madhukar Mohandas 45
Priklopil, Wolfgang 196-197
Primeira Guerra Mundial 312, 314
Princip, Gavrilo 312
prisão, fugas da 80-85
propina *ver* corrupção
prostitutas, assassinato em série de 266-273, 292
pseudociência 207
psicopatia 53, 63, 67
   traços da 23, 53
Puente, Dorothea 264
Putin, Vladimir 303, 328-331

Q-R

químicos, desastres 110-113
Rabin, Yitzhak 306
radicais, assassinato por grupos 322-323
Rafferty, Brogan 298
Rainha Bandida *ver* Devi, Phoolan
Ramendra Narayan Roy, príncipe 177
Ramsey, Jonbenet 208
raptos *ver* sequestro e extorsão
Rasputin, Grigori 303, **312-315**
Rattenbury, Jack 136
Ravaillac, François 304
Ray, Ed 192, 194-195
Ray, James Earl 82, 307
RBN 128
Reader, Brian 58-59
Reagan, Ronald 240, 318
realeza, impostores que personificam membros
   da 71-73
Reavis, James 86
reconstrução facial forense 253
Red Bull Racing 37
Relatórios Uniformes de Crimes 13
Reno, Bando de 46
Renoir, Pierre-Auguste 76
resgates 187
Ressler, Robert 260
Revolução Francesa 62, 64-65
Reynolds, Bruce 32-33
Ricardo III da Inglaterra 253
Rice, Dennis 237
Richard de Pudlicott 18, 334
Richardson, Charlie 134-135, 165
Richter, Karl 126
ricina 328
Ridgway, Gary 268, 271
Rio Green, Assassino do *ver* Ridgway, Gary
Rios, Ginger 252
Ritz Hotel 68
Rivier, Lucien 104
Roberts, Bartholomew ("Black Bart") 18
Robin Hood, efeito 25, 136
Robinson, Cynthia 113
Robinson, John Edward 261, **298-299**
Rocancourt, Christophe 70

Rock Machine 163
Rodríguez, Gilberto 166
Roe, Ralph 83
Rohan, cardeal Louis de 65
Rojas, Clara 324-325
Rolfe, John 176
Romanov, Anastasia 73
romantização de criminosos 12, 20, 24
   ver também idealização de criminosos
Ross, "Freeway" Rick 134-135, **168-171**
Ross, Charles 180, 188
Ross, Colin Campbell 203
roubo de identidade 86
roubos *ver* bandidos e ladrões
Ruby, Jack 320-321
Ruffo, John 86
Runyon, Damon 184
Rússia-Estônia, tubulação de vodca **57**
Ruxton, Buck 216

S

Sabo, Michael 86
sabotagem 112
sacrifício humano 202, 232
sadomasoquismo 299
Saldívar, Yolanda 240
Saltis-McErlane, gangue 152-153
Sandy Hook, massacre na escola fundamental 226
Sano, Fusako 196
Sansing, John 214
São Valentim, Massacre do Dia de 153
Sato, Nobuyuki 196
Schaeffer, Rebecca 240
Schoenfeld, James 195
Schoenfeld, Richard 195
Scott, John Paul 82-83
Scott, Peter 36
Seager, Stephen 205
Sebring, Jay 232, 235
Securitas Cash Management, Roubo da 114
Security Express, Roubo da 114
Seda, Heriberto 288
seitas
   assassinato-suicídio em massa 232
   planos de morte 232-237
   psicologia das 237
Selena (cantora *tejana*) 240
sequestro de avião 16, 38-43
sequestro e extorsão 28-29, 47, 172-197
   dispositivos de rastreio 175
   efeitos de longo prazo do cativeiro 196
   motivos para 174
   princípios para sobrevivência 324
   regras do resgate 187
   sequestro de crianças 180-186, 190-197, 220
   sequestro e coerção 188-189
   sequestro em massa 190-195
   sequestro político 176, 322-325
   síndrome de Estocolmo 174-175, 189, 324
   transtorno de stress pós-traumático 174, 195
sequestros políticos 176, 322-325
Seward, William 307, 309
Shakespeare, William 90

350 ÍNDICE

Shakur, Tupac 201, **254-257**
Shalit, Gilad 187
Shapiro, Carl 118
Shapiro, Nevin 118
Share, Catherine 237
Shea, Donald 236
Shea, Joseph 86
Sheldon, gangue 12, 153
Shinoda, Kenichi 158
Shipman, Harold 261, **290-291**
Short, Elizabeth **220-223**
Sickert, Walter 273
Sickles, Daniel 217
Siekaczek, Reinhard 127
Siemens, Escândalo da 99, **126-127**
Simnel, Lambert 177
Simpson, Nicole Brown 248-249
Simpson, O. J. 201, **246-251**
Sinaloa, Cartel de 166
Sinatra, Frank 135
Sinatra, Frank, Jr. 186
Sinclair, Harry F. 109
Singh, Beant 318
Singh, Satwant 318
Skilling, Jeffrey 122-123
Smalls, Biggie 201, **254-257**
Smith, John 176
Snowden, Edward 119
Sociedade das Espadas Grandes 46
Sociedade do Céu e da Terra 134, 146-147
Société Générale, banco 124-125
    em Nice 17, **44**
Sombra Negra 46
Spa Spelling Stakes, golpe de apostas em 94
Spaggiari, Albert 44
Spahn, Rancho 234, 236
Spangler, Edman 309
Speck, Richard 278
Spence, Peter 130
Spencer, Timothy Wilson 294
Spielberg, Steven 87, 119
Spilotro, Anthony 241
Springer, Louise 223
Spungen, Nancy 248
SpyEye **128-129**
stalkers 240
Stanford, Allen 104
Stanton, Edwin 309
Starkweather, Charles 284
Starr, Belle 26
Steenkamp, Reeva 248
Stern, revista 91, 92-93
Stolypin, Piotr 312
Stratton, Alfred e Albert 200, **212-215**
Stride, Elizabeth 270-271
suborno ver corrupção
suicídio em massa de Jonestown 232
Sun Yee On, Tríade 146-147
Sundance Kid ver Longabaugh, Harry
Surrat, Mary 309
Suskind, Richard 88-89
Sutcliffe, Peter 268
Sutherland, Edwin 127
suvenires de assassinatos 275

suvenires, assassinos que colecionam 274-275, 292
Swanson, Eric 120
Sweatt, Thomas 50
Swift, Jonathan 12
Sykes, Deborah 310

T

Tabram, Martha 268
Tabuleiro de Xadrez, Assassino do ver Pichushkin, Alexander
Taft, William Howard 108
Takanaka, Masahisa 158
Tammany Hall, políticos corruptos da 108
Tan, Samson 147
Taoka, Kazuo 158
Tate, Lionel 244
Tate, Nat 88
Tate, Sharon 232, 235-236
tatuagens 157, 159
Teach, Edward ("Barba Negra") 16, **18-19**
Teapot Dome, Escândalo de **108-109**
Teigin, Incidente do Banco 201, 260
Templo dos Povos, seita 232
teorias da conspiração 303, 320-321
Terror Branco, Massacre do 149
terrorismo 187
testes de economia de combustível, falsificação de 130
The Penny Dreadful 261
Thomas, Julia 206-207
Thomas, Patrick 115
Thompson, Robert **244-245**
Thompson, William 100
Thorne, Graham 180
Tichborne, pretenso 174, **177**
Tichborne, Roger 177
Tilh, Arnaud du 177
Tippit, J. D. 319
tiroteios motorizados 201, 254-257
títulos, roubo de 114-115
TJX 128
Tong, irmandade 146
Toppan, Jane 290
Torre do Texas, Massacre da 201, **226-229**
Torrio, Johnny 152-153
tortura 165, 202-203, 264-265
toxicologia 314
tráfico
    de pessoas 146, 149
    sexual 146
    ver também bebidas; narcóticos
traição 303
transtorno de stress pós-traumático 174, 195
trem, roubo de 16, 24, 30-35, 150
Trend Micro 129
Trevor-Roper, Hugh 91-92
Tríades 134-135, **146-149**
"Tríade Sombria" 67
troféus, roubos de 37
Trudeau, Yves 162
Tuite, Thomas 22
tulipas, mania das 100

turfe, golpes no 94-95
Turpin, Dick 21
Tutancâmon 253

U-V

Uhlenhuth, teste de 315
Union Carbide Corporation (ucc) 110-113
universitárias, assassinos de 278-283
uxoricídio 216
Van Houten, Leslie 232- 233, 235-237
Venables, Jon **244-245**
Verde, Gangue 148-149
Vicious, Sid 248
Vickers 126
Vietnã, Guerra do 311
vigaristas ver golpistas
violência reativa 200
Vitória, rainha 205
Volkswagen, Escândalo das Emissões da 99, **130-131**
Voltaire 203

W

Walker, general Edwin 318
Walker, Paul 237
Wall, Nora 310
Wan Kuok-koi 149
Watergate 119
Watkins, Sherron 122
Watson, Charles "Tex" 233-237
Watson, reverendo John Selby 216
Webster, Kate 200-201, **206-207**
Weed, Steven 188
Weissmuller, Johnny 36
Welles, Orson 77
West Port, Assassinatos de **22-23**
West, Allen 82-85
West, Fred e Rosemary 261, **286-287**
White, Derek 136
Whitechapel, Assassinatos de **266-273**
Whitman, Charles 201, **226-229**
Wilhelm, príncipe de Hohenzollern 71-72
Williams, Gareth 328
Wilson, Dennis 233-234
Wilson, Otto 292
Winchell, Walter 184
Winterkorn, Martin 131
Wo Shing Wo, Tríade 146-147
Woods, Fred 195
Wuornos, Aileen 264

Y-Z

Yakuza 134-135, **154-159**
Yama-Ichi, Guerra 158
Yamamoto, Hiroshi 158
Yashukichi, Miyagawa 168
Yip Kai Foon 78
Yorkshire, Estripador de ver Sutcliffe, Peter
Zeus, malware 129
Zodíaco, Assassino 13, 194, 261, **288-289**
Zola, Émile 311
Zorn, Robert 185

CRÉDITOS DAS CITAÇÕES

BANDIDOS, LADRÕES E INCENDIÁRIOS

18 Perdão do Estado a Thomas Blood
19 Capitão Alexander Smith
20-21 Edward "Barba Negra" Teach
22-23 Cantiga infantil
24-25 Frank James
26-29 Bonnie Parker
30-35 Primeiro comunicado da polícia por rádio em VHF
36 Bill Mason
37 Bilhete de resgate da Copa do Mundo
38-43 D. B. Cooper
44 Albert Spaggiari
45 John MacLean
46-47 Phoolan Devi
48-53 John Leonard Orr
54-55 Joris van der Aa
56 Ernst Geiger
57 Mari Luuk
58-59 Erwin James

GOLPISTAS

64-65 Jeanne de la Motte
66-67 Madame x
68-69 Agente do Serviço Secreto
70-73 Professor John L. Heineman
74-77 Elmyr de Hory
78-79 Doris Payne
80-85 Michael Dyke
86-87 Frank Abagnale
88-89 Clifford Irving
90-93 Konrad Kujau
94-95 Mark Read

CRIMES DO COLARINHO BRANCO

100 Charles Mackay
101 James Fisk
102-107 Charles Ponzi
108-109 Senador americano desconhecido
110-113 Abdul Jabbar
114-115 David Connett e Marvin Smilon
116-121 Bernie Madoff
122-123 Kenneth Lay
124-125 Juiz Dominique Pauthe
126-127 *Press release* da SEC
128-129 Procuradora Sally Yates
130-131 Doutor Martin Winterkorn

CRIME ORGANIZADO

136-137 Adam Smith
138-145 Niccolò Turrisi Colonna
146-149 Profissional anônimo da Agência de Segurança Pública
150-151 *The Washington Bee*, 1899
152-153 Al Capone
154-159 Provérbio anônimo da Yakuza
160-163 Lema dos Hells Angels
164-165 Ronnie Kray
166-167 Pablo Escobar
168-171 "Freeway" Rick Ross

SEQUESTRO E EXTORSÃO

176 Thomas Dale
177 Mark Twain
178-185 Charles Augustus Lindbergh
186-187 John Paul Getty III
188-189 Patty Hearst
190-195 Jennifer Brown Hyde
196-197 Natascha Kampusch

CASOS DE ASSASSINATO

202 Doutora Nohemi Sala
203 Voltaire
204-205 Decisão do júri no caso M'Naghten
206-207 Julia Thomas
208-211 Cantiga popular de pular corda
212-215 Folheto do FBI *The Science of Fingerprints*
216 Doutor Hawley Harvey Crippen
217 Madame Henriette Caillaux
218-223 Agente Mary Unkefer
224-225 Sargento Tamegoro Igii
226-229 Charles Whitman
230-237 Charles Manson
238-239 Lindy Chamberlain-Creighton
240 Mark Chapman
241 Roberto Calvi
242-243 Kirk Bloodsworth
244-245 Juiz Morland
246-251 Nicole Brown Simpson
252-253 Detetive Jeff Rosgen
254-257 Detetive Harper

SERIAL KILLERS

262 Sima Qian
263 St. John D. Seymour
264-265 Edward Eaton
266-273 Jack, o Estripador
274-275 Harvey Glatman
276-283 Ted Bundy
284-285 Juiz Fenton Atkinson
286-287 Brian Leveson, conselheiro real
288-289 Assassino do Zodíaco
290-291 Doutor David Holmes
292 Andrei Chikatilo
293 Jeffrey Dahmer
294-297 Juiz Otten
298-299 John Edward Robinson

ATENTADOS E COMPLÔS POLÍTICOS

304 Herodiano de Antioquia
305 Arnold de Lübeck
306-309 John Wilkes Booth
310-311 Émile Zola
312-315 Grigori Rasputin
316-321 Edward Kennedy
322-323 Aldo Moro
324-325 Ingrid Betancourt
326-331 Alexander Litvinenko

352

AGRADECIMENTOS

A Dorling Kindersley gostaria de agradecer a Marek Walisiewicz, da Cobalt id, pela assistência editorial nos primeiros estágios deste livro.

CRÉDITOS DAS IMAGENS:

A editora gostaria de agradecer às seguintes pessoas e instituições por gentilmente permitir a reprodução de suas fotos:
(Abreviaturas: a: em cima; b: embaixo; c: no centro; d: na direita; e: na esquerda; t: no topo; x: extremo)

18 Getty Images: Culture Club (cd). **19 Getty Images:** Culture Club (be). **21 Mary Evans Picture Library:** (cd). **22 Getty Images:** Print Collector (be, bd). **23 Getty Images:** Time Life Pictures (te). **24 Getty Images:** Bettmann (cd). **27 Getty Images:** Bettmann (te). **28 Alamy Images:** John Frost Newspapers (td). **29 Getty Images:** Bettmann (cd). **Alamy Images:** Granamour Weems Collection (be). **32 Getty Images:** STF (be). **33 Getty Images:** Keystone (td). **35 Getty Images:** Popperfoto (td). **Alamy Images:** Trinity Mirror/Mirrorpix (bd). **37 Getty Images:** Rolls Press/Popperfoto (bd). **40 John F. Ciesla:** (c). **41 Getty Images:** Time Life Pictures (be). **43 FBI:** (bd). **45 Getty Images:** Acey Harper (cd). **46 Getty Images:** Jean-Luc MANAUD (cd). **47 Getty Images:** LANGE Jacques (te). **Alamy Images:** IndiaPicture (be). **51 Wikimedia Commons:** Gedstrom (t). **53 Getty Images:** Wally Skalij (te). **54 Alamy Images:** Philipp Hympendahl (cd). **55 Dorling Kindersley:** (bd). **56 Getty Images:** ATTILA KISBENDEK (td). **58 Getty Images:** Foto da Metropolitan Police via Getty Images (cd). **59 Press Association Images:** Elizabeth Cook (te). **64 Mary Evans Picture Library:** Albert Harlingue/Roger-Viollet (cd). **65 Getty Images:** DEA Picture Library (td). **Getty Images:** Photo 12 (be). **66 REX Shutterstock:** Dagli Orti (a). **69 Getty Images:** Bettmann (te). **71 Getty Images:** ullstein bild (te). Getty Images: Print Collector (tc). **72 Topfoto:** ullstein bild (te). **73 Alamy Images:** INTERFOTO (te). **75 REX Shutterstock:** The Independent (te). **Getty Images:** Carl Court (bd). **78 Press Association Images:** (cd). **82 Getty Images:** Josh Edelson/AFP (td). **83 Getty Images:** Bettmann (td). **85 Getty Images:** Bettmann (td). **87 Getty Images:** Janette Pellegrini (te). **88 Alamy Images:** Moviestore Collection Ltd (cd). **89 Getty Images:** Susan Wood (te). **Getty Images:** Bettmann (be). **91 Getty Images:** ullstein bild (te). **Science Photo Library:** JAMES KING-HOLMES/ CELLTECH R&D LTD (tc). **92 Getty Images:** Michael Urban (td). **93 Alamy Images:** INTERFOTO (bd). **94 REX Shutterstock:** Newspix Ltd (bc). **95 REX Shutterstock:** Newspix Ltd (e). **101 Getty Images:** Bettmann (bc). **104 Getty Images:** Pictorial Parade (te). **105 Kat Ran Press:** (bd). **107 Getty Images:** Bettmann (te). **109 Getty Images:** David Frent (te). **111 Getty Images:** AFP (te). **112 Getty Images:** Bettmann (be). **113**

Getty Images: INDRANIL MUKERJEE (td). **Getty Images:** Justin Lambert (be). **115 Alamy Images:** Anthony Palmer (td). **Getty Images:** Fotos International (be). **118 Getty Images:** Bloomberg (td). **119 Getty Images:** Barton Gellman (be). **121 Getty Images:** Mario Tama (te). **122 Getty Images:** Stephen J. Boitano (bc). **123 Getty Images:** Dave Einsel (te). **125 Getty Images:** Bloomberg (td). **127 Alamy Images:** REUTERS (te). **129 123rf.com:** Mikko Lemola (te). **131 Getty Images:** Sean Gallup (te). **137 Mary Evans Picture Library:** (td). **140 Alamy Images:** Art Archive (tc). **141 Getty Images:** AFP (d). **143 Alamy Images:** REUTERS (te). **145 Getty Images:** FABRIZIO VILLA (td). **Getty Images:** Franco Origlia (be). **147 Alamy Images:** epa European pressphoto agency b.v. (td). **149 Getty Images:** PHILIPPE LOPEZ (cd). **Getty Images:** LAURENT FIEVET (be). **151 Getty Images:** Jonathan Blair (t). **153 Getty Images:** Chicago History Museum (te). **156 Getty Images:** The Asahi Shimbun (be). **158 Getty Images:** The Asahi Shimbun (be). **159 Getty Images:** Jiangang Wang (td). **161 Getty Images:** Chuck Nackle (te). **162 Getty Images:** Bill Owens/20th Century Fox/Hulton Archive (t). **164 Getty Images:** William Lovelace (bd). **167 Alamy Images:** REUTERS (te). **169 Getty Images:** Ray Tamarra (te). **170 Alamy Images:** Wellaway (te). **171 Getty Images:** Jean-Marc Giboux (te). **176 Getty Images:** Barbara Davidson (t). **176 Getty Images:** Superstock (te). **177 Mary Evans Picture Library:** The National Archives, Londres, Inglaterra (e). **Getty Images:** Rischgitz/Stringer (d). **180 Getty Images:** Leemage (td). **181 Getty Images:** Apic (tc). **182 Getty Images:** Bettmann (c). **183 Getty Images:** ullstein bild (te). **Getty Images:** Bettmann (bd). **184 Getty Images:** New York Daily News (be). **185 Getty Images:** New York Daily News Archive (td). **187 Getty Images:** Popperfoto (tc). **Getty Images:** MCT (bc). **189 Getty Images:** Bettmann (te). **192 Getty Images:** Fresno Bee (td). **194 Getty Images:** Fresno Bee (td). **195 Getty Images:** Fresno Bee (td). **Getty Images:** Bettmann (be). **197 REX Shutterstock:** SIPA Press (td). **202 Alamy Images:** Illustrated London News/Stringer (cd). **204 Getty Images:** Sabena Jane Blackbird (cd). **205 Mary Evans Picture Library:** (be). **207 Wikimedia Commons:** The Illustrated Police News (te). **209 Getty Images:** Chicago Tribune (te). **211 Getty Images:** Bettmann (td). Alamy Images: Granger Historical Picture Archive (be). **214 Mary Evans Picture Library:** (bd). **215 Alamy Images:** Chronicle (b). **216 Library of Congress:** (bd). **219 Getty Images:** Keystone--France (cd). **220 Getty Images:** Archive Photos/Stringer (be). **221 Getty Images:** Archive Photos/Stringer (te). **223 Getty Images:** Bettmann (be). **225 Getty Images:** Bloomberg (td). **Topfoto:** Topham/AP (td). **227 Getty Images:** Bettmann (td). **228 Getty Images:** Donald Uhrbrock (b). **229 Getty Images:** Shel Hershorn – HA/Inactive (te). **Science Photo Library:** Sherbrooke Connectivity

Imaging Lab (td). **232 Alamy Images:** Cortesia: CSU Archives/Everett Collection (bd). **234 Press Association Images:** AP Photo (t). **236 Alamy Images:** Pictorial Press Ltd. (te). **237 Getty Images:** Bettmann (te). **238 Alamy Images:** Avalon/World Pictures (bc). **239 Getty Images:** Fairfax Media (te). **240 Getty Images:** Ron Galelia (cd). **242 Getty Images:** MLADEN ANTONOV (cd). **244 Getty Images:** (cd). **248 Getty Images:** Archive Photos/Stringer (tc). **249 Getty Images:** Archive Photos/Stringer (td). **Getty Images:** Mike Nelson (be). **250 Alamy Images:** REUTERS (te). **252 Departamento de Polícia de Las Vegas:** (bc). **253 Alamy Images:** National Geographic Creative (te). **Alamy Images:** The Science Picture Company (be). **255 REX Shutterstock:** Film Four/Lafayette Films (te). **256 Getty Images:** JON LEVY (bd). **263 Alamy Images:** imageBROKER (td). **265 Getty Images:** Ipsumpix (td). **Alamy Images:** INTERFOTO (be). **269 Bridgeman Art Library:** Jack, o Estripador, ilustração de "Le Petit Parisien", 1891 (gravura colorida depois), Dete, Beltrand e Clair-Guyot, E. (xe, 1884) / Coleção particular / ©Bianchetti / Leemage / Bridgeman Images (bd). **271 The National Archives, Londres, Inglaterra:** (td). **273 REX Shutterstock:** The Art Archive (te). **Alamy Images:** Chronicle (tc). **Getty Images:** Hulton Archive/Stringer (td). **275 Getty Images:** Bettmann (te). **278 Getty Images:** Bettmann (bd). **280 Press Association Images:** AP Photo/Steve C. Wilson (t). **281 Press Association Images:** AP Photo (tc). **Getty Images:** Acey Harper (td). **Getty Images:** Bettmann (te). **283 Getty Images:** Bettmann (te). **285 Getty Images:** Keystone (tc, td). **287 Press Association Images:** PA Archive (td). **289 Getty Images:** Bettmann (te). **290 Alamy Images:** British News Service (te). **292 Alamy Images:** SPUTNIK (cd). **295 Press Association Images:** Elizabeth Cook (te). **Getty Images:** Bettmann (bd). **296 Alamy Images:** TravelStockCollection – Homer Sykes (be). **298 Getty Images:** AFP (cd). **305 Alamy Images:** Granger Historical Picture Archive (cd). **307 Alamy Images:** Glasshouse Images (td). **308 Alamy Images:** The Protected Art Archive (be). **309 Library of Congress:** (td). **311 Alamy Images:** North Wind Picture Archives (td). **313 Getty Images:** Apic (te). **314 Alamy Images:** Niday Picture Library (te). **318 Getty Images:** Keystone-France (te). **319 Getty Images:** Rolls Press/Popperfoto (t). **320 Getty Images:** New York Daily News (td). **321 Getty Images:** Bettmann (be). **323 Getty Images:** Bettmann (te). **325 REX Shutterstock:** Sipa Press (td). **328 Getty Images:** Bloomberg (td). **330 Getty Images:** Natasja Weitsz (te). **331 Getty Images:** Carl Court (bc).

Todas as outras imagens © Dorling Kindersley
Para mais informações, ver: **www.dkimages.com**

Conheça todos os títulos da série: